股权激励裁判指引

吴圣奎/编著

GUIDELINES FOR EQUITY INCENTIVE JUDGMENT

Deep Analysis of 82 Rules of Judgment

82个裁判规则深度解析

法律出版社
LAW PRESS·CHINA
北京

图书在版编目(CIP)数据

股权激励裁判指引：82个裁判规则深度解析／吴圣奎编著. --北京：法律出版社, 2023
ISBN 978-7-5197-7368-7

Ⅰ. ①股… Ⅱ. ①吴… Ⅲ. ①股权激励-企业法-研究-中国 Ⅳ. ①D922.291.914

中国版本图书馆CIP数据核字(2022)第225174号

股权激励裁判指引
——82个裁判规则深度解析
GUQUAN JILI CAIPAN ZHIYIN
—82 GE CAIPAN GUIZE SHENDU JIEXI

吴圣奎 编著

责任编辑 张红蕊
装帧设计 贾丹丹

出版发行 法律出版社
编辑统筹 法规出版分社
责任校对 翁潇潇
责任印制 耿润瑜
经　　销 新华书店

开本 710毫米×1000毫米 1/16
印张 29.5 字数 498千
版本 2023年2月第1版
印次 2023年2月第1次印刷
印刷 固安华明印业有限公司

地址:北京市丰台区莲花池西里7号(100073)
网址:www.lawpress.com.cn
投稿邮箱:info@lawpress.com.cn
举报盗版邮箱:jbwq@lawpress.com.cn
销售电话:010-83938349
客服电话:010-83938350
咨询电话:010-63939796

书号:ISBN 978-7-5197-7368-7
定价:98.00元
凡购买本社图书,如有印装错误,我社负责退换。电话:010-83938349

前言 foreword

作为一名资深的股权激励研究者和实务工作者，若干年前我就发现，图书市场上有关股权激励的图书非常多，且类型各异，但是却没有针对股权激励纠纷解决的法律类图书。于是，我萌发了写作一本股权激励纠纷解决的法律类图书的想法。历时三年多时间，这本书终于完成。在本书即将付梓之际，经再次查询后我发现，市场上依然没有此类图书。遗憾之余，自有欣喜。毕竟，本书也算是填补了股权激励法律实务图书市场的一个空白。

客观地说，尽管股权激励受到越来越多的企业和股权激励从业者的追捧，由于从法律视角进行股权激励研究的专业人士和研究成果并不是太多，所以无论是劳动人事争议仲裁员、法官以及商事争议仲裁员，还是律师和其他法律工作者，对于股权激励争议案件的裁判倾向或多或少地存在观点上的偏差。从股权激励存在与否的认定、股权激励争议的性质和案件的管辖，到激励者和激励对象的是是非非、真真假假，再到股权激励协议的约定和履行中的海量复杂问题，以及股权激励中的出资问题，股权激励与劳动关系之间剪不断、理还乱的关系问题，如此等等，太多问题，太多争议。本书尝试通过对近年来大量案例的搜集、整理，将案例细分，将相关问题体系化，力争整理出一本比较符合当前法院裁判倾向的主流裁判指引，以求为经常处理股权激励争议的法律工作者提供力所能及的指引和帮助，力争帮助广大股权激励从业人员更专业地认识、理解和处理与股权激励相关的法律问题。

这是一本关于股权激励纠纷解决的图书。只要是与股权激励纠纷解决相关的问题，应该可以从这本书中找到相同或者类似的问题以及对应的、可供参考的实践指引。作为一本全面系统的股权激励法律实务类工具书，本书共分十九章，大致可以分成八个部分。

第一部分是股权激励争议解决的三个基础问题，也就是前三章。第一章讨论股权激励的认定问题,股权激励是否存在,是股权激励还是赠与,抑或是构成其他法律关系。第二章讨论的是股权激励争议的类型。通常来说,股权激励纠纷往往是劳动争议、合同纠纷或者公司纠纷三种类型中的一种。当然,有时候纠纷没有那么单纯,可能两三类纠纷纠缠在一起案件中。第三章讨论的是股权激励纠纷的管辖。股权激励纠纷的管辖分为以下三种情况:一种是劳动争议仲裁前置程序,这一程序不可缺少;另一种是法院依法可以直接受理;还有一种是商事仲裁委员会依照当事人的约定进行管辖。由于股权激励的特殊性,管辖问题一直不容小觑。

第二部分讨论的是股权激励的两大主体——激励者和激励对象。用人单位直接作为激励者是最常见的,股东或者其他个人代替用人单位来激励员工也属正常,相关联企业替用人单位激励员工也不罕见。本质上来说,激励者都是单位,但是激励对象主张权利的时候,因为激励协议的相对方不同,激励对象主张权利的相对方也各不相同。有时候激励者是谁不好确定,甚至还有时候存在激励者不实甚至欺诈等情形。与激励者不同,激励对象就不存在那么多花样了,毕竟激励对象通常属于被动的一方,而且其也难寻"替身"。但是,激励对象有激励对象的问题,比如激励对象的身份是否存在,婚姻关系中激励对象的权益划分等,也是十分常见的纠纷来源。

第三部分是股权激励协议问题。激励协议的效力问题是根本问题。与所有合同一样,激励协议通常有效,但是也存在激励协议不成立、未生效或者无效的情况。在约定不明的情况下,裁判者会倾向于让协议有效,但是裁判者的努力不一定总能达成积极效果。激励工具和激励条件与激励协议高度相关。股权激励工具包括现金激励、利润分红权、股东收益权、虚拟股权(份)、实股激励、限制性股票以及期权激励等类型,股权激励从业者都非常熟悉。不同的激励工具在运用中产生的法律问题自然各异。附期限和附条件的股权激励在股权激励实践中很常见,有时候股权激励协议中既附期限也附条件,还有的附双重条件。附期限和附条件让股权激励纠纷中的事实认定更加复杂。

第四部分是激励协议的履行。股权激励的履行多数情况下是顺利的,但总有这样或那样的问题影响履行,有时候会导致无法履行、履行不能。比如,因为约定出现问题导致主体不符或者标的不明等产生履行中的各种障碍。股权激励履行中的问题和纠纷在实践中是最多的,本部分根本无法囊括,因此相关问题和纠纷也频繁出现在本书的诸多章节中。

第五部分是出资和股东资格的确认和否定。出资不一定能够获得实股,获得实股包括直接和间接持股(持股平台和股权代持)等不同的持股类型,股权转让、股权回收、股权回购以及股东资格的废止都会产生股东资格和股东权益的变化。持股平台在股权激励中的运用非常广泛,由他人代持股权也是股权激励中的常见持股方式。员工因何出资,激励对象是否具有股东资格、是否享有股东知情权,股权是否被转让、转让的对价如何,股东资格是存续还是丧失,股权回购条款是否有效,在实股激励中,问题很多也很复杂,也必然要涉及公司法等诸多法律。

第六部分是股权激励与劳动关系之间的关系。股权激励与劳动关系之间的关系是一个基础性问题。其中,工资和现金激励之间的关系,激励收益与劳动报酬之间的关系,常常让人感到困惑。劳动关系解除和终止与股权激励以及待遇终止的关系是纠纷高发区。离职后能否分红和享受各种激励待遇,人走股走还是人走股留,这些问题屡见不鲜。激励对象违约、违纪、违法乃至犯罪,激励协议的履行受到何种影响,也常常困扰着股权激励从业者。

第七部分是股权激励关系的解除和终止。这两个问题看似没有那么复杂,但是从业者从设计股权激励方案时就必须高度关注。毕竟,有始有终才是完整的。更何况,凡事预则立,不预则废,不考虑解除和终止,只考虑开始,是不理智的表现。由于股权激励协议的解除和终止与劳动关系之间的关系非同一般,引发的纠纷和附随的争议较多且比较棘手,因此,在股权激励全流程中,我们对待股权激励关系的解除和终止都应当慎之又慎。

第八部分提及了三类特殊的股权激励主体,即上市公司、国有企业和外商投资企业。由于存在特殊的法律规定,这些激励主体在股权激励的若干方面与普通的有限责任公司颇有不同。

概括了本书的大致内容后,我要说,本书不仅是一本关于股权激励纠纷解决的图书,也是一本纠纷预防类图书。凡事以始为终,在可以预判争议裁判结果的情况下,我们通常会理性地从一开始就做更正确的事情。

比如,作为激励者,如果能够预判股权激励裁判结果,在激励对象无法完成业绩指标的时候,就可以“信心十足”地降低甚至取消激励对象的股权激励待遇;在激励对象因为过错甚至违法犯罪被解除劳动关系时,就可以确信不会留下任何后遗症地依约取消激励对象的股东资格,等等。当然,法律支持和帮助不应让激励者无情,而应让激励者更加理智和清醒。

又如，作为激励对象，如果能够预知所谓的激励待遇根本就是水中月、镜中花，老板夸下的海口不过就是一张看不见、摸不着的大饼，员工还应当毫无怨言地为了企业奉献自己的青春吗？要不要另登高枝、择良木而栖呢？如果能够预知获得激励待遇需要花费大量的时间、精力和金钱，甚至在专业人士的支持下也不一定能够很好地维护自己的权益，劳动者还要为了一纸股权激励协议而没日没夜地奋斗吗？如果能够预知老板的"大家一起当股东"本就是一句并不善意的谎言时，激励对象还有必要用真心和全部精力去面对老板的虚情假意吗？……建立在理性基础上的员工忠诚和奉献才是真正的正能量和企业社会发展的动力，且绝少"毒""负"作用。

股权激励本就是一种综合性非常强的实践活动，是一种需要心理学、投资学、管理学、财税、法律等多学科理论支持以及相关实践经验支持的学科交叉性强、实践性强的社会性活动。其中，法律的核心和主要作用不在于达成激励效果，而在于为达成激励效果提供法律支持和保障，在达不成激励效果的时候提供预先规划好的法律解决方案。当然，法律的智慧远不止于此。为了让法律在股权激励方案的设计和实施过程中起到应有的乃至更大的作用，准确预判争议解决结果是非常有价值和意义的。

总之，只要您在从事股权激励相关工作，或者准备从事股权激励相关工作，或者在研究股权激励相关问题，或者在处理股权激励争议和纠纷，您都可以拿起这本书，在其中找到想要研究的问题，发现您想要的参考和指引。

说了以上这些，其实就是想告诉大家，这本书很重要，备上一本作为参考书和工具书是大有必要的。

吴圣奎于北京国贸

2023年1月12日

目录 contents

Chapter 05 第五章

激励对象

Chapter 06 第六章

激励协议的效力

Chapter 07 第七章

股权激励工具

Chapter 08 第八章

股权激励条件

Chapter 14 第十四章

股权回购

Chapter 15 第十五章

股权激励与劳动关系

Chapter 16 第十六章

劳动关系解除和终止

第一章

股权激励:是与非

第一节　有特别对价:股权激励抑或赠与?

◎问题聚焦

有些公司为了激励员工,会授予员工一些股权,期待员工在工作过程中忠诚勤勉、尽心竭力。这种股权授予行为是股权激励,还是普通的股权赠与行为?

◎裁判规则

1. 如果授予的原因是基于员工为公司提供的劳动及其劳动为公司带来的成果,则授予股权行为与无对价的赠与行为并不同质,此时法院倾向于认定公司授予员工股权的行为属于股权激励性质。

2. 从双方的权利义务关系出发,赠与合同为典型的单务无偿合同,股权激励协议则是双方均享有权利并承担义务,两者截然不同。即便是股权转让者授予股权时使用了"赠与"一词,如果法院结合协议的约定和事实确认双方互享权利、互负义务时,法院也会倾向于认定股权激励性质而非赠与。

◎案例详解

经典案例　北京融博郎科技发展有限公司与郑某锁股东资格确认纠纷案

【基本信息】

上诉人(原审被告):北京融博郎科技发展有限公司(以下简称融博郎科技公司)

上诉人(原审第三人):任某嘎

被上诉人(原审原告):郑某锁

案由:股东资格确认纠纷

案号:北京市第三中级人民法院(2016)京03民终1287号

【相关案情】

融博郎科技公司是自然人独资公司,任某嘎系融博郎科技公司唯一股东。郑某锁于2009年2月到融博郎科技公司工作。2011年9月16日,任某嘎确定将融博郎科技公司25%的股权作为职工奖励薪酬授予郑某锁。该授权书载明:"郑某锁同志,根据融博郎科技公司职工激励机制的相关规定,鉴于您在本公司3年来的工作效益和业绩考评,公司拥有者任某嘎经过慎重考虑,授予您25股(占注册资本金25%)的公司股份作为职工奖励薪酬。您可以据此享有该股权份额相关的分红权和股价升值收益,并拥有所有权,但不能转让和出售。"该授权书有融博郎科技公司的盖章,法人处有任某嘎的签字。2013年1月15日,郑某锁申请离职。但当天,郑某锁与融博郎科技公司办理完工作交接,任某嘎未履行授权书约定,将其持有的融博郎科技公司25%股权作为职工薪酬奖励给郑某锁,故郑某锁起诉至法院,要求判令确认郑某锁为融博郎科技公司股东,持股比例为25%。

【争议焦点】

1. 2011年9月16日授权书的性质是股权激励还是赠与?

2. 授权书中授予的是股权所有权还是股权的一种权益——分红权?

【一审】

诉讼请求

要求确认郑某锁为融博郎科技公司股东,持股比例为25%。

裁判结果

确认郑某锁为融博郎科技公司股东,持股比例为25%。

【二审】

上诉请求

请求驳回郑某锁的全部诉讼请求。

裁判结果

驳回上诉,维持原判。

【法院观点】

1. 依据授权书中“根据融博郎科技公司职工激励机制的相关规定”“公司拥有者任某嘎经过慎重考虑,授予您25股(占注册资本金25%)的公司股份作为职工奖励薪酬”等内容,可以确定任某嘎授予郑某锁股权具有股权激励性质,授予的原因系基于郑某锁为融博郎科技公司提供的劳动及其劳动为融博郎科技公司带来的成果,故涉案授予股权行为与无对价的赠与行为并不同质。

2. 因授权书授予的系股权,任某嘎作为融博郎科技公司唯一股东,任某嘎即为股权授予方,融博郎科技公司在授权书上签章即为公司对任某嘎授予郑某锁股权行为的同意与确认。

【律师视角】

案例评析

二审法院驳回上诉、维持原判有理有据。首先,二审法院严格按照授权书的内容并结合签约目的,认为授权书性质为股权激励,且所授予的是股权的所有权而不是分红权,授予方系公司的唯一股东任某嘎。其次,法院分析了融博郎科技公司与郑某锁签订劳动合同和债务清偿协议里的内容是否具有否认授权书所载内容的效力。鉴于劳动合同与债务清偿协议的双方主体系融博郎科技公司与郑某锁,而授权书的双方主体系任某嘎与郑某锁,协议的效力一般只及于双方当事人,因此法院认为劳动合同和债务清偿协议均无法否认授权书所载内容的效力。

实操建议

当公司授予员工股权时需注意,第一,授权书中需明确是股权,还是股权中的某种权益(比如,分红权),避免产生歧义或相互冲突的表达;第二,如果授权后公司“反悔”,通过另签协议取代或使之前授权协议无效时,需要注意协议的主体对协议效力的影响。协议的效力仅在签约主体之间发生效力,对协议之外的主体很难产生效力。

类似案例 | 王某聪与丘某强合同纠纷案

【基本信息】

上诉人(原审被告):丘某强

被上诉人(原审原告):王某聪

案由:合同纠纷

案号:福建省厦门市中级人民法院(2016)闽02民终1929号

【相关案情】

2009年8月8日,三维丝公司作为甲方,王某聪作为乙方,丘某强、罗某花、罗某生作为丙方共同签订《协议书》一份,为激励乙方(王某聪)更好地为公司发展尽责尽力,三维丝公司的原创股东,即丙方(丘某强等三人)同意向乙方(王某聪)补偿赠送其所持有的甲方(三维丝公司)IPO上市后股份中的一部分,乙方同意接受该等条件下的补偿赠送;丘某强、罗某花、罗某生同意将所合法持有公司IPO上市后15万股补偿赠送给王某聪(具体份额明细为:罗某花75,191股,丘某强45,488股,罗某生29,321股),约定乙方(王某聪)应丙方(丘某强等三人)之邀担任三维丝公司董事会秘书,负责三维丝公司股东大会及董事会具体日常事务等相关工作。此后,王某聪先后担任三维丝公司董事会秘书、公司副总经理等职务。丘某强曾于2013年11月8日转账给王某聪1,002,948元。2015年8月,丘某强向王某聪发出撤销赠与通知,决定撤销赠与《协议书》约定的赠送给王某聪的45,488股。王某聪提起诉讼。

【争议焦点】

1. 王某聪、丘某强签订的《协议书》属于股权激励合同还是普通的赠与合同?

2. 丘某强曾于2013年11月8日转账给王某聪1,002,948元,是否就《协议书》约定的补偿义务已经履行?

【法院观点】

1. 王某聪、丘某强签订的《协议书》性质系股权激励合同还是赠与合同?根据我国合同法规定,赠与合同为典型无偿单务合同,受赠人为纯获利益者,赠与人并不能从受赠人处取得任何财产代价,但本案讼争《协议书》中已约定丙方(丘某强等三人)同意给予乙方(王某聪)一定的股权补偿和激励的前提是王某聪应丘某强等三人之邀担任三维丝公司董事会秘书并负责三维丝公司股东大会及董事会具体日常事务等相关工作,即王某聪应承担相应合同义务。根据该《协议书》所约定的权利义务,讼争《协议书》应属三维丝公司股东给予公司员工的补偿合同,而不是赠与合同。

2. 关于丘某强就《协议书》的补偿义务是否已经履行。根据民事诉讼证据规定,是否履行合同义务应由履行合同义务一方承担举证责任。丘某强应对其履行补偿赠送义务承担相应举证责任。诉讼中丘某强未能证实其系依据王某聪通知于2013年7月18日卖出股票及双方对2013年7月18日股票卖出日至2013年11月8日付款日的利息有进行协议等相关事实,故丘某强关于其已支付1,002,984元的组成部分之事实主张不能成立,该协议有关股权激励的部分尚未履行。

【律师视角】

案例评析

本案的特殊点在于协议书中明确规定了签约主体各自的权利与义务。三维丝公司的股东丘某强在“赠与”员工股权的同时,约定了王某聪取得股权的前提条件,即要求王某聪履行一定的义务。协议各方均享有权利并承担义务使得该《协议书》区别于普通的单务无偿赠与合同。法院从这一点出发,判定本案的《协议书》是股权激励协议而并不是赠与合同有理有据。

实操建议

实操中,建议公司或者公司的股东在激励员工、授予员工股权时注意以下几点内容:第一,股权激励协议的用词表达要与协议想表达的意图一致,避免使用歧义字眼,带来不必要的麻烦。在不确定法言法语的具体含义时,建议请公司的法务部或外部律师审阅;第二,关于股权的授予方式,如果协议中明确约定了具体方式,应该严格按照协议规定的方式履行。如果采用协议外的其他方式履行,建议就该履行的性质进行明确的补充约定,避免协议方就是否履行协议产生争议。

类似案例 | 林某雷等请求变更公司登记纠纷案

【基本信息】

再审申请人(一审第三人、二审上诉人):林某雷

再审被申请人(一审原告、二审被上诉人):北京明日中铁科技发展有限公司(以下简称科技公司)

再审被申请人(一审原告、二审被上诉人):北京睿力恒一物流技术股份公司(以下简称睿力公司)

案由:请求变更公司登记纠纷

案号:北京市高级人民法院(2015)高民(商)申字第01363号

【相关案情】

林某雷为睿力公司员工。2010年6月,为了激励员工勤勉尽责地为公司的长期发展服务,睿力公司实施了股权激励计划。2010年6月21日,科技公司与林某雷签订《股权转让协议》,约定科技公司将持有的睿力公司0.375%的股权按304,500元的价格转让给林某雷。科技公司与睿力公司实际控制人为同一人。2010年10月21日,科技公司与林某雷又签订了一份《补充协议》,约定:"如果睿力公司首次公开发行人民币普通股股票并上市前之任何时候,睿力公司与林某雷之间的劳动合同终止,林某雷应在劳动合同终止后五个工作日内将其所持有的睿力公司全部股权转让给科技公司";同时约定,科技公司与林某雷之间的股权转让是睿力公司员工股权激励计划的一部分,科技公司要求、林某雷亦同意对林某雷未来转让其所持有的睿力公司股权作出限制性规定。同日,科技公司与林某雷又签订一份《股权转让协议》,约定:该股权转让协议应自睿力公司与林某雷之间的劳动合同终止时自动生效。科技公司于2012年7月20日向林某雷支付了协议约定的股权转让款304,500元。2011年6月23日,睿力公司改制为股份公司,在工商登记中载明的林某雷认缴及实际缴付情况均为22.5万股。

【争议焦点】

1. 林某雷与科技公司之间签订《股权转让协议》及《补充协议》是否有效?

2. 在科技公司已向林某雷支付304,500万元股权转让款的情况下,林某雷持有的睿力公司22.5万股股份是否应向科技公司转让?

【法院观点】

首先,员工股权激励计划制度是由企业员工持有本公司股权或股份,其设立旨在激励持股员工勤勉尽责地为公司提供长期服务。通常情况下,实施股权激励计划的企业会对参与计划员工所持公司股权或股份的转让作出一定限制,职工是否参加股权激励计划,并不以持股员工获得股权价格是否优惠作为唯一的判断标准;且案外人王×系睿力公司改制后,以向睿力公司出资的方式取得相应股份,与林某雷取得股份的条件并不一致,故林某雷以其受让睿力公司股权的价格并非优惠价格而否认其因睿力公司实施股权激励计划而取得股权的主张,缺乏事实依据和法律依据。其次,林某雷与科技公司签订的《补充协议》中明确约定,林某雷与科技公司之间的股权转让是睿力公司员工股权激励计划的一部分,《补充协议》还对林某雷转让其所持睿力公司股权作出限制性的规定,且科技公司和林某雷均在该协议上盖章或签字,林某雷虽称其被迫签订《补充协议》,但未就此提供证据予以证明,应承担举证不利的法律后果。故认定《补充协议》系林某雷和科技公司的真实意思表示,林某雷对上述约定明知并签字认可,其主张持有睿力公司股权不属于股权激励、其股东权益未受限制缺乏事实依据。

【律师视角】

案例评析

一方面,关于员工是否参与股权激励计划的判断标准。法院认为,持股员工获得股权价格是否优惠不是参加股权激励计划的唯一的判断标准。另一方面,关于公司改制是否会影响认定员工的持股情况。法院认为,公开发行股票的主体为股份有限公司,林某雷与科技公司签订《补充协议》时,睿力公司的性质为有限责任公司,睿力公司需改制为股份有限公司方能公开发行股票。结合科技公司要求,林某雷亦同意对林某雷未来转让其持有的睿力公司股权作出限制性规定和"在睿力公司首次公开发行人民币普通股股票并上市前,未经科技公司同意,其不得向任何第三方转让、质押或以其他方式处置其持有的睿力公司股权"等内容,林某雷知悉睿力公司计划公开发行股票一事,其对睿力公司需进行改制,以及改制后其所持睿力公司股权相应变更为睿力公司股份,且该股份的转让可能会受到限制应有预见。因此法院不采信林某雷的上诉理由于法有据。

实操建议

从公司的角度,建议在股权转让协议书中明确股权转让的原因,明确该转让是否属于股权激励措施;股权转让附有相关的限制条件,也应该在股权激励协议中明确表达。从劳动者的角度,应当充分关注股权激励协议中的限制性条件,以免后续纠纷的产生。

类似案例　|　勾某与赵某保合同纠纷案

【基本信息】

再审申请人(一审原告、二审上诉人):勾某

再审被申请人(一审被告、二审被上诉人):赵某保

案由:合同纠纷

案号:北京市高级人民法院(2019)京民申3525号

【法院观点】

法院认为,从合同的缔约目的分析,赵某保参与孵化器公司经营的目的是无偿获得部分股权。如赵某保确如勾某所述,仅在孵化器公司担任经理一职,并无股东身份,那么其从事的工作与获得的收益显然不相匹配,即其享有的权利与承担的义务明显失衡。这与常理不符。相较之下,赵某保所述勾某作为孵化器公司原股东通过无偿让渡部分股权作为引入赵某保全职参与孵化器公司经营管理的激励和对价更符合逻辑。股权激励并无固定模式。本案中,勾某同意让渡的股权分为两部分:一部分为无偿转让,另一部分则为有偿转让,二者在转让条件和转让期限上存在显著区别,故其激励作用亦应有所侧重。在本案中,勾某于2015年7月17日向赵某保出具《承诺书》,承诺其向赵某保无偿转让20%的股权。在2015年7月21日的《会议纪要》中双方对前述事项进一步进行约定。2016年1月所进行的工商变更登记,应系基于《承诺书》《转让协议》而进行的具体履行行为,属于双方当事人的真实意思表示。

第二节 股权激励关系的否定

◎问题聚焦

基于不同的角度和不同的原因,企业或个人希望能够确认相互之间的某种关系属于股权激励关系。但是,即便双方签订了股权激励协议,甚至双方实际履行了相关的协议,有时法院也不会认定双方的关系就属于股权激励关系。为什么会出现这种情况呢?

◎裁判规则

法院会从股权激励的双方主体身份是否适格、股权激励协议是否签订、股权激励协议的实际履行状况以及双方是否存在股权激励的真实意思以及意思是否变更等因素进行全方位的考察,来确认双方关系是否属于股权激励关系。

◎案例详解

经典案例 | 踢球者世界(北京)科技有限公司与扈某杰劳动争议纠纷案

【基本信息】

上诉人(原审原告):踢球者世界(北京)科技有限公司(以下简称踢球者世界公司)

被上诉人(原审被告):扈某杰

案由:劳动争议纠纷

案号:北京市第一中级人民法院(2017)京01民终9259号

【相关案情】

扈某杰于2015年8月1日全职在踢球者世界公司工作,于2015年12月31日离职,双方未签订劳动合同,工作期间踢球者世界公司每月向扈某杰发放工资5000元。公司CEO黎×2015年7月10日发给扈某杰的电子邮件中显示,"股东义务"部分:"工资。这个阶段,大家只拿5000,A轮以后大家再商议整体的工资结构",该部分明确说明此项为股东义务,但扈某杰从入职至离职,双方并未就股权问题达成一致并签订书面协议,扈某杰未履行出资义务;关于股权分配系开会当面协商的主张,也没有文字记录。踢球者世界公司提交《工商变更登记》打印件,证明该公司于2015年12月11日曾申请工商变更,新增扈某杰为股东,但在现场审核时未通过,最终未进行变更。

【争议焦点】

扈某杰是否具有踢球者世界公司的股东身份?

【一审】

诉讼请求

1. 对昌平区劳动争议仲裁委员会京昌劳人仲(2016)第1183号裁决书进行改判(裁决书裁决主要内容为:踢球者世界公司支付扈某杰2015年9月1日至2015年12月31日未签劳动合同双倍工资差额100,000元;踢球者世界公司支付扈某杰2015年8月1日至2015年12月31日工资200,000元)。

2. 向扈某杰支付未签订劳动合同双倍工资差额2万元。

裁判结果

1. 原告踢球者世界公司支付被告扈某杰未签订劳动合同双倍工资差额10万元；

2. 原告踢球者世界公司支付被告扈某杰2015年8月1日至2015年12月31日工资补贴10万元。

【法院观点】

庭审中，踢球者世界公司称协议中约定的“新一轮融资”为“A轮融资”，现该公司仅拿到天使融资，未拿到“A轮融资”，故该协议约定的补贴标准未达到生效条件。本院认为，综合考虑双方邮件协商过程和内容，2015年7月10日黎×发给扈某杰的电子邮件中显示，“股东义务”部分：“工资。这个阶段，大家只拿5000，A轮以后大家再商议整体的工资结构”，该部分明确说明此项为股东义务，但本案中扈某杰未履行出资、未经工商变更登记成为踢球者世界公司股东，故不受该项约束。

【二审】

上诉请求

撤销一审判决，依法改判踢球者世界公司支付扈某杰未签订劳动合同二倍工资20,000元、生活补助金10,000元。

裁判结果

驳回上诉，维持原判。

【法院观点】

踢球者世界公司虽主张扈某杰具有股东身份，但自扈某杰入职至离职，双方并未就股权问题达成一致并签订书面协议，扈某杰也未履行股东出资义务，且未经工商变更登记成为踢球者世界公司股东。

【律师视角】

案例评析

股东资格的确认，需要进行全面的考察：第一，一个人是否有成为股东的真实意愿；第二，作为相对方的公司现有股东，对于某个人成为新股东，是否认可、同意、达成意思的一致；第三，双方（或者各方）是否有书面的合同、协议确认；第四，想成为股东的人，是否实际履行了股东的义务，行使了股东的权利等。具体到本案中，尽管踢球者世界公司认为扈某杰属于股东，但是法院认为证据不足，最终没有认定扈某杰的股东身份。

类似案例 张某杨与青岛首先稻米油科技股份有限公司、尹某义合同纠纷案

【基本信息】

原告:张某杨

被告:青岛首先稻米油科技股份有限公司;尹某义

案由:合同纠纷

案号:山东省青岛市黄岛区人民法院(2017)鲁0211民初6110号

【相关案情】

2014年12月11日,青岛首先稻米油科技股份有限公司与张某杨签订期权证明合同,约定张某杨认购青岛首先稻米油科技股份有限公司拟发行的期权30,000股,每股价款1元,期权认定周期暂定为3年(根据公司正式上市时间为准)。合同签订后,张某杨于2014年12月17日向青岛首先稻米油科技股份有限公司转账支付30,000元,青岛首先稻米油科技股份有限公司于2014年12月12日为张某杨出具期权证明书,证明张某杨出资30,000元购买并持有该公司期权30,000股。青岛首先稻米油科技股份有限公司至今未上市,其法定代表人为总经理贾某娟,董事长为尹某义。张某杨既非该公司股东,亦非该公司员工。

【争议焦点】

不是公司员工但是出资持股是否构成股权激励?

【法院观点】

法院认为,股份期权系企业对员工的股权激励,我国现行法律法规尚无专门用于调整股份期权的规定,中国证券监督管理委员会第126号令公布的《上市公司股权激励管理办法》对股权激励的定义为:上市公司以本公司股票为标的,对其董事、监事、高级管理人员及其他员工进行的长期性激励。本案中,张某杨并非青岛首先稻米油科技股份有限公司员工,青岛首先稻米油科技股份有限公司亦非上市公司,青岛首先稻米油科技股份有限公司以发行期权名义招募认购者实际为企业针对不特定人的资金筹集行为。张某杨于2014年12月17日通过案外人郭某玲银行账户向青岛首先稻米油科技股份有限公司支付30,000元,青岛首先稻米油科技股份有限公司应当返还该笔款项并自2014年12月18日起至实际给付之日按中国人民银行规定的同期银行贷款利率支付利息,该利息足以弥补张某杨所受损失,法院认为张某扬主张青岛首先稻米油科技股份有

限公司应根据合同约定按已付资金3倍返还于法无据。

【律师视角】

案例评析

股权激励主要是指企业运用股权相关权益来激励企业高级管理人员或优秀员工的方法,激励对象主要是公司员工;不是公司(包括关联公司)员工的"股权激励",难以被法院认定为股权激励。

类似案例 | 云南名家智能设备股份有限公司、蒋某明民间借贷纠纷案

【基本信息】

上诉人(原审被告):云南名家智能设备股份有限公司(以下简称名家公司)

被上诉人(原审原告):蒋某明

案由:民间借贷纠纷

案号:云南省昆明市中级人民法院(2018)云01民终1898号

【相关案情】

蒋某明原系名家公司的工作人员,后于2016年10月28日从名家公司处离职。在双方劳动合同期间,蒋某明于2015年9月28日向名家公司缴纳员工认缴股权预交款20,000元,后因名家公司股权激励方案失败,双方约定蒋某明缴纳的20,000元作为借款,并约定借款利率为年利率20%,名家公司已向蒋某明支付2015年10月1日至2016年1月31日的利息,共计1333.33元。

【争议焦点】

蒋某明与名家公司之间是否成立民间借贷关系?

【法院观点】

法院认为,虽然名家公司以员工股权激励计划的名义向蒋某明收取了2万元,但根据名家公司的陈述,该股权激励计划于2015年12月没有通过,故名家公司应当及时向蒋某明退还该2万元。但名家公司反而于2016年1月27日向蒋某明支付了以2万元为基数,自2015年10月1日至2016年1月31日,按照年利率20%计算的利息1333.33元。由于蒋某明并非名家公司的股东,不可能获得股息;另外,名家公司也未提交证据证明该20%股息率的形成过程和依据。故名家公司与蒋某明已经用行为将蒋某明员工认缴股权预交款转为借款,即名家公司与蒋某明成立民间借贷关系。

第二章

股权激励争议类型

第一节　劳动争议类

◎问题聚焦

股权激励争议的法律属性通常包括劳动争议、合同纠纷或者公司相关纠纷。股权激励争议法律属性的界定会直接影响争议处理的程序选择,进而可能会对纠纷的实体审理产生根本影响。用人单位在经营管理过程中引发的与劳动付出密切相关的股权激励纠纷是属于劳动争议,还是合同纠纷,抑或是公司纠纷?用人单位是否可以在股权激励协议中约定,排除适用劳动法等相关法律法规呢?

◎裁判规则

1.用人单位与劳动者在解除劳动关系协议中对支付股权激励款项作出安排的,通常认为该类股权激励纠纷属于劳动争议。

2.以员工岗位、工作时限、工作成果等为基础和/或对价的股权激励协议,本质上属于用人单位的管理行为、报酬分配行为基础上的协议,是附着于劳动关系而产生的。因此产生的争议,属于履行劳动合同过程中产生的争议,故倾向于被认定为劳动争议。

3.用人单位与员工之间的争议确属劳动争议范围的,则用人单位在股权激励协议中排除适用劳动法的约定无效。

经典案例　乐视网信息技术(北京)股份有限公司与赵某劳动争议纠纷案

【基本信息】

上诉人(一审原告):乐视网信息技术(北京)股份有限公司(以下简称乐视网公司)

被上诉人(一审被告):赵某

案由:劳动争议纠纷

案号:北京市第一中级人民法院(2019)京01民终568号

【相关案情】

赵某于2014年8月20日入职乐视网公司,乐视网公司向赵某发送的《录用通知函》中记载:您将享受乐视网期权奖励,公司承诺提供乐视网第三期期权12万股,您将享受公司股权奖励,公司承诺提供乐视网股权2万股。

2017年5月22日双方解除劳动关系,乐视网公司与赵某签署《协议》,记载"甲(乐视网公司)乙(赵某)双方经友好协商,一致同意于2017年5月22日解除双方劳动关系,双方共同确认:甲方为乙方支付长期激励款项,税前金额为653,290元,支付方式为双方解除劳动关系后,分12个月支付"。

后因乐视网公司未按照协议向赵某支付长期激励款项,赵某向北京市海淀区劳动人事争议仲裁委员会提起仲裁申请,该委员会于2018年4月16日作出京海劳人仲字(2018)第5581号裁决书,裁决:乐视网公司向赵某支付长期激励款653,290元。乐视网公司不服该裁决,向法院起诉。

【争议焦点】

本案涉及的长期激励款是否属于劳动争议的范畴?

【法院观点】

乐视网公司与赵某于劳动关系解除时签署的《协议》是基于双方真实意思表示,对双方均具有约束力,且股权激励也是基于劳动合同订立、履行、解除而引发的争议,属于劳动争议案件受理范围。

【律师视角】

案例评析

根据《最高人民法院关于审理劳动争议案件适用法律若干问题的解释(二)》(法释〔2006〕6号)第四条的规定,用人单位和劳动者因劳动关系解除及支付解除劳动关系经济补偿金产生的争议，属于劳动争议的范畴。本案中，由于双方在解除劳动关系的同时就解除劳动关系和股权的处置一并进行了安排，该等股权处置与解除劳动关系存在较为密切的联系，故将此类纠纷认定为劳动争议应该成为此类股权激励案件的倾向性裁判观点。

实操建议

有些用人单位不愿意按照劳动争议来处理股权激励纠纷，因为用人单位认为合同纠纷或者公司纠纷对于用人单位和劳动者的保护会更加均衡，且举证责任等方面的差别也相当巨大。然而，法院通常会在全面认定事实和综合判断的基础上来确定股权激励纠纷的案由，因此，用人单位可以努力争取非劳动争议案由，但是，全力准备应对案件，对于任何案由来说，都是理智和正确的选择。

类似案例　潘某锋与北京丽波服装服饰有限公司股东知情权纠纷案

【基本信息】

原告：潘某锋

被告：北京丽波服装服饰有限公司（以下简称丽波公司）

案由：知情权纠纷

案号：北京市石景山区人民法院（2016）京0107民初6442号

【相关案情】

2011年2月，丽波公司法定代表人高某丽向潘某锋赠与丽波公司内部股券100张，股券上印有股券细则，其中载明：此股券为公司给在职核心员工配发的内部身股，人在股在，人走，股券公司收回股份。

2012年12月31日，潘某锋与丽波公司签订《身股赠与协议书》。其中主要载明："根据你目前所在的岗位、工作能力以及对公司的贡献，特吸纳你为公司股权激励的对象，公司决定在劳动合同期内赠与你公司的身股分红权，参与公司经营的利润分红。具体规定如下：身股分红权由公司股东免费赠与，岗位变动，身股分红权随之变动……董事会根据持股人所持身股比例，通过财务核算年度利润评定，减去计划再投入比例，最终确定年度分红数额……公司根据个人对公司贡献对持股变更有决定权；公司开除持股人（非违法、违纪），公司回购持股人所持股份，变现支付……身股分红为股东特别赠与，不属于劳动报酬，故不适用于《中华人民共和国劳动合同法》。”

2013年1月1日，丽波公司向潘某锋出具《身股赠与确认书》，其中载明：“……根据您目前所在的岗位以及对公司的贡献，在符合公司相关规定的条件下，您将获得公司无偿赠与的身股分红，赠与额度二十万元整……特别提示，本分红为股东特别赠与，并非劳动报酬。”

【争议焦点】

1. 基于《身股赠与协议书》及《身股赠与确认书》，潘某锋和丽波公司之间成立何种法律关系？

2.《身股赠与协议书》及《身股赠与确认书》中关于身股分红为股东特别赠与，不属于劳动报酬，不适用《劳动合同法》的约定是否有效？

【法院观点】

1. 丽波公司在《身股赠与协议书》及《身股赠与确认书》中虽然注明身股分红不是劳动报酬，不适用《劳动合同法》，但根据《身股分红协议书》及内部股券的内容和分红的性质来分析，身股分红和内部股券以员工岗位、工作时限、公司经营情况等为基础，其性质和内容应当属于劳动报酬范围。因此，潘某锋就本案所产生的争议应当先行到劳动争议仲裁委员会申请仲裁。

2. 虽然双方签订的《身股赠与协议书》及《身股赠与确认书》中丽波公司声明身股分红为股东特别赠与，不属于劳动报酬，不适用于《劳动合同法》，但该约定与法相悖，应属无效。

【律师视角】

案例评析

1. 潘某锋与丽波公司之间的法律关系。本案中，法院通过对上述两文件的内容和内部股券的性质进行分析，指出身股分红和内部股券系劳动报酬。既然身股分红属劳动报酬，那么就和能够取得股东身份的股权产生了本质区别，潘某锋也就没有了基于股东身份享有的股东知情权。

2. 用人单位在股权激励协议中排除适用《劳动合同法》的约定的效力。在本案中，潘某锋取得的身股分红以员工岗位、工作时限、公司经营情况等为基础，其性质和内容属于劳动报酬范围，虽然丽波公司在《身股赠与协议书》及《身股赠与确认书》中声明身股分红为股东特别赠与，不属于劳动报酬，但该声明因违法而无效。

第二节　合同纠纷类

◎问题聚焦

公司为提高员工的工作积极性和对公司的忠诚度，促使员工像对待自己利益一样对待公司利益，与员工签订并履行股权激励协议。那么，双方就股权授予合同中的权利义务关系发生争议时，属于劳动争议还是一般合同纠纷？

◎裁判规则

第一，用人单位和劳动者双方在股权激励协议中设定的权利义务，不是用人单位在劳动法上的法定权利义务，也并非劳动者争取劳动机会、行使劳动者权利、履行劳动者义务所设定的权利义务；第二，在股权激励协议的签订及履行过程中，劳动者具有主动性和充分的可选择性，其行为完全不受劳动者身份的限制；第三，股权激励协议中双方权利义务的核心内容是平等的，那么法院会倾向于认定上述股权激励纠纷属于合同纠纷。

◎案例详解

经典案例｜付某与淘宝（中国）软件有限公司、阿里巴巴集团控股有限公司合同纠纷案

【基本信息】

上诉人（原审原告）：付某

被上诉人（原审被告）：淘宝（中国）软件有限公司（以下简称淘宝软件公司）

被上诉人（原审被告）：阿里巴巴集团控股有限公司（以下简称阿里集团公司）

案由：合同纠纷

案号：浙江省高级人民法院（2016）浙民终 504 号

【相关案情】

付某原系淘宝软件公司员工，在职期间与阿里集团公司分别订立了三份股票期权授予合同，共被授予阿里集团公司股票期权70,800股，其中已行权70,400股。已行权的股票中，有35,000股已被付某变卖；另35,400股阿里集团公司决定按照行权价格回购。后付某要求办理股票证书，阿里集团公司因付某违反公司商业行为准则，同时违反股权期权激励计划中期权行权终止的“特定事由”，回购付某未行权的期权，拒绝交付股票证书。付某则要求淘宝软件公司和阿里集团公司立即交付阿里集团公司35,400股的股票证书并办理相关登记手续。

【争议焦点】

1. 当事人就股票期权授予合同建立了何种法律关系，劳动关系还是合同关系？

2. 股票期权授予合同中，双方的权利义务是否对等？

【一审】

诉讼请求

原告付某请求法院判令淘宝软件公司和阿里集团公司立即向其交付阿里集团公司35,400股的股票证书并办理相关登记手续。

裁判结果

驳回原告付某的诉讼请求。

【二审】

上诉请求

请求撤销一审判决，判令淘宝软件公司和阿里集团公司向付某交付阿里集团公司的35,400股股票证书，并办理相关登记手续。

裁判结果

驳回上诉，维持原判。

【法院观点】

股票期权授予合同中双方构建的权利义务不属于劳动合同中的权利义务。虽然阿里集团公司向付某提供股票期权激励的原因在于，付某与旗下淘宝软件公司存在劳动关系，但阿里集团公司和付某双方在股票期权激励中设定的权利义务，不是用人单位或者关联公司在劳动法上的法定权利义务，也非劳动者争取劳动机会、行使劳动权利中设定的权利义务，故不属于劳动合同中的权利义务。双方就股票期权激励所签订的股票期权授予合同应属平等主体之间的普通商事合同。从合同的签订及履行过程看，付某既可以对授予的股票期权选择接受或者不接受;在接受之后,行权截止日前还可以选择购买或者不购买,付某作为受要约人作出意思表示并未受到与身份有关的限制。

从合同约定的权利义务内容看,阿里集团公司以优惠的价格授予股票,给予付某财产性激励,付某向阿里集团公司及其任职公司履行忠诚义务,是股票期权激励中的双方权利义务的核心内容,是对等的,双方就股票期权激励所签订的股票期权授予合同应属平等主体之间的普通商事合同。现付某要求阿里集团公司交付股票并办理登记手续,该合同权利已因付某的违约行为而丧失,不予支持。

【律师视角】

案例评析

本案中,明晰双方之间的法律关系是法院裁判的关键所在,法院将单位与员工之间建立的劳动合同关系与平等主体之间建立的普通商事合同关系在本案作了明确的区分。判定付某与阿里集团公司之间是以股权授予合同为媒介建立起的普通商事合同,则付某与淘宝软件公司之间的劳动关系,并不影响股权授予合同中双方的权利义务关系。股权授予合同基于双方当事人合意达成,其合同内容也并未违反法律的相关规定,双方均有义务履行合同约定,均有权利行使合同给予的权利。

本案中,付某的行为符合股权授予合同中"因特定事由终止"期权计划的情形,阿里集团公司据此回购付某尚未行权的期权亦是行使其合同权利的体现。

实操建议

对用人单位而言,注意股份期权激励计划应包含期权激励的方方面面,既应当包含激励计划的目的、相关定义、期权管理、期限、行权对价、股票支付、不可转让、变更、计划修正等条款内容,也应当包括期权行使终止事由、终止条件等条款,还有用人单位认为重要的其他条款。员工的行为有时会违反劳动合同,有时会违反股权激励协议,有时同时违反这两项,用人单位在协议条款设计时都应该注意到,以期在激励员工的同时,充分保护用人单位的利益。

类似案例 | 广州米信投资合伙企业(有限合伙)、雷某利合同纠纷案

【基本信息】

上诉人(原审被告):广州米信投资合伙企业(有限合伙)(以下简称米信

企业)

被上诉人(原审原告):雷某利

原审被告:吴某米

原审被告:庄某

原审第三人:广州冠晟网络信息技术有限公司(以下简称冠晟公司)

案由:合同纠纷

案号:广东省广州市中级人民法院(2018)粤01民终21298号

【相关案情】

2017年2月10日,冠晟公司与雷某利签订《劳动合同》。2018年1月19日,米信企业作为甲方与作为乙方的雷某利签订《大米印核心团队股权授予协议书》,首部记载:甲方系目标公司(冠晟公司)的实际控制人,依据互联网行业惯例,为核心团队制订股权激励计划;乙方系目标公司团队核心人员,自愿参与和接受甲方制订的激励计划,接受相应规则,谋求与目标公司共同发展,适当共担风险……双方就此签订股权授予协议书。该协议亦载明:无论雷某利在2018年以任何理由退出冠晟公司,米信企业有权在雷某利退出公司两个月后向其无息退还涉案款项。2018年1月22日,雷某利向前述协议约定的银行账号支付100,000元,同日,米信企业向雷某利出具《收据》,载明收到雷某利股权投资款100,000元。2018年4月18日,雷某利退出冠晟公司,要求米信企业退回其100,000元,双方就此发生争议。

【争议焦点】

米信企业和雷某利之间是劳动关系还是合同关系?

【法院观点】

本院认为,首先,雷某利是冠晟公司的员工,而非米信企业的员工,双方之间并未形成劳动关系,因此,本案为商事合同关系。其次,虽然本案合同的签订主要是基于雷某利是冠晟公司的团队核心人员而制定的股权激励机制,与雷某利的薪酬存在一定关联性,但是根据合同相对性,雷某利无法向冠晟公司主张权利。原审法院将双方关系认定为商事合同关系正确。

涉案协议书系雷某利、米信企业的真实意思表示,内容没有违反法律、行政法规的强制性规定,属有效合同,双方当事人均应严格依约履行各自义务。该协议已载明:无论雷某利在2018年以任何理由退出冠晟公司,米信企业有权在雷某利退出公司两个月后向其无息退还涉案款项,依照《大米印核心团队股权授予协议书》的约定，法院判令米信企业向雷某利退还款项100,000元有理有据。

【律师视角】

案例评析

法院基于合同的相对性原则，确定米信企业和雷某利之间是商事合同关系，因为双方根本不存在劳动关系。

实操建议

如果用人单位希望对员工进行股权激励，同时不愿意因股权激励与员工形成的法律关系隶属于劳动关系，此时让关联企业代用人单位作为激励者来履行股权激励相关权责，是可以运用的一种方式。

类似案例　蒋某明与袁某孟不当得利纠纷案

【基本信息】

原告：蒋某明

被告：袁某孟

案由：不当得利纠纷

案号：广东省中山市第二人民法院（2015）中二法民一初字第1195号

【相关案情】

蒋某明与袁某孟均是中山市东升镇东锐电镀有限公司第二分公司（以下简称东锐电镀第二分公司）的员工。2014年2月25日，公司主管袁某孟主动向蒋某明表明，公司有意对其进行股权激励，要求蒋某明向其支付153,000元取得公司的10%股权，今后就相应享有股东待遇及年底分红。蒋某明于次日向袁某孟转账支付153,000元。一年过去，公司既没有与蒋某明签订股权激励协议，也没有确认其股东身份，更没有向其支付任何股份分红，蒋某明认为自己受到袁某孟欺骗，诉至法院，请求判令：袁某孟立即向其返还不当得利款项153,000元及利息。

【争议焦点】

被告取得案涉的款项是否有根据？

【法院观点】

本案中，蒋某明主张其向袁某孟支付的款项153,000元构成不当得利。但从蒋某明在起诉状中所列的事实和庭审中陈述的事实，以及袁某孟的相关陈述可知,蒋某明向袁某孟支付款项153,000元系基于双方口头达成的股权激励协议或股权转让协议,即袁某孟取得案涉的款项是有根据的,而且单纯就达成股权激励协议或股权转让协议本身而言,其系一个合法的根据。

基于该股权激励协议或股权转让协议产生的纠纷属于合同纠纷,应通过合同纠纷诉讼进行处理。因此,现蒋某明以双方达成口头协议后袁某孟无法履行或者未履行合同义务为由主张被告不当得利不能成立。

【律师视角】

案例评析

本案属于比较有意思的案例,法院认可了口头股权转让协议或者股权激励协议的效力,尽管"激励者"的身份具有较强的特殊性。从这个案例可以看出,法院对于自愿达成的协议是非常倾向于认可其效力的。

第三节　公司纠纷类

◎问题聚焦

有时候,股权激励对象既是劳动者,又因为股权激励计划的实施成为公司的股东。双重身份决定了劳动者与公司之间存在双重法律关系。当劳动者与公司之间的劳动关系终止时,劳动者有时可以依照劳动法相关规定要求公司支付经济补偿金等。此时,劳动者一并提出的关于股权收益的诉讼请求能得到法院的支持吗?

◎裁判规则

股权收益的实质是劳动者基于股权激励计划实施后成为公司股东所享有的利益。根据公司法相关规定,股东收益不能基于劳动者身份获得,有关股东收益方面的争议也不属于劳动法的调整范围,除非确实不好分割开来处理,或者法官愿意一并处理不同类型的争议,否则在劳动争议案件中提起的股东权益诉讼,法院一般不予审处。

◎案例详解

经典案例｜李某波与陕西中和昊天建筑工程有限公司劳动争议纠纷案

【基本信息】

再审申请人(一审原告、二审上诉人):李某波

再审被申请人(一审被告、二审被上诉人):陕西中和昊天建筑工程有限公司(以下简称中和昊天公司)

案由:劳动争议纠纷

案号:陕西省高级人民法院(2019)陕民申660号

【相关案情】

2015年3月1日,李某波被聘任为中和昊天公司总经理,2015年3月20日,李某波与中和昊天公司签订《认购股权、股权托管协议》,约定:中和昊天公司自愿出让机组≤49%的股份供李某波选购,每年按“单台钻机组股权激励方案”中的规定向李某波派发股权红利,且保证每年的股权收益率≥18%;李某波自愿现金认购30T、32T、33T、38T机组20万元的股份,并将自己拥有该机组股份的股权托管给中和昊天公司经营和管理。2015年3月23日,中天昊和公司出具收款收据及认购股权出资证明,证明李某波交款金额为10万元。2016年12月31日,李某波提交辞职申请。后李某波申请劳动仲裁,2017年10月27日,西安市未央区劳动人事争议仲裁委员会作出裁决,裁决中和昊天公司支付李某波入股本金及收益共计138,753元,驳回李某波其他仲裁请求。李某波不服,诉至一审法院,法院对于李某波所主张的股东权益不予处理。上诉案中,二审法院维持了一审判决。李某波不服,申请再审。

【争议焦点】

李某波主张的股权收益是否属于劳动争议案件中的受案范围。

【一审】

诉讼请求

李某波请求中和昊天公司支付入股本金及两年收益,截至开庭日总计138,753元。

裁判结果

驳回原告李某波的该项诉讼请求。

【二审】

上诉请求

撤销原审判决,中和昊天公司返还李某波10万元本金及相关投资收益金。

裁判结果

驳回上诉,维持原判。

【法院观点】

李某波主张的股权收益实质是基于成为公司股东后所享有的利益,员工能否成为股东应当根据公司法的相关规定,不属于基于劳动者身份所享有的权利,故不属于劳动法的调整范围。李某波与中和昊天公司签订的《认购股权、股权托管协议》中约定李某波系自愿认购股份,且李某波要求分配的股权收益属于公司的股东所有,故李某波主张的股权收益不属于劳动争议的受案范围,本案不予处理。

【再审】

再审请求

中和昊天公司返还李某波集资款并支付相应投资收益。

裁判结果

驳回再审申请。

【法院观点】

依据李某波与中和昊天公司签订的涉案《认购股权、股权托管协议》约定,李某波认购中和昊天公司钻机股份,中和昊天公司按月给李某波支付收益,该协议约定的双方关系属于李某波和中和昊天公司之间股权认购法律关系,依法不属于劳动者与用人单位之间的劳动合同法律关系。

【律师视角】

案例评析

从实体角度分析,本案中的中和昊天公司最终可能需要支付李某波股权收益。但是,从程序角度来讨论,本案只处理劳动关系方面的争议,对于李某波的股权收益而言,因为并非基于劳动关系而享有的权利,而是公司与股东之间的关系,故应当适用公司法相关规定。因此,法院在处理劳动争议时,对李某波股权收益的诉讼请求不予审处并无不妥。

实操建议

在进入诉讼程序之前，律师首先需要了解当事人的诉求，明确案件适用的法律，严格区分不同的法律关系。无论是从用人单位的角度来说还是从劳动者的角度来说，将劳动争议和公司纠纷分案处理应该成为劳动者主张劳动者权益与股东处理股东权益案件的基本思路。

对比案例 | 何某某与亿滋(中国)有限公司劳动争议纠纷案

【基本信息】

再审申请人(一审原告、被告、二审上诉人):何某椝

再审被申请人(一审被告、原告、二审上诉人):亿滋(中国)有限公司(以下简称亿滋公司)

案由:劳动争议纠纷

案号:北京市高级人民法院(2017)京民申2331号

【相关案情】

何某椝于1999年1月1日入职亿滋公司。后亿滋公司为了激发员工的积极性，设立了股权激励制度，何某椝于2014年入股该公司，2016年何某椝向北京市劳动人事争议仲裁委员会提出仲裁申请，请求亿滋公司支付2014年度的股票及股票期权15,000美元、2015年度的股票及股票期权35,000美元。仲裁委作出京劳人仲字(2016)第497号裁决书，驳回了何某椝的该项仲裁请求。何某椝与亿滋公司均不服，诉至一审法院。一审法院驳回了何某椝关于股票和期权的诉讼请求，何某椝不服，提起上诉，二审法院维持了一审判决。何某椝提起了再审申请。

【争议焦点】

1. 何某椝与亿滋公司关于股票和期权权益的争议是否属于劳动争议?

2. 能否在提起劳动争议诉讼的同时一并提起股权争议方面的诉求?

【二审法院观点】

关于何某椝要求股票及股票期权的问题，因股票及股票期权等属于公司股东或股东相关权利问题，不属于本案的处理范围，其可另行解决。

【再审法院观点】

何某椝申请再审的理由不能成立。

【律师视角】

案例评析

因股票及股票期权等属于公司股东或股东相关权利问题,一般不属于劳动争议的受理范围。在一审和二审的劳动争议中何某棐坚持要求亿滋公司支付股票及期权收益。后在二审庭审中,法院建议当事人另案处理。再审中何某棐未再要求公司支付股东权益,可见当事人已经接受了法官另案处理的建议。从律师的角度来看,应充分尊重本案中的法院观点,针对不同的诉讼请求选择不同的诉讼方式。

实操建议

律师在接手相关案件的时候,一定不要大包大揽,承诺一次性地全部解决相关争议事项。律师可以建议当事人在劳动争议案件中提出与公司有关的争议事项,但是同时应当告诉当事人,法院很有可能因为案由问题,拒绝处理与公司相关的争议。一旦法院对于公司相关争议不予审处,律师对当事人的提前告知既可以彰显专业性,也可以让当事人进退自如,随时准备提起与公司相关的诉讼,以期获得股权和/或股权收益,获得股权回购款项等。

第三章

股权激励争议案件的管辖

第一节　劳动仲裁前置程序不可或缺的股权激励纠纷

◎问题聚焦

股权激励协议的签订和实施往往会涉及劳动关系，部分甚至直接以劳动关系作为法律基础。由股权激励协议引发的公司与员工之间的纠纷的性质属于劳动争议还是平等民事主体之间的合同纠纷，相关案件是否需要经过劳动争议前置程序，理论和实践中的争议都很大。那么，哪些股权激励纠纷必须经过劳动争议前置程序呢？

◎裁判规则

某些股权激励计划基于劳动关系产生，股权激励收益既体现了员工劳动力价值，性质上也包含对劳动者忠实义务的补偿，其履行和实现都与劳动者身份密不可分。如果股权激励纠纷基于劳动关系，股权激励协议与劳动关系在签订主体、具体内容、关键事项等方面联系紧密，股权激励所带来的仅仅是财产性收益，且该股权激励收益在法律性质上体现为某种劳动报酬（尽管形式上千奇百态），那么法院会倾向于将此类纠纷定性为劳动争议纠纷，因此劳动仲裁前置程序不可或缺。

◎案例详解

经典案例 ｜ 广州雪霸专用设备有限公司与盘某海劳动争议纠纷案

【基本信息】

上诉人(原审原告):广州雪霸专用设备有限公司(以下简称雪霸公司)

被上诉人(原审被告):盘某海

案由:劳动争议纠纷

案号:广东省广州市中级人民法院(2018)粤01民终18263号

【相关案情】

盘某海自2016年5月1日起与雪霸公司建立劳动关系,于2018年3月31日离职。雪霸公司曾给予盘某海5%的股权分红权利作为激励,并约定盘某海不得在雪霸公司以外的公司兼职、不得经营与原告雪霸公司有竞争关系的商业活动。

雪霸公司按约向盘某海支付股权分红款后发现,盘某海在任职期间及离职后与公司其他股东成立雄海公司,利用公司技术资料及客户信息经营与公司存有同业竞争关系的业务,遂诉至法院要求盘某海向雪霸公司返还股权分红款122,235元及赔偿损失177,765元。

本案中,除分红权利外,盘某海并未享有其他股东权利。根据雪霸公司提交的公司章程,章程未记载盘某海为公司董事、监事或者高级管理人员。而且,雪霸公司在提起该案诉讼前已向广州市南沙区劳动人事争议仲裁委员会申请另一相关案件的仲裁,申请仲裁案件诉求为盘某海离职后违反竞业禁止约定的行为认定以及由此造成的损失,但尚未开庭审理。

【争议焦点】

案件属于损害公司利益责任纠纷还是劳动争议?是否需要经过劳动争议仲裁前置程序?

【一审】

诉讼请求

1. 被告盘某海向原告雪霸公司返还股权分红款122,235元。
2. 被告盘某海向原告雪霸公司赔偿损失177,765元。

裁判结果

该案属于劳动争议纠纷,应当经过劳动争议仲裁程序,驳回起诉。

【二审】

上诉请求

1. 撤销一审裁定。

2. 判决本案依法由南沙区人民法院审理。

裁判结果

驳回上诉,维持原裁定。

【法院观点】

损害公司利益责任纠纷是指公司股东滥用股东权利或者董事、监事、高级管理人员违反法定义务,损害公司利益而引发的纠纷;其他人员由于侵权行为或者违约行为损害了公司利益,不属于此类纠纷。结合《公司股权激励制度》的规定及雪霸公司的主张,盘某海基于工作表现获得激励股权,但仅享有对所有者权益增值部分的分红权利,不享有重大决策参与权、管理者选择权等权利,也不得出售或转让股权,故不属于公司法规定的股东。现无证据证明盘某海系雪霸公司的董事或者监事。根据公司法规定,盘某海亦不属于雪霸公司的高级管理人员。因此,本案不属于损害公司利益责任纠纷。

该案中,《公司股权激励制度》载明案涉分红款用于激励对公司有贡献的员工,同时对分红款的履行及竞业禁止、商业秘密保护等违约责任进行了约定。雪霸公司在实际操作中系根据盘某海的工作考核情况计付具体分红款数额。可见该分红奖励基于双方的劳动关系产生,既是对盘某海劳动力价值的奖励,也包含对竞业限制补偿的性质,应视为盘某海在雪霸公司工作除基本工资外的附加劳动报酬。因此,雪霸公司以盘某海违反公司股权激励制度侵害公司合法权益为由,要求盘某海退还分红款项并赔偿损失,属于劳动争议。

【律师视角】

案例评析

面对用人单位和劳动者双方截然相反的主张,法院在梳理案件性质时,首先,从反面切入,将法条与证据结合,丝丝入扣,逻辑清晰,否定了盘某海的股东地位,因此也就否认了该案属于股东侵害公司利益纠纷。其次,又详细分析了股权激励协议的实质内容,从正面肯定了所签股权激励协议的分红奖励是基于双方的劳动关系产生,进而明确了该案件属于劳动争议纠纷。

对比案例 | 中国南玻集团股份有限公司与胡某劳动争议纠纷案

【基本信息】

再审申请人(原审原告、上诉人):中国南玻集团股份有限公司(以下简称南玻集团)

再审被申请人(原审被告、被上诉人):胡某

案由:劳动争议纠纷

案号:广东省高级人民法院(2019)粤民申2636号;(2019)粤民再227号

【相关案情】

2005年年底至2010年前后,胡某任职南玻集团子公司,东莞南玻华东工程玻璃有限公司(以下简称东莞南玻公司)财务部经理,之后任东莞南玻公司总经理。2008年6月16日,胡某与南玻集团签订《中国南玻集团股份有限公司限制性股票激励计划协议书》(以下简称《限制性股票激励计划协议书》),该协议书中约定了胡某负有相应的竞业限制义务。

后来,胡某从东莞南玻公司离职,但违反了《限制性股票激励计划协议书》中的竞业限制义务,在离职后两年内加入了与公司经营范围高度类同的同行业企业。据此,南玻集团认为胡某应当根据协议,返还其在职期间按照该协议约定取得的出售限制性股票收益及违约金,遂诉至法院。

【争议焦点】

因落实上市公司限制性股权激励计划而产生的纠纷,是劳动争议还是平等民事主体之间的一般民事合同纠纷?

【法院观点】

第一,从《限制性股票激励计划协议书》的签订目的看,南玻集团向胡某发售限制性股票,其目的在于留住和吸引对公司发展至关重要的中、高级管理人员和高端人才,提高公司在市场中的竞争力。胡某签订《限制性股票激励计划协议书》,目的在于取得南玻集团的限制性股票。限制性股票及其收益高于劳动法确定的对普通劳动者的保护标准。所以,《限制性股票激励计划协议书》的目的是规范公司和中、高级管理人员等不同于普通劳动者的特定员工之间基于限制性股票产生的权利义务,不同于《劳动法》"为了保护劳动者的合法权益"的规范目的。

第二,从《限制性股票激励计划协议书》签订主体的身份看,胡某时任东莞

南玻公司财务部经理，2016年离职前任南玻集团副总裁。胡某在限制性股权激励计划中更多是以公司高级管理人员和高端人才身份行使权利、承担义务，其普通劳动者身份相对弱化。所以，在本案基于限制性股票产生的纠纷中，胡某并非《劳动法》等劳动法律法规意义上的劳动者。

第三，从《限制性股票激励计划协议书》的内容看，其主要目的在于规范南玻集团和胡某之间基于限制性股权激励计划而产生的权利义务，并非约定劳动关系的产生、变更、消灭，也未约定工作时间、休息休假、社会保险、福利、培训、劳动保护、工伤医疗费、经济补偿或者赔偿金等关乎普通劳动者基本权利或生存条件的事项。所以，本案纠纷的审理焦点并不在于公司和股权激励对象之间的权利义务是否符合《劳动法》等劳动法律法规的规定。

第四，从《限制性股票激励计划协议书》中竞业限制条款的性质看，由于《限制性股票激励计划协议书》是南玻集团实施限制性股票激励计划和胡某参加限制性股票激励计划的产物，其关于胡某在两年内不得从事相同或相类似工作的约定，是胡某获得限制性股票及收益的对价，而不是胡某作为普通劳动者获得工资、劳动条件等的对价。所以，本案关于竞业限制条款的约定不同于《劳动合同法》第二十四条规定的竞业限制。

基于上述分析，本案纠纷认定为合同纠纷而不是劳动争议纠纷，更符合法律规定和个案情况。

【律师视角】

案例评析

再审法官根据法律规定和个案情况，通过四个方面来具体判断纠纷性质并确定案由，具有一定的代表性，对于类案或有比较好的参照价值：第一，从《限制性股票激励计划协议书》的签订目的看，其是为了规范公司和中、高级管理人员等不同于普通劳动者的特定员工之间基于限制性股票产生的权利义务；第二，从《限制性股票激励计划协议书》签订主体的身份看，胡某在限制性股权激励计划中更多是以公司高级管理人员和高端人才身份行使权利、承担义务，其普通劳动者身份相对弱化，并非《劳动法》等劳动法律法规意义上的劳动者；第三，从《限制性股票激励计划协议书》的内容看，其主要在于规范南玻集团和胡某之间基于限制性股权激励计划而产生的权利义务，并非约定劳动关系相关事项；第四，从《限制性股票激励计划协议书》中竞业限制条款的性质属于胡某获得限制性股票及收益的对价。这样的分析比较容易令当事人信服。

类似案例 | 广东海天集团股份有限公司与寇某华公司有关的纠纷案

【基本信息】

上诉人(原审被告):寇某华

被上诉人(原审原告):广东海天集团股份有限公司(以下简称海天集团公司)

案由:与公司有关的纠纷

案号:广东省佛山市中级人民法院(2017)粤06民终3034号

【相关案情】

寇某华曾先后在海天集团公司的全资子公司——海天调味股份公司、海天(高某)调味公司两家公司任职。2008年10月,海天集团公司与寇某华签订《奖励股权回购协议》,约定寇某华同意由海天集团公司回购其全部奖励股权。2010年8月,双方又签订《奖励股权回购协议之补充协议》,其中约定由公司进行考评后,根据个人表现和绩效来计算每年实际的奖励股权回购金,其中一项计算指标为重大失误或违法违纪,具体规定为:"没有严重失误或违法违纪,取得100%奖励股权回购金。严重工作失误对公司造成影响或违法违纪,受到公司处分,视情节严重程度,只能取得0~60%的奖励股权回购金;××被辞退或开除,股权奖励回购金全部取消。"上述协议签署后,海天集团公司按约定对寇某华进行考评,三次考评结果均为100%发放奖励股权回购金,海天集团公司据此发放给寇某华2011—2013年相应的奖励股权回购金。

2014年4月,广东省高级人民法院的一份生效判决书[(2015)粤高法民三终字第85号]认定寇某华在2012年8月实施了侵犯海天调味股份公司和海天(高某)调味公司商业秘密的行为。海天集团公司因此认为,寇某华故意对公司隐瞒了前述严重违反公司规章制度的侵犯商业秘密的行为,致使公司违背真实意思,按照100%系数确定和发放2013年度奖励股权回购金。海天集团公司遂诉至法院,请求确认寇某华以欺诈方式诱使公司在违背真实意思的情况下作出的2013年度奖励股权回购金考评和发放的民事行为无效,要求其返还奖励股权回购金及利息损失。

【争议焦点】

1. 双方争议是否属于劳动争议纠纷?

2. 被告是否应当向原告返还2013年度的奖励股权回购款1,171,920元及相应利息？

【法院观点】

要判断海天集团公司所提相关请求是否成立，首先需要审查的是该案是否属于劳动争议纠纷。根据双方提供《奖励股权回购协议》《奖励股权回购协议之补充》等证据，并结合一审法院查明的案件事实，可以认定本案所涉激励股权的取得以及海天集团公司向寇某华支付股权回购金的行为，无不以寇某华与海天调味股份公司、海天（高某）调味公司之间存在的劳动关系为前提。而且，寇某华与海天调味股份公司、海天（高某）调味公司之间的劳动关系的存在以及履行情况决定着激励股权的取得、回购股权金权益的实现。由此可见，本案争议的股权回购金与寇某华的劳动关系之间具有密不可分的联系。同时，海天集团公司与寇某华的用人单位海天调味股份公司、海天（高某）调味公司之间存在关联关系。因此，应当认定寇某华关于本案系劳动争议的理由成立。

【律师视角】

案例评析

实践中，法院在认定该类案件性质时，往往很难把劳动关系和股权激励协议下的民事合同关系单纯地区分开。法院通常会根据股权激励事项与劳动关系的相关度、股权激励收益是否应该归类劳动报酬等来确定股权激励纠纷的法律性质。如果股权激励事项与劳动关系相去甚远，以普通民事合同来解释和处理更为合适，法院一般就不认定股权激励纠纷为劳动争议；如果股权激励协议的订立目的、内容、订立主体和履行上的关系等与劳动关系相关度很高，则法院倾向于认定案件的劳动争议性质。

第二节　无须劳动争议前置程序的股权激励纠纷

◎问题聚焦

用人单位对本单位员工进行股权激励时，员工可能具有双重身份，确定是劳动者，同时有可能是股东。因为可能涉及双重法律关系，因此适用法律和解决纠纷程序就因为纠纷所涉法律性质的不同而大相径庭。解决股权激励纠纷有时候不需要经过劳动仲裁前置程序，这种情况下，法院的裁判依据是什么？

◎裁判规则

依附于劳动关系的股权激励关系,劳动关系的终止有可能也是股权激励关系终止的条件。不依附于劳动关系的股权激励,也同样可以将劳动关系终止作为股权激励合同终止的条件。因此,判断股权激励关系不应当看其与劳动关系之间的表面关系。如果股权激励关系仅仅是劳动关系存续期间产生,股权、期权或者其他形式的激励不属于工资、劳动报酬的范畴,股权激励不依附于劳动关系而独立存在,股权激励纠纷就不应视为劳动争议,相关争议也就不应当经过劳动争议前置程序。

◎案例详解

经典案例 | 毛某与天津任鸿科技发展中心合同纠纷案

【基本信息】

上诉人(原审原告):天津任鸿科技发展中心(有限合伙)(以下简称天津任鸿中心)

被上诉人(原审被告):毛某

案由:合同纠纷

案号:北京市第一中级人民法院(2019)京 01 民终 4814 号

【相关案情】

天津任鸿中心是北京亚鸿世纪科技发展有限公司(以下简称亚鸿公司)的员工激励持股平台。2017 年 5 月 24 日,亚鸿公司与毛某、天津任鸿中心签订《股权激励协议书》,约定亚鸿公司将天津任鸿中心 21.052% 的合伙份额按 40 万元的价格授予毛某作为激励股权。协议约定,毛某因辞职、被亚鸿公司辞退、劳动合同期满任一方不同意续签等从亚鸿公司离职时,毛某应将其实际取得的激励股权全部转让给亚鸿公司指定的人或由天津任鸿中心回购。在本协议签署之日起 24 个月内离职的,按股权激励原受让价格减已取的分红(如有)作价。毛某应于一个月内配合天津任鸿中心办理股权转让手续或回购手续。《股权激励协议书》签订后,天津任鸿中心为毛某办理了入伙工商变更登记。

2018 年 4 月,毛某从亚鸿公司离职。但毛某一直拒绝按《股权激励协议书》的约定,将其合伙份额转让给亚鸿公司指定的人,拒不配合天津任鸿中心办理工商变更登记手续。遂天津任鸿中心提起诉讼。

【争议焦点】

毛某与亚鸿公司之间的股权激励纠纷是否属于劳动争议案件受理范围?

【一审】

诉讼请求

判令毛某将其持有的天津任鸿中心全部合伙份额转让给亚鸿公司指定的人,配合天津任鸿中心办理工商变更登记手续。

裁判结果

驳回天津任鸿中心的起诉。

【法院观点】

因本案系基于毛某与亚鸿公司之间的劳动关系而产生的股权激励纠纷,故属于劳动争议案件受理范围,其诉讼程序应符合法律相关规定,不属于本案受理范围。

【二审】

上诉请求

天津任鸿中心请求撤销一审裁定,发回重审。

裁判结果

1. 撤销北京市海淀区人民法院(2019)京0108民初14620号民事裁定。
2. 本案指令北京市海淀区人民法院审理。

【法院观点】

毛某在与亚鸿公司签订的股权激励方案中既是劳动者又是股东。当毛某与亚鸿公司解除劳动关系后,其与天津任鸿中心之间的纠纷属于股东股权归属问题,在此法律关系中毛某仅仅是股东而不再是劳动者。因此,天津任鸿中心的起诉符合法定起诉条件,无须经过劳动争议仲裁委员会的处理程序。

【律师视角】

案例评析

本案的争议焦点在于毛某与天津任鸿中心之间的股权激励纠纷是否系基于毛某与亚鸿公司之间的劳动关系而产生,是否需经过劳动人事争议仲裁委员会的处理程序。毛某与亚鸿公司之间既存在劳动关系又存在股东投资关系,劳动关系虽然为基础关系,但员工作为股东,其与其他股东之间是平等民事主体之间的关系,在期限上受到劳动关系的限制,在法律性质上却是独立的。因此,毛某在与亚鸿公司解除劳动关系后,根据股权激励方案规定,其有将其合伙份额转让给亚鸿公司指定的人的义务。所以二审法院认为,毛某与天津任鸿中心之间的纠纷属于股东股权归属问题,不属于劳动争议案件的范畴,无须前置程序。

实操建议

对于用人单位来说,为了实现人才的激励与自身权益保护,可以在股权激励协议签订前明确股权激励所产生的法律关系的性质是设计成劳动关系类,还是设计成为合同类。不同法律性质的股权激励,不仅在争议解决上大不相同,在股权激励合同履行上也会有很大区别,甚至在激励效果上也各有特点,因此需要高度关注。当然,设计是否可以达到目的是一项专业技术性十足的工作。

类似案例 | 关某强与四川鱼鳞图信息技术股份有限公司劳动争议纠纷案

【基本信息】

上诉人(原审原告):关某强

被上诉人(原审被告):四川鱼鳞图信息技术股份有限公司(以下简称鱼鳞图公司)

案由:劳动争议纠纷

案号:四川省成都市中级人民法院(2017)川01民终5438号

【相关案情】

关某强于2012年10月8日入职鱼鳞图公司,2015年10月8日双方订立了期限自2015年10月8日至2018年10月7日的《劳动合同》。四川村城投资管理咨询有限公司(以下简称村城公司)系鱼鳞图公司的股东。2013年9月9日村城公司股东李某波、罗某斌将其所持有的公司股权分别转让给关某强等人。股东罗某斌向关某强转让了2.4万元村城公司股权。2014年1月7日,关某强被任命为鱼鳞图公司市场部银川办事处主任。2014年4月21日,鱼鳞图公司发出《关于对银川办主任关某强违纪事件进行行政处分的通报》:(1)撤销关某强原银川办主任职务;(2)对关某强享有的"人力知本共享计划"执行到2014年2月底,其余已执行部分根据后续表现决定是否清算。鱼鳞图公司陈述该处罚中第二项并未实际执行,知本股按照每月5000股的标准由股东支付给关某强直至2014年12月31日。2015年12月28日，鱼鳞图公司股东罗某斌以电子邮件形式向关某强发送《股份对账单》，邮件中对知本股与鱼鳞图公司股票的换算关系作出如下解释：3000万元的知本股对应鱼鳞图公司股份是1843万股，即每股知本股应对约0.61438股鱼鳞图公司股票。股份变动情况为：(1)鱼鳞图公司股东罗某斌授予关某强18万知本股(2012年10月1日至2014年12月31日)；(2)因行政处罚原价收回2014年5月1日至2014年12月31日的股票53,333股后，共计126,667股知本股，折合鱼鳞图公司股票77,822股；(3)此次将由村城公司转给关某强个人39,000股，关某强此时在村城公司的持股是110,588股，未来需做相应的调减至38,822股。鱼鳞图公司陈述村城公司将鱼鳞图公司股份转让给了关某强后，关某强应当协助办理村城公司股票的减持，但关某强并未办理减持，其实际持有的鱼鳞图公司的股份及村城公司的股份大于其应当持有的数额。鱼鳞图公司提交的《权益变动公告》及《国金证券股份有限公司成都双元街证券营业部对账单》显示，2015年12月29日村城公司转让39,000股鱼鳞图公司的股票给关某强。

2016年6月12日，鱼鳞图公司单方通知关某强，解除与关某强的劳动合同。2016年8月31日，关某强向成都市劳动人事争议仲裁委员会申请仲裁，成都市劳动人事争议仲裁委员会以不属于受理范围为由作出不予受理决定。关某强遂向法院提起诉讼。

【争议焦点】

关某强关于相关股份的诉讼请求是否属于人民法院劳动争议受案范围？

【法院观点】

一、二审法院均根据《劳动争议调解仲裁法》第二条规定的劳动争议具体类型，认为本案的股权激励纠纷虽基于与鱼鳞图公司劳动关系存续期间产生，但不属于劳动争议，需另案起诉。这与毛某与天津任鸿科技发展中心合同纠纷案中二审法院持相同态度，即认为股权纠纷不属于具体的劳动争议类型，不在劳动争议案件的受案范围内。

【律师视角】

案例评析

尽管绝大多数股权激励的产生是以劳动关系为基础，激励对象为本公司的员工，但其行权的条件及内容是通过股权激励协议的订立方式存在的。在股权激励产生的法律关系中，员工虽仍是劳动者但也可能同时是股东，需要通过《公司法》《合同法》来保护自身权益。本案中股权纠纷的争议事由虽与劳动关系的终止或解除有密切联系,但其本质是关某强与鱼鳞图公司股东村城公司以及村城公司股东罗某斌等人之间就鱼鳞图公司股份及村城公司股份所产生的争议。

类似案例 | 邓某与杭州爱财网络科技有限公司劳动合同纠纷案

【基本信息】

原告:邓某

被告:杭州爱财网络科技有限公司(以下简称爱财网络科技公司)

案由:劳动合同纠纷

案号:浙江省杭州市西湖区人民法院(2015)杭西民初字第2519号

【相关案情】

2014年9月9日,邓某入职爱财网络科技公司,从事市场部工作,约定月工资15,000元。当日,双方签订一份为期三年的《劳动合同》,合同期限自2014年9月9日至2017年9月8日。2014年9月5日,即劳动合同签订前,邓某、爱财网络科技公司及其法定代表人钱某龙根据《合同法》《公司法》等相关法律规定,共同签订了一份《员工股权激励及代持协议》,约定爱财网络科技公司以股东钱某龙代持的方式给邓某总共2%的公司期权。2015年3月6日,爱财网络科技公司单方解除与邓某的劳动关系。2015年3月9日,邓某办理了离职交接手续。2015年4月8日,爱财网络科技公司向邓某支付了代通知金15,000元、经济补偿金7500元,合计22,500元。2015年4月23日,邓某向杭州市西湖区劳动人事争议仲裁委员会提请仲裁。2015年6月15日,仲裁委裁定不予受理。2015年7月14日,邓某不服仲裁裁定,诉至法院。

【争议焦点】

邓某与爱财网络科技公司之间因股权激励引发的争议是否属于劳动争议案件的受案范围?

【法院观点】

因《员工股权激励及代持协议》涉及案外第三人,且期权不是劳动法意义上的工资或奖金等劳动报酬,所以不属于劳动争议受案范围,因此驳回原告关于期权回购的主张。

【律师视角】

案例评析

本案的不同点在于，员工持股协议在劳动关系产生之前签订，且以由公司股东钱某龙代持的方式给予原告2%的公司期权。由于股票期权主体有误，不是公司而是由公司股东对员工进行转让，因此，员工期权合同基于劳动关系产生的事实难以证明，且员工期权计划在内容上存在瑕疵，未能明确员工持股相应的行权条件。在此种情况下，劳动者难以证明该股权激励引发的争议属于劳动争议案件，邓某也无权因劳动关系的解除主张爱财网络科技公司回购其享有的公司2%的期权。

第三节　股权激励收益非劳动报酬，不按劳动争议处理

◎问题聚焦

股权激励产生的收益属于劳动报酬、工资福利，还是基于民商事合同关系产生，目前没有法律法规的明确规定。实践中，哪些股权激励的收益会被认定为非劳动报酬，不按劳动争议处理呢？

◎裁判规则

股票期权等股权激励收益的享有虽然通常是以劳动关系为前提，但它主要是一种附条件、附期限且收益结果不确定的激励机制，通常不属于法定的劳动福利，也不以货币形式体现，更多体现为一种风险权益，而不是劳动报酬。劳动争议庭法官更倾向于不将此类争议案件作为劳动争议处理，而交由商事庭或者民事庭来解决。

◎案例详解

经典案例｜李某涛劳动合同纠纷案

【基本信息】

上诉人（原审原告）：李某涛

上诉人(原审被告):塔苏斯(上海)展览有限公司(以下简称塔苏斯上海公司)

案由:劳动合同纠纷

案号:上海市第一中级人民法院(2017)沪01民终3542号

【相关案情】

2014年6月25日,李某涛与塔苏斯上海公司签订劳动合同,约定合同期限为自2014年6月1日至2016年5月31日,李某涛担任项目经理,每月工资为13,341.67元,双方还就其他事项作了约定。李某涛持有一份股票期权证,记载李某涛于2011年3月25日被授予"持有以每股普通股143p的价格购买塔苏斯集团有限公司不超过2000股影子普通股,每股价格为5p的影子现金期权"。股票期权证落款处签名人身份为T的董事/秘书。2015年10月19日,李某涛向T提出行权申请。T工作人员于2015年11月2日通过电子邮件方式告知李某涛将会收到2011年购股权1540英镑。

2016年2月29日,塔苏斯上海公司以李某涛严重违反规章制度及诚信原则和职业道德为由,解除与李某涛的劳动合同。

【争议焦点】

李某涛关于股票期权诉请是否为劳动争议?是否为本案受案范围?

【一审】

诉讼请求

要求塔苏斯上海公司支付股票期权款14,429元。

裁判结果

塔苏斯上海公司于判决生效之日起7日内支付李某涛股票期权款14,429元。

【二审】

上诉请求

撤销原审判决第四项塔苏斯上海公司于判决生效之日起7日内支付李某涛股票期权款14,429元。

裁判结果

撤销上海市徐汇区人民法院(2016)沪0104民初23168号民事判决第四项。

【法院观点】

李某涛关于股票期权的诉请,因并非基于本案劳动关系而产生的劳动报酬争议,不属于劳动关系受案范围。

【律师视角】

案例评析

股票期权属不属于劳动报酬或福利?《劳动法》和《劳动合同法》等法律规定应得的劳动报酬,包括工资、奖金、津贴、补贴、延长工作时间的工资报酬及特殊情况下支付的工资。可见劳动关系框架下的"劳动报酬"就是指"工资",通常体现为"货币"形式。"股票期股"不是一般意义上的劳动法规定的"劳动报酬"。一些法院认定股票期股不属于劳动报酬,比如(2016)浙民终504号判决书认为"股份期权激励并不属于企业员工依据劳动法领域应当依法享有的劳动薪酬或福利"。(2016)粤01民终15965号判决书认为"其中股权期权并非以货币形式支付,而是需要支付相应条件的对价购买,并不符合工资的支付形式和构成要件,不属于工资范畴"。如果股权期股等股权激励收益基于劳动关系产生,属于"货币"类工资的变种,法院就不会这样认定了。

类似案例｜蒋某宏与翰博高新材料(合肥)股份有限公司劳动争议纠纷案

【基本信息】

原告:蒋某宏

被告:翰博高新材料(合肥)股份有限公司(以下简称翰博公司)

案由:劳动争议纠纷

案号:北京市朝阳区人民法院(2019)京0105民初7937号

【相关案情】

蒋某宏由翰博公司聘用,任总监一职。任职期间,蒋某宏与翰博公司签订了《股权激励协议书》。蒋某宏就其主张提交了加盖"翰博高新材料(合肥)有限公司"印章的《翰博高新材料(合肥)有限公司2012年度股权激励计划分红预先告知书》,内容为:"根据翰博高新材料(合肥)有限公司长期激励计划,蒋某宏先生/女士具备获授公司岗位股的资格。……本人与公司签订了《股权激励协议书》,协议书编号:14号。根据《股权激励协议书》,蒋某宏先生/女士享受2012年度翰博高新材料(合肥)有限公司的分红。经公司财务部初步决算,2012年度公司未经审计的净利润为2000万元。每股净收益0.5元人民币(2000万元/

4000万股)。蒋某宏先生/女士的净收益为:56,000股×0.5元=28,000元。同时公司董事会决定:对2012年度具备分红资格的每位激励对象,一次性给予所获分红数额一倍的奖励。即蒋某宏先生/女士2012年度的分红额度为56,000元……"2017年9月,蒋某宏与翰博公司协商解除劳动关系。

【争议焦点】

分红奖金争议(系双方所签《股权激励协议书》项下权利义务内容)是否属于本案劳动争议的受案范围?

【法院观点】

蒋某宏依据《翰博高新材料(合肥)有限公司2012年度股权激励计划分红预先告知书》提出本案主张,从该预先告知书的内容来看,蒋某宏所称分红奖金系双方所签《股权激励协议书》项下权利义务的内容,不属于双方履行劳动合同关系项下事项。依照上述法律规定,蒋某宏的起诉不属于人民法院受理劳动争议案件的范围,其起诉应予驳回。

【律师视角】

案例评析

员工获得股权激励收益的基础是公司盈利,作为公司股东根据公司章程等的规定获得分红;同时,根据国家统计局发布的《关于工资总额组成的规定》,工资总额不包括对购买本企业股票和债券的职工所支付的股息(包括股金分红)和利息,因此公司分红并不是劳动报酬。因此,基于此类股权激励产生的纠纷并非劳动争议,不受劳动法的调整。

实操建议

鉴于现行规定,员工所持公司股票期权所产生的分红有可能不会认定为劳动报酬。股票期权的享有虽然通常是以劳动关系为前提,但它主要是一种附条件、附期限且不确定的激励机制,并不是法定的劳动福利,而是一种风险权益。

另外,作为劳动争议庭的法官,通常比较愿意只审理自己熟悉的劳动争议纠纷,因为他们可能对涉及公司类纠纷的案件并不熟悉,这也可能是这类案件被如此定性的一个原因。

现实中的司法判例表明,股票期权纠纷很多不是按照劳动争议来处理的。所以,律师可以建议当事人股票期权纠纷在劳动争议案件中一并处理,但是必须提示当事人相应的管辖风险,避免失信于当事人。

第四节　地 域 管 辖

◎问题聚焦

因为股权激励纠纷向法院提起诉讼,与纠纷关联的地点可能有若干个;股权激励协议中还有可能会对管辖法院进行约定。那么,当一个股权激励纠纷案件涉及不同地区的法院时,怎么确定案件的管辖法院呢?

◎裁判规则

确定股权激励纠纷的地域管辖可以遵循以下步骤:

1. 如果股权激励纠纷属于劳动争议,则应当先提起劳动争议仲裁程序。

2. 如果不属于劳动争议,看双方是否对股权激励存在管辖约定。如果有效约定了商事仲裁,就进行商事仲裁程序;如果有效约定了管辖法院,则由约定法院管辖。

3. 不属于劳动争议且应按照法定管辖规定处理的股权激励纠纷,通常被认为是合同纠纷或者公司纠纷,应当按照民事诉讼法的相关规定处理管辖问题。

◎案例详解

经典案例 ｜ 崔某飞与武某等合同纠纷案

【基本信息】

原告:崔某飞

被告:武某,外籍自然人

被告:天津南大通用数据技术股份有限公司(以下简称数据公司)

被告:天津华库投资管理有限公司(以下简称华库公司)

案由:合同纠纷

案号:北京市第四中级人民法院(2019)京04民初298号

【相关案情】

崔某飞原为数据公司员工,武某是数据公司总经理。崔某飞于2015年6月1日与数据公司签订劳动合同。在职期间,2016年9月,崔某飞与数据公司、华库公司及其实际控制人签订《员工股权激励协议》,根据该协议与武某签订《股权转让协议》,崔某飞向武某支付 20 万元,武某将其持有的华库公司股份转让给崔某飞,作为数据公司对崔某飞工作的激励。两份协议签订后,崔某飞将 20 万元转给武某。协议签订后,崔某飞在职的 2 年 9 个月期间从未得到分红。2018 年 4 月 28 日,崔某飞离职,解除了劳动合同关系。后崔某飞发现被告的协议行为违反了国务院证监会《上市公司股权激励管理办法》之规定,存在违法、对职工欺诈、结果显失公平、重大误解等情形,造成其严重损失。经崔某飞多次与被告交涉,被告之间相互推诿未解决问题,特提起诉讼。

【争议焦点】

本案应当由哪个法院进行管辖?

【一审】

诉讼请求

1. 判令解除《员工股权激励协议》及其配套《股权转让协议》。

2. 判令武某返还 20 万元,并支付利息。

3. 数据公司、华库公司对返还负连带责任。

裁判结果

本案移送天津市西青区人民法院处理。

【法院观点】

法院经审查认为,武某系外籍自然人,根据《最高人民法院关于适用〈中华人民共和国民事诉讼法〉的解释》第五百二十二条第一项之规定,本案属于涉外民事案件,诉讼程序应适用《民事诉讼法》第四编"涉外民事诉讼程序"的特别规定,该编没有规定的,应适用《民事诉讼法》的其他有关规定。

根据崔某飞在起诉状中所述内容,本案属于合同纠纷。崔某飞提交的《员工股权激励协议》以及《股权转让协议》均未约定管辖法院,故应依据法定管辖标准确定本案管辖法院。本案被告数据公司以及华库公司住所地均位于中华人民共和国天津市,而目前没有证据证明外籍自然人武某在中华人民共和国领域内有住所,故法院依据《民事诉讼法》第二百六十五条"因合同纠纷或者其他财产权益纠纷,对在中华人民共和国领域内没有住所的被告提起的诉讼,如果合同在中华人民共和国领域内签订或者履行,或者诉讼标的物在中华人民共和国领域内,或者被告在中华人民共和国领域内有可供扣押的财产,或者被告在中华人民共和国领域内设有代表机构,可以由合同签订地、合同履行地、诉讼标的物所在地、可供扣押财产所在地、侵权行为地或者代表机构住所地人民法院管辖”的规定,审查确定本案管辖法院。《员工股权激励协议》以及《股权转让合同》均记载签订于中华人民共和国天津市,但未明确具体地址。而本案所涉《员工股权激励协议》以及《股权转让协议》履行事项均指向转让华库公司股权,故应以华库公司所在地为合同履行地。经法院核实,华库公司住所地位于中华人民共和国天津市天津新技术产业园区华苑产业区,故应以该地(合同履行地)为基础,结合级别管辖最终确定本案管辖法院。根据《最高人民法院关于明确第一审涉外民商事案件级别管辖标准以及归口办理有关问题的通知》之规定,本案争议标的不足1000万元,故本案应由天津市西青区人民法院管辖。

【律师视角】

案例评析

本案案情比较简单,但囊括了此类案件确定地域管辖过程中需要考虑的各种因素和判断步骤,法院的说理也较为充分,因此本案可以作为股权激励纠纷地域管辖确定的典型案例。本案中还包括涉外因素,这一点在股权激励纠纷中也很常见,可以为我们提供有益的参考。

对于涉及股权激励的纠纷,其地域管辖的确定大抵可以经过以下两个步骤:第一,法院给纠纷定性。第二,如果不属于劳动争议,就进入约定或者法定管辖流程:(1)约定优先;(2)依照法定管辖来处理,依据民事诉讼法相关规定进行。

实操建议

对于企业来说,尽管法院将股权激励纠纷认定为合同纠纷还是劳动纠纷有一定的不确定性,但还是可以通过在签订股权激励协议时约定管辖法院来降低诉讼成本。可以约定的法院包括被告住所地、合同履行地、合同签订地、原告住所地、标的物所在地等与争议有实际联系的地点的人民法院,但要注意不能违反专属管辖和级别管辖的规定。约定商事仲裁的,基本没有什么限制。

对比案例 | 王某月与北京润福商业有限公司劳动争议纠纷案

【基本信息】

原告:王某月

被告:北京润福商业有限公司(以下简称润福公司)

案由:劳动争议纠纷

案号:北京市朝阳区人民法院(2014)朝民初字第04752号

【相关案情】

王某月于2009年12月23日入职润福公司担任部门经理,2010年12月与上海罗仕咨询有限公司(甲方)签订的信托受益权转让合同,该合同载明:"1.甲方已与华宝信托投资有限责任公司(以下简称华宝信托)签订信托合同,甲方已将一定金额的款项委托给华宝信托,并相应从华宝信托取得一定的信托收益权份额;2.华宝信托将根据《资金信托合同》运用上述款项入股康成投资(中国)有限公司(以下简称康成投资)和投资于低风险高流动性的现金类资产中……乙方如希望有权相应享有信托资产的收益并通过信托间接持有相应的康成投资的股份,必须从甲方购买一定数额的信托收益权份额……乙方授权其雇主和/或康成投资代表其向甲方进行支付以根据《员工受益权购买清单》购买信托收益权……本协议下任何争议应提交至中国国际经济仲裁委员会上海分会仲裁。"原告提交的工商查询信息显示大润发控股有限公司及华宝信托为康成投资的发起人/股东,康成投资系上海罗仕咨询有限公司的发起人/股东,也是润福公司的股东。2013年5月,王某月认为自己被公司无故辞退,申诉至北京市朝阳区劳动人事争议仲裁委员会,后对仲裁结果不服提起诉讼。

【争议焦点】

本案中股权激励相关的纠纷是否属于劳动争议?如何确定管辖法院?

【法院观点】

王某月诉称的股权激励方案并非基于与润福公司劳动关系存续期间润福公司应负担的法定或约定义务,原告该项请求系基于其与案外人上海罗仕咨询有限公司签订的信托受益权转让合同,该转让合同显示相关受益权权益系基于上海罗仕咨询有限公司与华宝信托签署的信托合同,且信托收益权转让合同明确载明相关争议需要提交中国国际经济仲裁委员会上海分会,工商信息虽显示上述公司存在投资关系,但其仍属于独立法人单位,因此,该项请求不属于本案劳动争议受理范围。

【律师视角】

案例评析

本案中法院的论证说理部分较为简单,但仍然体现了前述确定管辖的步骤,即先判断纠纷的性质,再看相关协议是否有所规定。朝阳区人民法院认为本案中的股权激励纠纷并不属于劳动争议,而且信托受益权转让合同中又明确规定了“本协议下任何争议应提交至中国国际经济仲裁委员会上海分会仲裁”，所以不属于法院管辖范围。

对比案例｜黄某强、吴某楷股权转让合同纠纷案

【基本信息】

上诉人(原审被告):黄某强

被上诉人(原审原告):吴某楷

原审第三人:广州市直觉网络科技有限公司(以下简称直觉公司)

案由:股权转让合同纠纷

案号:广东省广州市中级人民法院(2017)粤01民辖终2176号

【相关案情】

2015年8月1日,直觉公司与吴某楷签订《劳动合同书》。同日,黄某强代表直觉公司及其本人与吴某楷签订《股权激励协议》,约定黄某强作为直觉公司的法定代表人,为通过股权激励留住人才,黄某强同意将关联公司EPHL公司的自有股份按约定以期权的形式授予吴某楷。具体内容包括:吴某楷自与直觉公司订立劳动合同之日起满1年,即可行权获得EPHL公司100万股占普通股的1%,满2年的再获得1%,以此类推3年。另,吴某楷在直觉公司任职期间经其努力EPHL公司下一轮融资交割日起18个月内,日订单达到1200个以上,即可行权EPHL公司获得100万股,占1%。若吴某楷依据《期权协议》和《期权计划》行权,黄某强应予配合,并依据当地相关法律将吴某楷列入股东名册。

2016年11月16日,吴某楷与直觉公司解除劳动关系并签订《离职协议》,确定无劳资纠纷。根据《股权激励协议》的约定,吴某楷于2016年12月13日通过电子邮件发函给黄某强、直觉公司要求行权,其于2016年12月14日发函给黄某强、直觉公司,但一直被置之不理。

【争议焦点】

本案是否属于股权转让合同纠纷?应当由哪个法院管辖?

【法院观点】

吴某楷提起本案诉讼以黄某强与吴某楷签订的《股权激励协议》主张股权变更登记,属于股权转让合同纠纷。该协议所确定的劳动年限,属于股权变更的条件而非劳动报酬,故不应以劳动争议确定该协定的法律关系,黄某强提出

认为本案属于劳动争议纠纷的理由不成立,本院不予采纳。本案中,黄某强与吴某楷签订的《股权激励协议》第五条约定:"本协议在履行过程中如果发生任何纠纷,甲乙双方应友好协商解决,协商不成,任何一方均可向广州市天河区人民法院提起诉讼。"该管辖约定并不违反法律对级别管辖和专属管辖的规定,依法有效。被上诉人住所地位于广州市天河区,在原审法院辖区内,故原审法院对本案具有管辖权。

【律师视角】

案例评析

本案中股权激励纠纷的地域管辖确定方式不脱典型案例中所述的步骤。首先,在一审和二审中有一个共同的争议焦点,那就是该案是否属于劳动争议,是否需要先经过劳动仲裁的前置程序。一审中法院认为《股权激励协议》"独立于直觉公司与吴某楷间的劳动合同关系,其签约和合同的相对方是黄某强、吴某楷。虽该协议与劳动合同关系存在一定的关联,但上述利益的取得是属于对吴某楷在直觉公司服务年限的奖励,并非因劳动关系法定获得",故不应以劳动争议来处理。二审法院认为"该协议所确定的劳动年限,属于股权变更的条件而非劳动报酬,故不应以劳动争议确定该协定的法律关系"。在案件确定为非劳动争议之后,要考察双方在协议中是否约定了管辖法院,本案所涉《股权激励协议》对这个问题已作出明确规定,以此确定管辖法院即可。

第四章

激　励　者

第一节　个人激励者

◎问题聚焦

公司法定代表人、实际控制人、大股东甚至小股东等人有时候会在股权激励协议上签字,公司的公章大多数情况下也会加盖于该股权激励协议之上。

如果股权激励协议上没有公司盖章,员工应当向谁主张权利?是向公司,还是个人,抑或是向两方同时主张?法院在司法实践中如何认定激励者?

◎裁判规则

1. 如果实际控制人、法定代表人、股东等人承诺以自己股票、期权等收益作为对员工的股权激励,那么,实际控制人、法定代表人、股东等人很可能会被认定为激励者,并对激励对象承担约定的或者法定的义务。

2. 未形成有效的公司决议,实际控制人、法定代表人或者股东等人与员工签订股权激励协议,即使协议加盖了公司公章,法院也有可能认定该股权激励协议属于自然人之间达成的合意,由个人作为激励者履行协议约定义务。

◎案例详解

经典案例 | 李某艳与张某鹏等股权转让纠纷案

【基本信息】

再审申请人(一审原告、二审上诉人):李某艳

被申请人(一审被告、二审被上诉人):王某慧

被申请人(一审被告、二审被上诉人):张某鹏

案由:股权转让纠纷

案号:北京市高级人民法院(2019)京民申2438号

【相关案情】

2014年2月,李某艳入职王某慧与张某鹏设立的北京摩尔婚纱摄影有限公司(以下简称摩尔公司)。2014年4月1日,张某鹏、王某慧二人(甲方)与李某艳(乙方)先后达成两份《入股协议书》。

第一份协议书约定由李某艳向被告张某鹏支付50万元,享受摩尔公司14.7%的股份,落款处均有张某鹏、李某艳签字及摩尔公司合同专用章。第二份协议书约定由李某艳向王某慧支付50万元,享受非常时尚摄影中心12.5%的股份(后非常时尚摄影中心于2014年4月24日注册成立了北京摩尔非常时尚摄影有限公司),协议落款处有王某慧、李某艳签字。另外,两份协议均约定:"自本协议签订日起3年之后,如因乙方正常辞职申请退股,甲方应按乙方原出资额回购乙方所持有的股份,甲方可视具体情况决定是否给乙方申请退股当年的分红。"

2017年7月19日,李某艳向用人单位摩尔公司提出辞职,要求王某慧、张某鹏依约应购回股份,支付人民币100万元,因协商未果,遂诉至法院。

【争议焦点】

王某慧、张某鹏是否应向李某艳支付回购股份款?在支付主体存在争议的情况下,应向李某艳履行股权回购义务的是摩尔公司与非常时尚摄影中心,还是股东王某慧及张某鹏?

【一审】

诉讼请求

请求判决二王某慧、张某鹏支付投资款100万元。

裁判结果

驳回李某艳诉讼请求。

【二审】

上诉请求

撤销一审判决,改判王某慧、张某鹏连带支付李某艳投资款100万元。

裁判结果

驳回上诉,维持原判。

【法院观点】

首先,《入股协议书》允许部分员工入股公司,目的在于强化对员工的激励机制,这是从公司的管理全局出发所要达到的签约目的,不是单个股东转让股权需要考虑的问题。而且,两份《入股协议书》中认可的公司资产总额、计算每股的价值及李某艳出资后所占股权份额、关于利润分配的时间及条件的具体约定等,并非某单个股东享有的权利,而应是经过公司各股东达成合意后所形成的公司意志。

其次,《入股协议书》中明确约定,在李某艳劳动关系终止时,奖励的股权由公司依据劳动法及公司规定处分后方可办理股权回购。与李某艳存在劳动关系的是两家公司,而非王某慧或股东张某鹏,故能与李某艳按照协议履行合同的相对人只能是两家公司。

最后,鉴于王某慧、张某鹏分别是两家公司的共同股东及负责人,故两份《入股协议书》约定的指定账户分别是王某慧、张某鹏个人账户,且李某艳亦未提交证据证明王某慧、张某鹏未将投资款用于公司经营。故应认定王某慧、张某鹏的收款行为系代表两家公司。

综上所述,履行《入股协议书》应为摩尔公司以及非常时尚摄影中心,而非王某慧以及张某鹏。

【再审】

再审请求

不服二审判决中股权转让处理内容,请求撤销一审判决,改判王某慧、张某鹏连带支付李某艳投资款100万元。

裁判结果

准许李某艳撤回再审申请。

【律师视角】

案例评析

作为对比案例,本案的不同之处不仅在于裁判结果。本案中,法院认为股权激励机制的目的在于促进公司发展,股权激励的履行涉及公司股份、资产等的变动,故股权激励协议的形成必须有公司的参与。并且王某慧、张某鹏二人持有摩尔公司以及非常时尚摄影中心的全部股份,与李某艳签订的《入股协议书》被认为是全体股东的合意,是公司的意志,故作为激励者的不是个人。从案件的事实出发,法院的观点应当被采纳。

实操建议

律师应当建议公司在制订股权激励计划时,按照公司决议程序进行。在公司股权激励协议中,明确激励者、激励对象、股权激励条件以及履行方式等,确定对公司发展最为有利的方案。在与符合条件的员工签订股权激励前,应当向其进行书面说明,以最大程度减少争议的发生。

类似案例 | 徐某波与北京双鹭药业股份有限公司劳动争议纠纷案

【基本信息】

原告:孙某

被告:北京双鹭药业股份有限公司(以下简称双鹭药业公司)

第三人:徐某波

案由:劳动争议纠纷

案号:北京市海淀区人民法院(2014)海民初字第 2751 号

【相关案情】

2006 年 4 月,双鹭药业公司制订《股票期权激励计划》(以下简称《计划》),激励对象的范围为公司高级管理人员与核心技术人员。按照《计划》规定,董事长徐某波承诺其获授股票期权行权后不少于 51% 的部分未来取得的收益将奖励给公司其他人员。

2006 年 7 月 1 日,孙某入职双鹭药业公司,因工作业绩突出,于 2008 年 2 月 2 日由双鹭药业公司授予 1000 股期权,属于上述受到奖励的“其他人员”。后双鹭药业公司进行数次股份扩增,至 2012 年 8 月 17 日孙某离职时,其已享有 7200 股期权。

2011 年,双鹭药业公司董事长徐某波行权完毕,但直至 2012 年孙某离职,双鹭药业公司仍未按照《计划》向其兑现股票收益。孙某遂起诉要求双鹭药业公司付 7200 股股票相关收益。

【争议焦点】

承诺给予奖励的主体是双鹭药业公司,还是徐某波?

【法院观点】

2006 年 4 月双鹭药业公司制订的《计划》中明确规定徐某波获授的股票期权行权后所取得的收益中不少于 51% 的部分将用于奖励公司其他员工。孙某所提交的《凭证》中虽加盖了双鹭药业公司的印章,但孙某、双鹭药业公司、徐某波均认可《凭证》中所记载的授予"孙某1000股期权"属于徐某波所承诺的奖励的组成部分。故孙某所主张的股票期权收益的资金来源于徐某波个人,承诺向孙某发放奖励的主体亦是徐某波个人。

徐某波关于"获授的股票期权行权后所取得的收益中不少于51%的部分将用于奖励公司其他员工"的承诺是为了双鹭药业公司获得更好的发展。因此,对于奖励对象的确定以及奖励发放的细节问题,双鹭药业公司必然要参与意见,故双鹭药业公司在《凭证》中加盖印章的行为不代表承诺奖励是由公司支付,所以双鹭药业公司并非本案适格的被诉主体。

【律师视角】

案例评析

解决本案争议的关键在于对认定双鹭药业公司在《凭证》上加盖公章行为的定性,对此应当紧密结合《计划》的规定与目的。首先,徐某波在《计划》中明确承诺以其个人股票期权收益作为股权激励,这是对个人财产的自愿处置,是其真实意思表示;其次,《计划》的目的在于促进公司发展,并且奖励对象与双鹭药业公司之间存在雇佣关系,涉及公司的员工评估等制度,故其应当参与股权激励计划的制订并且对受奖励者资格等细节予以确认。因此,法院对双鹭药业公司"盖章不代表承诺"的抗辩意见予以采纳是合理的。

实操建议

在这类案件进入诉讼程序之前,我们建议律师先对涉案公司的股权激励相关文件进行研究,厘清涉案主体之间的法律关系,明确股权激励来源,正确定位案件的适格被告。股权激励协议中虽然同时具备个人签名和公司公章,但如果实际控制人、法定代表人、股东等人在公司的股权激励计划中承诺以自己股票、期权等收益作为对员工的股权激励,则该实际控制人、法定代表人、股东等人应当认定为股权激励协议的激励者,即案件的适格被告,而公司公章发挥的可能只是确认作用。如果无法确定适格被告,我们建议起诉个人或公司一方后,依据《民事诉讼法》第五十六条的规定,追加另一方为第三人,以提高争议解决效率。

对比案例 | 许某旺、蒋某梅合同纠纷案

【基本信息】

上诉人(原审被告):许某旺

被上诉人(原审原告):蒋某梅

被上诉人(原审被告):覃某波

案由:合同纠纷

案号:广东省佛山市中级人民法院(2018)粤06民终4617号

【相关案情】

2014年4月13日,钟某强、许某旺将红林宾馆租给覃某波经营。

2014年9月1日,红林宾馆(甲方)与蒋某梅(乙方)签订《员工参股协议书》,约定:由乙方出资10万元整入股红林宾馆保健中心,为期1年,期满后乙方可以同时取回股金及分红,并于2015年9月30日前进行年度结算分红。红林宾馆在甲方落款处盖章,覃某波在甲方的法定代表人处签名。

2014年12月22日,钟某强提起诉讼,请求解除与覃某波签订的《租赁合同》;2015年12月11日,钟某强接管红林宾馆,覃某波声明交接以前红林宾馆所产生的费用由覃某波负责。

2016年4月1日,覃某波出具《借条》一份,主要内容为:因生意资金周转,现收到蒋某梅现金出借的100,000元,另外,蒋某梅投资红林宾馆分红35,000元。借期1年,2017年4月1日到期时一并还清。后该借款期限到期未得到偿还,蒋某梅遂将红林宾馆与覃某波诉至法院,要求返还股金及分红135,000元,并按照中国人民银行同期一年期贷款利率从2017年4月2日起计至款项支付完毕之日止。

【争议焦点】

135,000元和利息到底是由红林宾馆与覃某波共同承担给付责任,还是由覃某波个人承担责任?

【法院观点】

按照《员工参股协议书》的内容,参股对象是红林宾馆的员工,蒋某梅的股金和分红属于其与红林宾馆基于劳动关系而产生的股权激励。2015年12月11日钟某强收回红林宾馆并提出蒋某梅在此之前的工资待遇由覃某波负责,表明宾馆的新经营者钟某强无意负担旧经营者覃某波基于经营而对员工所欠的债务,而蒋某梅也对此予以确认。

蒋某梅入股的股金由覃某波本人收取且未进入红林宾馆的公账,其从红林宾馆离职后的2016年4月1日,仅要求覃某波出具《借条》,将入股款和分红转化为借款,并未要求红林宾馆对该款项进行确认。由此可见,蒋某梅也认为股金和分红的返还主体是覃某波。

【律师视角】

案例评析

本案由股权激励转化成债权关系，由红林宾馆的股权激励转化成蒋某梅对于覃某波的债权，是本案的基本特点。本案中，覃某波承担的不是个人激励者的股权激励相关的义务，而是一个债务人应该承担的义务，即之前的股权激励义务人的义务经过覃某波和蒋某梅的确认，已经转化为普通的债权债务关系了。

第二节　来自非用人单位的激励

◎问题聚焦

员工（激励对象）与“非用人单位”签署股权激励协议，常常是基于以下几种原因：第一，和用人单位同属于集团化运作中的企业；第二，与用人单位属于关联企业；第三，“非用人单位”是与用人单位有着其他千丝万缕联系的企业。

当该名员工与用人单位就这种授予的股权激励发生争议时，法院会如何认定此类股权激励的性质呢？股权激励的授予主体、兑现条件等要素对用人单位和劳动者分别有什么样的影响？

◎裁判规则

1. 非用人单位授予的股权激励，因为用人单位并非股权激励协议的合同相对方、授予人，无权对该股权激励权益作出诸如没收、取消的决定，员工亦无权向用人单位请求支付该股权激励行权价值。

2. 法院倾向于认为，员工与用人单位之间存在劳动关系并不必然证明该股权激励关系发生在用人单位与员工之间。员工请求用人单位履行给付股票期权等股权激励权益的，须举证证明用人单位存在给付股票期权或者其他履行承诺，且证明其已达到行权/履行股权激励协议的条件。

◎案例详解

经典案例 ｜ 戴某与威士伯涂料(上海)有限公司返还原物纠纷案

【基本信息】

上诉人(一审原告):戴某

被上诉人(一审被告):威士伯涂料(上海)有限公司(以下简称威士伯上海公司)

案由:返还原物纠纷

案号:上海市第二中级人民法院(2015)沪二中民一(民)终字第1294号

【相关案情】

2003年8月7日,案外人威士伯股份有限公司(以下简称威士伯公司)与戴某建立劳动关系,约定由戴某担任威士伯上海公司副经理兼卷材涂料和一般工业涂料业务总经理职位,并明确了职工优先认股权等内容。

2008年10月21日,威士伯公司致函通知戴某,其于2008年10月15日被授予无限制股权4000股。

2011年4月21日,威士伯公司致函通知戴某,其与威士伯公司和其他下属或关联公司的雇佣关系于2011年4月18日终止,并明确过去威士伯公司授予戴某的所有的权利立刻被收回,包括2008年10月15日奖励戴某的1333股无限制股权和2009年10月21日奖励的3333股无限制股权。

2012年8月,戴某向威士伯上海公司支付了其在2011年2月10日行权的三笔威士伯公司股票期权的税金,共计人民币87,174元,威士伯上海公司也代为缴纳个人所得税后代为申请外汇调回和结汇,并将结汇收入汇给戴某。

后戴某多次向威士伯上海公司主张剩余股权期权未果,遂提起诉讼。

【争议焦点】

诉争股票期权是否由威士伯上海公司授予,戴某名下股票期权被没收是否属于威士伯上海公司对戴某名下物权的侵害。

【一审】

诉讼请求

请求法院判令威士伯上海公司赔偿因非法没收股票期权造成的经济损失以及已行权股权的利息损失、汇率损失。

裁判结果

驳回戴某要求威士伯上海公司基于侵权行为承担相应赔偿责任的主张。

【二审】

上诉请求

依法撤销原判,并改判支持上诉人的一审诉请。

裁判结果

驳回上诉,维持原判。

【法院观点】

戴某主张诉争股票期权系威士伯上海公司基于劳动合同的约定而授予戴某,但其提供的旨在证明本案诉争双方之间形成劳动合同关系的通知函、变更函均系威士伯公司高级管理人员代表威士伯公司向戴某发出,而非代表威士伯上海公司发出。虽然戴某与威士伯上海公司形成事实劳动关系,但不能因此否认戴某与案外人威士伯公司之间的雇佣关系的存在。诉争股票期权就是威士伯公司的职员激励计划。且从戴某获得股票期权以及2011年2月10日进行部分行权的过程来看,该股票不能上市流通,属于受限制的股票权利,并非完全物权,故戴某认为其已获得诉争股权所有权的主张不能成立。诉争股票期权被没收是由于威士伯公司解除与戴某之间的雇佣关系,戴某主张威士伯上海公司没收了其股票期权,但未能提出有效证据证明,该主张不能成立。

【律师视角】

案例评析

本案诉争股票期权是戴某就职于威士伯上海公司而获得的职位待遇,但该待遇并非威士伯上海公司授予,而是案外人威士伯公司授予。威士伯上海公司与戴某之间形成的事实劳动关系并不能否认戴某与案外人威士伯公司之间雇佣关系的存在,诉争股票期权因雇佣关系的解除而被取消。本案中,股权激励的授予人是实际用人单位的关联公司,员工在向实际用人单位主张股票期权时,往往无法得到法院的支持。

实操建议

对于单位来说,股权激励是引进、留住人才的重要条件之一,随着企业的不断壮大,分支开流已成普遍现象,员工与总部A公司建立劳动关系后却在位于其他地点的B分公司工作的情形不足为奇。这就要求企业在与员工签订劳动协议时明确与员工建立劳动关系的主体,同时应在协议中对股权激励性质与发放、取消等进行清晰的约定,尽到授予股权与取消股权的提示义务,确保员工充分了解自身权益后签署确认书,以利于实际履行并进一步减少纠纷的发生。

另外,诉讼当事人在相关争议中都需要仔细甄别劳动关系的相对方和股权激励的相对方,明确诉讼相对方的主体身份。

类似案例 | 汪某为与友邦保险有限公司上海分公司劳动合同争议纠纷案

【基本信息】

原告:汪某为

被告:友邦保险有限公司上海分公司(以下简称友邦保险上海分公司)

案由:劳动合同纠纷

案号:上海市黄浦区人民法院(2016)沪0101民初26713号

【相关案情】

2011年10月24日,汪某为与友邦保险上海分公司签订了二年期的劳动合同。2013年3月11日,案外人美国友邦保险有限公司向汪某为出具《受限制股份单位方案》,该方案载明其授予汪某为15,110股受限制友邦股票的股权奖励及相关条款限制,绩效期限为2012年12月1日至2015年11月30日,兑现日期为2016年3月11日。

二年劳动合同期满后,汪某为与友邦保险上海分公司又续签合同期限至2015年10月23日止。2015年10月23日,汪某为向公司发出通知书,要求签订无固定期限劳动合同,公司于当日发出通知书通知其不再续签劳动合同。2016年9月28日,汪某为向上海市劳动人事争议仲裁委员会申请仲裁,要求公司支付福利股权激励行权价值1,360,372元,该仲裁委以双方争议事项不在受理范围之内为由决定不予受理。汪某为不服,遂诉至法院。

【争议焦点】

1. 有关履行案外人股权激励的争议是否可以定性为劳动争议?

2. 股权激励行权条件的具备与否,谁来承担举证责任?

【法院观点】

1. 案外人股权激励的履行是否属于劳动争议案件?

汪某为诉请的股权激励行权价值实则为友邦保险上海分公司的母公司美

国友邦保险有限公司基于汪某为在友邦保险上海分公司处的工作表现所给予汪某为的一种附条件的奖励，其性质类似于奖金，故本案争议系属劳动争议。

2. 友邦保险上海分公司是否应承担汪某为股权激励价值的支付及赔偿责任?

根据汪某为提供的《受限制股份单位方案》，上述股权激励行权价值并非友邦保险上海分公司授予，且并非必然获得，需受该方案及规则相关条款的制约，是否获得受到股价及公司绩效水平等诸多因素的影响，现原告并未举证证明其符合相关条件，且即使原告符合条件，其亦应向被告母公司美国友邦保险有限公司主张权利。

至于汪某为提出因友邦保险上海分公司不同意续签合同致其无法行权的诉请，因合同到期是否续签属双方意思自治范畴，用人单位及劳动者均有选择权，因此用人单位友邦保险上海分公司选择不与汪某为续签合同系其行使用工自主权，并无不当。故汪某为以此为由要求友邦保险上海分公司承担支付及赔偿责任，缺乏法律依据。

【律师视角】

案例评析

《关于民事诉讼证据的若干规定》(以下简称《证据规则》)第六条规定:“在劳动争议纠纷案件中，因用人单位作出开除、除名、辞退、解除劳动合同、减少劳动报酬、计算劳动者工作年限等决定而发生劳动争议的，由用人单位负举证责任。”理论上一般认为在用人单位与劳动者之间的法律关系中，用人单位掌握着生产资料的配置权，劳动者相对来说是弱势一方，因此在劳动争议案件的举证责任分配上，应侧重保护劳动者的权益。当然，因为本案在劳动关系的处理上具有比较强的地域性(上海地区有自身特色)，因此关于到期终止的法律上的处理不宜作为全国范围内的典型案例。

另外，尽管本案被定性为劳动争议案件，汪某为未能举证证明其符合《受限制股份单位方案》中约定的股权激励行权限制条件，其诉讼请求被驳回，从举证责任的分配上来说，还是符合劳动争议处理的基本原则的。加班费的获取都需要劳动者承担绝大多数举证责任，因此，股权激励行权条件的具备与否由劳动者来承担举证责任是合情合理合法的。

实操建议

针对这类案件，我们建议律师在诉讼前详尽分析关于股权激励的限制条件文件,分析其本身的合理合法性;同时,在诉讼中强调举证责任的分配,以诉讼法和相关法律规定要求当事人承担相应的证明责任。

类似案例 | 林某与雀巢(中国)有限公司劳动争议纠纷案

【基本信息】

上诉人(一审原告):林某

被上诉人(一审被告):雀巢(中国)有限公司

案由:劳动争议纠纷

案号:北京市第三中级人民法院(2017)京03民终548号

【相关案情】

1988年12月12日,林某入职雀巢(香港)有限公司,后被调任雀巢(中国)有限公司,2013年10月,林某又被调至雀巢(台湾)有限公司工作。其间,雀巢(中国)有限公司授予林某瑞士雀巢总部给雀巢在瑞士上市公司股权的期权,其中2010年、2011年的期权已行权,2012年、2013年、2014年的期权尚未给付。2014年11月12日,林某签署中国香港雇员退休计划并收到福利金,共计5,337,115.36元港币,林某在退休计划中承认此款项乃是其于计划中所享有之福利的全部及最后付款。

2015年3月12日,林某向北京市劳动人事争议仲裁委员会申请劳动仲裁,请求雀巢(中国)有限公司支付经济补偿金及未行权的期权,北京市劳动人事争议仲裁委员会拒绝受理。林某遂提起诉讼。

【法院观点】

关于林某主张的期权一节,因期权属于用人单位基于员工的入职情况或工作表现给予的激励机制,林某的现有证据不足以证明雀巢(中国)有限公司承诺其必须给付期权;且依据双方的陈述,该期权实际是雀巢总部在瑞士交易所上市的股权,故一审法院认定林某要求雀巢(中国)有限公司支付期权缺乏依据并无不当,法院予以确认。林某要求雀巢(中国)有限公司支付雀巢总部2220股股权的上诉请求缺乏依据,法院不予支持。

【律师视角】

案例评析

本案与以上两个案件类似,股权激励的授予人均为用人单位的关联公司,因为用人单位与劳动者之间劳动关系的终止而引发的股权激励纠纷,这再一次印证了针对此类案件法院的倾向性观点,即案外人授予的股权激励,劳动者无权请求用人单位承担支付责任,且对于行权条件以及用人单位的给付承诺,劳动者就其主张负有举证责任。本案中,由于林某主张的期权属于用人单位基于员工的入职情况或工作表现给予的激励,并非必然获得,而林某的现有证据不足以证明雀巢(中国)有限公司承诺其必须给付期权,且依据双方陈述,该期权对应的是雀巢总部在瑞士交易所上市的股权,不是雀巢(中国)有限公司实施的股权激励,故法院认定林某要求雀巢(中国)有限公司支付期权缺乏依据。

实操建议

对于公司而言,应尽可能地做好激励机制合规,在明确给付条件与取消条件的基础上,以此为标准执行股权激励计划。如本案中用人单位基于员工的入职情况或工作表现给予期权,则应在员工入职时做好相关的追踪报告并及时更新保存,以免后续纠纷发生时公司处于被动地位。

对于劳动者而言,签署协议时应仔细检查授予该股权激励的主体、股权激励约定的股权归属、实现条件、取消机制等,做好事前的风险应对,对股权激励授予人与用人单位不一致的情况,应要求用人单位给予明确的答复,明确在发生纠纷时如何行权,时刻留心保留证据,避免在诉讼中因无法举证而承担不利后果。

第三节 寻找真正的激励者

◎问题聚焦

实践中,为进一步明确或完善股权激励内容,有时激励者或者关联方会与员工签订多份股权激励协议,签订主体也可能会有所不同,会表现为公司、公司的股东、实控人、高管和/或有关联的公司与员工签订激励协议。这种情况下,谁是真正的股权激励者?是公司?还是股东?抑或是其他主体?另外,若员工并未与公司本身签订股权激励协议,但与公司有关联的其他主体——比如其子公司、海外关联公司等——存在股权激励协议,此时真正的激励者又是谁呢?

◎裁判规则

1. 需结合股权激励协议的形式和内容进行综合判断。即使协议形式上是公司股东与公司员工签订,但并不能据此认定股东和员工之间存在股权激励、股权转让或赠与关系。若存在可确认的其他协议,且从协议的形式与内容上来看,合同签订双方系员工与公司,相关购买实股与赠与期股等股权激励协议的内容,体现的亦是公司为激励公司员工而与具体员工所作的相关约定,此时,有可能会被认定为股东将其代持的公司股份转让给员工,真正的激励者为公司,而非股东个人。

2. 从委托代理的角度出发。如果公司股东以自己名义与员工所签股权激励协议,但员工在订立合同时知道股东与公司之间的代理关系,则协议直接约束公司和员工。员工应当向公司主张涉案合同权利或要求其承担履行不能的赔偿责任。

3. 从权利义务的相对性原则出发。股权的真正授予者与实际操作者可能有所区别,比如,授予股权的是公司,但帮助结算和划转的为子公司;此时,应考虑各主体之间千丝万缕的联系,具体情况具体分析,综合确定真正的激励者。

◎案例详解

经典案例 | 苏某家与黄某清股权转让纠纷案

【基本信息】

上诉人(原审原告):苏某家

被上诉人(原审被告):黄某清

案由:股权转让纠纷

案号:上海市第一中级人民法院(2013)沪一中民四(商)终字第1782号

【相关案情】

本案中,在员工苏某家、股东黄某清之间,苏某家与昂泰公司之间共计签订了4份协议,分别为2005年12月13日苏某家、黄某清签订的《协议》、2006年1月11日苏某家与昂泰公司签订的《员工期股期权协议》、2007年2月14日苏某家与昂泰公司签订的《员工期股协议》及2011年3月1日苏某家、黄某清签订《公司股权转让协议》。根据协议约定,苏某家出资(每月从工资中扣款人民币

800元)从黄某清处购买部分昂泰公司的股权,另外黄某清同意苏某家工作满一定年限、公司业绩达到一定程度后,就奖励苏某家部分昂泰公司的股权。

后苏某家以黄某清拒不办理股权过户手续,不向其他股东询问是否优先购买,其他股东没有签字,无法到工商局办理过户为由,认为黄某清拒不履行双方协议的行为是违法行为,侵犯了苏某家得到昂泰公司8%股权的权利,要求黄某清予以赔偿,故提起本案诉讼。

【争议焦点】

涉案股权激励标的是什么?谁是股权激励合同的真实的双方当事人?

【一审】

诉讼请求

1. 解除其与黄某清之间签订的4份协议。

2. 黄某清赔偿股权折价款324,087元。

裁判结果

解除苏某家与黄某清于2011年3月1日签订的《公司股权转让协议》,驳回苏某家的其他诉讼请求。

【二审】

上诉请求

请求撤销原审判决,改判支持其原审全部诉讼请求。

裁判结果

1. 撤销上海市浦东新区人民法院(2013)浦民二(商)初字第1430号民事判决。

2. 解除4份协议。

【法院观点】

1. 关于如何认定系争股权转让事宜的合同双方当事人。

首先,2005年12月13日,黄某清尚不是昂泰公司的股东,客观上不存在其将自己持有或代持的股权转让或赠与苏某家的可能性。虽然《协议》在形式上是苏某家与黄某清签订,但并不能据此认定苏某家、黄某清之间存在股权转让或赠与关系。

其次,从2006年1月11日苏某家与昂泰公司签订的《员工期股期权协议》、2007年2月14日苏某家与昂泰公司签订的《员工期股协议》的形式与内容来看,合同签订双方系苏某家与昂泰公司,相关购买实股与赠与期股的协议内容,体现的亦是公司为激励公司员工而与具体员工所作的相关约定。虽然2011年

3月1日的《公司股权转让协议》系由苏某家与黄某清签订,但不能据此认定苏某家诉称的股权转让事宜的合同双方系苏某家与黄某清。

因此,法院认为,黄某清与苏某家一致确认,涉案4份协议约定的标的物是登记在黄某清名下的昂泰公司用于奖励员工的10%股权中的8%股权。双方确认的上述内容,与涉案4份协议的意思表示一致,应予采信,故苏某家对系争8%股权系黄某清代昂泰公司持有的股权系明知,且黄某清自昂泰公司设立至今,一直任该公司法定代表人。黄某清陈述,2005年12月其并非昂泰公司股东,其与苏某家签署的第一份协议系代表昂泰公司所签。结合上述事实,黄某清该主张成立。

2. 关于涉案4份协议是否应予解除?

昂泰公司未依照涉案协议的约定为苏某家办理系争股权变更登记手续,且该公司曾形成股东会决议,未同意由该公司为苏某家解决上述问题。苏某家欲取得系争股权的合同目的无法实现,故其要求解除涉案合同于法有据,应予支持。

【律师视角】

案例评析

首先,就确认系争股权转让事宜的合同双方当事人来分析。法院并未从合同形式上的签订主体来简单地认定合同当事人,而是先从协议签订的时间着手,黄某清当时尚非公司的股东,就此判断黄某清将自己持有或代持的股权转让或赠与苏某家的可能性不存在。接着,法院综合审查4份协议的形式和内容,并结合具体的事实情况,确定合同所体现的是公司为激励员工而给予股权,因此法院认为系争8%的股权系黄某清代昂泰公司持有的股权,合同的双方当事人应为苏某家和昂泰公司,逻辑清晰,有理有据。

其次,就涉案4份协议是否解除来分析。二审法院认为原审法院认定的事实清楚,只是处理不当,考虑到昂泰公司未依照涉案协议的约定为苏某家办理系争股权变更登记手续,且该公司曾形成股东会决议,未同意由该公司为苏某家解决上述问题,因此从合同目的实现的角度出发,法院认为苏某家欲取得系争股权的合同目的无法实现,故其要求解除涉案合同于法有据,支持解除。

实操建议

本案中,争议出现的主要原因是存在多份股权激励协议,且协议的签订主体不一致。

对公司而言,建议:(1)尽量避免出现多份股权激励协议,尽可能以较少的协议就激励内容进行全面规定;(2)若存在多份协议实为客观必要,则确保各项协议签订主体保持一致,避免冲突;(3)若确实协议的签订主体不一致,建议协议签订当时就该协议主体不一致的原因作出书面说明。

对员工而言,建议签订任何协议时,需要明辨股权激励的真正授予者,认识到真正的责任主体,确保合同利益能够实现,从而降低采取法律手段维护自身权益时造成的金钱和时间损失。

类似案例 | 潘某哲等劳动争议纠纷案

【基本信息】

上诉人(原审原告):PinegarSeth Alexander(中文名潘某哲)

上诉人(原审被告):软通动力信息技术(集团)有限公司(以下简称软通动力集团公司)

案由:劳动争议纠纷

案号:北京市第一中级人民法院(2014)一中民终字第3438号

【相关案情】

2008年7月1日,软通动力集团公司向潘某哲发出了聘用意向函,约定了薪酬待遇以及股票期权的具体情况。2008年8月25日,双方签订了为期两年的格式劳动合同,并约定将双方签订的聘用意向函作为劳动合同附件。

刘某文为软通动力集团公司法定代表人、董事长兼首席执行官。软通动力集团公司的投资人为了境外融资而在开曼群岛设立了软通动力控股有限公司。劳动合同签署后,刘某文向潘某哲出具《isoftstone holdings limlied 股票期权协议》,该协议记载,isoftstoneholdings limlied(软通动力控股公司),一家开曼群岛豁免有限责任公司,在此授予潘某哲一项购买公司面值为每股0.0001美元的普通股的期权,该期权的条款和条件列明于本页面、附件中的协议以及本公司的2008年股票激励计划。2009年、2010年刘某文又均向潘某哲出具《isoftstone holdings limlied 股票期权协议》,也系向潘某哲授予软通动力控股公司的股票期权。此外,刘某文还曾向潘某哲出具《软通动力控股有限公司2009年股票激励计划》,向潘某哲授予软通动力控股公司股票期权。

2009年6月1日后双方协商将潘某哲调入软通动力集团公司的子公司天津软通动力公司,2011年7月1日潘某哲正式离职。之后,潘某哲认为软通动力集团公司曾约定授予数量相当的股票期权，但却无法行使股权期权的权利。故诉至法院向软通动力集团公司主张上诉的股权期权。

【争议焦点】

软通动力集团公司是否应向潘某哲赔偿股票期权的损失。

【法院观点】

法院认为，在聘用意向函中，虽然软通动力集团公司承诺授予股票期权，但之后与潘某哲签订一系列股票期权协议的公司为软通动力控股公司，且潘某哲与软通动力控股公司之间的股票期权争议已经在开曼群岛法院进行诉讼。因此潘某哲认为是基于软通动力集团公司造成股票期权损失，依据尚不充分，法院不予支持。

【律师视角】

案例评析

本案中，虽然软通动力集团公司向潘某哲发出的聘用意向函承诺授予股权，但是事实上与潘某哲签订一系列股票期权协议的公司为软通动力控股公司，有股票期权协议作为佐证。从而法院认定股权激励的主体不是本案中的被告，也就是因软通动力集团公司造成股票期权损失的依据并不充分，未支持潘某哲此部分诉讼请求。

实操建议

本案中，潘某哲要求公司承担股票期权损失败诉的原因在于，该被告公司并未成为协议中的责任主体，而协议中出现的股权期权授予主体是在开曼群岛注册的软通动力控股公司；且由于潘某哲已在开曼群岛就与软通动力控股公司之间的股票期权争议进行诉讼，现在又要求软通动力集团公司承担其损失，自然无法得到法院的支持。实践中，建议员工与公司之间签订股权协议时，对权利的授予主体进行明确具体的了解，避免双方当事人出现理解分歧的争议，从而可以向真正的授予主体主张权利，避免诉讼时间与资源的浪费。

对比案例　张某巍与北京影合众新媒体技术服务有限公司等与公司有关的纠纷案

【基本信息】

上诉人（原审原告）：张某巍

被上诉人(原审被告):北京乐影无限新媒体科技有限公司(以下简称乐影无限公司)

被上诉人(原审被告):北京影合众新媒体技术服务有限公司(以下简称影合众公司)

案由:与公司有关的纠纷

案号:北京市第二中级人民法院(2019)京02民终1061号

【相关案情】

2012年11月9日,张某巍与乐影无限公司签订《劳动合同书》,合同期限为2012年11月9日起至2016年11月8日止。2013年,乐影无限公司制定并实施了股权激励方案。2013年4月1日,张某巍获得影合众新媒体集团有限公司1,244,444股《期权证书》,载明:期权证书,影合众新媒体集团有限公司,姓名张某巍,授予及释放记录;落款部分CEO处签字显示为徐某华,OPTIONEE处显示为张某巍,《期权证书》上无公司印章。张某巍以其持有影合众新媒体集团有限公司1,244,444股的《期权证书》为由要求乐影无限公司和影合众公司将张某巍持有的期权转换为影合众公司的股权。

【争议焦点】

张某巍与乐影无限公司、影合众公司之间是什么法律关系?

【法院观点】

本案中,张某巍主张乐影无限公司、影合众公司应当将其持有的影合众新媒体集团有限公司的期权转换为影合众公司的股权,但是张某巍并未提交证据证明其主张的《期权证书》系由乐影无限公司发放,对于其与乐影无限公司、影合众公司是何法律关系,乐影无限公司、影合众公司与本案有何关联,各方当事人对其上述主张是否形成合意,其是否有权持有影合众公司股权等,张某巍均未提交证据予以证明,应当承担不利的后果。

对比案例　王某路与上海精学锐信息科技有限公司其他与公司有关的纠纷案

【基本信息】

案号:上海市浦东新区人民法院(2018)沪0115民初10670号

【法院观点】

“精锐教育”系包含上海精学锐信息科技有限公司在内的数家公司的统称，其中既有上市公司，也有未上市公司。王某路根据《授予期权的通知》获取的股票期权合法有效，但本案的争议焦点在于《授予期权的通知》的履约主体是否为上海精学锐信息科技有限公司。

何谓股票期权，从《授予期权的通知》来看，系指 OneSmartInc 对于满足一定条件的人员给予的股权激励，在 OneSmartInc 首次公开股票以后，权利人可以要求按照约定价格向公司购买股票。从法院查明的情况来看，王某路的股票期权系在上海精睿商务咨询有限公司工作时，由 OneSmartInc 授予。但是，无论是王某路被授予股权时工作的单位，还是授权王某路股权的公司，都非上海精学锐信息科技有限公司，故上海精学锐信息科技有限公司并非《授予期权的通知》的履约主体；况且 OneSmartInc 并未成功上市，实际首次公开发行股票的公司为 OneSmart Education Group Limited。

综上，因授予王某路的股票期权的主体并非上海精学锐信息科技有限公司，《授予期权的通知》相应的履约主体也不是上海精学锐信息科技有限公司，故王某路要求上海精学锐信息科技有限公司给付股票期权并配合行权的请求，无法律依据，法院不予支持。

第四节 虚幻的股权激励者——激励者不实或欺诈

◎问题聚焦

股权激励的激励者主要分为两大类：一类是公司（用人单位）；另一类是公司股东。在用人单位与员工就股权激励事项发生纠纷时，激励者是谁、激励者的状况对于激励协议的效力影响常常是根本性的。当激励者不实、因激励者不存在而存在欺诈或者激励者无权处置股权（份）的情形时，法院如何裁判？

◎裁判规则

根据《民法典》的规定，无效的民事法律行为主要包括，违反法律法规的强制性规定的民事法律行为，行为人与相对人以虚假的意思表示实施的民事法律行为等。如果不存在法定无效情形，股权激励协议应当被认定为有效。

有效的股权激励协议应当被履行,除非实际上不具备履行条件。当激励者以内部规定等作为无法实际履行的事由,法院倾向于不予支持。

◎案例详解

经典案例 杨某栓与郑州建海置业有限公司、杨某平、杨某山、郑州建海房地产开发有限公司、张某功、李某凤债权纠纷案

【基本信息】

上诉人(原审原告):杨某栓

被上诉人(原审被告):郑州建海置业有限公司(以下简称建海置业公司)

被上诉人(原审被告):杨某平

被上诉人(原审被告):杨某山

案由:债权纠纷

案号:河南省高级人民法院(2011)豫法民二终字第6号

【相关案情】

杨某栓于建海置业公司筹建时,即在该公司工作。1998年1月10日,建海置业公司出具"任命书",该"任命书"载明:"公司根据杨某栓经过一年来的工作表现和工作能力,经公司董事研究决定,任命为公司副总经理,并为名誉董事。公司对杨某栓待遇如下:(一)公司盈利净值(包括固定资产,以下盈利包括固定资产)在100万元内,可拥有百分之五股份;(二)公司盈利净值300万元内,可拥有百分之十股份;(三)公司盈利净值500万元内,可拥有百分之十五股份;(四)公司盈利净值1000万元内,可拥有百分之二十股份;(五)公司盈利超出1000万元,可拥有百分之二十五股份。"2001年1月15日,建海房地产公司批准注册登记。建海房地产公司的股东为张某功和建海置业公司,出资分别为600万元(60%比例)和400万元(40%比例)。2001年3月1日,杨某栓、建海置业公司签订聘用合同,约定建海置业公司聘用杨某栓为经营部经理、副总经理,聘用期至2002年12月31日等。2001年11月杨某栓到建海房地产公司工作,职务仍为副总经理。2004年4月10日,建海房地产公司免去了杨某栓副总经理的职务并予以辞退。2004年5月14日,建海房地产公司以杨某栓辞职为由申请办理郑州市职工社会保险关系停保登记。2005年1月12日,杨某栓申请劳动仲裁,郑州市劳动争议仲裁委员会以杨某栓要求确认拥有建海置业公司25%

的股份以及赔偿 200 万元及利息的请求不属于劳动争议仲裁的受案范围为由不予受理。杨某栓诉至法院。

【争议焦点】

1998 年 1 月 10 日建海置业公司向杨某栓出具的任命书中杨某栓获得股份条款的有效性。

【一审】

诉讼请求

确认杨某栓拥有建海置业公司的 25% 的股份(后变更诉讼请求为判令建海置业公司履行合同按其公司盈利净值总额的 25% 支付给杨某栓)。

裁判结果

驳回杨某栓该项诉讼请求。

【二审】

上诉请求

请求判令建海置业公司履行合同按其公司盈利净值总额的 25% 支付给杨某栓,撤销原审判决。

裁判结果

驳回上诉,维持原判。

【法院观点】

根据《公司法》和建海置业公司的公司章程规定,对于利润分配和股本增减等重大事项,应当经过股东会批准。建海置业公司对杨某栓承诺的股权激励决定,仅加盖了建海置业公司的公章,并没有建海置业公司的股东在任命书上签字同意。该公司股东杨某平、张某功在诉讼期间均否认本人曾作出过将自己名下的股份给予杨某栓的承诺;而杨某栓又不能举证证明该任命书已经过建海置业公司股东会批准同意。因此,该任命书关于股权激励部分的内容,缺乏生效条件,杨某栓依据任命书主张赔偿同样也不能成立。且根据该任命书的内容,建海置业公司给予杨某栓奖励是公司股份;而杨某栓在原审的诉讼请求要求的是建海置业公司盈利净值总额的 25%。给予公司 25% 的股份与公司盈利净值的 25% 是不同的概念,杨某栓的该项请求不符合任命书的约定内容,故其主张没有事实依据。

【律师视角】

案例评析

在本案中,建海置业公司对杨某栓作出了股权激励承诺,并在规定股权激励条款的任命书中加盖公章,双方当事人的意思表示是真实的;但建海置业公司的股权归属于几个股东,公司本身并不持有股份,因此不能直接作出将公司股权给予杨某栓的决定。根据《公司法》和建海置业公司章程的规定,对于股本增减的重大事项,应当经股东会批准。若公司通过回购股份实施员工激励,应当通过股东会决议的形式作出;如果公司以其他股东的股权作为激励标,应当在其他股东同意的基础上,由其他股东作出给予杨某栓股份的承诺;既无股东会决议又无其他股东同意的情况下,法院认为仅加盖公章的股权激励条款缺乏生效要件,似乎不妥。该种情况似应定性为无法实际履行,承诺效力对于善意相对人而言应该不存在问题。因此,法院认定该股权激励承诺自始无效值得商榷。

实操建议

员工在接受用人单位的股权激励条款时,除确认该条款中约定的激励股权归属,还应明确公司是否有权对该股权作出处分,是否履行了处分股权必要的法律规定或章程约定的程序。由于实施股权激励必然会对其他股东持有股权产生影响,因此股权激励除双方达成合意外,还需要公司股东作出决议,这就要求员工在审查股权激励条款时重点关注该条款作出过程中是否有公司其他股东的参与,以保证其获得的激励股权是真实有效的,是可以实际履行的。

对比案例 | 深圳市旅游(集团)股份有限公司与钟某桥股权转让纠纷案

【基本信息】

上诉人(原审被告):深圳市旅游(集团)股份有限公司(以下简称深旅集团)

被上诉人(原审原告):钟某桥

案由:股权转让纠纷

案号:广东省深圳市中级人民法院(2014)深中法商终字第2522号

【相关案情】

2008年10月22日,深旅集团董事会作出《深圳市旅游(集团)股份有限公司定向增发(股份认购权)方案》。同日,深旅集团作出《2008年第三次临时股东大会决议》,大会以投票表决方式审议通过了《深圳市旅游(集团)股份有限公司定向增发(股份认购权)方案》,即:1.在一定期限内定向增发给集团高中层管理人员和有突出贡献员工的股份认购权,本认购权必须经过授予和行权两个阶段,才能转变为个人持有的集团股份;2.可授予的股份认购权在3年内,按年度分3次授予完毕,业绩考核期限为2008年至2010年3个会计年度。该《实施方案》的附件之一为《深旅集团2008年度股份认购权具体授予名单及数额》表,钟某桥作为集团中层管理人员,授予数额为50万股。深旅集团向钟某桥核发了加盖了深旅集团公章的《股份认购权证副券》,载明:行权人:钟某桥,股数:50万股,价格:1.2元/股,行权方式:现金行权,第一行权窗口期:2009年5月1日—2009年5月30日,行权有效性:依据"深圳市旅游(集团)股份有限公司定向增发(股权认购)方案"有关规定。

2011年6月1日,钟某桥向深旅集团邮寄了《行权申请》和《股份认购权证行权申请表》,《行权申请》正文的内容为:"根据公司《深旅集团2008年度股份认购权实施方案》,公司授予本人深旅集团50万股股份认购权,行权价格为每股1.2元,行权期限截止日期为2011年6月30日。本人已多次向王董事长提出行权申请,但公司领导至今未答复。现本人以书面形式正式向公司提出申请行权,行权股份数为50万股。请公司给予办理行权手续。"次日,深旅集团收到了钟某桥邮寄的申请。2011年8月20日,深旅集团作出对钟某桥的《回复函》,正文内容为:"根据深圳市旅游(集团)股份有限公司2011年6月3日第一次临时股东大会决议,我司终止了《深圳市旅游(集团)股份有限公司定向增发(股份认购权)方案》,故不予以支持您提出的关于认购深旅集团50万股股份的行权申请。"

【争议焦点】

深旅集团是否应当向钟某桥增发股份?

【法院观点】

《深圳市旅游(集团)股份有限公司定向增发(股份认购权)方案》规定:"持有这种股份认购权的人员可以在规定的时期内以约定的价格购买本集团股份。本认购权必须经过授予和行权两个阶段,才能转变为个人的集团股份。"该方案表明,深旅集团一旦向符合资格条件的人员授予股份认购权证,即受股份认购权证的约束,在股份认购权证持有人按照约定的时期、价格行权时,深旅集团应予以接受。深旅集团向钟某桥授予股份认购权证属于要约,钟某桥予以接受则构成承诺。原审判决认为深旅集团与钟某桥之间成立关于新增资本认购的合同关系,是恰当的。修改或终止《深圳市旅游(集团)股份有限公司定向增发(股份认购权)方案》的行为属于深旅集团的内部行为,不影响之前实施该方案过程中深旅集团已经对外成立的合同关系。

【律师视角】

案例评析

本案中,钟某桥依据公司股东大会决议通过的定向增发(股份认购权)方案,完成了对公司股份的认购,并在方案约定的行权期内要求行权,是依据合同主张权利的行为,得到了法院支持。该定向增发方案由股东大会通过,具备生效要件,尽管深旅集团以其之后通过的股东大会决议废止该定向增发方案为由,主张钟某桥不能再行权,但法院认为这属于公司的内部行为,依据合同相对性,对之前公司对外成立的合同关系没有影响,从而保护钟某桥的合同利益得以实现。

从法院的判决态度我们不难发现,员工与公司之间订立的股份协议成立生效的要件是依据法定或章定程序由股东大会决议通过,但一经生效,便成为独立的合同,其效力并不因公司内部行为对该协议的处分而发生变更,这有利于保护员工实现其股权利益。

实操建议

对于公司而言,股东大会决议通过的向员工定向增发股份认购权方案,在约定的行权有效期内一直有效,公司决议对该方案的废止并不影响之前已认购股份的员工行权;对于要求行权的员工,应当按照方案的约定,收取股款,为其办理股份登记,履行合同义务。

对于员工而言,认购公司股份的,除确定该定向增发方案已经合法程序在公司股东会通过,还要注意在行权有效期内行权;行权要求得不到公司履行的,可以向法院主张要求公司履行股份增发义务,在股份认购方案明确约定的情况下,其诉求会得到法院支持。

类似案例 | 汤某娜与黄某杰合同纠纷案

【基本信息】

上诉人(原审被告):黄某杰

被上诉人(原审原告):汤某娜

案由:合同纠纷

案号:浙江省宁波市中级人民法院(2015)浙甬商终字第278号

【相关案情】

汤某娜、黄某杰经协商于2013年12月31日签订《股权转让意向协议》一份,载明:黄某杰系拥有"鄞州万达启华教育"90%股权的股东,拟向汤某娜转让黄某杰合法持有的"鄞州万达启华教育"10%的股权,股权转让的价格依据出让方投入标的公司的注册资本按1:1的比例确定,即黄某杰向汤某娜转让目标公司10%股权的价格为500,000元。汤某娜于协议签订后支付黄某杰100,000元意向金,双方正式签订股权转让协议后,意向金自动转为股权转让款。双方还约定了其他权利义务。协议签订当日,汤某娜通过银行转账支付给黄某杰60,000元,2014年1月2日再次通过银行转账支付给黄某杰40,000元,合计100,000元。

另认定,不存在"鄞州万达启华教育"为名称的公司。黄某杰系宁波市鄞州启华教育咨询有限公司(以下简称启华咨询公司)的股东,其持股比例为10%,该公司注册资金为300,000元。

【争议焦点】

股权转让协议中约定的股权对应实体公司不存在时,转让人的行为是否构成欺诈,导致协议无效?

【法院观点】

黄某杰与汤某娜签订的《股权转让意向协议》约定黄某杰拥有"鄞州万达启华教育"90%股权,黄某杰将其中10%"鄞州万达启华教育"股权转让给汤某娜,但"鄞州万达启华教育"实际并不存在,黄某杰也未提供充分证据证明"鄞州万达启华教育"即为启华咨询公司,且《股权转让意向协议》载明的黄某杰拥有"鄞州万达启华教育"90%股权也与其在启华咨询公司持股10%的情况不符。因此,汤某娜以其受黄某杰误导及欺诈为由,要求撤销双方签订的《股权转让意向协议》应予支持。黄某杰认为汤某娜明知"鄞州万达启华教育"即为启华咨询公司,《股权转让意向协议》有效,但未提供证据证明,不予支持。黄某杰收取的汤某娜100,000元股权转让款应予返还,黄某杰认为其已经支付40,000元给汤某娜,但其提供的证据不能证明该主张,难以支持。

【律师视角】

案例评析

本案中,双方当事人签订的《股权转让意向协议》中约定的股权对应的实体公司,与转让人实际持有的股权对应公司并不一致,协议约定中的该公司并不存在,转让人构成虚构公司股权转让的欺诈行为。当然我们需要明确,公司主体不存在并不必然导致欺诈行为成立,本案中法院之所以认定行为人构成欺诈从而判决合同无效是因为:其一,转让人声明其所持有的股权与其实际持有的股权相去甚远;其二,实际公司的注册资本为300,000元,10%的股权估价应在30,000元左右,但黄某杰却要求5,000,000元的股权转让款,主观上具有明显恶意;其三,黄某杰主张汤某娜对股权实际状况是明知的,但其未能提供明确告知的证据,对其所有主张举证均不充分。黄某杰的行为符合欺诈的构成要件,一方以欺诈的手段,使对方在违背真实意思的情况下订立的合同,受损害方有权请求予以撤销;合同被撤销后,因该合同取得的财产,应当予以返还。

实操建议

员工在签订股权激励协议、股权转让协议等一系列获得股权的合同时,要注意仔细审查协议约定的股权对应的实体公司是否真实存在,查询该公司的真实性,掌握公司注册资本、地址、信用等相关信息,以避免陷入虚构股权的欺诈陷阱。

如果确是由于审查不严造成出现协议中约定的公司名称与实际公司名称有所出入,股权激励授予人、股权转让人需要举证证明双方明知该协议的真实意思指向的就是实际公司,要注意留存证据,包括协议签订的磋商过程,股权受让人对公司的了解情况等,以避免基于笔误等导致合同无效的情形。

对比案例 | 潘某民与天茁(上海)生物科技有限公司其他与公司有关的纠纷案

【基本信息】

原告:潘某民

被告:天茁(上海)生物科技有限公司(以下简称天茁公司)

案由:其他与公司有关的纠纷

案号:上海市崇明区人民法院(2017)沪0151民初7200号

【法院观点】

潘某民与天苗公司签订的《协议书》是基于双方的真实意思表示，对双方均具有约束力。双方约定，天苗公司授予潘某民相应份额的“B类股权”，同时约定此类股权不享有除股东分红权外的其他股东权利。由此可见，该股权激励模式的实质是天苗公司对作为员工的潘某民实行的一种资金激励。《协议书》约定，员工离开公司时，可根据其实际享有的B类股权占总股权的比例按公司净资产进行一次性补偿，如公司净资产低于授予时的价值，则按授予时的价值返还员工。可见，在员工离开时，公司应将双方约定的虚拟股权收益返还给员工，且不得低于授予时的价值。因双方于2017年2月28日解除劳动关系后，潘某民已离开公司，故其按照授予时的价值要求天苗公司返还99,960元，符合《协议书》的约定，法院予以支持。天苗公司表示授予股权应经公司股东会决议，因《协议书》中约定的“B类股权”不是法律意义上的股权，其实质是对员工的资金激励，非必须经股东会决议的事项。天苗公司又表示公司股东已发生变化，应由变更前的股东个人承担责任，对此，法院认为，公司与股东是彼此独立的民事主体，公司的债务应以公司的财产承担责任，公司内部股东发生的变化，不影响公司对外应承担的责任。

第五章

激 励 对 象

第一节　关联公司的激励对象

◎问题聚焦

当员工与用人单位就股权激励相关事项发生争议时,激励者和激励对象分别是谁,常常是基础性问题。当激励对象认为激励者是用人单位的关联公司时,法院会怎样作出裁判呢?

◎裁判规则

如果用人单位与员工签订的股权激励协议等文件合法有效,法院倾向于以协议中的具体条款为准确定股权激励法律关系和相关内容。当员工被列为用人单位关联公司的激励对象时,例如,员工作为下属公司的职工,其经过严格程序被列入了上级公司激励对象名单中并行权时,如果法院能确认股权激励是上级公司真实意思的体现,会倾向于认定该员工为上级公司的激励对象。

◎案例详解

经典案例　|　席某刚与舒某宇股权转让纠纷案

【基本信息】

再审申请人(被告、上诉人):席某刚

再审被申请人(原告、被上诉人):舒某宇

原审第三人:上海斯宇投资咨询有限公司(以下简称上海斯宇公司)

案由:股权转让纠纷

案号:重庆市高级人民法院(2018)渝民申1161号

【相关案情】

上海斯宇公司现为案外人沪工集团公司股东,席某刚原系沪工集团公司员工,已离职。在辞职报告中,席某刚提出要求沪工集团公司退还其入股上海斯宇公司的股本金并希望能够计算部分利息。

上海斯宇公司性质为有限责任公司,其中舒某宇系公司第一大股东,席某刚也实际出资购买公司股份。该公司章程载明,为保证沪工集团公司管理层、核心技术人员的稳定,由沪工集团公司及其所属子公司及分支机构的管理人员、技术人员、销售人员、顾问人员共同出资,设立上海斯宇公司;当以上员工解除与沪工集团的劳动或顾问合同关系时,股东资格丧失,且应在两个月内将其股权转让给第一大股东舒某宇;并对转让价格计算方式进行规定。另有一份《上海斯宇投资咨询有限公司股东协议》,但在审理中,舒某宇、席某刚及上海斯宇公司均认可未达成《上海斯宇投资咨询有限公司股东协议》。

【争议焦点】

1. 席某刚实际进行出资成为上海斯宇公司股东,是否属于激励对象?

2. 上海斯宇公司章程相关条款的效力如何,席某刚是否应当将其持有的上海斯宇公司股份转让给舒某宇?股权转让价格如何?

【一审】

诉讼请求

席某刚按人民币236,600元的价格将其持有的第三人斯宇公司1.67%的股权转让给舒某宇。

裁判结果

1. 席某刚于原审判决生效后10日内将其持有的上海斯宇公司1.67%的股权以236,600元的价格转让给舒某宇。

2. 舒某宇于原审判决生效后10日内向席某刚支付股权转让款236,600元。

【二审】

上诉请求

撤销一审判决,改判驳回舒某宇一审诉讼请求。

裁判结果

驳回上诉,维持原判。

【再审】

再审请求

二审判决错误,二审法院存在认定的基本事实缺乏证据证明的问题。

裁判结果

驳回再审申请。

【法院观点】

公司章程规定,上海斯宇公司股东必须与沪工集团公司签订劳动合同或存在劳动关系或存在顾问合同关系,如果前述劳动关系等解除,就失去股东资格,席某刚作为上海斯宇公司成立发起人之一,在公司章程上签字确认,应当对公司章程约定具有充分认知和理解。席某刚于辞职时要求沪工集团公司退还其入股上海斯宇公司股本金,证明席某刚知晓辞职即意味着失去上海斯宇公司股东资格,故应当依照公司章程规定,将其持有的上海斯宇公司股份转让给舒某宇。

关于席某刚是否属于激励对象的问题。沪工集团公司设立上海斯宇公司,使沪工集团公司的核心人才通过间接持股的方式,与企业结成利益共同体,一并分享利润、承担风险。股权激励的前提条件就是成为上海斯宇公司股东,上海斯宇公司股东出资方式或股本金来源并不影响其成为沪工集团公司的激励对象。席某刚作为沪工集团公司管理人员才享有上海斯宇公司股东资格,其自行出资购买股份与成为沪工集团公司激励对象并不相悖。

关于转让价格的计算,应当尊重公司章程在公司治理中的制度规范作用,以及成立公司时各股东的合意,按照公司章程的规定履行义务。

【律师视角】

案例评析

根据《公司法》,公司章程是公司意思自治的体现,体现了公司设立的目的和宗旨,合法有效的公司章程应当对全体股东产生约束力。上海斯宇公司是沪工集团为了实行股权激励而设立的平台公司,员工通过成为平台公司股东,间接持有公司股票。席某刚与沪工集团存在劳动关系,是沪工集团的激励对象,这是席某刚能成为上海斯宇公司股东前提条件,其对上海斯宇公司的出资方式以及股本金来源并不影响其属于沪工集团的激励对象这一事实。

类似案例 | 华测检测认证集团股份有限公司与李某琳不当得利纠纷案

【基本信息】

原告:华测检测认证集团股份有限公司(以下简称华测集团)

被告:李某琳

案由:不当得利纠纷

案号:上海市浦东新区人民法院(2017)沪0115民初26676号

【相关案情】

李某琳于2010年7月1日进入由华测集团(上市公司)投资75%的上海华测先越材料技术有限公司(以下简称先越公司)工作,担任业务经理,2015年11月30日离职。

华测集团出台了股票期权激励计划实施考核办法,明确该公司的中层管理人员、核心技术(业务)人员为股票期权计划激励对象,并规定了职责权限、考核体系、考核结果的应用、考核结果管理等。后华测集团又出台了关于对中层管理人员及核心技术(业务)人员的股票期权激励计划(草案)修订稿,明确了具体的激励、行权办法及相应程序。两次所确定的首期股票期权激励计划激励对象名单中,李某琳均被列入其中。李某琳在职期间,分五次以行权价购买华测集团股票共计40,000股。

【争议焦点】

李某琳作为华测集团的下属公司先越公司的员工,是否属于华测集团激励对象的范围?

【法院观点】

华测集团在对其中层管理人员及核心技术(业务)人员进行股票期权激励所制定的办法中,对股票期权激励对象的确定及激励对象行权均规定了严格的程序。李某琳是原告下属公司的业务经理,而不是华测集团的工作人员,如果其不是根据其激励办法将下属公司的中层管理人员列为激励对象,是不可能将李某琳列入激励对象名单并作为激励对象予以公告、登记并行权的。原告所述系因其工作人员疏忽错误将股票登记给了被告的说法与事实不符,法院不予支持。

【律师视角】

案例评析

本案的争议焦点在于李某琳作为下属公司的员工，是否属于华测集团的激励对象范围，对于这类情况应当结合案件情况具体分析。本案中，华测集团就股权激励先后出台了考核办法、激励计划修订稿。考核办法和激励计划修订稿的内容对激励程序、行权办法和对象资格等均有严格的程序规定。李某琳先后两次均被列入激励对象的名单，并且按照规定行权，可推定华测集团在实行激励计划开始就将下属公司的中层管理人员列入激励对象的范围。华测集团所述系因其工作人员疏忽错误将股票登记给了李某琳的说法显然与法院查明的事实不符，故不能得到法院支持。

当然，如果公司在激励办法中就激励对象的范围未提及下属公司的员工，该员工也并未有行权的事实，还应当结合案件事实和证据，作进一步讨论，不能简单依据上述判例作相同判断。

第二节　激励对象的身份丧失

◎问题聚焦

在约定股权激励的实践中，为了让劳动者更好地为公司作出贡献，有时候公司会与劳动者约定该股权激励以劳动者在公司中存在某种身份或者处于某个岗位为条件。那么，当劳动者的身份或者岗位发生变化时，或者劳动关系终止了，法院会对股权激励关系如何裁判？

◎裁判规则

若对激励对象的奖励以激励对象存在某种身份或者处于某个岗位为条件，当激励对象失去该身份、被依法调离该岗位或者劳动关系被依法终止时，法院倾向于认为该激励对象也失去了与该身份或岗位相对应的股权激励关系。

◎案例详解

经典案例 | 蒋某诉上海多乐空气处理设备有限公司劳动合同纠纷案

【基本信息】

上诉人(原审被告):蒋某

被上诉人(原审原告):上海多乐空气处理设备有限公司(以下简称多乐公司)

案由:劳动合同纠纷

案号:上海市第一中级人民法院(2017)沪01民终12815号

【相关案情】

2009年12月8日,多乐公司法定代表人与蒋某签订《加盟协议》,约定蒋某薪酬类别包括固定薪酬、定量考核奖金与股权激励,年固定薪酬为5万元/月×13月,支付薪酬、定量考核奖金、股权激励的基础是蒋某担任统筹公司事务的高管。2010年2月9日,双方签订期限自2010年1月4日起的无固定期限劳动合同。劳动合同约定蒋某在多乐公司从事总经理工作,月工资5万元。劳动合同约定《加盟协议》为合同之补充,具有同等法律效力。

2010年1月4日,蒋某进入多乐公司工作,担任总经理职务,每月实发工资5万元。2010年9月6日,蒋某因交通事故受伤住院至同年10月中旬。2013年3月,多乐公司以蒋某未达总经理岗位要求且身体条件不再适合参与工作量过大的工作为由,通知蒋某岗位调整为总经理助理,月薪调整为25,000元。

2016年7月1日,多乐公司要求蒋某更换工作地点至苏州,岗位待遇不变,蒋某拒绝。后多乐公司多次要求将蒋某工作岗位调整,待遇为新岗位标准,蒋某拒绝。2016年7月22日,多乐公司向蒋某出具解除劳动合同通知书,要求解除其与多乐公司的劳动关系,并将支付蒋某7个月工资的经济补偿金和1个月工资的代通金,及工伤7级的一次性伤残就业补助金。2016年8月10日,多乐公司通过银行转账,向蒋某支付了上述款项。

【争议焦点】

多乐公司是否应该支付蒋某十三薪、定量考核奖金、股权激励、每年利润的20%部分?

【一审】

诉讼请求

1. 多乐公司支付蒋某 2014 年至 2015 年股权激励 2,406,848.66 元。

2. 多乐公司支付蒋某 2010 年至 2015 年每年利润 20% 部分 650,052.76 元。

裁判结果

多乐公司不支付蒋某 2014 年至 2015 年股权激励 2,406,848.66 元；多乐公司不支付蒋某 2010 年至 2015 年每年利润 20% 部分 650,052.76 元。

【二审】

上诉请求

1. 多乐公司支付蒋某 2014 年至 2015 年股权激励 2,406,848.66 元。

2. 多乐公司支付蒋某 2010 年至 2015 年每年利润 20% 部分 650,052.76 元。

裁判结果

驳回上诉，维持原判。

【法院观点】

《加盟协议》中约定的待遇，系多乐公司基于蒋某作为潜在经理人的特殊身份给予的特殊待遇，即蒋某作为潜在经理人给付劳动的特殊身份待遇，而并非对蒋某作为自然人给付劳动的待遇。现已有生效判决对多乐公司将蒋某调整至总经理助理的合理性作出确认，因此蒋某不能要求多乐公司按照《加盟协议》给予其待遇。

【律师视角】

案例评析

本案的争议焦点在于多乐公司是否应该依照《加盟协议》的约定支付蒋某十三薪、定量考核奖金、股权激励、每年利润的 20% 部分。在《加盟协议》中约定的给予蒋某相应待遇的条件是蒋某作为潜在经理人的特殊身份。当多乐公司依法解除蒋某的劳动关系后，蒋某失去作为潜在经理人的特殊身份，而这种身份的失去又具有合理性的时候，蒋某便无法继续享受《加盟协议》中约定的待遇。

实操建议

对于单位来说，当计划约定以劳动者的身份作为条件的股权奖励时，要在股权激励协议中进行清晰的约定。而且，由于股权激励协议中的预期利益具有一定的不确定性，和劳动者的未来绩效相关，用人单位需要对拟激励对象和相关事项进行更全面细致的考察，明确激励数量。

类似案例 | 汪某钢与上海库缘网络科技有限公司劳动合同纠纷案

【基本信息】

上诉人(原审原告):汪某钢

被上诉人(原审被告):上海库缘网络科技有限公司

案由:劳动合同纠纷

案号:上海市第二中级人民法院(2019)沪 02 民终 4669 号

【相关案情】

汪某钢于 2017 年 8 月 3 日入职上海库缘网络科技有限公司,双方签订了一份期限自 2017 年 8 月 3 日至 2020 年 6 月 30 日的劳动合同,约定汪某钢在公司担任运营管理部总监,属于高级管理人员职务,月工资为 22,000 元。

2017 年 10 月 3 日,汪某钢、上海库缘网络科技有限公司签订一份《员工股权激励协议书》,约定上海库缘网络科技有限公司分三年授予汪某钢共计总原始股份的 1% 股权,汪某钢若符合股权授予的相关要求,则将于 2018 年 10 月 3 日被首次授予股权。股权授予的相关要求在《库房无忧员工中长期激励操作细则》中体现,协议中约定股权授予针对特定岗位。

2018 年 4 月 18 日,公司通过人事任命将汪某钢调整至品牌推广部,担任总监一职。2018 年 9 月 14 日,公司以汪某钢不能胜任工作为由通过电子邮件向汪某钢发出解除劳动合同通知,解除双方劳动合同。

【争议焦点】

上海库缘网络科技有限公司是否应当依据《员工股权激励协议书》分三年授予汪某钢共计总原始股份的 1% 股权?

【法院观点】

法院认为,根据一审法院查证的事实,被上诉人系违法解除劳动合同。因上诉人的原有工作岗位已经被撤销,现上诉人要求恢复劳动关系并同岗位重新安排已无可能。一审审理中,上诉人仍坚持其诉请,不同意变更诉请为要求被上诉人支付违法解除劳动合同赔偿金,故一审法院驳回上诉人的诉请并无不当,上诉人可另行主张违法解除劳动合同的赔偿金。上诉人调整岗位后并不属于股权激励范围,上诉人诉请授予其相应的股权并办理工商变更登记手续的诉请缺乏依据。一审法院的判决并无不当,本院依法予以维持。

【律师视角】

案例评析

本案中原告汪某钢原所在岗位已经被撤销,其他同级别的岗位作为公司重要的管理岗位,亦不可能长期空缺或超额安排,故原告汪某钢已无法恢复原岗位或同级别岗位。双方签订的《员工股权激励协议书》以原告处于该公司的特定岗位为条件,分三年授予原告共计总原始股份1%的股权。现原告已不具备该岗位条件,因此也失去了获得该股权的权利。

对比案例　彭某等与北京斐德瑞工程技术研究院有限公司股权转让纠纷案

【基本信息】

上诉人(原审原告):彭某

被上诉人(原审被告):北京斐德瑞工程技术研究院有限公司(以下简称斐德瑞公司)

原审第三人:北京东方舞台科技有限公司(以下简称东方舞台公司)

案由:股权转让纠纷

案号:北京市第三中级人民法院(2019)京03民终5622号

【相关案情】

2016年11月29日,思特杰公司、彭某、龙某言作为甲方,斐德瑞公司作为乙方,刘某斌作为丙方,彭某作为丁方,葛某刚作为戊方(丙方、丁方、戊方合称"个人受赠股持有各方")签订《股权转让合作协议》,约定:乙方受让甲方股权后,将东方舞台公司40%股权赠与给丙、丁、戊等个人受赠股持有各方。

斐德瑞公司支付了股权转让款后,因《股权转让合作协议》的履行发生纠纷,斐德瑞公司以东方舞台公司、思特杰公司、龙某言、彭某拒绝办理股权变更登记为由,起诉要求将东方舞台公司的股权变更登记到其名下,要求转让方思特杰公司、龙某言、彭某予以配合。法院对该案审理后支持了斐德瑞公司的诉讼请求。

判决生效后,法院强制执行,2018年2月13日,东方舞台公司完成公司变更登记,投资人由彭某、思特杰公司、龙某言变更为斐德瑞公司。东方舞台公司的投资人发生变更后,彭某拒不交出东方舞台公司营业执照、公章等公司财物,并拒绝返还公司公章、证照、财务账簿等公司财物。

后彭某提起上诉,请求判令斐德瑞公司继续履行《股权转让合作协议》约定,将东方舞台公司10%股份赠与彭某并办理股权登记手续。

【争议焦点】

斐德瑞公司是否应当继续履行《股权转让合作协议》约定,将东方舞台公司10%股份赠与彭某并办理股权登记手续。

【一审】

诉讼请求

判令斐德瑞公司继续履行《股权转让合作协议》约定,将东方舞台公司10%股份赠与彭某并办理股权登记手续。

裁判结果

驳回彭某的诉讼请求。

【二审】

上诉请求

判令斐德瑞公司继续履行《股权转让合作协议》约定,将东方舞台公司10%股份赠与彭某并办理股权登记手续。

裁判结果

驳回上诉,维持原判。

【法院观点】

《股权转让合作协议》中明确赠与股份是为了"激励人才"而赠与公司"骨干"即彭某等人,要求彭某等人入职公司并努力工作,使东方舞台公司有更好的发展。彭某受赠东方舞台公司股权的条件是彭某作为"骨干"服务东方舞台公司,故斐德瑞公司约定的赠与股权属于附义务的赠与。而根据上述查明的事实,彭某并不符合受赠条件,故彭某现在要求斐德瑞公司将东方舞台公司10%股份赠与彭某并办理股权变更登记的请求,依据不足,法院亦不予支持。

【律师视角】

案例评析

法院将该案例中的股权激励定性为附条件的赠与,无不妥之处。该案中,彭某未履行《股权转让合作协议》中约定的义务,所附条件不成就,因此不符合受赠条件。

第三节 离婚纠纷中的股权激励权益分割

◎问题聚焦

在离婚诉讼中,夫妻一方要求对另一方取得的股权激励权益进行分割的情形越来越多。那么,夫妻一方在婚姻关系存续期间取得的股权激励权益是否属于夫妻共同财产?如果属于夫妻共同财产,离婚时,夫妻一方取得的股权激励权益的价值如何确定、如何分割?特别需要关注的,法院对于未行权的股票期权及已行权的股票期权的分割分别持有什么样的态度?

◎裁判规则

1.《民法典》第一千零六十二条规定,夫妻在婚姻关系存续期间所得的工资、奖金、劳务报酬以及生产、经营、投资的收益等,为夫妻的共同财产,归夫妻共同所有。股权激励多是公司为了激励员工而对员工进行的激励,当员工行权后,可以获得一定的收益,股权激励收益通常会被定性为工资、奖金性质。因此,夫妻婚姻关系存续期间,一方取得的股权激励收益应当属于夫妻共同财产。

2.股票期权,是作为公司的一种激励机制而赋予员工有条件地购买本企业股票的资格,并非具有确定价值的财产性权益。该期权要转化为可实际取得财产权益的股票,必须以员工在公司工作时间的积累等为前提条件。因此,夫妻一方取得的股票期权,即使在离婚后才行权,也无法改变其在婚姻关系存续期间可以行使部分期权并获得实际财产权益的事实。因此,离婚时,该部分股票期权的财产性收益倾向于被认定为夫妻共同财产。

3.股票期权具有不确定性,并不具有确定价值的财产权益,仅凭持有的期权不能确认此系夫妻双方实有财产。若因未届行权日或行权条件未满足,造成期权权益无法确定的,为公平合理地保障双方当事人权益,法院倾向于不予处理,待满足行权条件后,双方可向法院申请分割财产权益。

◎案例详解

经典案例 | 马某与朱某离婚后财产纠纷案

【基本信息】

原告:马某

被告:朱某

案由:离婚后财产纠纷

案号:上海市浦东新区人民法院(2012)浦民一(民)初字第 17439 号

【相关案情】

马某、朱某于 2004 年 4 月 22 日登记结婚,朱某系案外人某公司的高级管理人员。2004 年 5 月 11 日、2005 年 1 月 28 日,某公司分别授予朱某本公司的股票期权 5000 股(每股行权价 5.50 美元,期权授予日后可年行权 25%,行权到期日为 2014 年 4 月 1 日,以下简称第一批股票期权)、12,000 股(每股行权价 15.55美元,期权授予日后可年行权 25%,行权到期日为 2015 年 1 月 28 日,以下简称第二批股票期权)。股票期权被授予后至起诉日,对已可行权部分,朱某未曾行权。2007 年 3 月 9 日某市某区人民法院作出某号民事判决书,判决马某、朱某离婚,该判决对第一、二批股票期权存在的事实作了确认,但未作处理。2011 年 11 月 23 日,在马某不知情的情况下,朱某向某公司提出书面声明,以“本人个人原因”为由要求放弃上述两批股票期权。某公司则向朱某出具证明,称“自收到书面声明之日起,已对放弃完成了依规处置”。案件审理过程中,朱某确认“依规处置”的实际结果就是第一、二批股票期权已被取消,朱某未获得任何形式的收益。朱某还表示,放弃股票期权是为了减少某公司的财务支出,使朱某在某公司获得更好的发展。2012 年 2 月 14 日,某公司因终止在美国证券市场上市交易等事由,注销了已发行、未行权的全部股票期权,股票期权统一转化为取得现金的权利(每股股票期权的现金权利为 20.675 美元减去行权价)。2011 年 7 月 5 日,马某向法院提起诉讼要求分割第一、二批股票期权利益;2012 年 5 月 16 日,马某撤诉,后因与朱某协商无果,于 2012 年 5 月 30 日再次起诉。

【争议焦点】

1. 股票期权是否属于财产性权益? 是否可以作为夫妻共同财产进行分割?

2. 朱某获得的股票期权的价值如何确定及如何分割?

【一审】

诉讼请求

马某请求法院判令对朱某获得的股票期权可获得的利益进行分割;如朱某确已申请撤销了第一、二批股票期权,则要求朱某补偿马某因第一、二批股票期权被撤销带来的收益的损失。

裁判结果

朱某于判决生效后10日内给付马某因放弃2004年5月11日、2005年1月28日被授予的股票期权各5000股、12,000股所产生的损失的补偿款394,346元。

【法院观点】

1. 股票期权是一种财产性权益。马某、朱某诉争的股票期权是某公司授予员工在一定时期内按约定的价格购买本公司股票的权利,是一种有财产性权益的债权,虽然在未行权或注销回购时其价值难以确定,但价值的高低或暂时的不确定性不能否定其财产性权益的属性,因此股票期权及其带来的收益可以作为离婚时夫妻共同财产分割的标的。

2. 因股票期权而可获取的收益,马某、朱某可从该共同财产中析出。在离婚判决已明确认定第一、二批股票期权的情况下,朱某未经马某同意,将取得的股票期权以"个人原因"申请全部撤销,是故意损害马某利益的行为,对此,朱某有过错,故无论某公司作出何种"依规处理",朱某均应赔偿马某的损失。2012年2月14日某公司终止上市,其全部股票期权已转化为取得统一价值标准的现金的权利,该现金标准对应的是扣除行权成本后的股票收购价值。由于诉争股票期权中可行权部分未曾行权,全部股票期权约定的行权终止日在回购日后,朱某放弃股票期权的行为又在回购日前,故作为受损害方,马某有权利选择2012年2月14日的现金标准计算可得的股票期权价值、忠诚工作价值,并主张赔偿权。

3. 忠诚工作价值中夫妻共同财产部分的认定。由于一部分股票期权取得日到可行权日的时间跨越了马某、朱某离婚日,故第一、二批忠诚工作价值中包含原、被告可得的夫妻共同财产及被告离婚后可得的个人财产。某公司的股票期权行权条件表明,某公司希望被告在行权等待期(股票期权授予日到可行权日)内为公司作出有价值的贡献,但并不以贡献的大小为行权的条件,而仅要求在行权等待期内继续为公司工作。故忠诚工作价值中,夫妻共同财产的析出应以授权日至婚姻关系存续日在授权日至可行权日中所占的时间比例为依据。

【律师视角】

案例评析

第一,朱某获得的股票期权属于夫妻共同财产。《民法典》第一千零六十二条规定,夫妻在婚姻关系存续期间所得的工资、奖金、劳务报酬以及生产、经营、投资的收益等,为夫妻的共同财产,归夫妻共同所有。从股票期权的性质上来看,股票期权是公司为了激励员工而对员工进行的激励、奖励制度,当员工行权后,可以获得一定的收益,因此,股票期权具有一种工资、奖金的性质。另外,根据《财政部、国家税务总局关于个人股票期权所得征收个人所得税问题的通知》的规定看,个人股票期权所得一般视为工资薪金所得。因此,夫妻关系存续期间一方取得的股票期权属于夫妻共有财产,应当依法予以分割。

第二,股票期权的价值应当如何确定。股票期权价值是不确定的,因此,必须找到公平、恰当的确定时间和确定方式,对于可行权但享有股票期权的一方未行权的情况,实践中有判决指出,股票期权股数及股票市值应以法庭辩论终结之日为准;也有法院指出,可以根据可行权日股票期权授予对象获得股票或股权的数量确定股票期权的价值。如果股票期权的行权条件已达到,即使享有该期权的一方当事人未行权,只要股票期权的价值可以确定,法院就应当定分止争,及时作出判决,防止该当事人拖延行权时间,损害另一方当事人的利益。

第三,股票期权应当如何分割。本案中法院指出,股票期权价值可参照分割夫妻共同财产的原则析出马某应得部分后由朱某赔偿马某,而股票期权中忠诚工作价值的析出应以授权日至婚姻关系存续日在授权日至可行权日中所占的时间比例为依据。从本案中法院的分割方式及当前的司法实践来看,法院在分割时可能并不完全平均分配,而是综合夫妻双方对股票期权所得的贡献大小及其他因素酌情确定分配比例。

类似案例 | 曾某诉李某离婚后财产纠纷案

【基本信息】

原告:曾某

被告:李某

案由:离婚后财产纠纷

案号:浙江省玉环市人民法院(2016)浙1021民初3650号

【相关案情】

李某为苏泊尔股份有限公司高级管理人员,2006年,苏泊尔股份有限公司实行股权激励计划,李某获得股票期权300,000股。2013年,苏泊尔股份有限公司推出限制性股票激励计划,授予李某30,000股限制性股票。上述股票均进入李某证券账户并由李某多次买卖,并缴纳了个人所得税。

曾某与李某于2015年2月13日诉讼离婚,但未处理共同财产。后曾某主张李某隐瞒所持有的苏泊尔股份有限公司实行股权激励计划授予的股票期权的行为,严重侵害了自己的合法权益,诉至法院。

【争议焦点】

李某因股权激励所获得的股票期权是否可以作为夫妻共同财产进行分割?

【法院观点】

《婚姻法》第十七条规定,夫妻在婚姻关系存续期间所得财产,归夫妻共同所有。李某系苏泊尔股份有限公司职工,该公司分别于2006年和2012年授予李某股票期权300,000股和30,000股,已于婚姻关系存续期间进入其股票账户,应当属于夫妻共同财产,该股票是否被限制转让,不影响共同财产的性质。虽然李某在离婚诉讼中并未提到股份、股票等财产,但股份为工商登记可查,激励计划给予其300,000股股票曾某是明知的,而且其也知晓李某在证券公司开设有账户,不能认定李某刻意隐瞒财产。

【律师视角】

案例评析

本案中,李某在婚姻关系存续期间获得股权激励,并且对所获得股票已经进入其证券账户,李某实际上婚姻存续期间获得了该财产性利益,应当认定为夫妻共同财产。其后,李某在与曾某婚姻关系存续期间对所持有的股票进行了多次交易,该股票的财产价值已然确定,在夫妻共同财产分割时只需按照实际买卖价格分割,不存在价值确定问题。

对比案例 | 李某红与杨某离婚后财产纠纷案

【基本信息】

原告(反诉被告):李某红

被告(反诉原告):杨某

案由:离婚后财产纠纷

案号:上海市浦东新区人民法院(2016)沪 0115 民初 14217 号

【相关案情】

原告李某红与被告杨某于 1996 年 12 月 30 日登记结婚,于 2014 年 8 月 29 日办理了协议离婚手续。后李某红以杨某持有公司股票 481 股股票期权未分割为由向法院起诉,要求对该未分割财产进行分割。

【争议焦点】

李某红是否有权分割杨某持有的股票期权。

【法院观点】

股票期权,是指在未来一定时期可以买卖的权利,是买方向卖方支付一定数量的金额(指权利金)后拥有的在未来一段时间内(指美式期权)或未来某一特定日期(指欧式期权)以事先规定好的价格(指履约价格)向卖方购买或出售一定数量的特定标的物的权利,但不负有必须买进或卖出的义务。买方有执行的权利也有不执行的权利,完全可以灵活选择。而本案中,杨某未有在行权日实际购买股票,即未有行权,故李某红主张的股票期权并不存在,因此原告要求分割的诉讼请求,法院不予支持。

第六章

激励协议的效力

第一节　协议不成立

◎问题聚焦

电子邮件在股权激励协议订立中的运用，至少会存在两个重要问题：其一，以公司名义发出的，且内容包括股权激励协议具体条款的电子邮件。此种情形下，若员工未作出回复，能够认定该股权激励协议成立并生效吗？其二，公司通过电子邮件告知员工成为股权激励对象，并由员工签署股权激励协议。此种情形下，若公司并未返还员工已签字、盖章的最终协议，该协议是否成立？

除电子邮件外，劳动合同中约定、公司加盟邀请等法律文件中规定有关合伙份额转让等激励计划条款，此类条款的法律性质如何认定？员工是否有权根据相关条款直接要求公司办理股权变更或者确认股权激励协议的效力？

◎裁判规则

1. 以公司名义发出的，包括股权激励协议具体条款的电子邮件，属于公司单方作出意思表示，系公司向员工发出的订立股权激励协议的要约；员工在合理期限内作出承诺，双方股权激励协议成立。若仅有公司单方发出的股权激励授予邮件，没有员工合理期限内各种方式的承诺，不能证明双方股权激励协议成立。

2. 在公司通过电子邮件告知员工成为股权激励对象，且员工签署了股权激励协议的情形下，公司不返还由其签字、盖章的最终协议的行为，或将被法院认定为公司拒绝承诺或拒绝承诺生效的意思表示，股权激励协议因此不成立。但是，在电子邮件构成要约的情形下，法院此种观点值得商榷。

3. 劳动合同、加盟邀请等法律文件中的股权激励相关条款，如果仅系与员工之间意向性的表达，难以被法院视为具有最终股权激励协议的效力。

◎案例详解

经典案例 | 房天下控股有限公司等合同纠纷案

【基本信息】

再审申请人（一审原告、二审上诉人）：罗某华

被申请人（一审被告、二审上诉人）：房天下控股有限公司（原名称为搜房控股有限公司）（以下简称房天下公司）

案由：合同纠纷

案号：北京市高级人民法院（2018）京民申 4084 号

【相关案情】

2002 年 4 月 17 日，罗某华进入房天下公司所属的搜房媒体技术（北京）有限公司（以下简称搜房媒体）任营运副总裁。

2002 年 11 月 3 日，房天下公司发给罗某华电子邮件，表明：罗某华可获得总数 60,000 股、价格为 2 港币的股票期权，从其加入搜房网的第 1 天开始，等待期为 3 年，所有期权平均分配到罗某华作为房天下公司员工的每一年。

2003 年 12 月 1 日，房天下公司发给罗某华邮件，表明：罗某华可以获得 2003 年股票期权数为 15,000 股，每股价格为 5 港币，等待期为四年，所有期权平均分配到罗某华作为房天下公司员工的每一年。

2004 年 10 月 15 日，搜房媒体向罗某华出具离职证明，载明双方正常终止劳动关系。

2010 年 9 月 17 日，房天下公司在美国纽约证券交易所上市。

2014 年 7 月 18 日，罗某华委托的律师向房天下公司发出法律意见书要求期权行权，房天下公司未作回复。罗某华诉至法院。

【争议焦点】

诉争股权激励协议是否成立？

【一审】

诉讼请求

罗某华请求判令房天下公司给付到期期权 67,500 股，行权金额 37,502 元。

裁判结果

判决房天下公司给付罗某华股票23,750股，驳回罗某华其他诉讼请求。

【二审】

上诉请求

罗某华请求变更一审判决，判令房天下公司给付普通股股票67,500股。

房天下公司请求撤销一审判决，驳回罗某华全部诉讼请求。

裁判结果

撤销一审判决，驳回罗某华诉讼请求。

【法院观点】

本案中，罗某华与房天下公司均确认双方涉案法律关系为合同关系。罗某华提交了署名为房天下公司董事会主席莫某全的电子邮件，用以证明房天下公司通过上述电子邮件与其订立了股权期权合同，授予其股权期权共计75,000股。从上述电子邮件的形式看，系由房天下公司单方作出意思表示；从上述电子邮件的内容看，不仅包括授予罗某华的股权期权数量，还包括其获得股权所应支付的对价及每年可以获得的股权比例，即罗某华获得涉案股权期权的前提是同意支付相应对价及分期按比例获得股权等条件。

综合上述电子邮件的内容和形式，根据法律规定，可以认定其为房天下公司向罗某华发出的要约。因此，只有在罗某华对该要约作出同意的承诺时，双方之间就涉案股权期权才达成合意，股权期权合同才生效。但2002年和2003年接收邮件后，至2014年长达十余年的时间内，罗某华未以任何方式对房天下公司发出的上述要约作出承诺。由于该要约以非对话方式作出，故承诺应当在合理期限内到达，而罗某华于2014年以法律意见书的方式要求对股权期权行权，已经超过了承诺到达的合理期限，应当认定罗某华与房天下公司就涉案股权期权未达成合意，双方之间就涉案股权期权未成立合同。由于合同并未成立，故不存在期权有效期以及行权时限问题。

【再审】

再审请求

罗某华请求支持二审请求。

裁判结果

驳回罗某华再审请求。

【法院观点】

法院经审查认为,罗某华提交的署名为房天下公司董事会主席莫某全的电子邮件,用以证明双方订立了股票期权合同,房天下公司授予罗某华股权期权共计75,000股。从上述电子邮件的形式及内容来看,符合《合同法》关于合同订立要约的相关规定,而根据已查明的事实,罗某华并未对房天下公司发出的要约作出承诺。故二审法院认定罗某华与房天下公司就涉案股权期权未达成合意,双方之间就涉案股权期权未成立合同,并无不当。

【律师视角】

案例评析

本案的争议焦点在于罗某华与房天下公司之间的股权期权合同是否成立。房天下公司发出的电子邮件中股权激励协议条款具体确定,且向特定主体罗某华发出,根据《合同法》第十四条关于要约的规定可以认定为系房天下公司向罗某华发出的要约。因此,只有在罗某华对房天下公司发出的要约作出承诺时,双方之间的股权期权合同才成立和生效。但是在房天下公司通过电子邮件这一非对话方式发出要约后,罗某华在长达十余年的时间内未以任何方式作出承诺,根据《合同法》第二十五条的规定,这明显已经超过了承诺到达的合理期限。法院认定双方之间的股权期权合同未成立,并无问题。

实操建议

我们建议劳动者在通过电子邮件与公司协商订立股权激励协议时,应当及时对公司通过电子邮件发出的要约进行内容确认并回复,避免超过承诺的合理期限。回复邮件的用语应当尽量清晰明确,准确表达自己的意思。如果劳动者在回复邮件对公司要约中的股权期权对价、行使方式等条款作出变更,则属于对要约的实质性变更,构成新的要约,需得到公司承诺,股权激励协议才成立。另外,公司与劳动者都应妥善保存往来邮件,以防诉讼过程中举证困难。

类似案例　姚某杰与上海联新投资咨询有限公司、上海联新股权投资管理中心合伙企业财产份额转让纠纷案

【基本信息】

原告:姚某杰

被告:上海联新投资咨询有限公司(以下简称联新公司)

被告:上海联新股权投资管理中心(有限合伙)(以下简称联新合伙)

案由:合伙企业财产份额转让纠纷

第三人:曲某锋

案号:上海市闵行区人民法院(2016)沪0112民初3767号

【相关案情】

2014年3月24日,联新公司向姚某杰发出加盟邀请函,加盟条件包括:试用期为执行董事,试用期满后给予股权激励,成为联新合伙合伙人,至少持有4%的股权等。姚某杰予以确认并签署该函。

2014年5月27日,联新公司和姚某杰签订了为期三年的《劳动合同》。同日,姚某杰与联新合伙签订《聘用合同》,担任其执行董事。

2015年1月12日,姚某杰被晋升为合伙人。之后,其多次通过邮件要求联新公司以及联系合伙依约转让上述股权,但未能实现,遂诉至法院。

【争议焦点】

姚某杰是否可以依据加盟邀请函要求联新合伙办理合伙份额转让?

【一审】

诉讼请求

姚某杰请求法院判令联新公司依约让联新合伙4%的出资份额,并办理合伙份额变更登记,曲某锋对该变更登记予以配合。

裁判结果

驳回姚某杰诉讼请求。

【法院观点】

加盟邀请函中明确记载:“股权获得方式是以相当于公司4%注册资本的价格受让原股东股权的方式获得。上述股权将在您试用期满后,且双方均同意继续保持劳动关系的情形下转让给您,届时股权转让双方将签署相关协议,股权激励的具体条件将在该等协议中详细约定。”因此,姚某杰取得联新合伙的合伙份额,应通过受让原合伙人合伙份额的方式取得,并需由姚某杰与联新合伙原合伙人签订转让协议。

另外,联新公司和联新合伙虽在股东和投资人方面有交叉,但联新公司系有限责任公司,联新合伙为有限合伙组织,在法律上系相互独立的民事主体。联新公司并非联新合伙的合伙人,联新公司也无权承诺将他人合伙份额转让给原告。同时,曲某锋明确表示不同意将其名下的合伙份额转让给姚某杰,姚某杰也未能提供其已与联新合伙的合伙人之间已达成的转让协议。

综上,加盟邀请函仅是联新公司单方作出的相关激励意向的文件,并非合伙份额转让合同。由于联新公司并非联新合伙的合伙人,且姚某杰与联新合伙的合伙人之间并未签订合伙份额转让协议,故姚某杰要求联新公司转让联新合伙的合伙份额,并要求联新合伙办理相应的工商变更登记无相应的法律依据,不予支持。

【律师视角】

案例评析

意向性文件的法律含义并不明确,法律性质也呈多样化,其可能构成磋商性文件、预约合同或者本约合同。对其性质和效力,应从约定形式是否典型、内容是否确定以及是否有受约束的意思表示等方面出发,根据有关法律和司法解释的规定具体审查认定。如标的、数量不确定,缺少当事人受其约束的意思表示,一般应认定为磋商性文件。相关的典型案如洋浦经济开发区管理委员会与澳华资产管理有限公司建设用地使用权纠纷案[最高人民法院(2013)民一终字第 107 号]、洋浦经济开发区管理委员会与澳华资产管理有限公司的其他房地产开发经营合同纠纷案[最高人民法院(2014)民申字第 263 号]。

本案中加盟邀请函虽然表明"股权获得方式是以相当于公司 4% 注册资本的价格受让原股东股权的方式获得",但关于联新合伙的合伙份额转让对价等细节均未规定,内容和双方当事人的权利义务均不具体明确;并且条款中声明"届时股权转让双方将签署相关协议,股权激励的具体条件将在该等协议中详细约定"。因此,法院认定加盟邀请函仅是关于股权激励的意向性文件,并非合伙份额转让合同,是合理的。

实操建议

对于公司,若想通过在劳动合同等文件中表达对劳动者进行股权激励的意愿,吸引人才并激发其工作热情,应当明确载明该股权激励条款为意向性条款。同时,尽量不要在该条款中明确股权激励的条件等细节,进而将其法律性质锁定为磋商性的、没有法律约束力的意向性条款。

对比案例　北京恒兴大友科技合伙企业(普通合伙)等与王某锋合同纠纷案

【基本信息】

再审申请人(一审被告、二审上诉人):恒信大友(北京)科技有限公司(以下简称恒信公司)

再审申请人(一审被告、二审上诉人):北京恒兴大友科技合伙企业(以下简称恒兴企业)

被申请人(一审原告、二审被上诉人):王某锋

原审被告:邢某胜

案由:合同纠纷

案号:北京市高级人民法院(2019)京民申1569号

【相关案情】

恒信公司成立于2008年7月,恒兴企业、邢某胜为其股东。

2015年11月1日,恒信公司与王某锋签订《劳动合同书》,2018年1月12日,双方解除劳动合同。

王某锋称,其在职期间,恒信公司通过电子邮件告知其成为股权激励对象,可通过向恒兴企业缴纳入资款间接持有恒信公司股权。2016年10月29日,王某锋通过银行转账的方式向恒兴企业转账75万元,备注为"入资款"。恒信公司、恒兴企业收到入资款后未办理变更登记,姚某杰多次要求返还入资款未果,遂诉至法院。

【争议焦点】

股权激励合同是否成立并生效?

【一审】

诉讼请求

王某锋请求判令恒信公司、恒兴企业、邢某胜返还入资款75万元,并按银行同期贷款利率的4倍支付自2016年10月30日至入资款实际返还日的利息。

裁判结果

判决恒信公司、恒兴企业向王某锋返还入资款75万元并按年利率10%支付自2016年10月30日起至实际给付之日的利息。

【二审】

上诉请求

恒信公司、恒兴企业请求撤销一审判决。

裁判结果

驳回上诉,维持原判。

【法院观点】

王某锋虽然签署了股权激励相关文件,但恒信公司并未将签字或盖章后的最终合同返还。在恒信公司与王某锋之间系管理者与被管理者的特定情形下,应将该行为视为拒绝承诺或拒绝承诺生效的意思表示。所以,本案所涉股权激励合同没有成立。

恒信公司、恒兴企业主张,股权激励合同已经签订,不存在缔约过失责任,其不应返还75万元,却并未提供证据证明该主张。根据民事诉讼法"谁主张,谁举证"原则,恒信公司、恒兴企业应当承担举证不能的责任。恒信公司拒绝提供签字盖章后的股权激励合同,导致合同不成立,王某锋有权追究恒信公司及关联方恒兴企业的缔约过失责任。

【再审】

再审请求

恒信公司、恒兴企业请求撤销二审判决。

裁判结果

驳回再审申请。

【法院观点】

一、二审法院认定的证据已经形成有效的证据链,能够证明王某锋基于与恒信公司之间的股权激励合同关系而向恒兴企业缴纳了入资款75万元。恒信公司未履行股权激励合同义务,一、二审法院判决恒信公司、恒兴企业返还王某锋入资款并支付利息损失,亦无不当。恒信公司、恒兴企业申请再审时提供的《股权激励协议》等证据不足以推翻一、二审判决,不予采纳。

【律师视角】

案例评析

本案中,二审法院认为恒信公司与王某锋之间存在管理者与被管理者的特定情形,恒信公司的行为应视为拒绝承诺或拒绝承诺生效的意思表示,故而股权激励合同没有成立,该理由有待商榷。第一,根据《合同法》第十六条至第二十条的规定，恒信公司的要约自其电子邮件进入王某锋的电子邮箱时就已生效，无法撤回。同时，王某锋已经签署了股权激励相关文件并向指定账户打款，承诺已经生效，该要约亦无法撤回。第二，在整个过程中，王某锋并未对该要约作出实质性变更，要约也并未失效。故涉案股权激励合同成立并生效，恒信公司、恒兴企业不返还公司签字、盖章的最终合同，不影响合同效力，两公司不履行合同义务，应当依法承担违约责任。

实操建议

我们建议相关公司在股权激励协议订立过程中如果以电子邮件方式进行，应当尽量避免直接在邮件正文中叙述股权激励相关事宜，而应当将相关文件的PDF版本作为电子邮件附件发送。同时，通过电子邮件发送的股权激励相关文件应当由公司加盖公章，明确其法律性质与效力。

第二节　激励协议有效

◎问题聚焦

实践中，有时候会因为股权激励协议的效力问题而发生纠纷。那么，在司法实践中，劳动争议仲裁委员会和法院会基于什么来认定股权激励协议有效呢？

◎裁判规则

合同无效是对合同自身以及当事人缔约目的的根本性否定，是对违法合同最为严厉的制裁，若股权激励协议不存在我国《民法典》所列合同无效的情形，而协议双方又对股权激励核心内容作出了明确约定，则裁判者会倾向于认定该协议合法有效。即便是激励协议对若干内容约定得不够明确，裁判者也一样会倾向于认定协议有效。

◎案例详解

经典案例 | 史某诉王某确认合同有效纠纷案

【基本信息】

原告：史某

被告:王某

案由:确认合同有效纠纷

案号:北京市海淀区人民法院(2015)海民(商)初字第 40322 号

【相关案情】

2014 年,北京和美康信公司科技有限公司(以下简称和美康信公司)曾形成一份该公司的《第二届第七次股东会决议》,其上载明:一是增加史某为其新股东;二是王某同意将持有和美康信公司 260,000 股份转让给史某。

2014 年 1 月 1 日,王某与史某达成签署了股权转让协议,并通过了股东会决议。按照股权转让协议及股东会决议,王某应将和美康信公司 26 万股(占总股本 10%)以人民币 0 元转让给史某。王某和史某未履行股权转让手续。

诉讼中,史某称其在加入和美康信公司之前的年薪较高,和美康信公司基于业务发展需要邀请史某加入公司,为了补偿史某较低工资收入与市场价值之间的差额,和美康信公司以零对价向史某转让 10% 的股份,这是史某加入和美康信公司的前提条件。王某对史某所述不予认可。

王某提交了和美康信公司 2011 年 10 月 19 日《第一届第三次股东会决议》,该决议载明公司股东审议通过了《股权激励办法》。所附《股权激励办法》载明:所有转让给高管人员的股权,除非特别注明,均为激励性股权。王某主张双方签订的《出资转让协议书》缺少股权转让对价等必要条款,并非双方真实意思表示,同时合同生效的条件也尚未成就。

【争议焦点】

史某和王某签订的《出资转让协议书》是否合法有效?

【一审】

诉讼请求

确认史某和王某签订的《出资转让协议书》合法有效。

裁判结果

确认史某与王某签订的《出资转让协议书》有效。

【法院观点】

合同无效是对合同自身以及当事人缔约目的的根本性否定,是对违法合同最为严厉的制裁。经审查,《出资转让协议书》不存在我国《合同法》第五十二条所列合同无效的情形。《出资转让协议书》对于股权转让的双方主体、转让股权对应的目标公司、股权数量、股权转让的基准日等内容作出了明确约定。同时,王某和史某均具有完全民事行为能力,其二人亦在《出资转让协议书》上签字确认,应视为双方的真实意思表示,该协议合法有效。

【律师视角】

案例评析

《出资转让协议书》的签订为王某和史某双方真实意思表示,不违反法律与行政法规,合法有效,受法律保护,应依约履行。

类似案例 | 王某某与甲光电技术(上海)有限公司股权转让纠纷案

【基本信息】

上诉人(原审原告):王某某

被上诉人(原审被告):甲光电技术(上海)有限公司

案由:股权转让纠纷

案号:上海市第一中级人民法院(2012)沪一中民四(商)终字第57号

【相关案情】

2007年4月1日,王某某(一审原告、二审上诉人)作为乙方、甲公司(一审被告、二审被上诉人)作为甲方,签订技术股认股协议书1份,约定为激励王某某并谋王某某长期利益与甲公司业务发展相结合,甲公司同意提供其部分股票供王某某认购,认购条件:"1. 甲方同意提供本公司技术股票总数150,000股股票供乙方认购或配发,时程依乙方到职日2007年4月1日起于甲方服务年资(未满两年无认购或配发),满二年得以认购或配发总数之百分之十五计22,500股;满三年得以认购或配发总数之百分之三十五计52,500股;满四年得以认购或配发总数之百分之五十五计82,500股;满五年得以认购或配发总数之百分之一百计150,000股。2. 乙方得经甲方同意后将上述乙方已取得之股票依面值或净值换算为等值之现金或其他有价证券。3. ……"协议书还对股票转让等事宜进行了约定。协议签订后,甲公司在2009年、2010年均给予了王某某一定的奖金分红。

甲公司注册成立于2007年1月8日,投资人为熊某某(系我国台湾地区人),性质为外商独资的有限责任公司,注册资本为15万美元。后经增资,现工商登记的注册资本为161.2383万美元,性质为港澳台与外国投资者合资的有限责任公司,股东为熊某某、黄某某等人。王某某自2007年3月起在甲公司处工作,2011年9月6日解除劳动关系。

【争议焦点】

王某某与甲公司签订的技术股认股协议书的性质和效力如何界定?

【法院观点】

关于系争技术股认股协议的性质,双方当事人存在争议。上诉人王某某认为该份协议系股权转让或者股权赠与协议,而被上诉人甲公司则认为该份协议主要是公司为员工发放奖金的依据,如果甲公司上市后,王某某可以认购这些股票。法院认为,首先,系争协议约定上诉人王某某在满足特定条件下可认购和配发的是股票而非股权,且该份协议系甲公司与王某某之间签署,如果系股权赠与或者股权转让协议,应是由甲公司的股东熊某某与王某某之间签订,由熊某某将其在甲公司的股权转让给王某某,故该协议并非上诉人所主张的股权转让或者股权赠与协议,王某某不能依据该协议成为甲公司的股东;其次,双方当事人在签订本案所涉协议时,甲公司系有限责任公司,根据现行法律之规定是无法发行股票的,王某某作为公司的高级管理人员对此应是明知的,故应当探寻当事人真正的缔约目的;再次,从协议的缔约目的来看,甲公司作为有限责任公司无法发行股票,则该协议的签约性质应是对高级管理人员的激励措施,而将公司所拥有的资产虚化为股票,从2009年和2010年甲公司对王某某的奖金分红中也可以看出王某某所拥有的技术股的数量是甲公司对员工进行激励的一个重要的考量因素;最后,未有证据证明在系争协议签订后至王某某向原审法院起诉前,王某某曾向甲公司或者甲公司的股东要求确认其股东身份。结合上述几点,法院认为本案所涉协议并非股权转让协议或者股权赠与协议,双方当事人签署该份协议的真正目的在于甲公司在满足特定条件下给予王某某一定的激励,故王某某不享有股权而只享有一定的经济利益。上诉人王某某认为该份协议是股权转让协议或者股权赠与协议的主张缺乏事实和法律依据,法院不予采信。

关于系争协议的效力,法院认为系争协议系当事人真实意思的表示,依法有效成立。该份协议并不存在《合同法》第五十二条规定的无效情形,未违反法律、行政法规的强制性规定,应为有效。上诉人王某某以境内个人无法成为外资公司股东、有限责任公司无法发行股票为由主张该份协议无效,缺乏事实和法律依据,法院依法不予支持。

类似案例 | 王某军与北京悠派互联科技有限公司合同纠纷案

【基本信息】

上诉人(原审原告):王某军

被上诉人(原审被告):北京悠派互联科技有限公司

案由:合同纠纷

案号:北京市第二中级人民法院(2019)京02民终5725号

【相关案情】

2014年10月8日,北京悠派互联科技有限公司注册成立。2015年5月6日,其成为北京昱海世纪文化传媒有限公司(以下简称昱海世纪公司)唯一法人股东。

在昱海世纪公司与王某军劳动争议案中,该案形成的(2017)京0102民初25945号判决书认定"2015年,昱海世纪公司将原分红制度修改为员工股权激励制度,后昱海世纪公司的股东北京悠派互联科技有限公司与王某军签署《股权激励协议书》。虽然该协议书中王某军在落款处并未注明签署时间,形式上存在瑕疵。但鉴于北京悠派互联科技有限公司在其公章下已经签署时间,其形式上符合合同成立的条件,且结合股东会决议、执行董事决议的内容,本院认为《股权激励协议书》合法有效,双方当事人均应按照协议的内容履行各自的权利义务"。后王某军因不服,提起上诉和再审,其上诉和再审申请被驳回。

【争议焦点】

北京悠派互联科技有限公司与王某军签订的《股权激励协议书》是否有效?

【法院观点】

(2017)京0102民初25945号判决书认定《股权激励协议书》合法有效后,王某军的上诉和再审均被驳回。可见,王某军要求确认的《股权激励协议书》的合法性已为生效判决书认定,王某军未提交证据推翻生效判决认定的事实,一审法院对王某军要求确认《股权激励协议书》无效的诉讼请求不予支持,并无不当,法院予以维持。

【律师视角】

案例评析

本案中,王某军与北京悠派互联科技有限公司签署的《股权激励协议书》虽然形式上有瑕疵,但是实质上并不存在《民法典》中规定的合同无效的情形。

第三节 激励协议无效和未生效

◎问题聚焦

协议生效与否是协议双方关心的头等大事。司法实践中,哪些情况下裁判者会认定股权激励协议无效或未生效呢?

◎裁判规则

1. 股权激励协议的无效取决于协议是否属于《民法典》关于民事法律行为无效的规定情形。股权激励协议无效,激励对象通常无法依据股权激励协议实现权利。

2. 股权激励协议附生效条件时,法院在认定协议效力的时候会考察所附条件是否成就,如协议约定的公司状况与公司工商登记信息是否相符等。在所附条件成就的情况下,法院认定股权激励协议有效;否则,法院倾向于认定股权激励协议未生效。

◎案例详解

经典案例 | 焦某与亚洲财讯公司(北京)网络技术有限公司其他股东权纠纷案

【基本信息】

原告:焦某

被告:亚洲财讯公司(北京)网络技术有限公司(以下简称亚洲财讯公司)

案由:其他股东权纠纷

案号:北京市西城区人民法院(2008)西民初字第03277号

【相关案情】

2007年1月26日,焦某与亚洲财讯公司签订了《中高层管理人员聘用合同》,约定:焦某受聘担任中国金融网资本板块主编职务,年薪15万元,其中14.4万元按月支付现金,剩余6000元用于分期购买亚洲财讯公司的0.1%股权，焦某支付的全部股权款以1.8万元为限。聘用合同生效后6个月内，亚洲财讯公司必须办理相关的工商登记变更，每延期一天，须向焦某支付迟延违约金1000元。合同签订后，焦某从2007年2月1日起开始到亚洲财讯公司工作。2007年11月，焦某向北京市工商局查询了解到亚洲财讯公司并未按照合同约定办理相应的工商变更登记。2007年12月，双方解除了劳动关系，焦某将亚洲财讯公司诉至法院。

【争议焦点】

焦某和亚洲财讯公司间的股权激励条款是否有效？

【一审】

诉讼请求

1. 判令亚洲财讯公司支付自2007年8月1日起至办理完毕股权工商变更登记之日的迟延违约金。

2. 判令亚洲财讯公司履行合同约定办理股权工商变更登记。

裁判结果

驳回焦某的诉讼请求。

【法院观点】

根据《劳动法》的规定，工资应当以货币形式按月支付给劳动者本人。工资支付必须遵循现金支付的原则，该原则为法律的强制性规定，不允许当事人以协议的方式予以变更。焦某与亚洲财讯公司签订的聘用合同中关于"工作报酬""股权激励及股权回购"等内容的约定，系亚洲财讯公司以焦某购买被告股权的形式代替货币向其支付工资，违反了有关法律的规定，上述内容应确认为无效。

【律师视角】

案例评析

本案中，法院认为亚洲财讯公司用分期购买股权的方式代替法定货币形式支付焦某的工资，是违反《劳动法》关于工资支付的强制性规定的，故而聘用合同中的股权激励条款是无效的。

但应当注意的是，该股权激励条款并非纯粹对于工资支付形式的约定，也包含了焦某与亚洲财讯公司关于股权激励的约定。对于该条款效力的判断，应当根据《合同法》规定，如果不存在合同无效的事由，应该认定股权激励条款部分有效。至于工资支付方式等内容，可以依法认定为无效。既然股权激励中

0.1%股权和对价、支付方式清晰，没有理由认定该条款无效。

实操建议

公司与员工在劳动合同或者其他协议中约定股权激励条款时，应当注意与工资支付条款进行区分，最好能够专章专节规定，尽量不与工资支付发生混淆，避免因被认定为其他不符合法律规定的工资支付形式而无效。

类似案例 | 潘某泽与福建省雾精灵环境科技有限公司股东资格确认纠纷案

【基本信息】

原告：潘某泽

被告：福建省雾精灵环境科技有限公司（以下简称雾精灵公司）

案由：股东资格确认纠纷

案号：福建省泉州市鲤城区人民法院（2016）闽0502民初2287号

【相关案情】

2015年11月23日，潘某泽进入雾精灵公司工作，担任会计岗位，双方签订《劳动合同书》，合同期限从2015年11月23日起至2018年11月22日止。

2016年5月31日，雾精灵公司发布《关于首轮股权激励办法的通知》，载明潘某泽享有该公司激励股权。

2016年6月28日，雾精灵公司向潘某泽发出一份《解聘通知书》，决定自2016年7月29日起，解除与潘某泽的聘雇劳动关系。2016年7月30日，双方办理离职移交手续。

2016年8月9日，潘某泽向劳动争议仲裁委员会申请仲裁，请求裁决：雾精灵公司办理法律文书确认潘某泽的股权权利（工商登记备案）或者以现金方式6万元平价回购潘某泽所拥有雾精灵公司内部股权。2016年8月15日，劳动争议仲裁委员会决定不予受理。

【争议焦点】

潘泽华是否具有雾精灵公司的股权权利？是否为该公司股东？

【法院观点】

法院认为，雾精灵公司向潘某泽发布《关于首轮股权激励办法的通知》，该通知上载明的公司估值、总股本、股权分配，均与雾精灵公司当时在工商登记机关记载的情况不符，雾精灵公司也认为该通知仅是讨论稿和规划，故应认定雾精灵公司向潘某泽发布《关于首轮股权激励办法的通知》是附条件的民事法律行为。根据《民法通则》第六十二条的规定，附条件的民事法律行为在符合所附条件时生效，而雾精灵公司至今尚未符合其所发布的《关于首轮股权激励办法的通知》上所体现的条件，故《关于首轮股权激励办法的通知》未能生效，潘某泽基于未生效的《关于首轮股权激励办法的通知》要求确认其拥有雾精灵公司6万股的股权权利，依法不予支持。

【律师视角】

案例评析

本案中，雾精灵公司向潘某泽发布《关于首轮股权激励办法的通知》后，并未据此与潘某华签订后续的股权激励协议、收取股权对应款型或办理相关手续，故而该通知仅为讨论稿，或至多能够认定为意向性文件。此外，雾精灵公司所发布的《关于首轮股权激励办法的通知》与工商登记情况不符，应当视为股权激励协议是附条件的。截至诉讼发生时，该通知中所规定的条件并未发生，故根据《民法通则》第六十二条的规定，雾精灵公发布的《关于首轮股权激励办法的通知》未能生效，潘某泽也不能据此成为该公司股东，享有股权权利。

第四节　持股方式约定不明

◎问题聚焦

实践中，签署了股权激励协议但是对持股方式约定不明时，法院会如何处理呢？

◎裁判规则

1.股权激励协议对于持股方式约定不明的，应当依照《民法典》第五百一十条的规定，合同生效后，当事人就质量、价款或者报酬、履行地点等内容没有约定或者约定不明确的，可以协议补充；不能达成补充协议的，按照合同相关条款或者交易习惯确定。依据《民法典》第五百一十条依然无法确定的，依据《民法典》第五百一十一条处理。

2.劳动者与用人单位仅仅对股权购买资格、股份的购买数额等进行约定，但并未明确约定劳动者的持股方式的,属于双方对持股方式的约定不明。若劳动者与用人单位达成补充协议,则按照补充协议约定的方式处理;若不能达成补充协议,则需要结合交易行为、公司内部的管理办法等综合判断。

◎案例详解

经典案例 | 庄某耀与厦门亿联网络技术股份有限公司劳动争议纠纷案

【基本信息】

上诉人(原审原告):庄某耀

被上诉人(原审被告):厦门亿联网络技术股份有限公司(以下简称厦门亿联公司)

案由:劳动争议纠纷

案号:福建省厦门市中级人民法院(2014)厦民终字第1776号

【相关案情】

2010年5月18日,庄某耀与厦门亿联公司签订《海外人才引进协议书》,其中的"期权激励条款"约定,厦门亿联公司同意向庄某耀提供总数最高为300万股的期权,庄某耀有权在第二年起按每年100万股,每股人民币1元的定价购买普通股。

2011年1月20日,庄某耀与厦门亿联公司员工共同签署了《中外合资经营厦门亿网联信息技术服务有限公司合同》,拟成立厦门亿网联信息技术服务有限公司(以下简称亿网联公司)。2011年6月3日,庄某耀与案外人卢某富签订《委托投资协议》,约定庄某耀委托卢某富代为投资人民币216.645万元,委托行使的权利包括:由卢某富以自己的名义将受托行使的代表股份作为出资设立亿网联公司,代为间接持有厦门亿联公司200万股。2012年5月18日,二人签署《〈委托投资协议〉解除协议》,原卢某富代庄某耀持有的亿网联公司股权共计216.645万股全部转归卢某富实际持有并向庄某耀支付该部分股权转让款400万元整,庄某耀于2012年5月21日确认收到该笔款项。

2012年8月3日,庄某耀向厦门亿联公司发出一份律师函,公司通过该函正式解除与庄某耀的《海外人才引进协议书》。庄某耀于2012年11月21日以厦门亿联公司拖欠工资为由向厦门市劳动争议仲裁委员会提起仲裁申请,厦门亿联公司提出仲裁反请求，厦门市劳动争议仲裁委员会作出厦劳仲案(2012)1287号裁决书，确认厦门亿联公司已履行与庄某耀签订的《海外人才引进协议书》期权激励条款约定的义务。庄某耀不服裁决，向法院起诉。

【争议焦点】

厦门亿联公司与庄某耀之间的期权激励条款是否已经履行？

【一审】

诉讼请求

确认厦门亿联公司未依约履行2010年5月18日与庄某耀签订的《海外人才引进协议书》期权激励条款约定的义务，并判令厦门亿联公司立即向庄某耀提供总数为300万股的厦门亿联公司期权。

裁判结果

驳回庄某耀要求厦门亿联公司提供300万股期权的诉讼请求。

【二审】

上诉请求

撤销原审判决驳回庄某耀要求厦门亿联公司提供300万股期权的诉讼请求，改判确认厦门亿联公司未依约履行2010年5月18日与上诉人签订的《海外人才引进协议书》期权激励条款约定的义务，提供总数为300万股的公司期权。

裁判结果

驳回上诉，维持原判。

【法院观点】

讼争的《海外人才引进协议书》中第五章的期权激励条款仅是对庄某耀的购买资格及股份的购买数额进行约定，但该条款并未明确约定持股方式必须为直接持有厦门亿联公司的原始股，双方对持股方式产生了争议。本案中，厦门亿联公司相关人员共同出资设立亿网联公司的行为以及该公司股份管理办法都体现了该公司设立的目的即以间接持股厦门亿联公司的方式实现对相关人员的股权激励。

从庄某耀签署的《委托投资协议书》《〈委托投资协议〉解除协议》的内容来看，庄某耀委托卢某富代为出资亿网联公司、代持亿网联公司股权、股权折算后，相当于对厦门亿联公司200万股的事实都是清楚并确认的。上述事实与厦门亿联公司的主张可以相互印证，应当认为是庄某耀、厦门亿联公司双方通过上述一系列合同及履行行为对《海外人才引进协议书》中未明确的持股方式达成了补充协议并已实际履行完毕。庄某耀确认持有亿网联公司股份,但主张协议中所指股份必须为厦门亿联公司的原始股,而其持有亿网联公司股份、间接持股厦门亿联公司的事实与实现期权激励条款无关的主张与事实不符,不予采信。

【律师视角】

案例评析

实股激励实际上是公司与劳动者之间达成的通过股权来激励劳动者而作出的协议。当对于股权激励的方式约定不明确时,比如在本案中,劳动者与公司未约定持股方式为直接持股还是间接持股,那么就应当依照《合同法》(现为《民法典》第三编)的规定处理,即能够达成补充协议的按照补充协议处理,如果无法达成补充协议,应当按照合同有关条款或者交易习惯确定。本案中,间接持股的方式为股权激励实现的一种方式并且已经实际履行完毕,因此庄某耀的主张不能得到支持。

实操建议

对于用人单位来说,在约定股权激励时,应当签订尽可能详细些的股权激励协议,并在与劳动者的股权激励协议中明确实施股权激励的方式。约定不明时,需要存留实际履行情况的证据,从而在诉争中占据有利地位。

对比案例 | 张某强与上海奕原禾锐投资咨询有限公司、上海奕瑞光电子科技股份有限公司其他与公司有关的纠纷案

【基本信息】

二审上诉人(一审原告):张某强

二审被上诉人(一审被告):上海奕原禾锐投资咨询有限公司(以下简称奕原咨询公司)

二审被上诉人(一审被告):上海奕瑞光电子科技股份有限公司(以下简称奕瑞科技公司)

案由:其他与公司有关的纠纷

案号:上海市第一中级人民法院(2019)沪01民终3577号

【相关案情】

张某强于2010年4月16日入职奕原咨询公司。2011年2月25日,该公司

向张某强发出股权期权计划要约函，以总价为1美元的对价向其提出要约，即张某强有权以每股1元的价格认购37,500份期权。2011年4月6日，张某强从奕原咨询公司离职。同年11月18日，张某强与奕瑞科技公司签订岗位聘用信，并约定此前张某强于2011年1月所获得的期权计划仍然予以延续。

2014年4月25日，张某强向奕瑞科技公司高层及奕原咨询公司监事发送邮件，要求行使上述期权。同年5月31日，张某强与奕瑞科技公司解除劳动关系，并于6月30日再次要求行使期权。2014年8月19日，奕瑞科技公司董事长曹某光向张某强发送电子邮件，该邮件主题为终止协议，并同意支付张某强期权回购价格。根据张某强的入职时间，行权比例分为70%及100%两种比例计算，张某强起始时间为2011年1月，每满一年分别可行权40%、30%、30%。

奕瑞科技公司成立于2011年。2017年9月11日，公司名称由上海B有限公司变更而来，奕原咨询公司为其股东之一。2018年3月27日，张某强再次书面要求行使2011年授予的期权，即其应于2014年1月24日享有行使全部所授予的37,500股期权的权利。后张某强与奕瑞科技公司、奕原咨询公司就期权履行方式无法达成协议，遂起诉要求奕原咨询公司、奕瑞科技公司共同赔偿其股票期权损失1,722,000元。

【争议焦点】

各方当事人是否就授予期权达成合意？

【法院观点】

关于双方就期权授予是否达成合意的问题。股权期权计划要约函系要约，即希望和他人订立合同的意思表示，该意思表示内容需具体确定。奕原咨询公司以1元对价授予张某强37,500份期权的意思表示明确，结合相关证据表明，各方当事人之间已经达成合意。然而，达成期权授予合意，并不意味着该合意就具有可履行性。张某强、奕原咨询公司就期权授予达成的仅是框架性或者意向性协议，协议的实质性内容仍有待协商确定。特别是在涉及履行标的的协议内容上，如授予哪家公司的期权、行权的具体方式和程序等，在双方协商一致前，该协议仍不具有可履行性。

邮件中的补偿方案虽涉及期权，但由“考虑到张某强在职期间做出的贡献，奕瑞科技公司拟给予张某强适当补偿”“终止境外期权文件”等内容可见，该方案虽因前述期权授予协议而起，却并非对前述协议的补充和完善，而是以终止前述期权授予协议为目的提出的新要约。故补偿方案虽涉及上海××投资咨询合伙企业,在此也仅为一项计算标准,无法当然得出股权期权计划要约函所指向的期权平台即为该企业。因此,期权授予协议仍处于不具有可履行性的状态,37,500 份期权对应的权益也完全无法明确。张某强依据不具有可履行性的协议,却以对方不履行协议(包括履行不能)为由,要求奕原咨询公司承担赔偿损失的违约责任,本身就不具有事实和法律依据,法院不予支持。

【律师视角】

案例评析

在本案中,虽然张某强、奕原咨询公司对于授予张某强 37,500 份期权业已达成合意,相应的期权授予协议成立并生效。但是并未对授予哪家公司的期权、行权的具体方式和程序等作出具体的约定,仅仅是一种框架性或者意向性协议,协议的实质性内容并未确定。在涉及履行标的的协议内容上,如授予哪家公司的期权、行权的具体方式和程序等,均未作出具体的约定,导致后期的履行不能,最终张某强也无法通过该股权激励协议得到对应的期权。

第七章

股权激励工具

第一节　现 金 激 励

◎问题聚焦

用人单位为了激发员工积极性而使用的股权激励工具包括虚股、实股和股票(股份)期权和长期激励款项等。作为股权激励工具的现金激励似乎因为同时涉及股权与现金两大要素而识别度较低,进而影响履行的实现方式,从而可能引发纠纷。法院会如何处理涉及现金激励的相关纠纷呢?

◎裁判规则

对于涉及现金激励的股权激励纠纷,多数法院倾向于肯定其劳动争议纠纷的性质。但由于股权激励性质的现金激励与劳动关系本身的依附性相对较弱,所以约定现金激励的协议本身往往是重要的评判基础,因此也有法院将此类纠纷认定为合同纠纷而非劳动争议。

◎案例详解

经典案例　乐视网信息技术(北京)股份有限公司与李某南劳动争议纠纷案

【基本信息】

上诉人(原审原告):乐视网信息技术(北京)股份有限公司(以下简称乐视网公司)

被上诉人(原审被告):李某南

案由:劳动争议纠纷

案号:北京市第一中级人民法院(2019)京01民终570号

【相关案情】

2015年7月29日,李某南入职乐视网公司并收到公司的录用通知函,记载“期权奖励和股票奖励(公司可根据股权激励方案确定员工享受期权的条件):您将享受乐视网期权激励25,000股,该股权的授予日期、行权价格和实际数量,服从公司的统筹安排和整体方案。您将享受乐视网下一期期权激励40,000份,该期权的授予日期、行权价格和实际数量,服从公司的统筹安排和整体方案”。

2017年5月25日,双方解除劳动关系并签署《协议》,记载有“甲(乐视网公司)乙(李某南)双方经友好协商,一致同意达成以下协议,共同遵守:一、双方共同确认:甲方为乙方支付长期激励款项,税前金额为229,500元,支付方式为双方解除劳动关系后,分12个月支付”等内容。该《协议》下方加盖乐视网公司人力资源部印章,李某南签署姓名。

后李某南以要求乐视网公司支付长期激励款项为由向北京市海淀区劳动人事争议仲裁委员会提起仲裁申请,该委员会于2018年4月16日作出京海劳人仲字(2018)第5587号裁决书,裁决:乐视网公司向李某南支付长期激励款229,500元。乐视网公司不服该裁决,遂向法院起诉。

【争议焦点】

1. 本案的争议是否属于劳动争议案件的受理范围?

2. 乐视网公司是否应向李某南支付长期激励款项?

【一审】

诉讼请求

原告乐视网公司请求法院确认其无须向李某南支付长期激励款项229,500元。

裁判结果

驳回乐视网公司的主张,判决乐视网公司向李某南支付长期激励款项229,500元。

【二审】

上诉请求

撤销一审判决,改判为乐视网公司无须支付李某南长期激励款229,500元。

裁判结果

驳回上诉,维持原判。

【法院观点】

其一,本案系因订立、履行、解除劳动合同发生的争议,属于劳动争议案件受理范围。对乐视网公司所持本案涉及的是股权、期权激励,不属于劳动争议范畴的理由,法院不予采纳。

其二,对于双方签署《协议》一事,乐视网公司认可《协议》的真实性,《协议》中已载明"双方确认:本协议是双方共同协商的结果……内容合法有效,双方共同遵守",故该《协议》系双方意思真实表示,乐视网公司应履行《协议》中约定的义务。

其三,乐视网公司虽称该《协议》内容因股权、期权无法变现而无可执行性,但《协议》中明确约定的为长期激励款项的具体金额,故乐视网公司应按照约定向李某南支付长期激励款项229,500元(税前)。

【律师视角】

案例评析

本案事实较为简单明晰。尽管乐视网公司在录用通知函中给予员工李某南的是一定数量的期权奖励和股票奖励,但是双方在解除劳动关系时另行约定了乐视网公司将向李某南支付特定金额的长期激励款项,并约定了支付方式。这实质上是将之前允诺给李某南的期权奖励、股票奖励在其离职时采用支付长期激励现金款项的方式一并结清。因此,在事实清楚、逻辑关系明确的情况下,法院不采纳公司的抗辩,判决公司应依约向员工支付长期激励现金款项是审理这类纠纷的基本思路。

实操建议

对于公司而言,在公司现金流并不足够充分的情况下,向员工支付大量现金激励款项可能会使公司产生违约动力,以激励是股权而非现金为由不履行支付义务,进而产生纠纷。实践中,公司具体应采取哪种激励方式更合适,并不能一概而论,而应依据公司当时的战略、资金流等现状以及双方协商意愿来灵活制订激励方案。值得注意的是,一旦公司与员工在协议中明确约定了支付确定金额的现金激励款项,除非员工违约在先,否则法院基本会按照当事方在协议中约定的意思,支持员工要求公司依约支付现金激励款项的主张。

类似案例 乐视网信息技术(北京)股份有限公司等与张某梅劳动争议纠纷案

【基本信息】

上诉人(原审原告、被告):乐视控股(北京)有限公司(以下简称乐视控股公司)

上诉人(原审被告、原告):乐视网信息技术(北京)股份有限公司(以下简称乐视网公司)

被上诉人(原审被告):张某梅

案由:劳动争议纠纷

案号:北京市第一中级人民法院(2019)京01民终4927号

【相关案情】

2014年8月4日,张某梅入职乐视网公司,2017年9月离职。2017年9月19日,张某梅与乐视控股公司签订《协议》,载明有"甲方(乐视控股公司)为乙方(张某梅)支付长期激励款项(第一次到期,剩余未付部分),税前金额141,327元,支付方式为乙方离职后由甲方于2017年10月安排支付。甲方为乙方支付长期激励款项(第二次到期部分),税前金额为185,625元。支付方式为乙方离职后由甲方于2017年10月安排支付"等内容。落款处甲方加盖乐视控股公司人力资源部公章,乙方处由张某梅签名。

乐视网公司与乐视控股公司存在股东交叉重叠的情况,贾某亭为乐视网公司与乐视控股公司实际控制人。张某梅在案件审理过程中,提交了数份工作邮件,据此主张乐视网公司与乐视控股公司对其存在混同用工情形。乐视网公司认可邮件真实性,但主张张某梅的工作均是为乐视控股公司提供劳动。

张某梅以要求乐视网公司、乐视控股公司向其支付长期激励款326,952元为由向北京市海淀区劳动人事争议仲裁委员会提起仲裁申请,该委作出京海劳人仲字(2018)第12525号裁决书,裁决:(1)乐视控股公司向张某梅支付长期激励款326,952元;(2)乐视网公司承担连带责任。乐视控股公司与乐视网公司均不服该裁决,遂向法院起诉。

【争议焦点】

1. 乐视控股公司是否应向张某梅支付长期激励款?

2. 乐视网公司是否应就乐视控股公司向张某梅支付长期激励款承担连带责任?

【法院观点】

乐视控股公司认可其公司与张某梅签订的《协议》的真实性，应当按双方约定履行支付义务。从《协议》内容中可体现，《协议》是张某梅办理离职同期签署的。乐视控股公司关于约定的是“安排支付”而不是“支付”的抗辩理由不能成立，法院亦不予采信。鉴于《协议》载明的权利义务情况，乐视控股公司应向张某梅支付长期激励款326,952元（税前）。乐视控股公司与乐视网公司在办公地点、股东方面存在重叠情况，两家公司存在密切的关联关系。鉴于上述关联关系，且乐视网公司与张某梅之间存在劳动关系，乐视网公司应就长期激励款承担连带给付义务。

【律师视角】

案例评析

本案在主体关系方面较为复杂。与张某梅有劳动关系的是乐视网公司，而与张某梅签订长期激励款项《协议》的是乐视控股公司。两家公司存在股东重叠等密切的关联关系，因此，在此类纠纷中容易发生“扯皮”现象：乐视网公司以自己并未实际用工且非《协议》签署主体为由抗辩，乐视控股公司以无劳动关系、约定为“安排支付”而非“支付”等理由拒绝履行协议约定的支付长期激励款的义务。本案中，乐视控股公司的抗辩显得十分牵强，因此难以得到支持。

实操建议

从法律上讲，关联公司实非同一主体，因此其存在有着深刻的意义和价值。在法律允许的情况下，关联公司之间可以做很多事情，这些事情在非关联公司之间可能很难操作，或者很难有信任操作的基础。但是，作为公司和股东，也一定要厘清关联公司的界限，并且要充分关注每个公司承担责任的边界，做好防火墙，避免因为各种混同导致连带责任的频繁发生，更不用说协议上明示的连带责任了。

对比案例 | 胡某与武汉德威热力股份有限公司合同纠纷案

【基本信息】

上诉人（原审被告）：武汉德威热力股份有限公司（以下简称武汉德威公司）

被上诉人（原审原告）：胡某

原审第三人：江苏德威节能有限公司、江苏德威能源开发有限公司、徐某龙

案由：合同纠纷

案号:湖北省武汉市中级人民法院(2015)鄂武汉中民商终字第 00063 号

【相关案情】

武汉德威公司于 2006 年 5 月 10 日成立,徐某龙和江苏德威节能有限公司为其股东,胡某任武汉德威公司副总经理。2007 年 2 月 27 日,武汉德威公司印发德威热力董字(2007)6 号文《关于调整二〇〇七年度激励方案的通知》,该通知内容除奖金奖励外还包含股权奖励,2007 年 12 月 25 日担任部门经理及部门经理职务以上人员,按照总经理∶副总经理∶部门经理 =1∶0.7∶0.5 分配股权奖励,根据担任职务的时间和个人的贡献可适当调整。2008 年 3 月 10 日,武汉德威公司印发德威热力董字(2008)2 号文《关于 2007 年度股权奖励的决定》,该决定的内容:"根据'德威热力董字(2007)6 号'文规定,2007 年度可分配股权总额为 20 万元整(人民币贰拾万元整)。可参与分配的人员有:副总经理胡某(可参与分配期 20 个月)、副总经理钱某洪(可参与分配期 7 个月)。按照公司的实际情况,并结合个人入职可分配期的因素,决定 2007 年度股权奖励如下:奖励胡某股权 15 万元整(人民币拾伍万元整),可认购股权 50 万元整(伍拾万元整)该奖励股权自 2008 年 1 月 1 日起生效……"

关于武汉德威公司的董事会的权力,《武汉德威热力股份有限公司章程》第四十条第十项规定"董事会行使下列职权:(十)聘任或解聘公司总经理、董事会秘书;根据总经理的提名,聘任或者解聘公司副总经理、财务负责人等高级管理人员,并决定其报酬事项和奖惩事项"。

武汉德威公司 2007 年度审计报告中记载,2007 年度的该公司的每股净资产为 1.006 元/股。武汉德威公司于 2007 年奖励胡某的股份为 15 万元,换算该公司奖励胡某的股份为 15 万份股份。该股份于 2008 年生效,换算 15 万份股份的现金价值为 164,015.9 元。后胡某要求武汉德威公司办理相关股权变更手续未果,故利用司法途径维权。

【争议焦点】

1. 本案属于劳动争议,合同纠纷,还是其他类型的纠纷?

2. 武汉德威公司是否应在本案中承担法律责任?

【法院观点】

关于本案的性质认定问题。第一,本案纠纷的起因是由于胡某在与武汉德威公司建立劳动关系期间,武汉德威公司未依规定履行向胡某奖励股权 15 万元的义务,故胡某起诉要求支付相应损失。第二,胡某为主张自己的权利,曾以劳动争议为由提起仲裁并引起诉讼。经胡某与武汉德威公司劳动争议一案的终审判决认定,胡某提出的要求武汉德威公司履行奖励股权15万元的诉讼请求与劳动争议属于不同的法律关系,不予审理。第三,由于胡某并非武汉德威公司的股东,故武汉德威公司上诉主张本案系“股权转让纠纷”,无事实和法律依据。第四,依据武汉德威公司下发的两份文件,其实质内容系公司针对2007年度的实际情况,并结合个人入职可分配期的因素,对于少数高管人员给予一定的股权奖励。因此,在武汉德威公司未依上述文件的规定履行其承诺义务时,胡某有权以合同之债主张自己的合法权益。第五,赠与合同是赠与人把自己的财产无偿地送给受赠人,受赠人表示接受赠与的合同;激励机制是指通过特定的方法与管理体系,将员工对组织及工作的承诺最大化的过程。在本案中,胡某在完成了合同规定的义务后,对于超出部分或者作出特殊贡献的情形下,由武汉德威公司依其制定的激励机制向胡某履行奖励。因此,法院对武汉德威公司诉称本案为赠与合同纠纷的主张不予支持。综上,原审判决认定本案性质为合同纠纷正确。

关于武汉德威公司是否应在本案中承担法律责任的问题。依据《武汉德威热力股份有限公司章程》第四十条第十项的规定,董事会有权决定副总经理的报酬事项和奖惩事项。武汉德威公司所称股权激励事项应当由公司股东大会作出决定,从而否认对胡某15万股权奖励合法性的主张不被支持。武汉德威公司董事会有权决定对胡某的奖励,且根据原审法院对于相关文件的解释,并推定为系公司奖励胡某股权15万元对应的现金价值并无不当。武汉德威公司应当依上述文件的规定向胡某支付奖励股权所对应的现金价值损失。

【律师视角】

实操建议

本案中“奖励胡某股权15万元整(人民币拾伍万元整)”这类表述在理解上容易出现分歧,让人混淆到底是股权激励还是现金激励。激励者在和激励对象签署协议时,一定要将股权激励和现金激励明确区分开来,避免发生理解上的分歧,最终导致上述种类纠纷的产生。

对比案例　|　段某发与广东海天集团股份有限公司合同纠纷案

【基本信息】

原告:段某发

被告:广东海天集团股份有限公司(以下简称海天公司)

案由:合同纠纷

案号:广东省佛山市禅城区人民法院(2014)佛城法民二初字第69号

【相关案情】

段某发原为海天公司的员工。2008年10月15日,段某发(出售方)与海天公司签订奖励股权回购协议,约定:公司同意根据本协议约定回购目标股权,并向出售方支付奖励股权回购金;出售方同意公司回购目标股权。双方同意奖励股权回购金的支付方式具体如下:2011年6月30日支付33,204.40元,2012年6月30日83,011元,2013年6月30日支付781,280元。如果出售方在奖励股权回购金支付完毕前因商调、辞职、中止合同、辞退、开除等任何原因停止在海天公司工作(不包括退休、死亡),出售方不得以任何理由要求公司继续支付届时尚未支付的所有奖励股权回购金或与目标股权有关的任何形式的利益。就本协议未尽事宜,双方可签订补充协议,补充协议与本协议具有同等法律效力。

2010年12月27日,段某发与海天公司签订奖励股权回购协议之补充,出售方(受奖人)在奖励股权回购协议条款的基础上同意签订以下补充内容:2011—2013年每年实际取得的奖励股权回购金的多少,依次和岗位职责、考评等级、重大失误或违法违纪三方面硬性指标挂钩……2011—2013年的奖励股权回购金,均在每年的7月30日前支付。以上内容作为奖励股权回购协议的附件,具有同等的法律效力。

上述协议签订后,海天公司根据段某发的绩效等情况按约定支付了至2012年的股权回购金。2013年6月21日海天公司向段某发发出终止劳动合同通知书,因其劳动合同于2013年6月30日到期,通知其不再续签劳动合同,要求段某发办理相关离职手续。段某发因海天公司未支付2013年股权回购金及对已支付的金额有异议,双方因此产生纠纷。

【争议焦点】

本案诉争的奖励股权是否属于劳动报酬?

【法院观点】

法院认为,股权,又称为股东权,是指股东基于向公司出资而享有的对公司的各种权利。依据查明的事实,本案讼争的奖励股权是被告根据员工的职务、工作性质及业绩考核等综合因素,为奖励员工而制定的一种奖励机制,原告段某发并未实际出资。因此,本案讼争的奖励股权并非公司法意义上的股权,不属于公司法调整范畴。基于原、被告之间的劳动合同关系,以及奖励股权的性质,本案讼争的奖励股权回购金本质上属于俗称的奖金,属于劳动报酬的范畴。因此,原、被告之间的纠纷属于劳动争议。依据《劳动争议调解仲裁法》第五条的相关规定,原、被告因劳动报酬发生争议,应先行向劳动争议仲裁委员会申请仲裁,对仲裁裁决不服的,可向人民法院提起诉讼。原告起诉前并未向劳动争议仲裁委员会申请仲裁,因此,原告未先行使劳动争议仲裁权而提起诉讼,法院不予受理。

第二节　利润分红权

◎问题聚焦

利润分红权作为员工激励方式(工具)的一种,通常存在两种形式:一种是基于员工身份获得的利润分红权,另一种是基于虚拟股东身份产生的利润分红权。第一种情况严格地说,不属于股权激励,属于绩效激励或者叫作业绩指标激励。第二种是股权激励的一种,是指公司授予被激励员工一定数额虚拟股权/股份的股权激励模式,即被激励员工并非在册股东,但公司给予被激励员工相应股权/股份的分红权。由于被激励员工获得利润分红权的法律基础不同,所发生的争议类型也并不单一。法院在实践中如何对利润分红权相关争议进行定性并裁判呢?

◎裁判规则

1. 被激励员工依据股权激励协议而获得的利润分红虽然并非一般固定劳动报酬,但是在员工并不需要投资的情况下,法院倾向于认为其是多元化薪酬结构的组成部分,类似于奖金、提成、福利等。如果被激励员工与公司就该股权激励协议发生纠纷,法院一般作为劳动纠纷处理。

2. 如果员工与甲公司建立劳动关系,而与乙公司签订采取利润分红权的股权激励方式,则法院倾向于认定员工与甲公司关于股权激励协议的纠纷为劳动争议纠纷或者与公司有关的纠纷;员工与乙公司关于股权激励协议的纠纷被认定为合同纠纷。

◎案例详解

经典案例 | 王某樑与亨特道格拉斯建筑产品(中国)有限公司公司盈余分配纠纷案

【基本信息】

上诉人(原审被告):亨特道格拉斯建筑产品(中国)有限公司(以下简称亨特公司)

被上诉人(原审原告):王某樑

案由:公司盈余分配纠纷

案号:上海市第一中级人民法院(2016)沪 01 民终 2400 号

【相关案情】

1993 年,王某樑入职亨特公司,先后担任公司董事长、总经理等职务。2003 年 1 月 1 日,王某樑与亨特集团公司(亨特公司投资方)的全球总裁梁某进签署股权激励协议,每年王某樑的分红收益部分均由亨特集团公司亚洲区总裁梁某进以书面文件方式确认,文件中均明确为分红款,并逐年实际履行,具体款项从亨特公司处支付。

2014 年 2 月,王某樑离职并签订保密和竞业限制协议,约定如亨特公司未及时支付相关待遇,需支付相当王某樑 12 个月总收入的违约金 3,600,000 元,相关争议适用劳动争议处理程序。后王某樑发现 2013 年分红款部分被克扣,2014 年分红款至今未支付,遂诉至法院。

【争议焦点】

1. 2014 年度分红款的性质。

2. 王某樑和亨特公司之间的保密和竞业限制协议中的违约金条款是否应当被适用?

【一审】

诉讼请求

1. 亨特公司支付王某樑 2013 年度分红款克扣部分、2014 年度分红款及以此为基数的相应利息损失。

2. 亨特公司支付王某樑违约金 3,600,000 元。

裁判结果

亨特公司支付王某樑2014年度分红款2,108,626.40元以及利息损失。

【法院观点】

1. 关于2014年度分红款的性质,法院认为,根据亨特公司文件的记载,王某樑前几年度的分红款为不同数额,其在担任被告董事长、总经理期间每年获取分红款的金额并不是一固定数额,该年度分红并非固定年薪的一种支付方式。另外,王某樑获取年度分红,每年均由亨特集团公司亚洲区总裁梁某进审批后发放,而一般的固定劳动报酬,不需要审批环节。"薪酬"作为一个复合概念,包含"薪金"和"报酬"两层内容,指的是劳动者个人劳动的全部所得。广义薪酬除了包括员工的货币收入,非货币收入之外,还包括一些长期或延期支付的报酬形式,如法定福利、企业分红、利润分享、股票期权等。考虑到多元化的薪酬结构,以及亨特公司股东代表梁某进的审批核发行为,争议款项属于公司法意义上的高管薪酬纠纷,而非劳动争议。

2. 关于本案中的违约金争议,法院认为,相关违约金条款约定在"保密和竞业限制协议"中,而该协议同时约定:"双方履行本协议如产生争议,适用劳动争议处理程序。"既然分红款不属于劳动争议处理范围,则上述协议中约定的违约金条款不适用本案争议的分红款。

【二审】

上诉请求

撤销一审判决。

裁判结果

上诉人亨特公司未按规定预交上诉案件受理费,按自动撤回上诉处理。

【律师视角】

案例评析

亨特公司作为亨特集团公司在中国的独资企业,二者的法人资格是相互独立的。王某樑通过与亨特集团公司亚洲区总裁梁某进签订股权激励协议而获得利润分红权,且年度分红款由亨特公司在梁某进审批后发放,在商事案件中,法院将王某樑与亨特公司的纠纷定性为公司法意义上的高管薪酬纠纷(与公司有关的纠纷)并无不妥。如果在劳动争议中,定性为劳动争议,笔者认为亦有可能。

王某樑与亨特集团公司之间并无劳动关系,该股权激励协议属于平等法律主体之间订立的合同,若二者就此发生纠纷则属于合同纠纷。该观点在魏某峰与北大方正集团有限公司合同纠纷案[北京市第一中级人民法院(2016)京01民终字350号]中亦得到支持。

类似案例 王某军与北京昱海世纪文化传媒有限公司劳动争议纠纷案

【基本信息】

再审申请人(一审被告、二审上诉人):王某军

被申请人(一审原告、二审被上诉人):北京昱海世纪文化传媒有限公司(以下简称昱海世纪公司)

案由:劳动争议纠纷

案号:北京市高级人民法院(2018)京民申4654号

【相关案情】

2014年1月1日,王某军入职昱海世纪公司,担任副总裁。当日,双方签订为期三年的劳动合同,其中约定:"年底按公司利润享受分红奖励。"该劳动合同到期后,双方并未续订,王某军实际工作至2017年3月31日。

2015年5月5日,昱海世纪公司通过股东会决议,决定取消对公司总经理(副总裁)及以上人员的利润分红奖励,改为股权激励,具体内容根据最终签署的股权激励协议书确定。2015年5月5日,昱海世纪公司股东北京悠派互联科技有限公司(以下简称悠派公司)与王某军签订《股权激励协议书》:悠派公司以股权奖励的方式对员工的工作进行奖励和激励;连续三年每年完成公司分配任务额度可在第四年年终获得甲方1.5%的股份等。后王某军以欠发工资、年度利润分红奖励以及未签订书面劳动合同为由,提起劳动仲裁。昱海世纪公司不服仲裁裁决,诉至法院。

【争议焦点】

王某军是否有权请求昱海世纪公司支付2014年度至2016年度利润分红奖励?

【二审法院观点】

王某军诉请昱海世纪公司支付2014年度至2016年度利润分红奖励,其对该诉请所依据的事实负有举证证明责任。王某军与昱海世纪公司签订的劳动

合同中约定了"年底按公司利润享受分红奖励",王某军亦是依据该约定主张其诉请,但昱海世纪公司提交的财务审计报告显示该公司在2014年度的净利润为负,而王某军提交的证据及证人证言等不足以证明昱海世纪公司2014年度的利润情况,故王某军主张2014年利润分红奖励,证据不足,不能支持。关于2015年后的利润分红奖励,昱海世纪公司主张其公司自2015年将原利润分红奖励改为股权激励,并提交了其股东悠派公司的股东会决议、其公司的执行董事决定、悠派公司与王某军签订的《股权激励协议书》,而王某军提交的现有证据不足以反驳昱海世纪公司的上述主张,故应采信昱海世纪公司的主张。在此情况下,王某军仍以其与昱海世纪公司签订的劳动合同中关于利润分红奖励的约定,主张2015年后的利润分红奖励,亦不能支持。

【再审法院观点】

再审申请人王某军提出的申请再审理由与其在一、二审时提出的辩称和上诉意见基本一致,并未提交新证据。对于本案的处理,二审法院在判决理由中给予了具体明确的阐释。法院认为,二审法院的上述认定理由和未支持其主张的100万元分红奖励款的处理结果,并无不妥,亦即王某军提出的本案应当再审的申请再审理由因依据不足而不成立。

【律师视角】

案例评析

本案中,王某军与昱海世纪公司在劳动合同中约定了利润分红,并明确该利润分红为昱海世纪公司给予王某军的奖励,应当认定为王某军所获劳动报酬的组成部分。因此,基于此而产生的争议,应当与工资争议一样,认定为劳动争议。王某军有权依据劳动合同要求昱海世纪公司给付年度分红款,但公司履行支付义务的前提是本年度有利润。

2015年经过昱海世纪公司股东会决议,实施股权激励。与典型案例相似,《股权激励协议书》是由昱海世纪公司股东悠派公司与其员工签订,规定员工在符合激励条件的情况下可获得一定比例的悠派公司所持的昱海世纪公司股份。所以,如上文所述,王某君在签订该《股权激励协议书》后,与悠派公司为合同关系。由于王某军2017年离职,并未满足"自签署之日起连续三年每年完成公司分配任务额度"的激励条件,故其并不能获得股权激励项下的利益,鉴于其也并非昱海世纪公司的股东,亦无权请求公司分配盈余。同时,公司的利润分红奖励也已经通过股东会决议取消,其请求昱海世纪公司进行利润分红奖励亦无依据。

实操建议

律师在处理此类案件时,除应该弄清楚股权激励协议中所规定的获得激励的条件是否满足等情形外,还要关注与员工签订劳动合同的主体与实际实施股权激励的主体是否为同一主体。如果是同一主体,法律关系会相对清晰;如果不是同一主体,既会涉及案件是否属于劳动争议的问题,还会涉及不同主体的不同责任问题,处理起来相对会复杂得多。

类似案例 | 贺某华诉上海爱建进出口有限公司与公司有关的纠纷案

【基本信息】

上诉人(原审原告):贺某华

被上诉人(原审被告):上海爱建进出口有限公司(以下简称爱建公司)

案由:与公司有关的纠纷

案号:上海市第一中级人民法院(2019)沪 01 民终 57 号

【相关案情】

2000 年 4 月 22 日至 2017 年 3 月 24 日,贺某华于爱建公司工作。2013 年 12 月 18 日,爱建公司发布《2014 年度优先分红权激励方案》,内容涉及:(1)在岗员工参与保证金额度为 1 万元;(2)在 2014 年度结算形成考核利润中,提取 30% 作为分红标的,参与该计划的员工按照各自参与的份额比例取得分红;(3)爱建公司在 2014 年年底收支平衡(利润为零)就完成基本考核任务,当年年底利润为正数,员工能够取得分红收入,如果亏损,员工没有分红,也扣减相应绩效收益部分。

2014 年 3 月 24 日,贺某华向爱建公司缴纳了保证金 1 万元。2015 年 3 月 25 日,爱建公司发布《优先分红实施方案》,实施分红权激励。贺某华认为爱建公司确定考核利润错误,导致其分红损失,多次发函催讨无果,遂诉至法院。

【争议焦点】

贺某华获得的分红款数额应如何认定?

【法院观点】

从爱建公司发布的《2014 年度优先分红权激励方案》内容来看,系以在职员工缴纳一定数额保证金换取获得利润分红的优先权。此项分红权益既有别于公司法意义上的股权分红,也不同于基于平等民事主体之间的合同关系而享有的合同权利,其性质仍类似于企业为激励员工提供的福利分红。公司一方主体在确保员工正常本息权益的前提下进行一定限度的调整,属于其经营管理自主权范畴,且该分红实施方案的调整亦已经过企业内部的逐级审批程序,并无明显失当之处。

【律师视角】

案例评析

《2014 年度优先分红权激励方案》规定:如果公司亏损,员工不但没有分红,而且要扣减相应绩效收益部分。这一规定将利润分红与绩效收益挂钩,使得该优先分红权激励也在一定程度上具有绩效收益的性质。正如法院所认为的:“公司一方主体在确保员工正常本息权益的前提下进行一定限度的调整,属于其经营管理自主权范畴”,即在保证基本工资依法发放的情况下,公司对于绩效收益的计算以及发放方式,具有自主决定的权利。因此,本案的争议焦点实际上是关于公司内部治理,将本案认定为与公司有关的纠纷并无不妥。当然,如果定性为劳动争议来处理,笔者认为也没有问题,不过因为本案没有经过劳动争议的仲裁前置程序,此时没有这种选择了。

实操建议

为降低此类争议的发生概率,我们建议公司尽量在实施相关激励措施的文件中明确该措施的性质,或对员工进行充分说明。同时,对于相关的规章制度、股权激励管理规定、利润核算办法及结果等应当及时进行公示,听取职工意见并解答疑问,以减少纠纷的发生。

第三节　股东收益权

◎问题聚焦

用人单位愿意通过股权激励的方法来调动员工的工作积极性,但通常不希望激励对象成为注册股东。实践中,员工经由股权(份)赠与或者出资购买股权(份)成为企业的注册股东,或者“虚拟股东”,或者其他各类名号的股东。既然是股东,是否就拥有股东收益权呢?

◎裁判规则

股东收益权作为股权激励的一种重要方式,其对应的股权(份)会有各种各样的称谓和形式。股东收益权会受到劳动法、合同法或者公司法的约束,其法律性质需要根据法院认定的法律关系确定。

员工通过股权激励方案(协议)被公司吸纳为享有股东收益权的各类股东,公司亦通过公司章程或股东会决议等方式享有股东收益权分配上的一定的自主权,法院会倾向于支持激励对象的股东收益权的可履行性。即使公司不存在股东收益权分配上的任何自主权,股东收益权的激励方式也可能因为某个股东让渡一定比例的股东收益权而可以得到实际履行。如果此类纠纷被法院认定为劳动争议,履行通常更不存在障碍。

◎案例详解

经典案例 | 张某胜与贵州贵阳元驰石油运输有限公司公司盈余分配纠纷案

【基本信息】

再审申请人(一审被告、二审被上诉人):贵州贵阳元驰石油运输有限公司(以下简称元驰公司)

再审被申请人(一审原告、二审上诉人):张某胜

案由:与公司有关的纠纷

案号:最高人民法院(2019)最高法民申 297 号

【相关案情】

张某胜从 2005 年 12 月 20 日至 2015 年 1 月 1 日任元驰公司的副董事长兼副经理。因元驰公司不按公司章程支付其红利,张某胜向法院提起诉讼。

元驰公司章程载明:元驰公司注册资本为 188 万元。每一个职工均拥有平均股为 5 万元;余下的 38 万元,其中 24 万元作为首届经营者岗位激励股、14 万元作为在职董事会成员职务股。

2012 年 3 月 20 日,元驰公司作出《关于职务股的决议》,其中载明:……张某胜(三万元)……作为公司股单独列出。同年张某胜获得刘某明卸任后退回的 1 万元职务股。

张某胜在任时的股金由下列三个部分组成:(1)平均股5万元;(2)经营者岗位激励股55,200元(2010年获得完整所有权);(3)职务股:享有期间为2005年12月20日至2015年1月1日,2012年前股金为3万元,2012年增加至4万元。

元驰公司提交一份2005年公司成立之初制定的公司章程和《验资报告》,载明张某胜的出资不包括职务。法院查证两份公司章程都为真,但张某胜提交的章程时间在后。此外,两份公司章程均载明股东享有按照出资比例获取公司派发的利润的权利。另,2006年至2011年,张某胜均以持股比例7.19%领取红利,与其提交的公司章程载明的出资比例相同。

【争议焦点】

张某胜是否享有职务股的分红权?

【一审】

诉讼请求

张某胜请求判令元驰公司按照5.9%的出资比例支付自己2015年、2016年、2017年三年的红利。

元驰公司请求判令张某胜返还2006年至2014年中多领取红利(依照职务股领取的红利)(反诉)。

裁判结果

1. 元驰公司按照5.6%的股权比例支付原告张某胜2015年、2016年、2017年三年的红利。

2. 张某胜返还元驰公司2009年之后多领取未超过诉讼时效的分红共23,108元。

【二审】

上诉请求

张某胜请求撤销一审判决,改判不返还元驰公司红利款23,108元。

元驰公司请求撤销一审判决,改判支持元驰公司反诉请求。

裁判结果

采纳张某胜上诉理由,撤销一审张某胜"返还多分配红利款23,108元"的判决,驳回元驰公司的上诉请求。

【再审】

再审请求

元驰公司请求撤销二审判决,驳回张某胜全部诉讼请求。

裁判结果

驳回再审申请。

【法院观点】

《公司法》第三十四条规定:"股东按照实缴的出资比例分取红利;公司新增资本时,股东有权优先按照实缴的出资比例认缴出资。但是,全体股东约定不按照出资比例分取红利或者不按照出资比例优先认缴出资的除外。"这表明对公司分红问题上,股东大会决议的确定的分红比例效力优于公司章程关于出资比例的记载。本案根据股东大会的决议,张某胜不仅持有平均股,还持有经营者岗位激励股,其任董事会成员期间还另外持有拥有分红权的职务股。因此张某胜根据股东大会决议明确的分红比例享有公司红利符合法律规定及公司股东当时的共同意志。

【律师视角】

案例评析

本案的问题在于公司章程中规定的职务股是否合法,张某胜能否据此要求相应的分红。第一,本案中的职务股来源于附条件的赠与或是出资购买,合法有效;第二,为激励高级管理人员工作积极性而设立的股东分红权很常见,与职务相联系是正常的;第三,只要股东分红权通过了股东决议或记载于公司章程就是合理的,不存在不公平之说。

本案中,法院实际上从两个角度论述了职务股的合法性:(1)从公司章程的角度看,公司章程反映了股东意志,对公司和股东都有约束力。既然张某胜提交的公司章程是真实的,公司章程又规定了张某胜可以无偿获得职务股带来的分红,那张某胜当然有权获得。(2)即便抛开张某胜提交的公司章程不看,2009年和2012年的两次关于职务股的股东大会决议也明确承认了职务股的分红权利。

实操建议

《公司法》给了公司一些自主分配股东收益的空间,因此公司分配股东收益在一定条件下会得到公司法和合同法的保护。在采用股东收益权进行股权激励时,首先需要考虑公司是否具有一定权限的股东收益分配自主权,其次是公司权限和股东权限之间的协调和一致性,否则即便是股东收益权激励协议有效,也会因为缺乏履行的现实基础,导致激励协议无法实际履行,达不到激励员工的效果。

类似案例　山东大正医疗器械股份有限公司、李某萍公司盈余分配纠纷案

【基本信息】

上诉人(原审被告):山东大正医疗器械股份有限公司(以下简称大正公司)

被上诉人(原审原告):李某萍

案由:公司盈余分配纠纷

案号:山东省威海市中级人民法院(2017)鲁10民终114号

【相关案情】

李某萍原系大正公司职员。2011年7月21日,李某萍与大正公司签订了一份股份购买协议,约定大正公司同意李某萍按照内部骨干持股标准,以每股1元的价格股买股份10万股,总价款为10万元;股份转让涉及的工商变更,双方约定在原告引入战略投资者时一并办理,但不影响本协议的法律效力。大正公司对战略投资者的股份转让价格不影响原告购买股份价格;所购买股份的相关权益,包括投资收益及增值等,均归李某萍所有;本协议签订后5个工作日内,李某萍应将现金支付给大正公司,大正公司收到款项后,向原告出具收据;在大正公司实现在沪市、深市或创业板正式上市以前,李某萍按持股数享受每年10%固定分红。本协议自签订之日起生效。2011年8月5日,李某萍向大正公司交纳入股款10万元。2014年1月24日,大正公司在"新三板"上市。2015年7月,李某萍将其中5万股转让给了股东王有志,尚余5万股。被告2014年度、2015年度的权益分派实施公告显示,2014年度权益分派每10股派1.425元、2015年权益分派每10股派1.8元。另有《关于李某萍同志股份认购的声明》载明:"在未登记公司股东前,如遇公司股份拆细、发红股,分红等事项,该股认购权与股东享有同等权利。"李某萍于2016年春节后辞职,起诉大正公司支付2014年和2015年5万股应得分红,大正公司则认为股份购买协议因约定了固定的分红比例而违反公司法无效,且李某萍不是正式股东,无权获得分红。

【争议焦点】

1. 李某萍与大正公司签订的股份购买协议是否合法有效?

2. 李某萍是否为大正公司正式股东并有权获得相应分红?

【法院观点】

大正公司称《股份购买协议》违反了公司法规定,应属无效。法院认为,《公

司法》第一百六十六条规定:“公司分配当年税后利润时,应当提取利润的百分之十列入公司法定公积金……股东会、股东大会或者董事会违反前款规定,在公司弥补亏损和提取法定公积金之前向股东分配利润的,股东必须将违反规定分配的利润退还公司。”因此该规定属于管理性规定,而非效力性强制性规定,即便违反此规定也不属于合同无效的情形,大正公司亦未提交证据证明本案存在符合《合同法》第五十二条规定的其他情形,故大正公司称协议无效的主张法院不予支持。

关于李某萍是否具有股东身份,法院认为李某萍履行了相关出资手续,但并未记载于上诉人公司章程或者股东名册,也未经公司登记机关核准记载于有关公司登记文件,因此李某萍并不具有股东资格。但根据协议约定,李某萍虽不具有股东身份,不享有股东的全部权益,但可获得与股东权益相当的收益权利,李某萍所主张的收益数额有2014年、2015年年度权益分派实施公告为凭,亦不超过双方合同约定的数额,应当予以支持。

【律师视角】

案例评析

所谓通过股东收益权进行的股权激励,多数不是一般意义上的实股股东所具有的股东收益权,与是否具有真正的股东身份以及相关利润无关。

在分析股东收益权相关的法律问题时,我们应当重视股权购买协议作为双方合意的合同地位,而不能局限于公司法的规定。本案中,尽管法院认定协议的约定违反了《公司法》的规定,李某萍也确实没有股东身份,但是她依然可以依据协议约定获得分红。而且,我们甚至可以从反面思考这个问题,大正公司在故意违反《公司法》的情况下签订了协议,如果直接认定协议的内容无效,那显然损害了员工的利益,违背了法律基本的公平原则。

对比案例 | 甲公司与甲劳动合同纠纷案

【基本信息】

上诉人(一审被告):甲公司

被上诉人(一审原告):甲

案由:劳动合同纠纷

案号:上海市第一中级人民法院(2013)沪一中民三(民)终字第198号

【相关案情】

甲于2007年10月30日进入甲公司担任信用分析师。甲公司于2007年实行的《CTC公司股权激励基本规章(决案)》规定:股份持有人只在任职期间有效;执业合伙人每年考评一次,以决定合伙人的升降和退出,当年评定达到合伙人条件的从下一年开始享有合伙人权利,但该权利必须在第二年的考核中符合要求,否则不享有合伙人权益;与公司终止用工合同关系的,公司有权收回股份等。

2009年3月13日,甲公司向甲出具"华予信公司业务合伙人股权凭证",内容为"兹有甲公司(以下称本公司)员工甲先生,因其优异的表现和出众的工作能力,根据考核并经本公司全体股东讨论一致通过,决定赠予甲先生本公司股权3%(调查业务),以资奖励"。该股权凭证注明"本股权凭证只作公司内部分红权证明,不可引作其他用途"。

2010年2月23日,甲公司向甲支付2009年度分红24,447元。2011年1月13日,甲从甲公司离职。同年12月6日,甲提起劳动仲裁要求甲公司支付2010年度分红,仲裁委员会认为2010年度分红不属于劳动报酬性质,不予支持。甲不服该裁决,遂提起诉讼。

【争议焦点】

甲请求支付的2010年度分红是否属于劳动报酬?

【法院观点】

甲公司对甲等员工实行虚拟股权激励模式,甲等被激励者不能成为公司股东、不拥有股权,仅获得一种收益,被激励者离开企业后将自动丧失获得收益的权利。劳动关系是实施股权激励的前提,而劳动关系中的薪酬是一个组合概念,通常是由基本工资、奖金、福利计划和股权激励组成。虚拟股权赋予员工的分红权应属于公司薪酬体系的组成部分,故此类股权激励制度是劳动合同的重要组成部分,由此引起的纠纷应当属于劳动争议范畴。

本案中,甲主张的2010年度分红,实质上是其薪资的一部分,属于劳动争议处理范围,甲于2010年12月31日向甲公司提出辞职,并最后工作至2011年1月13日,《CTC公司股权激励基本规章(决案)》虽规定执业合伙人与甲公司终止用工劳动关系,甲公司有权收回股份,但甲2010年全年为甲公司提供劳动,其仍有权获得在职期间的2010年度的分红。

【律师视角】

案例评析

本案中,甲受甲公司股权激励,仅能获得“股东收益”而不能享有股东身份,且甲获授该股权激励是基于与甲公司的劳动关系。本案中,甲实现虚拟股权赋予的分红权,不仅以劳动关系为前提,而且需要通过考评才能获得,应当认定为公司薪酬体系的组成部分。故此基于类股权激励所获得的分红是薪酬的重要组成部分,由此引起的纠纷应当属于劳动争议范畴,法院的判决是合理的。

实操建议

律师在处理这一类股东收益权激励纠纷时,应当首先明确股权激励授予的是实股,还是可行使股东收益权的虚拟股份,正确定性纠纷。对于以劳动关系为基础的、采取股东收益权的股权激励,建议从劳动争议的角度入手,解决纠纷。

对比案例 | 陈某与武汉市德发电子信息有限责任公司与公司有关的纠纷案

【基本信息】

案号:湖北省武汉市江岸区人民法院(2017)鄂0102民初2500号

【法院观点】

陈某向武汉市德发电子信息有限责任公司(以下简称德发公司)支付89,437.77元购买的20,000股股份系所谓的银股。本案中,根据《2012股改方案》的内容、德发公司对陈某的实际分红情况等所反映出的银股的特点,一是陈某等出资人购买银股的款项未计入德发公司注册资本,二是出资人所持的银股不能自行转让,三是出资人在退出德发公司时由公司退还对价款项。由此,《2012股改方案》实际上是德发公司为激励股东及员工参与公司经营、管理,由各出资人就筹集的资金用于公司经营并按一定比例分红而达成的协议,实质为德发公司的内部融资行为,故陈某不是《公司法》意义上的股东。上述《2012股改方案》并未违反法律和行政法规的强制性规定,合法有效,应遵照履行。该方案约定,陈某如有侵犯德发公司利益的行为即退出公司,退出价格按当时购买价。生效的刑事判决书认定陈某自2012年7月起即有侵犯德发公司利益的行为发生,即自该时起陈某不再具有持有银股的资格。陈某要求德发公司退还孳息14,362.22元及支付利息的诉讼请求,无事实和法律依据,不予支持。因此,德发公司仅应向陈某退还银股本金89,437.77元,而陈某应向德发公司退还2012年7月至2012年12月的银股分红。

第四节 虚拟股权(份)

◎问题聚焦

很多公司的股权激励方案/协议中提到的股权(份)并非公司法意义上的股权(份)(以下简称股权),而是虚拟股权。什么是虚拟股权?如何判断激励工具是否为虚拟股权?虚拟股权会给股东资格认定、分红、同股同权等问题带来哪些影响?

◎裁判规则

虚拟股权不是完整意义上的公司股权,而是一种附条件的、有限制的股权激励待遇。它往往借助公司内部方案或协议使员工获得部分股权待遇(通常是分红),但激励对象不仅不能取得公司法意义上的股东资格以及完全的股东权益,还可能会受到相关股权激励方案和公司内部管理制度的限制。能否将激励股权认定为完整意义上的公司股权,法院需依据事实认定的情况综合判断。

虚拟股权是否可以参与分红(获取投资回报),法院倾向于认为应当以员工与公司之间的约定为准。虚拟股权并不当然产生分红的权利。

◎案例详解

经典案例 | 上海挡圈厂有限公司与吴某强股东资格确认纠纷案

【基本信息】

再审申请人(一审原告、二审上诉人):吴某强

再审被申请人(一审第三人、二审上诉人):李某全

再审被申请人(一审被告、二审上诉人):上海挡圈厂有限公司(以下简称挡圈厂公司)

案由:股东资格确认纠纷

案号:上海市高级人民法院(2018)沪民申 1519 号

【相关案情】

吴某强于 2008 年至 2014 年被挡圈厂公司返聘,成为挡圈厂公司员工。挡圈厂公司股东为李某全、范某、张某 1 和张某 2。

2005 年 1 月挡圈厂公司为激发公司员工积极性,制定《关于公司内部股份参股的实施办法》(以下简称涉案《实施办法》),规定公司实行内部股份参股,公司内部股份额度确定为每股 20,000 元,公司内部股份挂靠公司股东名下,公司内部股份不涉及和不参与公司资产的使用和处置,参股人员可享受公司税后利润分红,不参与公司经营决策,在辞退、辞职、解除或终止劳动合同的情况下退股。

2005 年 3 月 23 日和 2005 年 4 月 28 日,吴某强分别向李某全汇款 60,000 元和 20,000 元,挡圈厂公司向吴某强出具两份"内部股份出资证明",载明挂股金额 60,000 元和 20,000 元,股份持有人:吴某强,挂靠股东人:李某全。

2014 年 4 月 23 日,李某全向吴某强汇款 35,840 元作为 2013 年度红利,2014 年 12 月 31 日,李某全向吴某强汇款 32,000 元作为 2014 年度红利。

吴某强 2014 年离职后,挡圈厂公司将 80,000 元汇给吴某强。吴富强不服,向法院起诉要求确认登记在李某全名下的挡圈厂公司 2% 的股权归吴某强所有,并要求挡圈厂公司支付吴某强 2015 年和 2016 年的分红。

【争议焦点】

吴富强是否获得公司股东资格?是否有权在离职后获得 2015 年和 2016 年的分红?

【一审】

诉讼请求

1. 确认登记在李某全名下的挡圈厂公司 2% 的股权归吴某强所有。

2. 挡圈厂公司支付吴某强 2015 年分红 38,400 元和 2016 年分红 44,800 元。

3. 李某全对第二项诉讼请求承担连带责任。

裁判结果

挡圈厂公司于一审判决生效之日起 10 日内向吴某强支付 2015 年投资回报 38,400 元和 2016 年投资回报 44,800 元。

【二审】

上诉请求

吴某强上诉请求依法支持一审诉讼请求。

挡圈厂公司上诉请求撤销一审判决第一项，改判驳回吴某强一审全部诉讼请求。

裁判结果

驳回上诉人吴某强的全部诉讼请求。

【法院观点】

首先，关于吴某强的股东资格问题。显然，吴某强出资80,000元，持有挡圈厂公司4股股份的自我陈述及事实情况与涉案《实施办法》相吻合，故吴某强事实上是依据涉案《实施办法》持有涉案股份。其次，根据涉案《实施办法》关于公司内部股份退股、增股的规定，2014年12月31日，吴某强与挡圈厂公司的劳动关系终止，故到2014年12月31日，吴某强已不再持有挡圈厂公司的股份。吴某强所称的不知道涉案《实施办法》，故涉案《实施办法》对吴某强没有约束力的主张，法院认为，吴某强出资、持股及挂靠李某全的情况，与涉案《实施办法》一致，应认为涉案《实施办法》为吴某强持股之依据，故对于吴某强该上诉主张法院不予采信。最后，关于吴某强可否基于其股东资格获得2015年、2016年分红的问题。鉴于吴某强于2014年12月31日与挡圈厂公司终止劳动关系，根据涉案《实施办法》第七项的规定，吴某强在2014年12月31日之后已非挡圈厂公司股东，故其无权获得2015年、2016年分红。

【再审】

再审请求

支持一审全部诉讼请求。

裁判结果

驳回吴某强的再审申请。

【法院观点】

吴某强于2005年3月23日及4月28日分别支付了6万元及2万元，挡圈厂公司向其出具了相应的《内部股份出资证明》，其虽挂靠在李某全名下，但具有出资的事实且每年按约获得红利，能够证明其作为挡圈厂公司实际股东的身份。吴某强虽辩称不知晓涉案《实施办法》的具体规定，但结合其出资金额及获得红利的方式，均与涉案《实施办法》相吻合，且其持有的股份性质为企业改制内部认购股份，理应遵循企业内部管理制度，应接受涉案《实施办法》的约束。因其2014年12月31日终止劳动关系，符合涉案《实施办法》规定内部股份的退股情形，故不应再获得2015年、2016年的分红。二审法院认定并无不当，法院对吴某强的再审申请不予支持。

【律师视角】

案例评析

对于双方约定的离职退股,一审作出了错误的裁判。对于用人单位和劳动者之间的股权激励协议,在不违反法律法规强制性规定的情况下,法院应该给予足够的尊重和支持。

实操建议

这类案件在进入诉讼程序之前,律师应当首先仔细查阅公司与员工之间签订的股权激励协议或者公司内部的股权激励方案,其中是否明确约定了员工获得的是虚拟股权。虚拟股权不是公司法意义上的股权,获得虚拟股权并不代表获得股东资格,律师应当将此情况与委托人进行说明。

如果没有明确约定,还要看员工是否实际出资并且获得了分红;只要具有出资事实并且获得了分红,根据法院的倾向性观点,员工(虚拟)股东的身份很有可能会被法院确认。

类似案例 | 吴某华与大行科技(深圳)有限公司股东资格确认纠纷案

【基本信息】

上诉人(一审原告):吴某华

被上诉人(一审被告):大行科技(深圳)有限公司(以下简称大行公司)

案由:股东资格确认纠纷

案号:广东省深圳市中级人民法院(2017)粤03民终793号

【相关案情】

吴某华于2009年1月13日入职大行公司,任技术中心总监职务。2010年9月28日,大行公司与吴某华签订《补充协议》,约定甲方给予乙方的具体激励机制,虚拟股权分配在KPI(高、中、低)基础上,以第三方在大行公司申报上市时的评估报告总值为准,具体分配金额如下:(1)达成低目标KPI,公司分配金额为9万元,个人可购买金额为6万元;(2)达成中目标KPI,公司分配金额为12万元,个人可购买金额为8万元;(3)达成高目标KPI,公司分配金额为15万元,个人可购买金额为10万元,以上虚拟股权分配金额当年分配40%,满二年

30%，满三年30%，此分配期间与公司是否已经上市无关，在上市前，虚拟股权不参加分红，如公司在三年内（自此协议签订之日起计算）未上市，则此虚拟股权自动转化为普通股，以当时最新的第三方评估报告总值为基准，按此比例享受分红。如果劳动关系终止，则《补充协议》也随之终止。

2013年9月30日，双方劳动关系终止。

【争议焦点】

吴某华是否实际获得公司的股权，从而享有股东资格？

【法院观点】

关于吴某华是否具有大行公司股东资格的问题。吴某华与大行公司达成的《补充协议》表明，大行公司给予吴某华的虚拟股权不是完整意义上的公司股权，而是一种附条件、有限制的股权激励待遇，即以吴某华在大行公司任职为条件；如果吴某华在大行公司任职期间大行公司上市，则虚拟股权可以参加分红，如果大行公司未上市，则虚拟股权不参加分红。虽然《补充协议》约定如果大行公司三年内（自此协议签订之日起计算）未上市，则虚拟股权自动转化为普通股，但上述约定中对于虚拟股权如何转为普通股未予明确，且《补充协议》明确约定吴某华离职后《补充协议》即终止。鉴此，本院认为，涉案《补充协议》约定的虚拟股权激励待遇并不必然产生吴某华取得公司法意义上的股东资格以及完全股东权益的法律效力；大行公司至今未上市，吴某华与大行公司的劳动关系亦已于2013年9月30日终止，故吴某华诉请确认其为大行公司股东并享有股东分红权，不符合《补充协议》约定，亦无法律依据。

【律师视角】

案例评析

本案的争议焦点在于吴某华是否获得实际的股权，从而取得大行公司股东的身份，参与分红。大行公司与吴某华所签订的《补充协议》实际为大行公司为激励吴某华在职期间努力工作所签订的股权激励协议，根据协议的内容，吴某华所获得的是公司的虚拟股权，该虚拟股权在上市前不参与分红，在三年内如果未上市，虚拟股权需要转化为普通股，这也说明该虚拟股权显然并非公司法意义上的股权。

实操建议

对于公司而言，为了避免后续与员工在股东资格确认上产生纠纷，建议在其股权激励方案中明确股权激励的性质，并将退股条款和分红条款等作为必要条款纳入股权激励协议之中。

类似案例 ｜ 李某合与力诺集团股份有限公司股权转让纠纷案

【基本信息】

原告:李某合

被告:力诺集团股份有限公司(以下简称力诺集团)

案由:股权转让纠纷

案号:山东省济南市历城区人民法院(2017)鲁0112民初6195号

【相关案情】

李某合原系山东力诺特种玻璃股份有限公司(以下简称力诺玻璃公司)职工。2001年12月7日,李某合向力诺集团缴纳股金款4556元,用于购买力诺集团发行的"虚拟股权"1万股,每股价格为0.4556元。

2014年1月19日,力诺集团总裁在该集团2013年度总结表彰大会上讲话,内容包括:"集团要依据员工对企业的付出程度进行不同程度的奖励。截止到今日(2014年1月19日),凡是已经离开力诺集团的人员(包括离职、离岗),按照集团转让股权时的价格到集团财务部门进行兑现,即兑现价格为7.33元/股,且自行承担税费;在职人员持有的股份除按照7.33元/股兑现外,集团按每股9.67元额外给予奖励补贴。"

2016年4月7日,李某合曾因劳动争议起诉力诺玻璃公司。诉讼过程中,力诺玻璃公司与李某合于2016年12月26日签订《特玻公司与李某合劳动争议案件和解协议》,约定双方确认自2010年3月15日起双方之间的劳动合同关系已经解除。

2016年4月11日,李某合填写兑现职工股权激励的申请,载明:"本人自愿申请兑现2001年12月参与的力诺集团员工股权激励计划中所持有的虚拟股权,共计1万股。同时,本人同意退股价格按集团规定执行,从此就该股权激励与力诺集团再无其他纠纷。"

【争议焦点】

李某合所获得的虚拟股权是否可以要求公司按照公司法"同股同权、同股同利"的规定支付股权收购款?

【法院观点】

法院认为，李某合与力诺集团就兑付公司“虚拟股权”产生的纠纷系与公司有关的纠纷，根据双方提交的证据来看，李某合购买的力诺集团的“虚拟股权”，并非公司法规定的股权设立方式，李某合要求力诺公司按照公司法“同股同权、同股同利”的规定支付股权收购款，没有法律依据，法院不予支持。

【律师视角】

案例评析

本案的争议焦点在于虚拟股权是否产生“同股同权、同股同利”的效力。本案中的相关证据，如兑现职工股权激励的申请已经明确表明李某合所获得的是“虚拟股份”，因此法院在认定虚拟股份时并未作过多的解释和阐述。也正是因为李某合所获得的股权为虚拟股权，所以无法要求公司按照公司法的规定以同股同利的方式支付股权收购款。

第五节　实股激励和股权赠与如何区分

◎问题聚焦

实股激励作为股权激励的一种类型，实际操作中主要包括两种方式：一种是无偿赠与，另一种是低价转让。当员工与用人单位就实股激励发生争议时，法院如何厘清股权激励与单纯的股权赠与之间的界限呢？

◎裁判规则

1. 与劳动关系无关的股权转让相对较难被法院认定为股权激励，尤其是在双方并未签订相关股转协议的情况下。

2. 以劳动关系为基础的股权激励旨在对员工的劳动付出进行奖励或者激励，此类实股转让表现为无偿赠与，实则以员工的劳动付出为对价；原则上该股权不等同于员工获得相关报酬的权利，员工获得对应股权之后，依然可以获得应得的报酬，包括奖金、工资或者其他劳务报酬。

◎案例详解

经典案例 | 黄某玮、利尔化学股份有限公司(原四川绵阳利尔化工有限公司)发明权纠纷案

【基本信息】

再审申请人(一审原告、二审上诉人):黄某玮

被申请人(一审被告、二审被上诉人):利尔化学股份有限公司(原四川绵阳利尔化工有限公司)(以下简称利尔公司)

案由:职务发明人奖励、报酬纠纷

案号:四川省高级人民法院(2018)川民再615号

【相关案情】

利尔公司分别于1999年5月4日、2001年5月28日,就案涉技术研发与黄某玮为代表的研发部签订了《毒莠定中试合成技术开发项目合同书》《毒莠定生产工艺工程化研究技术开发合同书》,双方在《毒莠定中试合成技术开发项目合同书》中约定,应当从使用和转让该项目技术成果所得的收益中提取一定比例,作为对完成该职务技术合同的个人的奖励或者报酬。2002年年初,以黄某玮作为项目负责人的研发部向利尔公司提交了《毒莠定生产工艺定型技术总结报告》,该报告的结论为毒莠定生产的定型工作在2002年1月底结束;对此,利尔公司技术部的审查意见为:"本课题已基本完成工业化并满足批量生产毒莠定的要求。"

2004年5月11日,中国工程物理研究院下发院资管(2004)78号《关于对四川绵阳利尔化工有限公司资产重组方案的批复》,同意对利尔公司的经营及技术团队实施股份奖励,奖励股权合计8.631%。

2004年至2006年,利尔公司根据上述批复对该公司经营和技术团队实施股权激励。在实施股权激励后,黄某玮因为对技术研发的特殊贡献获得了利尔公司1%的股权,其中出售的股权为0.315%、免费赠送的股权为0.685%。2006年5月26日,利尔公司制定《四川绵阳利尔化工有限公司激励体系文件利尔激励体系手册》。2009年11月7日,利尔公司制定《利尔化学VDMS第三层次制度文件细则》。

2006年9月22日,利尔公司就上述研发成果向国家知识产权局申请发明

专利，并于2008年12月17日通过授权公告，专利号为ZL20061002××××5，发明人为黄某玮，专利权人为利尔公司。

【争议焦点】

黄某玮是否在获得相应的股份之外，还有权获得专利相关报酬和奖金？

【一审】

诉讼请求

1. 利尔公司向黄某玮支付专利报酬3271.5万元。

2. 利尔公司向黄某玮支付2013年首届四川省专利奖10万元奖金中的6万元。

3. 利尔公司按照VDMS制度的规定，向黄某玮支付专利奖金10万元。

裁判结果

驳回黄某玮要求利尔公司支付专利报酬及奖金的诉求。

【二审】

上诉请求

依法改判利尔公司向黄某玮支付专利实施报酬1090.5万元。

裁判结果

驳回上诉，维持原判。

【法院观点】

利尔公司因黄某玮对毒莠定的工业化生产技术的研发和转化作出贡献，通过赠与和低价转让的方式，给予黄某玮该公司1%的股权激励。虽然黄某玮获得利尔公司的股权激励时，案涉专利还未进行申请，但毒莠定的工业化生产技术与案涉专利为同一技术，黄某玮亦通过减持利尔公司股权的方式获得了3000余万元的巨额收益，远远超过其在上诉请求中所主张的1090.5万元。并且，从案涉专利2008年12月获得授权至2014年8月黄某玮提起诉讼，在近6年的时间内黄某玮均未对案涉专利报酬提出异议，应认定黄某玮认可利尔公司对其在案涉技术研发及转化所作贡献给予的奖励或报酬，双方已就该事项达成了一致意见。

【再审】

再审请求

改判利尔公司支付专利实施报酬1090.5万元。

裁判结果

利尔公司向黄某玮一次性支付专利实施报酬150万元。

【法院观点】

无论是利尔公司于2004年2月4日因黄某玮在毒莠定项目开发中的突出贡献给予其2003年度1—12月绩效奖励10万元,还是利尔公司于2004年根据中国工程物理研究院的批复,对利尔公司经营及技术团队实施股权奖励,给予黄某玮1%的公司股权,均发生在涉案专利获得授权之前,显然不属于利尔公司基于涉案专利对黄某玮的奖励或者报酬;根据《专利法》相关规定,专利奖励请求权和专利实施报酬请求权是职务发明创造的发明人或者设计人依法享有的两项权利。法律、法规允许当事人对奖励和报酬的方式和数额进行约定,其目的在于以更灵活的手段更充分地保障职务发明创造者的合法权益,这不意味着被授权单位能够通过制定规章等方式来排除职务发明创造者的上述法定权益。

【律师视角】

案例评析

本案中,各法院均对黄某玮所获得的1%股权性质无异议,即无论是其以对价购买的0.315%股权还是免费获赠的0.685%,均为股权激励。由此可见,股权激励可以为无偿的股转转让,也可以是低价的股权受让。综观判决全文,不难看出法院的认定思路是根据事实基础(黄某玮在毒莠定项目中所作贡献)及利尔公司下发的一系列文件来综合判断的。法院认为上述证据互相印证,从而判定为是因毒莠定项目产生的股权激励。

值得注意的是,虽然黄某玮因研发项目获得了激励股权,但法院也没有排除他获得其他奖金及报酬的权利,主要包括绩效奖金、专利实施报酬。这是因为股权激励是对员工的激发与鼓励,虽然属于公司的自治范畴,但也不能违反法律规范的规定,本案中法院即根据《专利法》的相关规定将股权激励与专利实施报酬相区分。

实操建议

无偿或者低价受让股权并不必然会被法院认定为股权激励。法院通常需根据用人单位的股权激励文件、股转协议及各种事实基础来判定是否存在股权激励。股权激励机制下的股转协议通常也会约定员工的服务期限,这也是区分股权激励存在与否的协议基础。律师在代理此类案件时,要充分了解事实,掌握股权激励协议等相关法律文件,才能对法律关系进行相对比较准确的判断。

对比案例 | 田某与邓某芳、郭某平赠与合同纠纷案

【基本信息】

再审申请人(一审原告、二审被上诉人):邓某芳

被申请人(一审被告、二审上诉人):田某

被申请人(一审被告、二审被上诉人):郭某平

案由:赠与合同纠纷

案号:广东省高级人民法院(2016)粤民再310号

【相关案情】

田某于2012年2月入职深圳市吉泰田科技有限公司(以下简称深圳吉泰田公司),深圳吉泰田公司的法定代表人为郭某平,股东原为郭某平(90%股权)和邓某芳(10%股权),两人系夫妻关系。2012年10月19日,深圳吉泰田公司的股东变更为郭某平(70%股权)、邓某芳(10%股权)和田某(20%股权)。龙南县吉泰田科技有限公司(以下简称龙南吉泰田公司)于2010年7月9日成立,法定代表人为郭某平。

2012年10月1日,龙南吉泰田公司(甲方)与田某(乙方)签订了一份《股份合作补充协议书》,约定"一、因为乙方业务能力、管理能力出众,甲方法定代表人郭某平愿意增加田某为股东之一,占深圳吉泰田公司及龙南吉泰田公司总资产的10%的股份,并额外增加每年10%的干股分红,并由田某象征性地投资50,000元……三、乙方作为管理人员引进,乙方为甲方从协议签订日起工作十年(其间除非乙方自愿离职,否则甲方无任何权益及理由在股份有效期内赶走乙方)"。

2013年6月,赖某坤将176,500元借予田某,作为田某购买龙南吉泰田公司15%股份的过桥资金,并由龙南吉泰田公司还清了该笔借款并支付了相关费用。事后,龙南吉泰田公司的投资人变更为田某占15%的股份,郭某平占85%的股份。

邓某芳认为田某持有的龙南吉泰田公司15%股份系郭某平赠与的,且该赠与的股份系夫妻共同财产,郭某平未经其同意的赠与行为属于无权处分,损害了自己的利益,因此请求法院确认该行为无效。

【争议焦点】

田某持有的龙南吉泰田公司15%股份属于股权激励还是股权赠与?

【法院观点】

关于田某取得的15%龙南吉泰田公司股权的性质及效力问题。对于争讼的15%的股权,田某与郭某平之间并没有签订任何书面协议或合同,而是田某与郭某平之间达成合意,郭某平将15%龙南吉泰田公司的股权转让给田某,田某支付相应转让款176,500元。根据深圳市鸿连科技有限公司实际控制人赖某坤的"情况说明",该笔转让款176,500元是其借给田某,作为田某购买龙南吉泰田公司15%股份的过桥资金,事后是由龙南吉泰田公司还清了该笔借款并支付了相关费用,并非田某本人。由此可见,田某经工商变更登记享有的龙南吉泰田公司15%的股权,实际上并没有支付该股权转让的对价,而是通过非法形式无偿取得。据此,原一审判决认定该15%龙南吉泰田公司的股权是郭某平赠与田某的,于法有据,法院予以支持。田某辩称争讼的15%的股权是龙南吉泰田公司对其工作业绩的奖励,是一种激励机制的表现形式,郭某平对此予以否认;由于双方之间为此未签订书面的转让合同或协议,且田某于2012年10月1日与龙南吉泰田公司签订的《股份合作补充协议》从内容来看,与本案争讼的15%的股权没有关联性,因此田某主张自己取得龙南吉泰田公司15%的股权是其工作业绩所得的请求缺乏证明力,法院不予采纳。

【律师视角】

案例评析

本案中,法院认定田某龙南吉泰田公司15%的股权系郭某平赠与所得的主要原因在于,田某没有支付相应的对价以及龙南吉泰田公司不存在相关的股权激励文件。尽管《股份合作补充协议》合法有效,由于该协议指向不明确,含义不清楚,无法被认定为是针对龙南吉泰田公司的股权激励合意,因此再审法院没有采纳田某的主张。

第六节 限制性股票及解锁

◎问题聚焦

用人单位为了激励劳动者为公司的利益作出贡献,可能会与劳动者约定基于劳动者的工作表现,以低于市场价的价格向劳动者出售限制性股票。为了让劳动者持续不断地努力工作,用人单位可能会与劳动者约定分期解锁限制性股票,而每期限制性股票的解锁条件则与劳动者对应工作年限和工作表现(绩效)相关。那么,当劳动者和用人单位在限制性股票的解锁条件发生争议时,法院会如何裁判?

◎裁判规则

限制性股票及相关纠纷多以劳动关系为基础,本质上是用人单位的一种管理方式,其带来的收益多被认为是用人单位向劳动者支付附条件的、具有经济性福利的薪酬,处理此类争议时不好与劳动关系相脱离,因此不少法院倾向于将此类争议归入劳动争议范畴。

在不违背法律强制性规定的基础上,限制性股票的解锁条件完全基于约定或公司对此的规定。如果用人单位与劳动者约定限制性股票基于劳动者每年的工作表现分批解锁,法院倾向于尊重认定的事实和双方的约定。

◎案例详解

经典案例 | 博彦科技(深圳)有限公司、博彦科技股份有限公司与文某劳动争议纠纷案

【基本信息】

上诉人(原审被告、互诉原告):博彦科技(深圳)有限公司(以下简称博彦深圳公司)

上诉人(原审被告):博彦科技股份有限公司(以下简称博彦股份公司)

被上诉人(原审原告、互诉被告):文某

案由:劳动争议纠纷

案号:广东省深圳市中级人民法院(2017)粤03民终1326号

【相关案情】

文某于2012年10月25日入职博彦深圳公司,并与公司签订自2012年11月1日起的无固定期限《劳动合同》。2014年7月7日,根据《博彦科技股份有限公司关于向激励对象授予限制性股票的公告》,文某获授4万股"博彦科技"限制性股票。

博彦股份公司于2014年4月28日发布《2014年限制性股票激励计划实施考核办法》载明:被激励对象上一年度绩效评价在B级以上为达标,获授限制性股票可解锁;上一年度绩效评价在C级为不达标,获授限制性股票当年不得解

锁,由公司按照授予价格回购后注销。

2015年6月8日,博彦股份公司人力资源部征求文某所在的北美事业群负责人李锦成对绩效考核期间文某的业绩评核意见,其反馈意见为文某考核得分80分,绩效等级为B。2015年6月23日,博彦股份公司人力资源部盖章确认的限制性股票激励对象2014年度初步考核评价结果显示:文某绩效考核等级为B。

2015年6月26日,博彦股份公司人力资源部通过电子邮件向文某发出《2014年限制性股票考核结果通知》,主要内容:经博彦股份公司第二届董事会考核委员会第八次会议决议,文某考核成绩复审评定为C,考核不合格,第一个解锁期股票1.6万股不符合解锁条件,待公司董事会审议通过后将由公司回购注销。

【争议焦点】

博彦深圳公司、博彦股份公司是否应当向文某赔偿因回购文某已获授的限制性股票给文某造成的损失?

【一审】

诉讼请求

博彦深圳公司、博彦股份公司支付股票回购款2,831,602.2元。

裁判结果

博彦深圳公司应于本判决生效之日起10日内向文某支付第一期限制性股票回购损失629,440.88元。

【二审】

上诉请求

1. 改判博彦深圳公司不需要支付文某任何限制性股票损失。

2. 改判博彦股份公司在本案中不需要承担连带清偿责任。

裁判结果

驳回上诉,维持原判。

【法院观点】

从事具体考核工作的财务部门、人力资源部门以及文某上级反馈的结果均显示,文某2014年度考核结果是符合涉案《2014年限制性股票激励计划实施考核办法》以及《博彦科技股份有限公司2014年限制性股票激励计划(草案)》规定的限制性股票解锁条件的。因此,博彦股份公司财务部、人力资源部以及考核委员会认为文某负责的SA3团队2014年度任务绩效考核不合格缺乏事实依据。博彦深圳公司、博彦股份公司将文某2014年绩效考核等级确定为C并回购注销其第一个解锁期1.6万股股票继而回购其其余获授股票的事实依据不足。因此博彦深圳公司、博彦股份公司应赔偿文某第一期限制性股票回购损失。

【律师视角】

案例评析

本案的关键问题在于文某负责的SA3团队2014年度任务绩效考核是否合格,即文某的年度绩效等级应当为C级还是B级。法院通过对双方提交的证据进行审查,认为由于文某并没有在博彦Accela项目中构成博彦深圳公司、博彦股份公司所认为的严重失职、严重违纪,因此文某负责的SA3团队2014年度任务绩效考核应当合格,从而认为文某的年度绩效等级应当为B级。因此,基于文某所获授的限制性股票为分期解锁,2014年度对应第一期,文某应当享有2014年度所对应的第一期限制性股票的利益,博彦深圳公司、博彦股份公司回购文某第一期限制性股票没有事实依据,应当赔偿文某因此遭受的损失。

法院仅仅支持了文某2014年度所对应的1.6万股限制性股票的解锁权利,而并没有支持文某所诉请的全部4万股,反映了法院认为每一期限制性股票的解锁应当与该期劳动者的工作绩效一一对应的观点。

实操建议

对于用人单位来说,应当立足于对劳动者工作积极性的调动,致力于详细清晰地制定限制性股票激励计划和实施考核办法等法律文件,以利于计划实际履行并进一步减少争议;因为当这类争议诉至法院时,法院将依据单位制定的计划、办法以及双方签署的激励协议等法律文件来确定劳动者是否符合解锁限制性股票的条件。

类似案例 | 上海家化联合股份有限公司与王某民事纠纷案

【基本信息】

上诉人(原审被告):上海家化联合股份有限公司(以下简称上海家化公司)

被上诉人(原审原告):王某

案由:与公司、证券、保险、票据等有关的民事纠纷

案号:上海市第二中级人民法院(2016)沪02民终9040号

【相关案情】

王某、上海家化公司在2012年6月1日签订的《授予协议》中约定:王某属

于本计划确定的激励对象,并为上海家化公司董事会确定有权参与本计划;上海家化公司根据激励计划的有关规定对王某获授的限制性股票解锁,并按照激励计划中规定的解锁程序办理解锁事宜;王某上一年度考核结果达到合格(C)以上才具备限制性股票本年度的解锁条件。

2013 年 5 月 21 日,上海家化公司发布《2012 年度利润分配实施公告》,上海家化公司向包括王某在内的全体股东进行每 10 股送 5 股的分配,调整后王某持有的限制性股票总数为 525,000 股、每股限制性股票回购价格(授予价格)为 10.94 元/股。王某持有的第一期 40% 限制性股票经公司董事会批准自 2013 年 6 月 7 日起解锁并上市流通;剩余未解锁限制性股票 315,000 股,其中第二期限制性股票数为 157,500 股,第三期限制性股票数为 157,500 股。

2014 年 5 月 30 日,上海家化公司召开五届十七次董事会,会议审议通过了《关于回购并注销王某尚未解锁股权激励股票的议案》,主要内容为:鉴于王某属于违反公司规定、损害公司利益根据员工手册给予记过以上处分的情形,其已不满足公司限制性股票解锁条件,董事会依据激励计划规定批准按授予价格回购并注销王某尚未解锁的限制性股票。

截至 2012 年 12 月前,王某历年评定均为 A、B,上海家化公司对王某 2013 年的考核等级评定为 C。

【争议焦点】

王某持有的上海家化公司第二期股权激励股票解锁条件是否成就?

【一审】

诉讼请求

王某要求上海家化公司对王某持有的 315,000 股上海家化股权激励股票给予解锁。

裁判结果

上海家化公司对王某持有的 157,500 股的上海家化股权激励限制性股票给予解锁。

【二审】

上诉请求

上海家化公司请求撤销一审判决,改判驳回王某的诉讼请求。

裁判结果

驳回上诉,维持原判。

【法院观点】

授予公告中已明确王某持有的350,000股限制性股票中，第一期限制性股票（对应获授股票总量的40%）的解锁期自2013年6月7日起，第二期限制性股票（对应获授股票总量的30%）的解锁期自2014年6月7日起，第三期限制性股票（对应获授股票总量的30%）的解锁期自2015年6月7日起。王某在2014年6月7日第二期限制性股票解锁期时仍为上海家化公司的董事，其2013年度的考核结果亦为合格，符合激励计划及《授予协议》中关于第二期股权激励股票解锁的条件。此后，上海家化公司对王某作出的记过处分并不影响第二期解锁条件已经成就。上海家化公司称其依据《激励计划》对于激励股权处置具有酌定权，且已先后召开董事会、股东大会决定回购王某尚未解锁的315,000股激励股票。对此，根据激励计划的约定，公司董事会对于该计划规定范围之外的情形，可根据激励对象的具体情况酌情作出处置，但本案上海家化公司对限制性股票不予解锁的理由属于激励计划所列的情形，故上海家化公司无权在该事项上酌情作出处置，故上海家化公司应对王某持有的第二期157,500股限制性股票给予解锁。

【律师视角】

案例评析

每一期限制性股票的解锁条件与相应年度王某是否满足激励计划及《授予协议》所规定的解锁条件严格对应。在剩余的限制性股票的两个解锁期中，王某满足了第二期但未满足第三期，所以王某只应享有第二期限制性股票的利益。因此，上海家化公司整体回购了王某剩余的第二期和第三期限制性股票部分不适当，而王某诉请整体解锁剩余的第二期和第三期限制性股票也部分不适当。法院这样的裁判既保护了劳动者所应享有的权利，又尊重了公司对劳动者的管理行为。

第七节　期权激励

◎问题聚焦

单位为激励和留住人才，往往会采取一系列的长期激励措施，其中就包括期权激励机制。期权激励机制需要由单位与激励对象进行约定，由激励对象为单位实现一定的价值,当约定条件成就时,期权激励对象可以行权。当约定的条件尚未成就时,激励对象是否可以行权?当行权方式难以实施时,法院可能会如何处理?

◎裁判规则

单位与激励对象约定的条件尚未成就时,期权并未成为真正的股权,激励对象不能以股东身份主张享有股权。当激励对象在期权享有期间内要求行权时,应当根据其与单位的约定主张相应的权益。当约定的行权条件成就,但行权难度过大甚至无法行权时,法院可能会通过转换行权方式来保护和平衡双方当事人的权益。

◎案例详解

经典案例　北京道隆华尔软件股份有限公司与欧某平劳动争议纠纷案

【基本信息】

上诉人(原审被告):北京道隆华尔软件股份有限公司(以下简称道隆华尔公司)

被上诉人(原审原告):欧某平

案由:劳动争议纠纷

案号:北京市第一中级人民法院(2018)京 01 民终 8059 号

【相关案情】

欧某平 2007 年 11 月 29 日入职道隆华尔公司,双方劳动关系存续期间,欧某平获得 43,880 股期权。道隆华尔公司规定,如员工基于各种原因不能行权,公司将无条件按照每股 4 元的价格回购。欧某平要求道隆华尔公司支付其期权回购款 175,520 元。

【争议焦点】

欧某平是否可以要求道隆华尔公司回购期权?

【一审】

诉讼请求

欧某平请求法院判令道隆华尔公司回购期权。

裁判结果

支持欧某平要求道隆华尔公司回购期权。

【法院观点】

法院认为欧某平提交的证据可形成完整证据链,证明道隆华尔公司与其存在期权激励机制约定。进而,法院有理由相信道隆华尔公司曾与欧某平核算确认过欧某平所分配的期权数量。欧某平要求道隆华尔公司支付期权回购款,并无不当之处,对该诉讼请求法院予以支持。

【二审】

上诉请求

道隆华尔公司请求二审法院支持其拒绝回购期权的请求。

裁判结果

驳回上诉,维持原判。

【法院观点】

根据欧某平提交的证据,欧某平与道隆华尔公司存在期权激励机制的约定,且确认过欧某平所分配的期权数量。欧某平根据约定,要求道隆华尔公司支付期权回购款,具有事实根据及法律依据,应当获得支持。

【律师视角】

案例评析

本案的裁判结果体现了法院的倾向性观点,即期权也有利益存在。当公司和激励对象约定期权在其存续过程中具有价值,比如期权可以回购,那么只需要证明此约定存在,激励对象确实持有期权,且没有违反公司关于期权激励的约定,激励对象就有权获得相关利益。

期权激励是否属于劳动法上的劳动报酬,有肯定说和否定说两种观点。本案中一审法院的裁判,是认可了肯定说的观点,学界持此观点的也较多①。

实操建议

就期权激励机制而言,由于法律没有明确规定期权在持有期间可获得的利益类型,所以采用约定的方式来明确期权持有期间以及期权变股权后是否具有价值,具有多大价值,或许对激励者和激励对象都有益处。如果涉及期权回购,激励者和激励对象最好能够明确期权回购的时间、数量、价格、需要完成的条件等。

---

① 参见范围:《公司股票期权激励争议处理研究》,载《当代法学》2016 年第 2 期。

类似案例 | 张某东与北京易联致远无线技术有限公司劳动争议纠纷案

【基本信息】

上诉人(原审原告):张某东

被上诉人(原审被告):北京易联致远无线技术有限公司(以下简称易联致远公司)

案由:劳动争议纠纷

案号:北京市第一中级人民法院(2014)一中民终字第05952号

【相关案情】

2011年4月6日,张某东与易联致远公司签订劳动合同及劳动合同变更书,易联致远公司授予张某东10万股该公司期权,行权价格为零元,无行权时间限制。后双方通过协商解除劳动合同,同时签订了解除劳动合同的补充协议。《补充协议》约定:"三、甲方于2011年4月授予乙方的10万股权由乙方继续持有,但依据公司的规定需由公司现有法人代表靳某持有,双方于2012年8月31日前办理相关的公证书。"张某东据此主张按照100,000股股权,每股价格1元计算,其应当持有易联致远公司10%的股权;易联致远公司主张上述约定中漏写"期"字,系期权而非股权,该项约定与劳动合同变更书约定内容一致。

【争议焦点】

张某东持有的是易联致远公司的期权还是股权?

【一审】

诉讼请求

请求判令确认张某东持有易联致远公司的10%股权。

裁判结果

驳回张某东的诉讼请求。

【二审】

上诉请求

撤销一审判决,依法改判张某东拥有易联致远公司10%股权。

裁判结果

驳回上诉,维持原判。

【法院观点】

虽张某东主张其离职时与易联致远公司所签署的《补充协议》系确认其拥有100,000股股权，但该协议中明确写明“2011年4月授予乙方的10万股权由乙方继续持有”，而双方劳动合同变更书恰于2011年4月签订，约定易联致远公司授予张某东100,000股期权。基于此，完全有理由相信张某东与易联致远公司所签订的《补充协议》约定确系期权，而非股权。

【律师视角】

案例评析

本案体现出一个裁判观点，即激励对象持有的权利类型有时候需要综合考量，而非仅仅依靠单一的约定即能认定。尽管《补充协议》的相关条款写明了“股权”及其授予时间，但是仅凭《补充协议》中的“股权”字样，认定张某东持有的就是易联致远公司的股权会和案件的相关证据发生矛盾。因此，根据“股权”的授予时间，结合相关证据，综合判断双方当事人的合意，进而可以确定张某东所持有的权利类型。

实操建议

从激励对象的角度，应该在激励协议签订时明确相关内容和细节。如果期权持有期间激励对象并无利益，需要在期权变股权后再获得利益，那么在期权持有期间既不能主张期权利益，也不能主张股权利益。从激励者的角度，应当尽可能使期权激励相关约定足够清晰明确，以避免陷入诉争。

对比案例　深圳市静港抗衰老生物科技股份有限公司与晏某合同纠纷案

【基本信息】

上诉人（原审被告）：深圳市静港抗衰老生物科技股份有限公司（以下简称静港公司）

被上诉人（原审原告）：晏某

案由：合同纠纷

案号：广东省深圳市中级人民法院（2018）粤03民终7355号

【相关案情】

2012年1月10日，晏某与静港公司签订《关于免费赠与晏某同志期权的协议》，其中第一点为从本承诺书签订日起，静港公司赠与晏某价值 10 万元的期权，晏某不需投入资金，全额赠送；第二点为从 2012 年 1 月 1 日开始计算，晏某每在静港公司服务满一年，静港公司赠与价值 4 万元的期权；第三点为晏某自 2012 年 1 月 1 日至 2016 年 12 月 31 日连续在静港公司服务满五年，将有资格成为静港公司的股东，其持股比例为“上述期权价值之和静港公司经具有资质的评估机构评估后的总资产值”，获得股权的具体方式由各股东协商确定，并履行工商变更登记手续；第四点为自 2012 年 1 月 1 日至 2016 年 12 月 31 日，无论任何原因晏某离开静港公司或旗下相关子公司、分公司、合营企业，视为晏某自动放弃上述所有期权，丧失成为静港公司的股东资格。

2017 年 4 月 20 日，晏某向深圳市劳动人事争议仲裁委员会申请劳动争议仲裁，请求静港公司向其支付工资及赔偿金等。2017 年 6 月 8 日，深圳市劳动人事争议仲裁委员会认定晏某与静港公司在 2017 年 3 月“经双方协商一致解除劳动合同”“晏某关于静港公司履行《关于免费赠与晏某同志期权的协议》，支付期权 30 万元的仲裁请求”“鉴于期权不属于劳动仲裁处理范畴，故本委不予处理”。故晏某向法院起诉，请求静港公司支付期权 30 万元。静港公司在一审中主张不同意给晏某期权，不同意支付现金。二审中静港公司同意向晏某支付期权，但不同意支付现金。

【争议焦点】

晏某的期权行权方式是否可以突破协议约定的方式？

【一审】

诉讼请求

请求判令静港公司向晏某支付期权 30 万元。

裁判结果

支持晏某的诉讼请求。

【二审】

上诉请求

撤销一审判决，发回重审，或改判驳回晏某的诉讼请求。

裁判结果

驳回上诉，维持原判。

【法院观点】

本案的争议焦点是晏某的请求不同于协议约定的行权方式的问题。首先，双方约定的期权行权条件是晏某为静港公司连续服务满五年，根据生效仲裁裁决的认定，晏某于2017年3月与静港公司协议解除劳动关系，自2012年双方当事人签订协议之日起已满五年，协议约定的行权条件已成就，晏某有权请求静港公司兑现该权利。其次，因协议约定的行权方式涉及评估、股权变更等一系列繁杂的手续，需要静港公司及静港公司股东高度配合，且静港公司在一审庭审时明确表示不同意给予晏某期份，虽然后来其又表示同意给予晏某期份，但因该行为违反民事诉讼禁反言原则，法院不予支持。最后，双方在协议中并未明确约定如何处理晏某不能行使期权的情形，因此，一审法院参照双方约定的赠与期权的价值，判令静港公司向晏某支付30万元，符合公平原则，实体处理正确。

【律师视角】

案例评析

根据上述裁判体现出的倾向性，期权的行权方式在特定条件下或可以突破约定条件的限制。当约定的行权条件成就，但行权方式不能实现时，可以通过转换行权方式实现权利人的利益，以达到协议双方的基本公平。激励对象所获得的利益更倾向于期权本身的利益，而非期权转股权后权利人所获得的价值。

另外，就算约定行权方式可以实现，但受制于实现的难易程度，以及双方当事人的意思表示等条件限制，法院为了平衡协议双方当事人的利益，在一定条件下可以突破当事人关于行权方式的合意，转而寻求更适当的利益实现方式。

实操建议

从律师的角度，无论作为任何一方的代理人，在激励者和激励对象之间就期权行权问题发生争议时，不应只是根据当事人的约定，也需要综合考虑诉讼请求实现的可能性，全面评估法院的裁判倾向。尽管双方签署的生效协议通常都应当得到最大程度的尊重，但是不代表法院不会根据案件的实际情况，作出与协议约定不同的判决。

在进行期权激励时，激励者和激励对象进行选择性更强的约定，例如，可以选择获得债权利益或股权利益，或者进行更为灵活的约定，从而可以更好地保障和平衡双方的利益。

第八章

股权激励条件

第一节　附期限："出卖"时间换股权

◎问题聚焦

为了保障企业的人才需求得到长期而稳定的满足，有些企业在对员工实施股权激励时往往会附加期限条件，如承诺服务期限等，这应该算是最简单的激励条件了。如果企业与员工之间的股权激励协议对此类条件未进行明确约定，或者是相关描述模糊不清，双方就可能发生争议，那么法院对此会如何判定呢？

◎裁判规则

1. 法院在审理中一般会尊重当事方的意思表示，按照股权激励协议约定和法律事实来判定期限条件是否成就。

2. 极个别情况下，当劳动者和用人单位在协议中就期限等股权兑现条件的意思表示不明时，法院会考量同类协议的履行情况与协议的订立意图。法院在对存疑的协议约定进行解释时也会考虑一般交易习惯和合同的公平性，因此往往会对期限约定作出限制性的解释。

◎案例详解

经典案例　陈某锋与庞某民、浙江大立科技股份有限公司股东资格确认纠纷案

【基本信息】

二审申请人(原告、上诉人):陈某锋

二审被申请人(被告、被上诉人):庞某民

二审被申请人(被告、被上诉人):浙江大立科技股份有限公司

案由:股东资格确认纠纷

案号:浙江省杭州市中级人民法院(2016)浙01民终7401号

【相关案情】

2001年7月,浙江大立科技有限公司经改制成立,2005年11月,浙江大立科技有限公司变更为大立公司。2008年4月,大立公司变更为上市公司(后来的大立股份公司)。庞某民担任公司法定代表人,系公司第一大股东。

陈某锋于2003年8月1日受聘于大立科技,岗位为研发中心主任。2005年10月18日,庞某民与陈某锋签订了一份《协议书》并约定,大立科技拟变更为大立股份公司,庞某民将其拟持有的大立股份的44.4090%股份中的188,082股无偿奖励给陈某锋,具体内容如下:“一、本协议签署后且大立股份公司成立后,庞某民将持有的大立股份公司188,082股转让给陈某锋,但不办理股份转让的任何变更手续,即该等奖励股份登记在庞某民名下;二、自本协议签署及大立股份成立后,陈某锋享有奖励股份的分红权利,但不享有表决权;三、本协议约定庞某民保证167,184股自2003年8月11日起计五年内办理过户手续;20,898股奖励自2005年2月6日起计五年内办理过户手续;四、如果陈某锋进行侵害庞某民或大立股份公司的活动,庞某民有权撤销股份奖励,并不将股份进行无偿转让。”对以上协议内容陈某锋均表示接受。之后,协议股份经过增发、送股,由188,082股变为964,910股,对应红利为226,923.12元。同时,该公司与陈某锋相类似的受聘者范某华,也于2007年6月6日与庞某民签订了上述相同内容的协议书,将所涉的股份进行转让,该股份的转让记载于章程修正案中。

2006年3月31日,陈某锋自主申请离职。但其离职时,相应股份并未按照约定办理过户手续,也没有进行分红,陈某锋本人也未提出进行股权转让的要

求,直到2016年陈某锋才提出异议,双方对簿公堂。

【争议焦点】

协议书中对过户期限的约定是否属于股权兑现所附加的服务期条件?

【一审】

诉讼请求

陈某锋请求确认庞某民持有的大立股份964,910股归其所有,并要求完成过户手续,同时要求判令庞某民支付红利226,923.12元。

裁判结果

驳回陈某锋的全部诉讼请求。

【二审】

上诉请求

陈某锋请求依法改判确认庞某民持有的大立股份964,910股归其所有并完成过户登记,同时要求判令庞某民支付红利226,923.12元。

裁判结果

驳回上诉,维持原判。

【法院观点】

1. 陈某锋与庞某民之间签订的协议书意思表示真实且未违反法律禁止性规定,应认定为合法有效。虽然该协议并未明确约定陈某锋获得奖励必须建立在服务年限的基础上,但参考同类受聘者范某股权奖励兑现的做法和其他公司在对员工进行股权奖励时的一般做法,将五年的过户时间限制视为服务期限制是符合实际情况的,因此原审法院认定陈某锋未满足服务期限提前离职侵害了庞某民或大立股份公司权益,该公司不将涉案股份无偿转让并无不妥。

2. 退一步来讲,按照约定陈某锋确实享有要求庞某民完成股权过户登记的债权请求权,但无论是在离职时还是协议约定期满时他均未提出任何主张,直到2016年才提起诉讼,此时已超过了法律保护权利的期限,其主张不应得到支持。

【律师视角】

案例评析

本案的主要争议集中在陈某锋与庞某民签署的协议中关于股权过户时间限制的约定是否应当视为是对陈某锋服务期限的约定。尽管协议文本本身约定不严谨,但参考同一公司内同类受聘人员签署的相同内容协议的执行情况,股权奖励的兑现确实与员工服务期限相关。并且,考虑到一般企业在进行员工激励时都会附加期限或业绩条件,再结合合同内容不应违反公序良俗的基本原则,法院认为这一约定实际上是对陈某锋服务期限的约定是合法合理的。

实操建议

在面对这类争议时,法院往往以尊重公司和员工之间的实际约定为第一原则,因此律师应该以此为方向,一层层明确双方的约定情况到底如何。第一,看双方是否签署了真实合法的股权奖励协议,其中的期限条件约定是否清晰无异议,如果是,那么就可以进一步查找关于个人实际任职情况等证明劳动关系存续期间的证据了。第二,在双方期限条件约定不清的情况下,律师应当注意查找是否存在补充协议或劳动合同中是否有相关条款以作为补充佐证;如果没有任何书面证据对期限条件进行佐证,法院就难以认定期限条件了。

对比案例 | 宋某育与上海英威腾工业技术有限公司合同纠纷案

【基本信息】

原告:宋某育

被告:上海英威腾工业技术有限公司(以下简称英威腾公司)

案由:合同纠纷

案号:上海市浦东新区人民法院(2018)沪0115民初30202号

【相关案情】

宋某育于2008年5月入职上海御能动力科技有限公司,2009年3月18日,上海御能动力科技有限公司向宋某育授予数量为150,000的股权。该股权授予书内容简要为"上海御能动力科技有限公司秉承员工与公司共同成长,公司与员工共向成果的理念,将不定期地向核心员工发放或追加股权。经过上海御能动力科技有限公司董事会特别批准,决定立即开始向核心员工派送首批股权。公司将按以下股票数量和服务期限无偿地派送公司股票:服务至2011年3月31日,到期派送股票数量90,000;服务至2012年3月31日,到期派送股票数量30,000;服务至2013年3月31日,到期派送股票数量30,000;总计:150,000。按照投资人认可的投资价值,目前公司的股价为每股0.1美元。相应地,公司要求您作以下承诺:1. 在公司至少服务到2011年3月31日。如果之前您选择离开,则放弃享受持股计划的权利;2. 签署公司保密协议另附,承担保密责任;3. 在离开公司后一年内不进入与公司直接竞争的单位工作,并告知公司您的去向;4.不向任何人透露或讨论有关持股计划的事宜"。该授予书由上海御能动力科技有限公司董事长徐某怡签字确认。

上海御能动力科技有限公司于2013年11月25日将公司名称变更为英威腾公司。2015年4月13日,宋某育(乙方)与英威腾公司(甲方)签订《劳动合同解除协议书》,宋某育认为享有英威腾公司150,000股股票权利,并要求公司按照每股人民币以下币种同1.36元回购该股票,遂诉至法院。

【争议焦点】

宋某育主张按照每股1.36元行权是否可以支持,即其是否享有股权激励。

【法院观点】

1.英威腾公司授予原告宋某育相应的股票期权,存在一定的身份属性,现宋某育已于2015年4月13日与英威腾公司解除劳动合同,其承诺的服务期限已届满,故宋某育主张行权符合股票期权的法律属性。

2.鉴于英威腾公司在授予宋某育股票期权时并未被确保可以得到确定的补偿金额,而是在将来通过享有的索取权去分享不确定的企业利润。宋某育在其承诺的服务期届满以及离职时,未及时行权,至2018年4月才提起本案诉讼,故股价可参照英威腾公司2012年9月10日的电子邮件,结合英威腾公司2012年度、2017年度资产负债表载明的所有者权益,按比例计算。

类似案例 | 李某龙诉深圳英飞拓科技股份有限公司合同纠纷案

【基本信息】

原告:李某龙

被告:深圳英飞拓科技股份有限公司(以下简称英飞拓股份公司)

案由:合同纠纷

案号:广东省深圳市宝安区人民法院(2015)深宝法民二初字第1064号

【相关案情】

2012年10月16日,李某龙与英飞拓股份公司签订《劳动合同》一份,双方约定的劳动合同期限为2012年10月17日起至2014年10月31日止,李某龙任职英飞拓软件公司架构设计工程师。2013年7月4日,李某龙与英飞拓股份公司签订《股票期权协议书》。该协议约定,股票期权是英飞拓股份公司授权李某龙在未来一定期限内以预先确定的价格和条件购买一定数量股份的权利，这种权利必须经过英飞拓股份公司授予和李某龙行权两个过程才拥有对英飞拓股份公司股票的全部权利；经英飞拓股份公司薪酬考核委员会按照激励计划的有关规定进行评定，确认李某龙具备获授股票期权的资格，于2013年6月17日特授予李某龙股票期限4万份，行权价格为9.23元，每份期权可按每股人民币9.23元的价格，认购英飞拓股份公司的普通股票1股，实际的行权价格可以根据合同第三条第三款的规定予以调整。合同另约定，当被激励对象单方面提出终止或解除与公司订立的劳动合同或聘用合同时，或者与公司所订的劳动合同或聘用合同期满，个人提出不再续订时，对激励对象已获准行权但尚未行权的股票期权终止行权，其未获准行权的期权作废；劳动合同、聘用合同到期后，双方不再续签合同，或者经和公司协商一致提前解除劳动合同、聘用合同的，对被激励对象已获准行权但尚未行使的股票期权继续保留行权权利，并在6个月内完成行权，其未获准行权的期权作废。2014年8月22日，英飞拓股份公司因筹划重大事项而停牌。2014年8月25日，李某龙向英飞拓软件公司申请离职，原因为“合同即将到期，不再续签”，2014年8月28日，英飞拓软件公司批准李某龙的离职申请，李某龙于2014年8月29日正式离职。

2014年8月22日，李某龙准备行权时，英飞拓股份公司停牌，导致李某龙有12,200股已获准行权的股票期权无法在离职前行权，2014年10月21日，英飞拓股份公司复牌，其单方面停止了李某龙的行权权利。李某龙为维护其合法权益，特诉至法院。

【争议焦点】

李某龙是否享有股权期权权利？

【法院观点】

李某龙与英飞拓股份公司签订的《股票期权协议书》系双方真实意思表示，合法有效。协议签订后，双方当事人均应依约履行。根据该协议的约定，李某龙在单方面提出终止或解除与英飞拓软件公司订立的劳动合同或聘用合同时，或者其与英飞拓软件公司所订立的劳动合同或聘用合同期满，个人提出不再续订时，其已获准行权但尚未行权的股权期权终止行权。英飞拓股份公司已于2014年8月22日依法停牌，此后，李某龙在明知暂时无法行权的情况下，仍向英飞拓软件公司提出离职申请，可见其已放弃行权的权利。

【律师视角】

案例评析

本案与上述案件基本一致,不同之处仅在于股权激励条件类型。法院认可李某龙与被告英飞拓股份公司签订的《股票期权协议书》系双方真实意思表示,合法有效。协议签订后,双方当事人均应依约履行,本质上属于合同纠纷;既然协议明确约定员工不享有股票期权的条件,且原告满足协议中不享有相应股票期权的条件,则这一条款就应当得到遵守。

类似案例 | 刘某与山东茂施生态肥料有限公司劳动争议纠纷案

【基本信息】

案号:山东省临沂经济技术开发区人民法院(2015)临经开民初字第178号

【法院观点】

针对股权赠与,本案双方已于2011年2月10日达成了协议,约定山东茂施生态肥料有限公司对刘某5%股权的赠与在刘某自当天起工作10年后成立,并且刘某也就此出具了书面承诺,双方应按照协议约定各自履行义务。但实际上刘某于2011年3月入职,自2014年7月20日请假一个月后就未继续正常到岗上班,很明显其为山东茂施生态肥料有限公司服务的期限未满10年,因此股权赠与的条件未成就,刘某无权主张其股东身份及分红。

第二节　工作业绩与公司利润

◎问题聚焦

用人单位为了激励劳动者为公司的利益作出贡献,可能会与劳动者约定,若劳动者业绩或者公司利润达到某些标准,则给予劳动者现金激励或股权激励。除了附期限,工作业绩要求和公司利润标准应该是最常见的激励条件了。当劳动者与用人单位在股权激励履行中就给付激励权益的公司利润条件、员工业绩条件是否有效、是否成就发生争议时,法院如何裁判?

◎裁判规则

1. 如果用人单位与劳动者约定,在公司利润或者员工业绩达到某一目标的情况下,给予劳动者现金或者股权激励,那么协议一般是有效的。法院会根据劳动者与用人单位的约定和依法确定的事实判断股权激励条件是否成就。

2. 在评价利润或业绩是否达标时可能存在多个不一致的依据,劳动者与用人单位可能提出不同的证据,法院将综合比较双方所提供的证据,对事实作出审慎判断。

◎案例详解

经典案例　李某元与苏州周原九鼎投资中心、上海瓯温九鼎股权投资中心股权转让纠纷案

【基本信息】

再审申请人(一审原告、二审被上诉人):李某元

再审被申请人(一审被告、二审上诉人):苏州周原九鼎投资中心

案由:股权转让纠纷

案号:最高人民法院(2014)民申字第 2095 号

【相关案情】

2010 年 11 月 2 日,苏州周原九鼎投资中心、上海瓯温九鼎股权投资中心(甲方)与李某元(乙方)、明星电缆公司(丙方)签订《投资协议书》,约定:甲方按每股 4.65 元受让乙方所持丙方的股份 2000 万股;第七条"经营业绩"中 7.1.1 约定,若丙方从 2010 年到上市成功前每年实现的净利润不低于 11,000 万元,则丙方上市后,甲方在丙方成功上市后 3 个月内向乙方支付上市奖励款 846 万元;7.1.2 约定,若丙方 2010 年实现净利润不低于 11,000 万元,并且净利润在 2010 年基础上每年平均增长 20% 以上,则甲方在丙方成功上市后 3 个月再向乙方支付业绩奖励款 846 万元。

明星电缆公司 2010 年的审计报告载明该公司 2010 年度净利润为 11,087.82 万元。2011 年 12 月 21 日,明星电缆公司的首次公开发行股票招股说明书显示,该公司 2010 年度净利润为 10,495.52 万元,但若从净利润中扣除确认管理费用 592.3 万元,净利润为 11,087.82 万元。

2012年5月7日，明星电缆公司股票在沪市上市。李某元向请求苏州周原九鼎投资中心、上海瓯温九鼎股权投资中心按约支付奖励款共计1692万元，但苏州周原九鼎投资中心、上海瓯温九鼎股权投资中心以明星电缆公司的财务数据未达到合同约定条件为由拒绝支付。

【争议焦点】

李某元要求苏州周原九鼎投资中心、上海瓯温九鼎股权投资中心支付奖励款846万元的合同约定条件是否具备?

【一审】

诉讼请求

1. 苏州周原九鼎投资中心向李某元支付1440万元。

2. 上海瓯温九鼎股权投资中心向李某元支付252万元。

裁判结果

1. 苏州周原九鼎投资中心在判决生效后10日内，向李某元支付720万元。

2. 上海瓯温九鼎股权投资中心在判决生效后10日内，向李某元支付126万元。

【二审】

上诉请求

依法撤销原审判决，改判驳回李某元的全部诉讼请求。

裁判结果

撤销四川省乐山市中级人民法院(2012)乐民初字第42号民事判决。

【法院观点】

本案应依据招股说明书认定明星电缆公司2010年净利润，即明星电缆公司2010年度合并净利润为10,495.52万元，未达到11,000万元，李某元要求支付股权奖励款的条件不具备。

【再审】

再审请求

撤销二审判决，判令两被申请人向其支付奖励款846万元。

裁判结果

驳回再审申请。

【法院观点】

该招股说明书(申报稿)是明星电缆公司为发行股票向中国证券监督管理

委员会提交的申报材料，经过了包括李某元在内的明星电缆公司全体董事、监事、高级管理人员、保荐人、律师、审计机构、验资机构、资产评估机构的签字、盖章确认，也经过了中国证券监督管理委员会的核准，对于招股说明书（申报稿）的真实性、合法性，李某元在一、二审审理期间均予以认可，故二审法院认定招股说明书（申报稿）合法有效，并将其作为认定明星电缆公司2010年度净利润数额的依据。

专项审计报告对李某元将其所持明星电缆公司160万股股份转让给公司高管的行为所产生的592.3万元管理费用，未在公司2010年度合并利润表中作为支出科目列为管理费用，而是在2011年度财务报表中进行了追溯调整，即调增2010年度管理费用592.3万元，上述做法与《会计法》及《企业会计准则》的相关规定不符。李某元申请再审主张不能单独依据招股说明书（申报稿）认定明星电缆公司2010年度的净利润，但其又不提供证据证明招股说明书（申报稿）对明星电缆公司2010年度净利润的记载不明确或者存在错误。

【律师视角】

案例评析

本案的争议焦点在于是将招股说明书（申报稿）还是专项审计报告等作为判断明星电缆公司2010年度净利润数额的依据。对该依据的确定，最高人民法院采取了非常审慎的态度。再审中，法院强调了两个方面的问题：第一，对于招股说明书（申报稿）的真实性、合法性，李某元在一、二审审理期间均予以认可，没有否认其证明效力；第二，专项审计报告不符合《会计法》及《企业会计准则》的相关规定。经过一正一反两个方面的论述，法院不支持李某元事实和法律依据充分。

类似案例　深圳市合强创华科技有限公司等与深圳市华际电子系统有限公司等合同纠纷案

【基本信息】

上诉人（原审被告）：傅某

上诉人（原审被告）：深圳市合强创华科技有限公司（以下简称合强创华公司）

被上诉人（原审原告）：博雅软件股份有限公司（以下简称博雅软件公司）

被上诉人(原审原告):深圳市华际电子系统有限公司(以下简称深圳华际公司)

案由:合同纠纷

案号:北京市第一中级人民法院(2018)京01民终2095号

【相关案情】

2014年4月16日,博雅软件公司(甲方)与傅某、合强创华公司(乙方,合强天祥公司全体股东)、合强天祥公司(丙方)、深圳华际公司(丁方)共同签署了投资协议。甲方以人民币600万元受让乙方持有的丙方100%的股权,且由丁方根据丙方业绩完成情况,向以傅某为代表的丙方管理团队授予甲方上市股票期权。协议第5.2条约定:乙方承诺丙方合强天祥公司2014年、2015年、2016年的税后净利润目标分别不低于300万元、600万元、1000万元。各方一致同意如丙方2014—2016年的平均年度税后净利润为承诺数值的50%以下,则以傅某为代表的丙方管理团队不享有期权业绩激励,且应退还丁方按本协议第2.3条支付的预付期权。

2014年8月合强天祥公司停止经营,年底利润总额为-813,368.05元,且2014年5月到2015年1月,合强天祥公司员工陆续离职。2015年2月起,该公司停交社会保险。2017年4月6日博雅软件公司第三届董事会第九次临时会议通过决议,认为合强天祥公司无可能完成业绩承诺,根据投资协议退出约定,解除该公司与合强创华公司、傅某关于合强天祥公司的合作投资协议。2017年4月27日,博雅软件公司、深圳华际公司诉至法院。

【争议焦点】

丙方管理团队能否继续享有期权业绩激励?

【法院观点】

博雅软件公司、深圳华际公司、合强创华公司、傅某、合强天祥公司签订的投资协议,系各方当事人真实意思表示,未违反法律、行政法规的强制性规定,合法有效。投资协议约定,如丙方2014—2016年的平均年度税后净利润为承诺数值的50%以下,则以傅某为代表的丙方管理团队不享有期权业绩激励,且应退还丁方支付的预付期权。

现合强天祥公司的净利润为负,按照投资协议约定,傅某、合强创华公司实际不享有博雅软件公司股权,故一审法院认定傅某、合强创华公司退还的股权转让款为348万元,具有合同依据及法律依据,并无不当。

【律师视角】

案例评析

本案的争议焦点在于傅某、合强创华公司是否享有期权业绩奖励，即《股权激励协议》中约定的股权激励履行条件是否实现，该案件实质上是合同纠纷。博雅软件公司、深圳华际公司、合强创华公司、傅某、合强天祥公司签订的投资协议，系各方当事人真实意思表示，未违反法律、行政法规的强制性规定，合法有效。投资协议明确约定了股权激励条件及其效力，对当事人均有约束力；傅某、合强创华公司的请求和抗辩均没有事实和法律依据。

实操建议

对于单位来说，在实施股权激励计划时，需要综合考虑公司的发展和培养人才的规划。股权激励协议中的激励条件最好能基于本公司经营状况和对员工的业绩要求设定，立足于对员工工作积极性的调动和鼓励，以利于实际履行，避免员工流失，降低诉讼风险。

类似案例 | 刘某江、徐某锁与股权转让纠纷案

【基本信息】

上诉人（原审原告）：刘某江

上诉人（原审被告）：徐某锁

案由：股权转让纠纷

案号：广东省深圳市中级人民法院（2015）深中法商终字第2849号

【相关案情】

2008年9月23日，刘某江（甲方）与徐某锁（乙方）签订的《委托持股协议书》约定：作为激励甲方为×××公司发展作出贡献和业绩，乙方将其持有的×××公司的股份无偿转让给甲方所有，但由于乙方股权处于国家规定的锁定期，该协议股份由乙方代为持有……第5.2条约定：本委托协议授予的协议股份自授予日起36个月后，乙方可按第一年40%、第二年30%、第三年30%的比例分期变现或过户给甲方；第7.4条约定：甲方因辞职而离职的，自离职之日起所有未变现或过户的协议股份即被取消。

2010年2月1日，刘某江与徐某锁签订了目标责任书，约定：第一条公司业绩要求：公司上一年度经审计净利润率达到或超过20%；第二条乙方业绩要求：

乙方上一年度绩效考核等级为B级以上;第三条:如达到第一条、第二条要求,则激励如下:3.1 甲方授予乙方股票14,000份。2010年2月1日,徐某锁向刘某江开具持股证,承诺授予刘某江×××公司1.4万股股份,持股证说明中记载,具体根据2010年《目标责任激励计划考核办法》、目标责任书执行。

×××公司2011年至2014年年度报告显示,该公司在2011年至2014年净利润增长率均未达到或超过上年度的20%。

2014年5月22日,刘某江以"个人情况不太适应公司的发展"为由申请离职,5月30日,徐某锁审批同意。

【争议焦点】

徐某锁代持的合同项下股权或权益是否应全部或部分交付给刘某江?

【法院观点】

《委托持股协议书》约定,第三年(2014年9月22日),乙方应当将其股权的30%变现或过户给刘某江。因刘某江于2014年5月22日提出离职,遂其请求确认第三年应变现或过户的剩余30%的股票46,800股归其所有并要求徐某锁配合办理变更手续,法院不予支持。

因×××公司在2011年2月至2014年2月1日前的最后一个交易日前的净利润增长率均未达到或超过20%,《目标和激励计划考核办法》、目标责任书约定的变现条件并未成就,刘某江要求确认依据持股证所取得的股票21,840股(登记于徐某锁名下)归其所有并要求徐某锁配合办理过户手续的诉讼请求,一审法院不予支持,本院予以维持。

第三节 其他激励条件

◎问题聚焦

基于市场或者公司发展的考虑,有时候公司会与劳动者约定该股权激励的履行以其他条件(例如股改完成、上市、劳动关系的维持或其他特别条件)的成就为前提。对于股权激励的其他条件和条件是否成就的认定,法院会如何裁判?

◎裁判规则

法院倾向于根据激励者与激励对象的约定来认定各种激励条件及其效力。

如果激励对象享受激励权益的条件未成就或者激励对象无法证明条件已经成就，法院倾向于不予支持激励对象享受激励权益。

◎案例详解

经典案例　陈某与上海引跑信息科技有限公司其他与公司有关的纠纷案

【基本信息】

上诉人（原审原告）：陈某

被上诉人（原审被告）：上海引跑信息科技有限公司（以下简称引跑公司）

案由：其他与公司有关的纠纷

案号：上海市第一中级人民法院（2014）沪一中民四（商）终字第537号

【相关案情】

2011年6月13日，陈某与引跑公司签订的《劳动合同》约定，合同期限为2011年6月13日至2014年6月12日。原审庭审中，陈某和引跑公司均表示，双方的劳动关系已于2013年9月17日解除。

2012年2月7日，陈某和引跑公司签订的《股票期权合同》约定，陈某自2011年6月13日开始为引跑公司服务，是引跑公司的正式编制员工，属于高级管理人员、核心技术人员或对引跑公司创立和发展作出突出贡献的人员，引跑公司承诺以公司的股票给予陈某期权激励，至少不低于5万股，具体操作事宜将根据引跑公司制定的《公司股票期权计划》及相关具体实施办法并经股东大会通过以后实施。

此外，股票期权授予除符合上述授予资格外，至少应在本公司连续工作或为本公司提供服务达（此处为空白）年以上或至引跑公司上市前6个月内，并同意按照引跑公司未来制定的并经董事会或股东大会通过的公司章程及相关议事规则、实施办法以及《公司股票期权计划》和相关配套实施办法等规定执行。迄今为止，引跑公司并未就股票期权制订具体的计划或出台相关的管理办法。

【争议焦点】

引跑公司按《公司股票期权计划》向陈某兑现股票期权相应价值的条件是否成就。

【一审】

诉讼请求

请求法院判令引跑公司支付陈某25万元股票期权的相应价值即人民币25万元。

裁判结果

驳回原告陈某的诉讼请求。

【二审】

上诉请求

撤销原审判决,改判支持其原审诉讼请求。

裁判结果

驳回上诉,维持原判。

【法院观点】

股票期权是股份有限公司给予企业高级管理人员和技术骨干在一定期限内以一种事先约定的价格购买公司普通股的权利。涉案《股票期权合同》明确规定,引跑公司承诺的股票期权授予的前提条件是陈某除了在引跑公司连续工作或为该公司服务达一定年限以上或至引跑公司上市前6个月内,可见陈某行使股票期权的前提是引跑公司上市,且陈某须在引跑公司连续工作至该公司上市前6个月。由于引跑公司目前并未上市,公司的性质仍系有限责任公司,股票期权的行权方式、行权价格等尚不确定,因此陈某要求行使股票期权的条件不成就。

【律师视角】

案例评析

本案中,从双方签订的《股票期权合同》来看,股票期权授予的条件是,陈某符合授予资格且至少应在本公司上市前6个月内,并同意按照公司未来制定的公司章程及相关议事规则、实施办法以及相关配套实施办法等规定执行。截至案件审理时,引跑公司既无上市计划,未出台任何股票期权方案,亦未制定引跑科技股票期权管理办法。引跑公司虽作出过授予期权的承诺,但双方当事人对于股票期权如何发行、如何行权以及价值如何确定均无任何明确的约定。因此陈某要求引跑公司按承诺兑现股票期权的请求不能得到支持。

对比案例　翟某心等与上海帝联信息科技股份有限公司合同纠纷案

【基本信息】

再审申请人(一审原告、二审上诉人):翟某心

再审被申请人(一审被告、二审被上诉人):上海帝联信息科技股份有限公司(以下简称帝联公司)

一审第三人:康某

案由:合同纠纷

案号:北京市高级人民法院(2018)京民申735号

【相关案情】

2007年10月31日,翟某心(乙方)与帝联公司(甲方)、康某(丙方)三方签署《补充协议书》,内容如下:"鉴于甲、乙双方已具有劳动关系,甲方核心管理层经协商,特此授权甲方和丙方作为代表和乙方达成以下补充协议,以兹信守:在甲方完成2008年至2010年净利润在2007年基础上有序递增的前提下,如甲方核心管理层获得北京电信通电信工程有限公司母公司给予的股票期权,则甲方核心管理层授权甲方在充分考核乙方且乙方完成以下经济指标后,可以获得一定数量的股票期权:自2007年8月1日起至2008年12月31日,2009年1月1日至2009年12月31日,2010年1月1日至2010年12月31日的三个经营阶段,在乙方和乙方负责下的销售团队实现不低于500万元经年度审计确认的主营业务的销售收入回款的前提下,乙方和乙方负责下的销售团队每实现100万元经年度审计确认的主营业务的销售回款,乙方可以于次年完成年度审计后根据上市公司获得400股股票期权(该股票期权挂名在丙方名下,实际受益人为乙方)。"

帝联公司提交证据证明成都鹏博士电信传媒集团股份有限公司于2008年9月12日终止了股票期权激励计划,帝联公司核心管理层未能获得控股公司电信通公司之母公司鹏博士公司给予的股票期权。

【争议焦点】

翟某心获得股票期权的条件是否成就?

【一审法院观点】

首先,《补充协议书》系当事人的真实意思表示,不违反法律和行政法规的效力性强制性规定,合法有效,当事人应按照约定履行合同义务。其次,《补充协议书》明确约定了翟某心获得股权激励的条件包括帝联公司完成2008年至2010年净利润在2007年基础上有序递增;帝联公司核心管理层获得北京电信通电信工程有限公司母公司给予的股票期权;翟某心团队完成特定的经济指标。上述任一条件不成就,则翟某心无法获得相应股权激励。

然而,北京电信通电信工程有限公司母公司鹏博士公司停止了股权激励计划,即翟某心获得股权激励的必要条件之一未成就,即使翟某心完成其经济指标,亦仅成就获股权激励条件之一,并不必然获得股权激励。

【再审法院观点】

本案的争议焦点为翟某心是否有权请求帝联公司给予期权奖励。《补充协议书》系确认翟某心与帝联公司之间权利义务关系的主要依据,根据该协议书的约定,当事人关于给予期权激励的约定系附生效条件的条款,因其中一个条件"帝联公司核心管理层获得北京电信通电信工程有限公司母公司给予的股票期权"并未成就,原判认定帝联公司不承担违约责任,并无不当。

【律师视角】

案例评析

在该案例中,法院的观点是股权激励应依当事人的约定,由于股权激励的实现需要满足三个条件,其中一个条件属于合同当事人不能控制其发生的条件。即便如此,该约定对当事人们有约束力。在该条件未成就时,员工仍然不能获得股权激励,其无权主张合同项下股权或权益。

类似案例 | ERIC、西纳维思(杭州)服装服饰有限公司劳动争议纠纷案

【基本信息】

上诉人(原审原告):ERIC

被上诉人(原审被告):西纳维思(杭州)服装服饰有限公司(以下简称西纳维思公司)

案由:劳动争议纠纷

案号:浙江省杭州市中级人民法院(2019)浙01民终1324号

【相关案情】

2015年7月26日,ERIC(外籍人)与西纳维思公司签订《劳动合同》,约定合同期自2015年8月1日至2025年7月31日;ERIC同意从事设计岗位的工作;西纳维思公司依照政府及公司有关规定安排ERIC的工作时间、加班及休息、休假等;ERIC第一年年薪为2,500,000元,月工资208,330元,第二年开始年薪为5,000,000元,其中1,000,000元为ERIC个人的实发工资,其余4,000,000元以ERIC个人名字存入公司财务账户,由公司财务保管(无利息),ERIC不得使用;如ERIC中途离职或其他情况,不能在公司工作的,存入公司财务账户的资金不得提取,视为给公司的相应补偿。ERIC必须连续存入五年,合计存入20,000,000元,最终20,000,000元也不得提取现金,须以入股的方式进行,同时取得经公司财务评估后的相应比例股权。

后ERIC进入西纳维思公司工作。2017年5月15日,西纳维思公司向ERIC发送关于指纹打卡考勤的通知一份,要求ERIC每天上、下班均须指纹各打卡一次。如果未打卡,又没有未打卡说明,不能作为出勤记录,没有出勤记录,不予发放工资;如因工作需加班、出差,须提前填写加班申请单和出差申请单;正常工作日因私事需要请假或调休的,应提前填写请假单或调休单。后查明,ERIC的就业证签发日期为2016年5月27日,有效期至2017年5月27日,其余期间均未办理就业证。西纳维思公司2017年5月实发工资(未扣除水电费)64,423元,2017年6月实发工资51,369元,2017年7月实发工资23,440元。

【争议焦点】

案涉400万元款项属于劳动报酬还是股权激励?

【法院观点】

根据双方劳动合同的约定,案涉400万元款项虽然约定在劳动报酬条款内,但该款项须以ERIC个人名义存入西纳思维公司财务账户,ERIC不得使用。必须连续存入五年,合计2000万元,最终2000万元也不得提取现金,须以入股的方式进行,同时ERIC会取得经西纳维思公司财务评估后的相应比例股份权。该相关内容在双方当事人签署的《关于创建引进法国服饰品牌的架构模式合约》第七条第二项也得到了相同的体现,故根据上述相关内容,法院认定案涉400万元款项的性质更符合附条件的股权激励。现根据上述合同约定,该激励股权的实现条件并未成就,故ERIC要求西纳维思公司支付案涉400万元的依据不足,法院不予支持。

【律师视角】

案例评析

法院基于当事人合同约定的所涉400万元款项的支付形式,认定该400万元款项属于附条件的股权激励,而该股权激励的实现条件尚未成就,故法院未支持该400万元于法有据。

类似案例 龙某与弘协网络科技(北京)有限责任公司劳动争议纠纷案

【基本信息】

案号:北京市第三中级人民法院(2014)三中民终字第03145号

【法院观点】

根据龙某提交的《F5网络公司2005年修订股权激励计划》中关于股权奖励授予方式的规定,获得股份奖励的个人必须签订一份“股份奖励协议”。因此,龙某应当提供“股权奖励协议”证明其已经被授予了股权。龙某认可其未签订“股权奖励协议”,但其主张股权的授予并非通过签订“股份奖励协议”的方式确认,而是通过网上系统直接发放。根据“谁主张,谁举证”的原则,龙某针对股权授予方式提出异议,其应当提交证据予以证明。但龙某提交的邮件证据中无具体股权奖励授予方式及过程的描述,其提交的三张赋权详情证据也不能证明其所陈述的授予方式,且证据上并无龙某个人信息的显示,故其提交的证据均不能证明其主张。因此,在龙某不能提供“股权奖励协议”的情况下,一审判决认定龙某未被授予266个股权单位并无不妥,法院予以维持。

第四节 双重条件:“挖”过来的员工,“补偿式”的激励

◎问题聚焦

新单位为了引进人才,可能会承诺,按照被引进人才的上家单位的激励条

件和约定对引进的人才进行“补偿式”的股权激励，以弥补被引进人才可能会损失的预期收益。这种股权激励在履行时，可能会存在“双重”激励条件，一是上家单位既定的履行条件，二是新单位设定的履行条件。

当该名员工与用人单位就这种“补偿式”的股权激励发生争议时，法院会怎样对待这种“双重”条件的股权激励呢？双重条件的股权激励对个人和单位分别会有什么影响？

◎裁判规则

1.“补偿式”的股权激励以劳动关系为基础，对用工双方具有重要影响，本质上是用人单位的一种管理方式，其带来的收益应属于日常工资以外的报酬，有法院将此类与股权激励有关的争议归入劳动争议范畴。

2.如果说“补偿式”的股权激励实质上是以原单位激励的实现为条件，则“补偿式”股权激励的实现就受前提条件满足与否的影响。目前此类案例并不多见，裁判结果的倾向性也并不明朗，一些法官的自由裁量性比较强。笔者认为，随着越来越多案例的出现，裁判者应该会控制自由裁量的程度，更加尊重用工双方的自由约定。

◎案例详解

经典案例 | 王某与北京东展科博科技股份有限公司劳动争议纠纷案

【基本信息】

再审申请人（原告、反诉被告、上诉人）：王某

再审被申请人（被告、反诉原告、被上诉人）：北京东展科博科技股份有限公司（以下简称东展公司）

案由：劳动争议

案号：北京市高级人民法院（2015）高民申字第2618号

【相关案情】

王某于2011年1月4日入职东展公司，担任总工程师（副总经理级）兼研发部经理。在此之前，王某在三得公司任职。2008年，因外资进入，三得公司曾开会向员工提出股权激励规划，全体员工均在计划范围内。但当时三得公司并没

有具体实施时间表,没有确定政策和价格。实际上,三得公司直到2013年才真正实施股权激励计划,而且各员工购买股权的价格和数量均不相同。

为对王某离开三得公司的股权损失进行补偿,东展公司与王某于2011年2月18日签订了一份《补偿协议》。《补偿协议》约定东展公司自愿为王某提供40万元的资助款,资助款分期支付。

2012年5月31日,东展公司以工作失职为由向王某出具解聘通知书,当日,王某停止工作。王某就工资、补偿款等事项提起劳动争议仲裁,劳动仲裁并未支持王某要求支付股权激励补偿金的主张,但对双方劳动关系的解除进行了裁决。东展公司与王某均不服劳动仲裁裁决结果,遂提起诉讼。

【争议焦点】

东展公司是否需要按照《补偿协议》对王某进行补偿?

【一审】

诉讼请求

原告王某请求法院判令东展公司按照《补偿协议》约定支付补偿金400,000元。

裁判结果

驳回王某要求东展公司要求支付股权激励补偿金的主张。

【二审】

上诉请求

依法改判判令东展公司支付王某补偿金400,000元。

裁判结果

驳回上诉,维持原判。

【法院观点】

王某主张其曾在2008年通过三得公司员工股权激励计划购买三得公司的股权,并在2008年缴纳了股权购买出资款,约定由他人代持,因其离职,三得公司已将股份款退还。但原审法院向工商登记机关调取三得公司工商登记资料发现,三得公司的股东中未有过王某,即其未曾持有过经过工商登记的相应股权。而且王某就其主张未能提供证据予以证实。因此依据现有证据,法院不能认定王某曾实际持有三得公司的股权。

【再审】

再审请求

二审判决错误,二审法院存在认定的基本事实缺乏证据证明的问题。

裁判结果

驳回再审申请。

【法院观点】

《补偿协议》建立在王某实际获得原有单位股权的基础上。依据现有证据，不能认定王某曾实际持有三得公司的股权。实际持有股权与将来可能享受到股权激励的对价也不能等同。

在双方签订《补偿协议》的基础事实并不存在的情况下，王某要求东展公司向其支付40万元补偿款，缺乏事实依据。两审法院根据查明的事实，并结合相应证据所作判决，并无不妥。

【律师视角】

案例评析

本案的争议焦点在于东展公司是否应当支付王某补偿金，因为上家单位三得公司没有实施具体的股权激励计划，劳动者王某没有实际获得三得公司的股权，而东展公司以《补偿协议》的前提是劳动者本人实际持有股权为由拒绝支付补偿金。鉴于双方对《补偿协议》的前提是王某已获得三得公司的股权没有任何异议，王某也没有证据证明其实际已经获得三得公司的股权，因此法院不支持王某是有事实和法律依据的。从律师的角度来看，这样的裁判观点应该成为此类股权激励案件的倾向性裁判观点。

实操建议

1. 在这类案件进入诉讼程序之前，第一，律师需要明确这类股权激励补偿协议中双方的真实意思：补偿协议的前提是否为劳动者需实际持有上家单位股权？如果答案为“否”，律师需要协助当事人搜集证据，证明双方签订协议时的真实意思，为诉讼中的主张和抗辩做好准备；如果答案为“是”，律师需要协助当事人搜集实际持有上家单位股权的证据。第二，股权激励的支付条件是否已经满足。第三，劳动者是否需要承担举证责任，承担哪些举证责任。举例来说，法院倾向于认为这类股权激励补偿属于工资以外的劳动报酬，按照《最高人民法院关于审理劳动争议案件适用法律若干问题的解释》第十三条的规定，用人单位对因“减少劳动报酬”而发生的争议承担举证责任。然而，股权激励补偿金的支付是否属于减少劳动报酬存在疑问，因此单位并不一定承担举证责任。另外，补偿金的支付实际上是根据补偿协议的约定，按照“谁主张，谁举证”的原则，劳动者需要承担举证责任。所以，在这类案件中，劳动者一方需要承担相应的证明责任。

2. 对于单位来说,在劳动者与上一家单位已经存在股权激励的情况下,单位要想争取到劳动者,往往需要对劳动者的预期利益损失给予一定弥补。但由于股权激励协议中的预期利益具有一定的不确定性,其与劳动者的未来绩效相关,而现实中很难对新入职劳动者的未来绩效作出准确判断,只能依靠对劳动者过往工作能力和工作业绩的考察。这时,用人单位需要对劳动者进行更全面细致的考察,一旦确定人选决定签订补偿协议,则应该在协议中对机会成本进行清晰约定,明确补偿数额。通常不建议在协议中设定涉及其他公司经营状况的激励成立条件,现实中不易操作,也容易引起纠纷。对于股权激励协议的成立条件,最好基于本公司经营状况和对劳动者的业绩要求设定,立足于对劳动者工作积极性的调动和鼓励,以利于实际履行并减少争议。

对比案例 | 诸暨同方置业有限公司与刘某劳动争议纠纷案

【基本信息】

上诉人(一审原告):诸暨同方置业有限公司(以下简称诸暨同方公司)

被上诉人(一审被告):刘某

案由:劳动争议纠纷

案号:浙江省绍兴市中级人民法院(2015)浙绍民终字第986号

【相关案情】

2012年6月刘某离开原单位开元旅业集团,加入诸暨同方公司工作。同月,刘某和诸暨同方公司签订了一份股权激励协议,内容大致为:刘某在原单位开元旅业集团享有人民币300万元的股票期权,且预期在2015年年末上市,公司提供同等价值的股权激励,并分5期给予刘某,但刘某需要在该公司工作满五年,同时刘某每年应满足一定的经营目标考核。

协议约定,刘某原单位开元旅业集团完成2012年及2013年股权确认后,刘某可获得诸暨同方公司3期的股权激励奖励金。协议第十条另外约定:甲方(诸暨同方公司)在下列情况下可以不对乙方(刘某)进行该股权激励:“1. 乙方因自身过错造成或未达到激励条件的;2. 乙方自身单方面原因导致其发生了《劳动合同法》第三十九条规定情形的;3. 乙方自行主动辞职的。”

2014年8月12日,诸暨同方公司单方通知刘某,解除与刘某的劳动合同。

2014年9月,刘某提起劳动仲裁,要求诸暨同方公司支付全部的股权激励奖金共计360万元,劳动仲裁委支持了刘某的其他请求,但驳回了其关于股权激励奖金的主张。诸暨同方公司不满劳动仲裁结果,提起诉讼。

【争议焦点】

1. 有关履行"补偿式"股权激励的争议是否属于劳动争议?

2. 股权激励协议已约定激励的实现前提是"开元旅业(刘某原单位)完成给酒店总经理(本案被告刘某)的股权确认"。在上家单位股权激励履行情况未明的情况下,法院是否会支持刘某要求诸暨同方公司支付股权激励金的主张?

【法院观点】

1. 股权激励的履行是否属于劳动争议?

《股权激励协议》系上诉人为争取被上诉人刘某到上诉人处工作的机会……经平等自愿的协商,上诉人愿意提供与被上诉人在原单位开元旅业集团同等价值激励给予其补偿,该协议基于上诉人与被上诉人之间的劳动关系产生,与双方之间的劳动关系存在密不可分的联系,系上诉人为引进高级管理人才自愿作出的激励和补偿,应当视为被上诉人刘某到上诉人处工作除基本工资外的附加报酬,故也应属于劳动争议审理范围。

2. 用人单位是否应当支付股权激励金?

《股权激励协议》第十条已经约定了三种情况下上诉人不必进行股权激励:(1)乙方(刘某)因自身过错造成未达到激励条件的;(2)乙方自身单方面原因导致其发生了《劳动合同法》第三十九条规定情形的;(3)乙方自行主动辞职的。根据该条的约定,上诉人只有在满足上述三种情形下,才可以不对被上诉人进行股权激励,本案也并不存在上诉人可以不对被上诉人进行该股权激励的情形。上诉人虽主张根据《股权激励协议》的其他约定,该股权激励存在不确定性,在不同的情况下存在各不相同的补偿方案,但因上诉人解除劳动合同,终止双方之间的劳动关系,导致协议其他条件已无法成就,且该原因不能归责于被上诉人,故原审法院确定上诉人应对前三期股权按协议约定兑现并无不当。

对比案例 | 乐视云计算有限公司与陈某鹏劳动争议纠纷案

【基本信息】

上诉人(一审被告):乐视云计算有限公司(以下简称乐视云公司)

被上诉人(一审原告):陈某鹏

案由:劳动争议纠纷

案号:北京市第一中级人民法院(2018)京01民终9473号

【相关案情】

陈某鹏原为乐视网信息技术(北京)股份有限公司(以下简称乐视网公司)员工,后入职乐视云公司,双方签订了无固定期限劳动合同,岗位为核心研发中心通用平台传输技术专家。2017年1月26日双方协商一致解除劳动关系并达成协议,约定:

甲方(乐视云公司)、乙方(陈某鹏)经友好协商,一致同意于2017年1月26日解除双方的劳动关系,并就相关待遇支付等事宜达成以下协议:甲方保留乙方所获授乐视网公司第一期股票期权激励计划中,第四个行权期(2016年4月至2017年4月)的行权资格。乙方同意具体股权激励及行权事宜按甲方期权激励计划执行。甲方为乙方支付其他长期激励款项,税前金额为1,300,530元。支付方式为双方解除劳动关系后,2017年2月—2018年1月一年内按月平均支付。

协议签订后,乐视云公司未向陈某鹏支付该协议所涉股权激励款。后陈某鹏申请劳动仲裁,仲裁委拒绝受理,后陈某鹏提起诉讼。

【争议焦点】

1. 乐视云公司与陈某鹏之间因长期激励款项引发的争议,是否属于劳动争议案件的受案范围?

2. 陈某鹏是否有权向乐视云公司主张长期激励款项?

【法院观点】

1. 陈某鹏原系乐视云公司员工,双方于陈某鹏离职前签订的《协议》中共同确认乐视云公司向陈某鹏支付长期激励款项,故本案系基于陈某鹏与乐视云公司之间存在劳动关系而产生的股权激励纠纷,属于劳动争议案件受案范围。

2. 乐视云公司所提交的委托持股协议及乐视网公司股权兑现申请载明的长期激励款项的权利来源虽系乐视网公司,但乐视云公司基于与陈某鹏的劳动关系,在《协议》中与陈某鹏明确约定了长期激励款项的支付主体为乐视云公司,故陈某鹏依据该真实、合法、有效的《协议》向乐视云公司主张权利并无不当。

【律师视角】

案例评析

本案与以上两个案件存在不同。本案中,劳动者陈某鹏先后在两家存在关联关系的单位就职,而且也都先后离职,在与新单位乐视云公司协商离职时双方签订离职协议,乐视云公司承诺按照上家单位乐视网公司的期权激励计划向陈某鹏支付激励款项。本案中,法院同样认定该离职协议属于双方劳动关系的范畴,因此该项争议属于劳动争议。

本案与之前补偿协议签订时间发生在劳动者就职新单位之时的案例并不相同。本案的争议实际上并不突出,劳动者没有被绩效指标和工作年限指标约束,激励款项的支付也不以上家单位乐视网公司期权激励计划的实施作为条件。

虽然新单位乐视云公司主张激励款因旧单位乐视网公司的股权引发,乐视云公司无权分配乐视网公司的股权,但一、二审法院均认定陈某鹏主张长期激励款项的权利来源确定,乐视云公司作为与陈某鹏建立劳动关系的用人单位,以及作为与乐视网公司存在关联关系的企业,陈某鹏有权依据真实有效的协议约定向其主张权利。

实操建议

作为律师,当站在公司的立场时,应该建议公司尽量不要无条件承担新进员工与其他公司之间股权激励约定的履行义务,尤其是在解除协议之中,无论其他公司与本公司之间具有什么样的关系。

本案中,如果乐视网公司方面愿意给予陈某鹏股权激励款,也不必一定让乐视云公司与后者签订协议,因为根据之前的材料来看,乐视网公司的期权激励计划并没有对陈某鹏失去效力。即便陈某鹏没有与乐视云公司之间的协议,乐视网公司同样可以给予陈某鹏行权的机会,这样也不会增加乐视云公司的负担。

类似案例｜北京汽车制造厂有限公司和宫某禄劳动争议纠纷案

【基本信息】

案号:河北省沧州市中级人民法院(2016)冀09民终1961号

【法院观点】

法院认为,北京汽车制造厂有限公司和宫某禄在劳动合同中约定,宫某禄在被北京汽车制造厂有限公司处工作达到一定的年限后由北京汽车制造厂有限公司赔偿宫某禄因入职北京汽车制造厂有限公司在原单位的股权损失。事实上,宫某禄在北京汽车制造厂有限公司工作的时间未达到双方约定的期限,原审法院认定为附条件的民事法律行为,在“条件”并未成就的情况下不予支持宫某禄的诉讼请求,具有事实和法律依据。

第九章

激励协议的履行

第一节　激励决策的效力之争

◎问题聚焦

公司为激励员工的工作积极性和忠诚度，与员工签订股权激励协议，给予员工一定份额的公司股份，后公司以各种理由作出员工退股的决议。员工作为被取消股权的一方，有时以公司回购股权的决议存在程序不当或违法为由，认为决议无效，或者应当被撤销。那么，法院如何判断公司相关决议的效力呢？

◎裁判规则

1. 股东(大)会是公司的权力机构，董事会是公司的执行机关。若股东(大)会授权董事会办理股权激励的各项事宜，后董事会根据激励协议相关内容作出决议，仍然是在董事会的职权范围之内行事。

2. 如果相关决议由股东(大)会作出，股东(大)会的召开程序存在瑕疵，此类瑕疵可能会成为撤销股东(大)会决议的理由，而不是确认股东(大)会决议无效的理由。

◎案例详解

经典案例 | 吴某与北京荣之联科技股份有限公司公司决议撤销纠纷案

【基本信息】

再审申请人(一审原告、二审上诉人):吴某

被申请人(一审被告、二审被上诉人):北京荣之联科技股份有限公司(以下简称荣之联公司)

案由:公司决议撤销纠纷

案号:北京市高级人民法院(2017)京民申911号

【相关案情】

吴某是荣之联公司的员工,其之间的劳动合同于2017年3月31日终止。2014年2月,荣之联公司(甲方)与吴某(乙方)共同签订一份授予股票协议书。2014年2月13日,荣之联公司向吴某发出一份首期股权激励计划之限制性股票授予通知书,其内容包括:“根据……及荣之联与阁下签署的授予股票协议书,现授予阁下荣之联限制性股票2万股。”同日,吴某签署了上述通知书,并承诺:“本人接受荣之联授予的上述限制性股票,并接受限制性股票激励计划、授予股票协议书对本人的各项约束。”

2015年5月27日,荣之联公司发布一份关于回购注销部分已不符合激励条件的激励对象已获授但尚未解锁的限制性股票的公告。公告中包括内容:……公司限制性股票激励对象莫某、吴某、吴某1……共11人因离职已不符合激励条件……公司董事会决定将上述11人持有的尚未解锁的限制性股票共计33.335万股全部进行回购注销。后吴某起诉要求撤销荣之联公司董事会所通过的回购注销议案。

【争议焦点】

董事会决议内容,即回购注销部分限制性股票是否违反公司章程?董事会作出该决议是否超越职权?

【一审】

诉讼请求

请求法院判决撤销荣之联公司董事会于2015年5月26日通过的回购注销

议案。

裁判结果

驳回吴某的诉讼请求。

【二审】

上诉请求

请求撤销一审判决,依法改判支持吴某的诉讼请求。

裁判结果

驳回上诉,维持原判。

【法院观点】

法院认为,吴某诉请的是撤销董事会决议,故本案的审理范围为董事会决议中载明的决议内容即部分限制性股票回购注销是否违反公司章程,董事会作出该决议是否超越职权。

本案中荣之联公司股东大会审议通过了公司限制性股票激励计划,并授权董事会办理限制性股票激励计划具体事宜,董事会作为执行机关,对于不符合激励条件的离职人员的已获授权但尚未解锁的限制性股票进行回购注销作出决议,该决议内容不违反公司限制性股票激励计划,亦未超过董事会的授权范围,故不违反公司章程的规定。

法院认为,依据荣之联公司章程第二十三条、第二十五条的规定,所收购的股份应当1年内转让给职工,该收购的股份特指为了将股份奖励给公司职工而进行的收购。本案中吴某被收购的股份是因为吴某离职不符合激励条件而被公司回购的股份,与公司章程第二十五条中指向的内容并不相同,故法院对吴某的该上诉意见亦不予支持。

【再审】

再审请求

请求撤销二审判决,依法改判支持吴某的诉讼请求。

裁判结果

驳回吴某的再审申请。

【法院观点】

法院经审查认为,荣之联公司股东大会审议通过了公司限制性股票激励计划,并授权董事会办理限制性股票激励计划具体事宜,董事会作为执行机关有权对不符合激励条件的离职人员的已获授权但尚未解锁的限制性股票进行回购注销,该决议内容并不违反公司限制性股票激励计划,亦未超出股东大会的授权范围,故不违反公司章程的规定。鉴于吴某诉请撤销的荣之联公司董事会于2015年5月26日通过的回购注销议案内容为回购注销部分限制性股票,并未写明减少注册资本,故不能将其直接等同于公司减资的法律后果,故原审法院判决驳回其诉讼请求并无不当。

【律师视角】

案例评析

本案中,吴某主张其要求撤销决议的理由系回购注销议案之内容违反了荣之联公司的章程。对此,法院从若干方面进行分析,确认在本案中,吴某虽然声称应该撤销该决议,但是却没有实质性的证据证明该决议违法公司章程,因此法院基于现有的证据,未支持吴某的诉讼请求有理有据。

类似案例 | 吴某与鹏博士电信传媒集团股份有限公司公司决议效力确认纠纷案

【基本信息】

上诉人(原审原告):吴某

被上诉人(原审被告):鹏博士电信传媒集团股份有限公司(以下简称鹏博士公司)

原审第三人:北京电信通电信工程有限公司(以下简称电信通公司)

案由:公司决议效力确认纠纷

案号:北京市第三中级人民法院(2016)京03民终12236号

【相关案情】

2010年5月26日,吴某到电信通公司工作。2013年4月1日,吴某被列入鹏博士公司股票期权与限制性股票激励计划对象名单,被授予鹏博士股票期权64,000股。

2015年7月20日,电信通公司向吴某发出解除劳动合同通知书,通知自2015年7月21日起与其解除劳动合同。2016年3月4日,鹏博士公司发布第十届董事会第七次会议决议公告,该次会议表决通过了《关于回购注销部分已不符合激励条件的激励对象已获授但尚未行权的股票期权和已获授但尚未解锁的限制性股票的决议》,该决议中称吴某等人因个人原因辞职,已不符合激励条件，根据公司股权激励计划的相关规定，公司将对吴某等人已获授但尚未行权的股票期权予以注销，对已获授但尚未解锁的全部限制性股票进行回购注销。吴某以鹏博士公司董事会无权作出该决议为由主张决议无效。

【争议焦点】

董事会作出的回购注销限制性股票的决议是否有效？

【一审】

诉讼请求

请求法院确认鹏博士公司第十届董事会《关于回购注销部分已不符合激励条件的激励对象已获授但尚未行权的股票期权和已获授但尚未解锁的限制性股票的决议》中针对吴某的股票期权和限制性股票进行回购并予以注销的决议无效。

裁判结果

驳回吴某的诉讼请求。

【二审】

上诉请求

请求撤销一审判决，改判支持吴某一审诉讼请求。

裁判结果

驳回上诉，维持原判。

【法院观点】

法院认为，涉案决议系在电信通公司与吴某解除劳动合同关系后，鹏博士公司董事会根据公司股权激励计划的相关规定作出。决议的相关内容并不违反法律、行政法规的规定，且鹏博士公司董事会作出该决议得到了公司股东大会的授权，故吴某主张涉案决议中针对吴某股票期权和限制性股票进行回购并予以注销部分无效的主张，依据不足，法院不予采信。

【律师视角】

案例评析

法院主要基于两方面来判断董事会的决议是否有效：

第一，内容上，根据公司股权激励计划的相关规定，公司将对吴某等人已获授但尚未行权的股票期权予以注销，对已获授但尚未解锁的全部限制性股票进行回购注销的内容，并不违反法律、行政法规的规定。

第二，程序上，《关于回购注销部分已不符合激励条件的激励对象已获授但尚未行权的股票期权和已获授但尚未解锁的限制性股票的决议》是吴某从鹏博士公司离职后作出的,且鹏博士公司董事会作出该决议也得到了公司股东大会的授权,故法院最终不予采信吴某的诉讼请求合情合理。

对比案例 | 钱某安与北京东方鸿儒校园传媒科技有限公司公司决议效力确认纠纷案

【基本信息】

上诉人(原审原告):钱某安

被上诉人(原审被告):北京东方鸿儒校园传媒科技有限公司(以下简称东方鸿儒公司)

案由:公司决议效力确认纠纷

案号:北京市第一中级人民法院(2017)京 01 民终 5881 号

【相关案情】

2016 年 7 月 27 日,钱某安签署东方鸿儒公司股东决定,同意增加新股东程某斌、杨某、朱某,同意钱某安将持有的出资 120 万元转让给杨某,将持有的出资 840 万元转让给程某斌,将持有的出资 840 万元转让给朱某,同意修改公司章程。

2016 年 11 月 27 日,东方鸿儒公司作出全体股东会决议案,该议案其中包含:公司的股权按 1000 万元实体资产进行划分:程某斌出资 600 万元,占 60%(分期到账,以不影响公司运转为准);朱某出资 100 万元,占 10%;杨某出资 50 万元,占 5%;钱某安以现有无形资产的版权专利出资,认定为 51 万元,占 5%,并在公司注册变更时转到公司名下。公司预留激励股,计金 100 万元,占 10%,由程某斌代持。

钱某安则认为 2016 年 11 月 27 日的全体股东会决议案无效。

【争议焦点】

东方鸿儒公司 2016 年 11 月 27 日《股东会决议》的内容是否违反法律、行政法规的规定?

【一审】

诉讼请求

要求确认东方鸿儒公司 2016 年 11 月 27 日的股东会决议无效。

裁判结果

驳回钱某安的诉讼请求。

【二审】

上诉请求

撤销一审判决,改判确认东方鸿儒公司2016年11月27日的《股东会决议》无效。

裁判结果

驳回上诉,维持原判。

【法院观点】

法院认为,东方鸿儒公司在工商登记的全体股东均已在该股东会决议上签名,该股东会决议系各股东的真实意思表示。从该股东会决议的内容上看,其系股东对于公司股权比例的划分及是否参与公司经营管理等方面的约定,具体内容并不违反法律、行政法规的规定。

【律师视角】

案例评析

本案中,钱某安上诉称2016年11月27日股东会召开的程序违法。法院认为,股东会召开程序存在瑕疵系撤销股东会决议的理由,而非确认股东会决议无效的理由,钱某安主张股东会召开程序违法请求确认股东会决议无效,没有法律依据,因此其诉讼请求得不到支持。

对比案例　金某、徐某、杨某彬、朴某杰、王某聪、曲某松、刘某雨、李某轩、解某与长光卫星技术有限公司公司决议撤销纠纷案

【基本信息】

原告(反诉被告):金某、徐某、杨某彬、朴某杰、王某聪、曲某松、刘某雨、李某轩、解某

被告:长光卫星技术有限公司(反诉原告)(以下简称长光公司)

案由:公司决议撤销纠纷

案号:长春高新技术产业开发区人民法院(2016)吉0193民初718号

【相关案情】

2015年7月16日，长光公司依法召开股东会，同时包括9名原告在内的21名核心骨干成员承诺"自签订本承诺书之日起，三年内不因个人原因离开公司。如本人未能履行该承诺，同意公司按照承诺书的认购价格对新增注册资本进行回收"。2015年11月，9名原告已脱离长光公司工作岗位回到了中国科学院长春光学精密机械与物理研究所星载室工作。

长光公司于2016年3月7日召开董事会，商定于2016年3月7日召开第三次股东会议商讨修改公司章程等事宜，由董事会秘书王某在2016年3月8日通知各方股东，并以自然人股东代表宣某、长光公司、相关人员钟某与孙某苏及记录人员王某在临时董事会会议纪要上签字(章)的方式进行了确认。

2016年3月21日，长光公司收到"律师通知函"，声明9名原告自即日起撤销并终止对宣某、钟某有关"列席股东会会议、行使表决权、接收和签发公司通知与文件等"的授权，但随函未见9名原告对该律师的授权委托书及9名原告撤销或终止对宣某、钟某授权的相关法律文书。

2016年3月24日，原告曲某松授权徐某，原告金某、朴某杰、王某聪、刘某雨、李某轩、解某授权杨某彬列席股东会会议行使表决权，接收和签发公司通知与文件等，授权有效期限为2016年3月24日起至2017年3月24日止。

2016年3月25日，被告长光公司召开股东会，经股东表决权的96.88%通过了"同意在公司章程第七章'股东的权利和义务'第二十四条中增加员工股权激励相关条款：所有通过公司股权激励方案获得股权奖励的员工必须满足相应股权激励方案中的工作年限、工作业绩等要求，否则公司有权收回对其奖励的股权"的股东会决议。

9名原告与长光公司就2016年3月25日的决议的效力发生争议。

【法院观点】

第一，被告长光卫星技术有限公司在2016年3月8日以召开董事会的方式通知各方股东于2016年3月15日召开第三次股东会，因包括9名原告在内的股东对列席董事会的股东宣某、钟某的授权仍然有效，故视为已通知了宣某、钟某二人及其所代表的股东。

虽然长光公司于2016年3月21日收到了9名原告撤销对宣某、钟某的授权，并不能证明长光公司未履行股东会的通知义务。结合9名原告按时参加了股东会并行使表决权的事实，已表明其知晓第三次股东会召开的相关事宜。故长光公司已按照法律规定履行了召开第三次股东会议的通知义务，股东会决议程序上并无不当。另外，9名原告以长光公司拟无偿收回股东股权、侵害其财产权为由确认第三次股东会决议内容违法，但从长光公司的反诉请求来看，长光公司请求按照增资扩股时的1元/股标准对9名原告所认购的新增注册资本进行回购，故9名原告诉称的股东会决议侵犯其财产权利，内容违法的事实不成立。

第二，被告长光公司面向22位核心骨干成员增资扩股的目的是激发成员的工作积极性，现9名原告已脱离工作岗位，被告长光公司根据9名原告的书面承诺及第三次股东大会决议的内容以1元/股的标准回购9名原告的新增资本具有事实依据。

第三，《公司法》第一百四十二条是关于公司收购本公司股份的限制性规定，目的是避免公司恶意收购自己公司的股份，使部分董事通过其掌握的公司股份影响公司决策，进行股票操作，扰乱市场秩序。但在本案中，从被告长光公司增资扩股时的目的及回购股权的初衷来看，并没有欲通过收购本公司股份来控制公司的决策权，仅希望通过增资扩股、股权回购的方式来强化对公司核心骨干成员的管理，所回购的股份用于奖励公司员工或减少其注册资本；且该条规定适用于股份有限公司，并不适用于有限责任公司。

最终，法院驳回原告金某、徐某、杨某彬、朴某杰、王某聪、曲某松、刘某雨、李某轩、解某的诉讼请求。

第二节　履行条件具备，股权激励待遇可以拥有

◎问题聚焦

股权激励需要按照公司设立的股权激励计划、公司与员工之间达成的股权激励协议等来实施。一旦履行条件具备，用人单位就应当按照约定给予员工相应的股权激励待遇，不得拒绝给予激励对象相应的权益或是随意变更股权激励履行条件。实践中，具备了什么样的条件，法官才会支持激励对象享受股权激励待遇呢？

◎裁判规则

是否具备股权激励条件，法院需要根据双方约定，从主体是否符合条件、业

绩指标是否达成、考评分数、期限是否到达、是否在职、证据真伪、股权激励是否为双方真实意思表示等方面来详细审查。

◎案例详解

经典案例 ｜ 德力西集团有限公司与李某劳动合同纠纷案

【基本信息】

二审上诉人(一审原告):李某

二审上诉人(一审被告):德力西集团有限公司(以下简称德力西公司)

案由:劳动合同纠纷

案号:上海市第二中级人民法院(2017)沪02民终11134号

【相关案情】

2011年7月16日,李某进入德力西公司工作,双方签订了期限自同日起至2016年7月15日止的书面劳动合同,李某同时被委派至上海德力西集团有限公司担任总裁,劳动合同中约定"劳动合同约定的服务期内,甲方(德力西公司)给予乙方(李某)股权激励。股权激励操作办法如下:(一)合同期内甲方每年配比一定金额作为乙方今后入股上海德力西集团有限公司的资金。入股金在合同期内留存在甲方,乙方在合同期内不得支取。(二)入股金分为两部分:一部分每年固定为税后55万元,另一部分按每年实际年度绩效奖金的50%计算……(五)若合同期满时上海德力西集团有限公司尚未上市,如果双方不续签劳动合同,则甲方可决定以现金回购届时乙方的实际入股金总额(含每年6%的资金增值,从第二年开始计),或甲方决定是否同意乙方以届时实际入股金总额实际入股。若合同期满时上海德力西集团有限公司尚未上市,如果双方续签劳动合同,则甲方同意乙方以届时实际入股金总额实际入股。(六)若合同期内上海德力西集团有限公司成功上市,甲方同意乙方以届时实际入股金总额实际入股……"

2014年8月26日,上海德力西集团有限公司免去了李某总裁职务。同日,德力西公司聘任李某为其公司电气产业部总监。2016年6月13日,德力西公司向李某发出不再续签劳动合同通知书,告知李某公司将不再与其续签劳动合同。2016年9月,李某就其本案诉请向上海市普陀区劳动人事争议仲裁委员会提起申诉,该会以李某、德力西公司争议事项不属于该会受理范围为由,决定不予受理。李某不服，提起诉讼。

【争议焦点】

李某能否得到2014年1月至2016年7月相应的股金及利息？

【一审】

诉讼请求

1. 判令被告支付原告入股金人民币3,320,543元（以下币种均为人民币）以及暂计至2016年9月15日的利息420,566元。

2. 判令被告支付原告上述入股金自2016年9月16日起至实际支付之日止的利息。

裁判结果

德力西公司应于本判决生效之日起10日内支付李某股权激励金人民币1,565,000元及上述股权激励金的增值部分。

【二审】

上诉请求

李某要求支持其一审全部诉讼请求。

裁判结果

驳回上诉，维持原判。

【法院观点】

股权激励一定与业绩挂钩，因为二者一个是企业的整体业绩条件，另一个是个人业绩考核指标。德力西公司聘用李某为高级管理人员，在支付其高额工资金额的同时，又给予李某享受股权激励机制的待遇，目的就是要李某为企业创造更佳的经营业绩。李某完成工作任务经考核达到合格分值以上，德力西公司应给予奖励即双方约定的股权激励入股金；反之，李某工作业绩不能达标的，就无权取得股权激励入股金，这是德力西公司对企业高级管理人员设立股权激励机制的初衷。

双方签订劳动合同约定股权激励入股金分为固定入股金和浮动入股金，这仅是提取入股金的方法，但李某取得其中任何一项入股金的前提条件，均必须是完成工作业绩并经考评分值达到合格线以上。李某在双方劳动合同存续期间，完成一定工作业绩并经德力西公司考核达到合格分值以上的，德力西公司应按照劳动合同约定保障李某依法享有股权激励入股金的权利。在李某没有完成工作业绩且考核又没有达标的情况下，德力西公司有权依照设立股权激励的目的以及股权激励制度的本质特性,认定李某不符合获取股权激励入股金的条件,这是用人单位用工管理权的体现。德力西公司主张自2014年起,李某年度绩效考核均为F级(不合格:未能完成各项指标和目标任务)。法院最终认定2014年1月至2016年7月李某的年度绩效考核确系均未能达到合格标准,因此李某无法得到这部分的股权激励待遇于法不悖。

【律师视角】

案例评析

公民、法人的合法权益受法律保护。劳动合同的履行应当遵循诚实信用的原则。本案中,双方签订的劳动合同第十一条载明了劳动合同期内,德力西公司给予李某股权激励,每年配比一定金额作为李某今后入股上海德力西集团有限公司的资金。从上述两条合同的条款内容分析,可以明确作为一项股权激励政策,德力西公司允诺每年配比给李某作为今后入股上海德力西集团有限公司的资金,与双方约定的李某每月固定工资及年度绩效奖金,显然并非同一性质的收入。劳动者如果达到劳动合同中约定的股权激励履行条件,单位就应当根据股权激励条款的约定给予其相应的股金,反之则不给予其对应年份的股金。

实操建议

在这类案件进入诉讼程序之前,律师首先需要明确劳动者与用人单位之间签订的《股权激励协议》中的具体约定,分析劳动者能够取得股权激励待遇的条件。在这类案件中,劳动者一方通常需要承担相应的证明责任,证明自身已经达到了股权激励标准。

类似案例 | 范某某与上海吉元德食品有限公司劳务合同纠纷案

【基本信息】

原告:范某某

被告:上海吉元德食品有限公司(以下简称吉元德公司)

案由:劳务合同纠纷

案号:上海市浦东新区人民法院(2018)沪0115民初79259号

【相关案情】

范某某原系吉元德公司的工作人员,双方分别于2007年3月28日、2009年3月5日签订《劳动合同》;后因范某某退休,双方于2011年3月11日签订《特殊劳动关系协议》;后又分别于2013年3月12日、2016年3月29日、2017年2月17日签订《劳务协议》,其中最后一份《劳务协议》约定的协议期为2017年4月1日至2017年12月31日。2012年3月2日,范某某在名为“集团公司上市现金激励人员名单”的单据上签名,并注明“拿50%12,500元”字样。

吉元德公司确认其系克莉斯汀公司的子公司,2012年克莉斯汀公司准备上市,曾要求被告提交表现较好、工作有年限的干部名单,并进行奖励。2012年3月2日,范某某在名为“集团公司上市现金激励人员名单”的单据上签名,并注明“拿50%12,500元”字样。该单据内容为:“序号:50;类别:三年内退休、已经获得股权激励并自愿选择现金激励员工;公司名称:工厂主任副主任;部门名称:上海外高桥厂;职位:副主任;姓名:范某某;入职日期:2002－7－1;工作年限:空白;现金激励金额总额:25,000元,首次现金激励金额:12,500元;离职现金余额:12,500元。制表日期:2012－03－02。”

自2018年开始,范某某多次向吉元德公司及克莉斯汀公司领导反映相关情况,要求发放剩余现金激励12,500元。后范某某办理离职手续,因吉元德公司不支付股权激励金,遂提起诉讼。

【争议焦点】

吉元德公司是否应当支付原告股权激励金12,500元?

【一审】

诉讼请求

请求判令吉元德公司支付集团公司上市现金激励款人民币12,500元。

裁判结果

吉元德公司支付原告范某某12,500元。

【法院观点】

民事主体从事民事活动,应当遵循诚信原则,秉持诚实,恪守承诺。本案中,吉元德公司系克莉斯汀公司的子公司,范某某曾系吉元德公司的员工。根据吉元德公司陈述,2012年克莉斯汀公司准备上市,曾要求吉元德公司提交表现较好、工作有年限的干部名单,并进行奖励。虽然吉元德公司辩称关于克莉斯汀公司上市奖励,相关账目和人事均没有通过吉元德公司的财务部和人力资源部,其不清楚相关奖励政策,钱款也不是从吉元德公司处拿出的,但吉元德公司承认其当时确实向相关人员交付过此次奖励钱款。因此,法院有理由相信范某某所述的“集团公司上市现金激励”一事确实存在。同时,根据范某某所述,其曾经从吉元德公司处拿到过现金激励 12,500 元,法院再结合范某某签字的集团公司上市现金激励人员名单、证人证言、微信聊天记录、追索余款 12,500 元的函件以及存在集团公司上市现金激励这一事实等情况,可以认定范某某享受集团公司上市现金激励 25,000 元的事实成立。

现范某某已从吉元德公司处离职,符合领取余额 12,500 元的条件,吉元德公司应当遵循诚信原则,予以支付。范某某系吉元德公司的员工,亦是从吉元德公司处离职,相关报酬或奖励理应由吉元德公司支付。

【律师视角】

案例评析

本案中最重要的一点就是需要证明该公司的上市现金激励制度是否存在。根据该公司的员工激励名单等能够得出该项股权激励制度确实存在的结论,原告也在激励名单当中,并且此前已确实向相关人员交付过此次奖励钱款,因此被告应当按照该制度中约定的股权激励事项完成对员工奖励的支付。

第三节　履行条件之主体不符或标的不明

◎问题聚焦

员工如果要求用人单位履行其义务,首先,应当判定员工与用人单位之间签订的股权激励协议中,约定的授予员工激励权益的主体是否相符;其次,审查员工能否提供充分的证据来证明该股权激励协议与用人单位之间存在直接联系。如果激励协议履行主体不符,或标的不明,或存在其他问题,法院会如何判决呢?

◎裁判规则

1. 当股权激励履行主体不符或者无法确定,或者被告无法实际授予原告激励股权等权益,法院倾向于驳回原告请求激励股权和相关权益的诉讼请求。

2. 主张取得股权激励权益的当事人,若其自身对股权激励计划中的相关标的是否存在、其是否确实持有公司股权/股份/股票等无法确定,法院倾向于驳回其诉讼请求。

经典案例 | 王某、亚信(广州)软件服务有限公司劳动争议纠纷案

【基本信息】

再审申请人(一审被告、二审上诉人):亚信(广州)软件服务有限公司(以下简称亚信软件公司)

再审申请人(一审被告、二审上诉人):亚信科技(中国)有限公司

再审申请人(一审被告、二审上诉人):亚信科技(中国)有限公司广州分公司

被申请人(一审原告、二审上诉人):王某

案由:劳动争议纠纷

案号:广东省高级人民法院(2019)粤民申5733号

【相关案情】

王某称按照亚信软件公司(以下简称GDM公司)承诺的激励计划,2016年王某应得股票为166,036股。但就股票的具体情况,称不清楚是哪家公司的股票,也不清楚股票对应的权益,王某还称不要股票,只要求即将发布的2015年股权激励计划,GDM公司拟授予王某激励性股票RSU:166,036股。另相关邮件还注明郑重提示:(1)本封邮件仅为GDM公司的初步授予意向,并不具有任何约束力;GDM公司将要求签署正式的授予协议,王某最终可以被授予的激励性股票种类、数量、确权计划以及与此相关的其他权利义务将受限于GDM公司2015年股权激励计划,以及王某与GDM公司签署的正式授予协议的规定;(2)如在签署正式授予协议前离职,则无权获得本意向书中所规定的任何激励性股票。落款注明AsiaInfoSoftwareLimited,2015年12月。王某还称截至庭审时也不清楚股权激励计划有无具体实施方案或者折算为人民币的方案。亚信三公司对上述意向书的真实性不予确认,但不申请对其印章的真实性进行鉴定,亚信三公司还称上述文件载明仅为授予意向,不属于承诺,不是最终协议,不具有任何约束力。

【争议焦点】

亚信三公司是否应当向王某给付"股权激励承诺折算为股权或现金款项"?

【二审法院观点】

法院认为,关于王某主张亚信三公司应当向其给付"股权激励承诺折算为股权或现金款项"的上诉请求,一审判决阐述理由充分,处理得当,法院予以确认。

【律师视角】

案例评析

本案王某有关股权激励权益方面的诉请败诉的主要原因有两点：其一，其自身尚未厘清股权激励的授予方案，对于公司发放股票的情况、自己是否获得该激励性股票以及股票如何折算成人民币等皆处于不确定状态；其二，在股权激励授予计划仍存在不确定性因素的情况下，没有及时与公司方沟通，要求公司方就相关情况进行确认并签署相关协议。因此，在其本身就不确定应向谁主张权利、如何主张权利且又缺少相关证据的情况下，法院驳回王某有关股权激励权益方面的诉讼请求是必然的。

对比案例　李某玲与菲尼萨光电通讯（上海）有限公司劳动合同纠纷案

【基本信息】

上诉人（原审原告）：李某玲

被上诉人（原审被告）：菲尼萨光电通讯（上海）有限公司

案由：劳动合同纠纷

案号：上海市第一中级人民法院（2016）沪01民终8876号

【相关案情】

李某玲原系菲尼萨光电通讯（上海）有限公司职工。2012年7月4日，菲尼萨光电通讯（上海）有限公司以电子邮件方式告知李某玲其获得菲尼萨公司（被告在美国的母公司）限制性股票激励计划，授予李某玲的限制性股票将在未来的四年内分四次解禁，即从2013年至2016年每年解禁25%。根据上述激励计划，菲尼萨光电通讯（上海）有限公司告知李某玲其2012年、2013年、2014年、2015年分别享受菲尼萨光电通讯（上海）有限公司的美国总公司在美国公开发行的股票。菲尼萨光电通讯（上海）有限公司自2013年起，每满一年均替李某玲售出账户中总股票数额的25%，并在之后将股票出售款汇入李某玲工资卡内；至2016年度，李某玲该股票账户中仍剩余1268股。2016年3月3日，菲尼萨光电通讯（上海）有限公司解除了与李某玲的劳动合同。2016年3月11日，李某玲账户中的股票份数被清零。双方对此发生争议，李某玲遂诉至法院要求菲尼萨光电通讯（上海）有限公司支付股票折算成人民币后的价款。

【争议焦点】

菲尼萨光电通讯(上海)有限公司是否有义务支付2016年3月8日股票期权折现人民币?

【一审法院观点】

法院认为,首先,原告并无证据证明其该股票账户中被授予的股票系被告公司的相关股票,亦未能证明上述股票系由被告公司直接授予的;其次,原告亦未提供证据证明其被授予的股票在解禁后由被告负责出售。因此,原告要求被告兑现的股票实际上非被告公司发行的股票,故其要求被告支付2016年3月8日股票期权折现人民123,189.20元的诉讼请求,依据不足,本院不予支持。

【二审法院观点】

法院认为:关于上诉人李某玲主张被上诉人菲尼萨上海公司支付股票期权折现之诉请,根据现有法律规定,劳动者与用人单位之间的股权争议并不属于劳动争议受理范围,故本院在本案中不作处理,本院在此宣告原审法院所作判决不包含该不处理部分。

【律师视角】

案例评析

根据相关法律规定,当事人对自己提出的诉讼请求所依据的事实有责任提供证据加以证明;没有证据证明当事人的事实主张的,由负有举证责任的当事人承担不利后果。本案中,李某玲对于相关事实无法提供充分的证据证明,即使其所述内容为真实的,仍然需要举证责任的后果,法院驳回其诉讼请求符合法律的规定。本案二审则对股权争议直接作出不予处理的决定。

第四节　激励权益的实现

◎问题聚焦

激励者和激励对象双方对于股权激励权益实现条件是否已经具备发生争议时,或者处于主动履约地位的激励者不愿意按照股权激励协议向激励对象授予权益、激励对象认为股权激励权益的实现条件已经具备的,法院会如何裁判呢?

◎裁判规则

激励者和激励对象约定的激励权益的实现条件和实现方式,在没有法律强制性规定对其进行否定和限制的情况下,法院倾向于尊重双方的约定。无论是激励者还是激励对象,都应当尊重双方的约定,并按照约定履行。

◎案例详解

经典案例 | 中弘卓业集团有限公司与杜某合同纠纷案

【基本信息】

上诉人(原审被告):中弘卓业集团有限公司(以下简称中弘卓业公司)

被上诉人(原审原告):杜某

案由:合同纠纷

案号:北京市第三中级人民法院(2019)京03民终6849号

【相关案情】

2010年2月3日,为激励杜某在中弘股份工作期间继续勤勉尽职,甲方中弘卓业公司同意将其所持中弘股份10万股股票的收益权赠与乙方杜某。双方约定,股票收益权是指,中弘股份股票在交易市场进行转让时,转让价格与中弘股份向杜某定向增发的股票价格之间的差价。股票收益权的行权日为2010年2月8日起三年届满之日,即2013年2月8日。在杜某对股票收益权进行行权时,应书面委托中弘卓业公司通过二级市场进行转让。双方还约定,在行权日前,杜某若因违反法律、法规被追究刑事责任,或严重违反中弘股份的章程、规章制度或因其他过错而被中弘股份予以开除、辞退或解除劳动合同,则无权获得股票收益权。如在行权日前,杜某单方解除与中弘股份的劳动合同或辞职,则中弘卓业公司有权根据实际情况自行决定最终股票收益权的具体数额,或完全免除杜某的股票收益权。

2014年7月7日,杜某和北京中弘时代商业运营管理有限公司(中弘卓业公司关联公司)解除劳动关系。2015年6月2日及2016年3月8日,杜某分别向中弘卓业公司邮寄授权委托书,要求中弘卓业公司按照约定进行行权,中弘卓业公司一直未予处理,杜某遂向北京市朝阳区人民法院提起诉讼。

【争议焦点】

杜某离职后是否可以获得《股票收益权赠与协议》和《股权激励受让书》约定的相应股票收益?

【一审】

诉讼请求

请求法院判令中弘卓业公司按照《股票收益权赠与协议》和《股权激励受让书》约定支付股票收益差价款1,205,600元、股票分红款127,206元。

裁判结果

判令中弘卓业公司支付原告杜某股票收益款1,205,600元、股票分红款116,262元。

【二审】

上诉请求

依法改判驳回杜某的全部诉讼请求或将本案发回重审。

裁判结果

驳回上诉,维持原判。

【法院观点】

《股权激励受让书》是用人单位为了激励员工勤勉尽职并保持劳动关系稳定性而设立的双务有偿合同,杜某在行权期限届满后提出行权主张,应予支持。

由于协议约定杜某行权的方式为授权中弘卓业公司将承诺的股票在交易市场中出售,所得差价归杜某所有,因中弘卓业公司拒绝将股票在市场中进行交易,导致杜某无法实现协议约定的财产权益,故应当根据行权日之后的一段期间股票交易价格平均值估算价格确定中弘卓业公司补偿款。

【律师视角】

案例评析

因为根据双方所签订的协议内容,双方约定了杜某行权条件是以行权日前无单方解除劳动合同、辞职并且没有因过错被中弘卓业公司开除、辞退或解除劳动合同为前提的,再结合双方签订的《股权激励受让书》来看,上述协议并非合同法规定的赠与合同性质,而是用人单位为了激励员工勤勉尽职并保持劳动关系稳定性而设立的双务有偿合同,应属于合同法中的无名合同范畴,因此中弘卓业公司无权对协议行使任意撤销权。因此,杜某在行权期限届满后提出行权主张,理由充分,法院支持杜某诉讼请求的法律和事实理由充分。

实操建议

对于用人单位而言,股权激励是留住核心员工的有效方式,但不合理的股权激励设计可能导致公司经济利益受损,也可能因为诉累等造成公司形象受损。本案中,公司采取拖延策略、变相阻止劳动者行权,属于不诚信的行为,不仅会刺激尚持有本公司股权期权的员工尽快行权,在信息大爆炸的时代,也会对公司后续引进人才、留住人才的工作造成不利影响。

对比案例 | 庄某耀与厦门亿联网络技术股份有限公司劳动争议纠纷案

【基本信息】

上诉人(原审原告):庄某耀

被上诉人(原审被告):厦门亿联网络技术股份有限公司(以下简称厦门亿联)

案由:劳动争议

案号:厦门市中级人民法院(2014)厦民终字第1776号

【相关案情】

2010年5月18日,庄某耀与厦门亿联签订《海外人才引进协议书》,约定厦门亿联同意向庄某耀提供总数最高为300万股的期权,庄某耀有权在第二年起按每年100万股,每股人民币1元的定价向厦门亿联购买其公司的普通股。2011年1月20日,庄某耀与厦门亿联人员以公司投资者身份共同确认成立亿网联公司的项目及实施计划,拟以中外合资经营企业的形式成立亿网联公司。2011年6月3日,庄某耀自愿委托案外人卢某富代为投资亿网联公司人民币216,645万元,代为间接持有厦门亿联200万股。

2012年6月30日,庄某耀离开公司。2012年11月21日,庄某耀以厦门亿联拖欠工资为由向厦门市劳动争议仲裁委员会提起仲裁申请,厦门亿联提出仲裁反请求,要求裁决确认其已履行《海外人才引进协议书》,厦门市劳动争议仲裁委员会支持了厦门亿联的仲裁请求。庄某耀不服仲裁结果,提起诉讼。

【争议焦点】

《海外人才引进协议书》中的期权激励条款能否得到履行?

【法院观点】

《海外人才引进协议书》关于庄某耀有权在第二年起按每年100万股,每股人民币1元的定价向厦门亿联购买厦门亿联公司的普通股的约定没有明确持股方式必须为直接持有厦门亿联的原始股,因此如何解释持股方式成了判断厦门亿联是否履行合同义务的关键。法院认为,厦门亿联主要管理人员、技术人员与核心人员,共同出资设立亿网联公司的目的是持有厦门亿联的股份,从而以间接持股厦门亿联的方式实现对上述人员的股权激励,这一事实庄某耀是清楚的。此外,从庄某耀签署的《委托投资协议书》内容来看,庄某耀对委托卢某富代为出资亿网联公司、代持亿网联公司股权、股权折算后相当于厦门亿联200万股的事实都是清楚并一再确认的,故应当确认庄某耀、厦门亿联双方通过上述一系列合同及履行行为对《海外人才引进协议书》中未明确的持股方式达成了补充协议并已实际履行完毕。

【律师视角】

案例评析

本案的争议焦点在于庄某耀主张《海外人才引进协议书》约定的持股方式是直接持有厦门亿联的原始股,厦门亿联主张庄某耀间接持有亿网联公司的股份已经实现了股权激励权益。本案中,亿网联公司设立背景、股份管理办法均体现了该公司设立目的是以间接持有公司股份的方式实现股权激励,劳动者在明知且一再确认这些事实的情况下,仍主张持股方式为原始股,法院不予支持。

实操建议

对于用人单位来说,设立有限责任公司作为持股平台,再将持股平台的股份作为股权激励不失为一种好方式。员工通过有限责任公司持股,可以保证公司控制权的集中,且在本公司准备上市的情况下,对于规避因持股员工流动对公司层面股权结构造成调整具有独特优势。需要提醒用人单位的是,应当与劳动者明确约定持股方式,即通过持股平台代持公司股份,以避免约定不明造成的法律风险。

第五节　无法履行的认定

◎问题聚焦

造成股权激励协议实际无法履行的原因有很多,且原因会贯穿股权激励决定、授予、确认、行权等整个过程,包括公司无权授予导致实际履行不能、激励对象身份变化导致不再符合被激励条件、未及时行权导致权利丧失等。那么,在什么情况下,法院会认为激励协议实际履行不能,激励者无须继续履行股权激励协议呢?

◎裁判规则

或者因为不具备履行协议的现实基础,或者因为约定不明且法院也无法协助双方填充基本的意思空白,或者因为政策不支持或者不可抗力,造成股权激励协议履行不能等,法院将不倾向于支持股权激励协议的履行或继续履行。

◎案例详解

经典案例 | 王某与中国建设银行股份有限公司上海市分行劳动合同纠纷案

【基本信息】

上诉人(原审原告):王某

被上诉人(原审被告):中国建设银行股份有限公司上海市分行(以下简称建行上海分行)

案由:劳动合同纠纷

案号:上海市第二中级人民法院(2017)沪02民终2879号

【相关案情】

1988年7月,王某大学毕业后入职建行上海分行。2006年12月,建行上海分行发起员工持股计划,王某按照员工持股开户和认购交款通知交款16,700元。2009年5月,王某因个人健康原因辞职。

建行上海分行称,2008年财政部《关于清理国有控股上市金融企业股权激励有关问题的通知》规定,已建立股权激励计划的金融企业,均暂停实施股权激励计划,待新的政策出台后,进行修订完善。金融企业股权激励计划已授予激励对象但未行权的,不得行权。

2016年11月30日,王某向上海市黄浦区劳动人事争议仲裁委员会申请仲裁,要求追讨认购的内部职工股所付资金。仲裁委以双方的争议已超过仲裁申请时效为由,作出不予受理的决定。王某不服诉至法院。

【争议焦点】

财政部出台关于国有控股上市金融企业暂停实施股权激励计划的规范性

文件之后，股权激励协议是否可以继续履行？

【一审】

诉讼请求

1. 王某要求法院判决建行上海分行给付从2006年起至判决执行之日止职工内部股已分的红利。

2. 建行上海分行按市价受让王某名下的全部股份。

裁判结果

驳回王某要求中国建设银行股份有限公司上海市分行支付红利及按市价受让股权的诉讼请求。

【二审】

上诉请求

撤销一审判决，改判建行上海分行给付从2006年12月起至判决执行之日止王某所持建行职工内部股已分的红利。

裁判结果

驳回上诉，维持原判。

【法院观点】

虽然建行上海分行确认王某在2006年12月根据员工持股计划交款16,700元，但双方并未约定分红及行权期限，又因财政部发文暂停国有控股上市金融企业股权激励计划，不得行权，故现王某要求建行上海分行支付员工股的分红的条件尚不具备，难以支持。

【律师视角】

案例评析

本案的争议焦点是存在财政部出台要求国有控股上市金融企业暂停实施股权激励计划的规范性文件的前提下，股权激励协议未约定行权期限且未行权的王某能否向建行上海分行主张实现股权激励内容。鉴于在案件审理时，2008年财政部发布的《关于清理国有控股上市金融企业股权激励有关问题的通知》尚未被废止，关于此问题，财政部也未出台新的政策，故法院据此判决驳回原告实现股权激励的诉讼请求，符合法律规定。

实操建议

用人单位应当在明确自身单位性质（国有企业、上市公司等）的前提下进行股权激励方案的设计，且在签订股权激励协议时应当与劳动者约定清楚行权条件、行权期限等内容,否则如果基于政策原因造成员工不能行权,不仅达不到股权激励的目的,还会降低员工的获得感,进而可能影响企业文化和信誉;另外,如果因为行权条件约定不明、行权期限约定不明,出现员工在离职后仍可随时享受股权激励权益的局面,可能就更不是用人单位想要的了。

类似案例 | 席某祥与芜湖市福达物业管理有限责任公司股东资格确认纠纷案

【基本信息】

原告:席某祥

被告:芜湖市福达物业管理有限责任公司(以下简称福达物业公司)

案由:股东资格确认纠纷

案号:安徽省芜湖市镜湖区人民法院(2017)皖0202民初839号

【相关案情】

1999年2月,由包括席某祥在内的23个自然人购买了福达物业公司的全部股份。在分配股东份额时,23名股东决定在对股东份额重新分配的基础上,设立"集体股",集体股的资金从23名股东所缴纳的股本金中析出,为2万股,意在绩效管理中奖励非股东的优秀管理者或优秀职工。2000年2月,23名股东决定增资时,按照前述方式将集体股增至5万股,原告出资比例为3.3%。

然而,自公司成立至今,由于物业管理费用低廉,收缴困难,被告一直处于亏损状态,绩效奖励无法实施,且由于行业特点,将来扭亏为盈仍较为困难,设置集体股的初衷难以实现。原告退休后,提出分割集体股股份的要求,但因无法确定集体股的股东资格被拒绝。因此,原告诉请依法判决。

【争议焦点】

福达物业公司设立的集体股是否可以被分割?

【法院观点】

自设立集体股后,因客观原因公司尚未实施激励计划,原告作为股东,应受股东会议决议的约束。在股东会议形成新的决议前,该集体股所有权因未明晰到人,尚处于全体股东所有和待定持股人(优秀员工或公司管理人)占有、收益之间的特定状态。当前条件下,对集体股进行处置应遵循公司意思自治,即股东会作出决议决定集体股的股权是否明确到人,从而确定原告在集体股中的资格及持股比例。对于公司自治范围的事项,不属于司法审查范畴。鉴于公司现状,诉讼过程中,法院要求原被告双方召开股东会议讨论案涉事项,但因客观原因未果。综上所述,原告席某祥虽然对集体股出资,但按股东决议,其对集体股的占有、收益及处分权已受限制,对股东会决议的变更应遵循公司意思自治原则,在股东会改变现有决议前,其诉讼请求依据不足;故对原告的诉讼请求,不予支持。

【律师视角】

案例评析

本案的争议焦点在于福达物业公司在应否分割"集体股"。在公司设立之初分配股东份额时,全体股东确定设立"集体股"以奖励非股东的优秀管理者或优秀职工。然而,集体股的分割和处置属于公司内部自治的事项,在法院已经进行"督促"的情况下,公司基于客观原因并没有达成股东会决议,因此最终法院认为集体股目前无法以司法方式进行处置,符合法律规定。

实操建议

对于公司而言,应当结合公司的行业特点、发展阶段等因素来考虑是否需要设计股权激励方案。对于类似福达物业公司这样的企业而言,如果公司初始设立时已经预计到未来的发展空间有限,且公司本身价值不高,就一定要慎重考虑是否有做股权激励的必要性,否则股权不值钱,也留不住优秀人才,还引发股权纠纷,股权激励也就毫无意义。

类似案例 | 蒋某与相宜投资公司股东资格确认纠纷案

【基本信息】

原告:蒋某

被告:相宜投资公司、相宜股份公司

第三人:封某、严某

案由:股东资格确认纠纷

案号:上海市金山区人民法院(2012)金民二(商)初字第540号

【相关案情】

2009年10月27日,相宜投资公司成立,第三人封某和第三人严某均为公司创始股东。2010年3月,相宜股份公司邀请蒋某担任公司运营副总经理,蒋某予以确认，函件记载有蒋某可参与公司股权激励方案的内容。2010年5月16日，蒋某与相宜股份公司签订了劳动合同书，就双方之间的劳动关系进行了约定。2011年5月29日，原告蒋某等44名人员在相宜投资公司股东会决议签署页及自然人股东签字确认书上签名。2011年8月25日，相宜投资公司以将上述股东会决议签署页及自然人股东签字确认书上蒋某等3人的签名划去并加盖公司印章的方式，向工商部门办理股东变更申请。

后蒋某与相宜投资公司在运营方式、理念等问题上发生分歧，2011年12月16日，相宜股份公司向原告发出解除合同通知书。

【争议焦点】

蒋某是否因通过与相宜投资公司法定代表人封某、严某签订股权转让合同获得相宜投资公司的股权？

【法院观点】

蒋某主张与相宜股份公司存在股权激励方案，相宜股份公司和相宜投资公司对此均表示同意，但双方均不能向法院详细描述激励方案的具体内容，法院无法直接判别本案情形是否满足股权激励方案的要求。对此，蒋某也未能提供其与第三人封某和第三人严某之间的股权转让合同，以证明达成股权转让的合意。故根据证明责任的分配原则，原告蒋某应该承担举证不能的败诉后果。

此外，法院认为，即使存在股权转让合同，也不必然导致股权受让方已然取得股东资格。确认股东身份产生变更还需从多方面判断，诸如股东权利的实际享有或股东义务的实际履行等，从这个角度讲，即使蒋某与上述两位第三人之间存在股权转让合同，蒋某的诉讼请求也不符合法律规定。因此，依据现有证据以及法律规定，蒋某不能取得相宜投资公司的股权。

【律师视角】

案例评析

本案的争议焦点在于原告蒋某能否取得相宜投资公司的股权。原告蒋某虽然主张在2011年5月与相宜投资公司的法定代表人暨第三人封某、总经理暨第三人严某签订了股权转让协议，约定封某和严某分别将相宜投资公司约2.875%的股份转让给原告，但在庭审过程中，原告蒋某未提供股权转让合同证明上述主张，故蒋某关于股权转让合同成立的主张不成立。另外，即便是存在股权转让合同，也不必然导致股权转让可以实际发生。

第十章

持 股 平 台

第一节　持股平台和间接持股——尊重约定

◎问题聚焦

通过持股平台对劳动者进行股权激励是用人单位实施股权激励的常规操作，具体而言，就是在用人单位之外以若干激励对象作为主要成员来搭建有限合伙企业或者是特殊目的公司等持股平台，然后用有限合伙企业或特殊目的公司等持股平台去持有用人单位的部分股权，从而实现激励对象间接持有用人单位股权并同时产生防火墙效果的双重目的。

当劳动者与用人单位对持股平台上的股权激励的约定内容、劳动者是否持有股份等发生争议时，法院会如何裁判？

◎裁判规则

如果劳动者和用人单位约定通过持股平台间接持有用人单位的股份，在不违背法律强制性规定的情况下，劳动者获得股权、享受股权收益、退股等的条件都遵从约定。

◎案例详解

类似案例 ｜ 罗某、王某军股权转让纠纷案

【基本信息】

再审申请人(一审原告、二审上诉人)：罗某

被申请人(一审被告、二审被上诉人):王某军

案由:股权转让纠纷

再审案号:广东省高级人民法院(2019)粤民申1329号

【相关案情】

2015年3月25日,王某军、罗某、创客公司等签订《增资协议》,约定:王某军在本协议签署后设立魅客部落,并将其在创客公司12.41%的股权转给魅客部落。魅客部落持有的创客公司股权用于员工股权激励计划。魅客部落持有的股权将在本轮投资后稀释为10.43%。截至签署日,公司股东持股情况如下:王某军持股比例52.44%,罗某持股比例3%(由王某军代持),魅客部落持股比例12.41%(将由王某军转让)……2015年4月9日,魅客部落成立,王某军持股比例79.87%,罗某持股比例20.13%。

2017年6月9日,魅客部落与王某军签订《股权转让协议》,载明:鉴于至今公司股东会及或董事会均尚未审议通过期权计划,而且因公司拟激励对象、拟激励方案等已发生重大变化,魅客部落已无法履行作为公司对员工实施期权激励计划持股平台的义务。故魅客部落将其占公司10.43%的股权以124,100元转让给王某军。

2017年6月20日,魅客部落名下创客公司10.43%的股权变更至王某军名下。2017年9月6日,罗某向魅客部落银行账户转账20,130元,备注为股东股权出资。2017年10月12日,王某军向罗某邮寄回函,要求罗某提供银行账户,将其转入魅客部落账户的资金回转,并协助办理魅客部落的解散及注销等工商登记手续。另查明,二审时,罗某称王某军曾承诺给其股权作为回报,通过对当时创客公司2.5%的股权折算,罗某拥有魅客部落20.13%的股权,但上述主张罗某并没有书面证据予以证明。对罗某所称,王某军不予以认可,称其和罗某之间并不存在奖励股权的约定。

【争议焦点】

罗某是否拥有魅客部落20.13%的投资份额?

【一审】

诉讼请求

1. 确认王某军和魅客部落于2017年6月9日签订的《股权转让协议》无效。

2. 恢复魅客部落持有的创客公司10.43%的股权(价值124,100元)。

裁判结果

驳回罗某的全部诉讼请求。

【二审】

上诉请求

请求判令王某军恢复魅客部落持有创客公司10.43%的股权。

裁判结果

驳回上诉,维持原判。

【再审】

再审请求

二审判决认定事实不清,适用法律错误,审判程序不当,特申请再审。

裁判结果

驳回罗某的再审申请。

【法院观点】

罗某主张其持有魅客部落20.13%的投资份额,但魅客部落成立时,罗某认缴的注册资本为20,130元,实际出资0元,注册资金并未到位,只是在2017年9月6日双方诉讼发生后,罗某才向魅客部落银行账户转账汇款20,130元,备注为股东股权出资。根据王某军、罗某等签订的涉案《增资协议》,魅客部落设立的目的在于实施公司员工股权激励计划,仅为股权激励平台。罗某不能提交足够证据证明其实际持有魅客部落20.13%的投资份额,二审法院因此判由其承担举证不能的不利后果,并无不当。王某军将其在创客公司12.41%(后稀释为10.43%)的股权转给魅客部落作为激励公司员工的股份后,因拟激励对象、拟激励方案等发生重大变化,该10.43%的股权又转回给了王某军,王某军再将上述股权分别无偿赠与了蓝色核心、蓝色核心一,拟用于实施股权激励计划。王某军与魅客部落签订《股权转让协议》没有违反法律、行政法规的强制性规定,亦无证据显示损害了罗某的合法权益。因此,再审申请人罗某所提理由及请求,理据不足,法院不予采纳。

【律师视角】

案例评析

本案的争议焦点在于罗某是否拥有魅客部落20.13%的投资份额。罗某主张其持有魅客部落20.13%的投资份额,是王某军为了表示罗某对创客公司的重大贡献的奖励,承诺给罗某创客公司5%的股权,通过对当时创客公司2.5%的股权折算,罗某在魅客部落持有20.13%的投资份额。但是,一方面,这个约定是口头约定,王某军并未予以认可,罗某又不能提供其他证据予以佐证。另一方面,王某军、罗某等签订的《增资协议》中约定,魅客部落仅为实施员工股权激励计划的平台,魅客部落名下全部创客公司的股权均为实施公司员工股权激励计划而持有。

也就是说,不仅罗某所主张的与王某军的股权激励约定没有证据支持,反而有相反的证据显示罗某并不持有魅客部落20.13%的投资份额。因此,法院不支持罗某的主张是理所当然的。

实操建议

1. 在这类案件进入诉讼程序之前,律师首先需要明确是否存在股权激励的约定。如果答案为"是",律师需要协助当事人搜集证据,证明双方确实存在股权激励的约定。其次,股权激励的方式是什么,通过持股平台(如持股会)对当事人的权益造成哪些影响。最后,劳动者是否需要承担举证责任,承担哪些举证责任。按照"谁主张,谁举证"的原则,若劳动者主张与用人单位之间存在股权激励的约定,劳动者需要承担举证责任。

2. 对于单位来说,当计划通过持股平台的方式进行股权奖励时,要在股权激励协议中进行清晰的约定。而且,由于股权激励协议中的预期利益具有一定的不确定性,和劳动者的未来绩效相关,用人单位需要对劳动者进行更全面细致的考察,以明确奖励数额。对于股权激励协议的成立条件,最好基于本公司经营状况和对劳动者的业绩要求设定,立足于对劳动者工作积极性的调动和鼓励,以利于实际履行并进一步减少争议。

类似案例 | 李某国与山东福胶集团有限公司工会委员会等公司盈余分配纠纷案

【基本信息】

再审申请人(一审原告、二审上诉人):李某国

被申请人(一审被告、二审被上诉人):山东福胶集团有限公司工会委员会(以下简称福胶工会)

被申请人(一审被告、二审被上诉人):山东福胶集团有限公司(以下简称福胶公司)

案由:盈余分配纠纷

案号:山东省济南市中级人民法院(2015)民申字第64号

【相关案情】

李某国原系福胶公司副总经理。1999年6月,李某国响应福胶公司号召向福胶工会出资9万元,成为福胶工会持股会会员,福胶工会为其开具《持股会出资证明》一份,并加盖有"山东福胶集团有限公司工会内部职工持股专用章"。

2007年6月28日,福胶工会职工持股会各分会召开职工持股会会员代表大会,审议通过了《山东福胶集团有限公司工会职工持股会章程(草案)》(以下简称《章程》)和《山东福胶集团有限公司激励动态股管理办法(草案)》(以下简称《办法》)。《章程》规定:出资职工即成为公司职工持股会的会员;持股职工退股、转让、回购的,收回出资证明书;会员经企业同意调离、辞职、退休、内部退养等,在与企业解除劳动合同或办理手续一个月内,所持个人出资必须转让给职工持股会,由职工持股会以原值回购。

李某国在福胶工会入股后,于2006年10月分红4.5万元,2007年1月分红4.5万元,2007年9月分红13.5万元,2008年1月分红16.2万元,自李某国办理内部退养手续之后至今没有分红。

2008年10月,李某国与福胶公司签订《内部退休协议》,该协议约定:"同意李某国同志内部退休,经协商达成如下协议:内退工资(月标准)合计2795元。……五、按《章程》第五章第二十二条规定在办理内退手续时,同时办理本人职工持股会出资额转让退出手续。"后李某国与福胶公司办理了内退手续,但并未按该协议约定履行本人职工持股会出资额转让手续。

【争议焦点】

福胶工会、福胶公司是否应当对李某国进行盈余分配?

【一审】

诉讼请求

李某国要求福胶工会、福胶公司继续履行其内部退养后的分红义务。

裁判结果

驳回李某国的诉讼请求。

【二审】

上诉请求

请求撤销原审判决,发回重审或依法改判。

裁判结果

驳回上诉,维持原判。

【再审】

再审请求

原二审判决认定的基本事实缺乏证据证明。

裁判结果

驳回李某国的再审申请。

【法院观点】

福胶工会职工持股会各分会于2007年6月28日召开了职工持股会会员代表大会,审议通过了《章程》和《办法》,李某国未提交证据否定上述两草案的效力,故上述两草案可以作为本案有效证据使用,且对福胶工会及李某国均具有约束力。李某国与福胶公司在2008年签订的《内部退休协议》第五条明确约定:"在办理内退手续时,按《章程》规定同时办理本人职工持股会出资额转让退出。"《章程》第二十二条规定:"会员经企业同意调离、辞职、退休、内部退养等正常情况,与企业解除劳动合同或办理手续一个月内,所持个人出资必须转让给职工持股会,由职工持股会以原值回购。"《办法》第三十一条规定:"会员经企业统一调离本企业,或解除与企业的劳动合同,所持股份可转让给其他会员。"李某国签订《内部退休协议》后即不符合《办法》和《章程》对持股会会员的要求,故对其请求福胶工会、福胶公司按其在持股会的持股进行盈余分配的主张,不予支持。

【律师视角】

案例评析

李某国与福胶公司在2008年签订的《内部退休协议》第二十二条规定:会员经企业同意调离、辞职、退休、内部退养等正常情况,与企业解除劳动合同或办理手续一个月内,所持个人出资必须转让给职工持股会,由职工持股会以原值回购。而李某国未遵从约定,不配合进行出资转让并要求进行盈余分配,故法院不支持其主张的裁判是合法的。

实操建议

对于劳动者来说,当与用人单位签订退休协议时,或者签订其他各种协议时,一定要仔细考察协议的条款,因为退休协议或者其他任何协议都有可能会涉及劳动者的切身利益,例如对股权激励的方式和实施等产生影响,对于劳动者来说具有重大影响。

类似案例 单某祥、珠海汇达丰电力发展(集团)有限公司股东资格确认纠纷案

【基本信息】

上诉人(原审原告):单某祥

被上诉人(原审被告):珠海汇达丰电力发展(集团)有限公司(以下简称汇达丰公司)

案由:股东资格确认纠纷

案号:广东省珠海市中级人民法院(2018)粤04民终2984号

【相关案情】

1997年6月30日,珠海电力工业局工会职工持股会制定章程,约定:职工持股会是职工合作投资的管理机构,代表职工参与公司的投资,符合投资条件的职工可认购股份。同年12月,珠海电力工业局工会职工持股会制定《招股说明书》,记载:"由持股会与物资供应公司共同设立汇达丰公司。"

1997年12月26日,汇达丰公司向工商部门提交公司设立登记申请书,该申请书上记载的"股东名录"为珠海电力工业局工会和物资供应公司。1998年3月前后,珠海电力工业局工会委员会向单某祥发放员工股权证,该员工股权证记载的"公司名称"为"汇达丰公司","股东名称"为单某祥。

2000年4月24日,汇达丰公司向工商部门提交工商变更登记申请书,该申请书上记载的股东为"珠海电力实业公司"和"珠海电力工业局工会委员会"。2017年6月30日,珠海供电局召开会议,同意珠海供电局工会将名下持有的汇达丰公司股权及收购的隐名股权全部转让给奥粤公司。

【争议焦点】

上诉人单某祥能否凭借实际出资行为主张工商登记为汇达丰公司股东?

【一审】

诉讼请求

判令汇达丰公司确认单某祥的公司股东身份,签发出资证明书并记载于汇达丰公司股东名册及章程内。

裁判结果

驳回单某祥的诉讼请求。

【二审】

上诉请求

撤销一审判决,改判支持上诉人一审全部诉讼请求。

裁判结果

驳回上诉,维持原判。

【法院观点】

从持股会章程规定来分析,职工对投入持股会股价享有五项权利,其中所有权和分红被列为前两项。股东在调离、自然死亡等情况下,持股会有权收回股权。会员以其投入职工持股会的资金额享有收益和通过职工持股会参与公司经营管理等权利。从上述规定来看,单某祥的股东权利主要集中于获得经济利益,而参与公司的经营管理则须通过持股会进行。这些规定表明职工并不能享有完整的股东权益,更多是基于职工投资身份而享受特定福利。本案中由持股会持股的代持模式,决定了代持机构与公司之间构成股东与公司关系,职工会员与公司之间不存在直接持股关系。

汇达丰公司在成立之初,已明确由持股会和物资供应公司共同设立,在公司正常经营的二十余年中,公司章程也从未规定持股职工直接登记为公司股东的例外情形。有限公司的人合性要求各股东之间建立一种互相了解、友好信任的关系,否则会对有限公司的日常经营造成障碍;也即上诉人单某祥取代工会成为显名股东还需要得到公司其他股东过半数同意的条件,但至本案二审判决前奥粤公司与珠海电力实业公司并不予认可上诉人要求显名的请求。

第二节　退出持股平台,合伙份额怎么办

◎问题聚焦

当用人单位设立有限合伙企业等作为专门的员工持股平台,员工与用人单位劳动关系解除后,不再属于用人单位的激励对象,在股权激励协议或者合伙协议未约定股东离职当然退伙的情况下,用人单位能否要求劳动者返还相应份额?

◎裁判规则

1. 在劳动者已经与用人单位解除劳动关系的情况下，则劳动者不再是用人单位/员工持股平台实施员工股权激励计划的对象，如果因此触发退伙事由，应从员工持股平台退伙。如果用人单位违法解除劳动合同，劳动者可另行提起仲裁或者诉讼寻求救济。

2. 劳动者在离职时未按照约定请求有关主体回购份额，而径行要求起诉要求有关主体承担回购其财产份额并支付转让款的，不符合合伙协议的约定，法院倾向于不予支持。

◎案例详解

经典案例 | 刘某与徐某宏合同纠纷案

【基本信息】

上诉人(原审被告)：刘某

被上诉人(原审原告)：徐某宏

案由：合同纠纷

案号：北京市第三中级人民法院(2016)京03民终11908号

【相关案情】

2014年2月28日，北京中税网控股股份有限公司(以下简称中税网公司)与刘某签订《劳动合同书》，自合同签署之日起双方确立劳动合同关系。2014年10月23日，徐某宏与刘某签订《协议书》，约定：(1)徐某宏出让10%股权拟成立宏誉机构有限合伙(以下简称宏誉机构)(持股平台)持有中税网公司10%股权对员工进行股权激励，刘某为有限合伙人；(2)刘某享有中税网公司100万期权，该期权现对应有限合伙10万元份额，与此同时，刘某再投资有限合伙11万元，投资完成后，刘某共计享有该有限合伙20万元份额；(3)若刘某自中税网公司在全国中小企业股份转让系统挂牌并公开转让之日起两年内转让股份，则其持有的有限合伙10万元份额无偿转让给徐某宏，另外10万元份额以购买价11万元转让给徐某宏。

2014年12月18日，徐某宏、刘某等合伙人签订《合伙协议》，约定的退伙事由包括：(1)合伙协议约定的退伙事由出现；(2)经全体合伙人同意退伙；(3)发生合伙人难于继续参加合伙企业的事由;(4)其他合伙人严重违反合伙协议约定的义务。2015年12月31日,刘某从中税网公司离职。后徐某宏向一审法院起诉,要求刘某交付宏誉机构20万元份额。

【争议焦点】

刘某离职是否为触发退伙事由?

【一审】

诉讼请求

判决被告刘某交付宏誉机构20万元份额。

裁判结果

刘某于判决生效之日起10日内将其持有的宏誉机构20万元出资份额交付徐某宏。

【二审】

上诉请求

请求法院撤销原判,依法改判驳回徐某宏的诉讼请求。

裁判结果

驳回上诉,维持原判。

【法院观点】

法院认为,宏誉机构设立的目的是对中税网公司的员工进行股权激励,无其他经营项目。因此,宏誉机构的合伙人需是中税网公司的员工,当合伙人不再是中税网公司的员工时,即符合了《合伙协议》中约定的合伙人难以继续参加合伙企业的事由,与《协议书》中关于股权转让的约定并无冲突。故法院判决刘某败诉,判令其按照《协议书》的约定将其持有的宏誉机构20万元出资份额交付徐某宏并无不当。

【律师视角】

案例评析

本案的焦点在于,刘某离职是否会导致其应当退伙。本案二审法院首先认定持股平台的唯一经营项目和经营目的是用于中税网公司的员工进行股权激励,由此认定宏誉机构的合伙人应当是中税网公司的员工;若合伙人不再是中税网公司的员工,则触发《合伙协议》关于"发生合伙人难于继续参加合伙企业的事由"的退伙条件,自然就与《协议书》关于中税网公司在全国中小企业股份转让系统挂牌并公开转让之日起两年内劳动者刘某不得离职,否则转让持股平台份额的规定相一致。

实操建议

对于用人单位而言，如果通过设立持股平台进行股权激励，该持股平台又以合伙企业形式存在的，应该将退伙的事由尽可能设计完善，尤其要考虑好没有或者较少争议的退出事由，比如服务年限应当满足三年，因任何理由中断均导致退伙；如此，相关争议会少很多。

类似案例　张某与苏州慧众创投资合伙企业（有限合伙）合伙协议纠纷案

【基本信息】

原告：张某

被告：苏州慧众创投资合伙企业（有限合伙）

案由：合伙协议纠纷

案号：江苏省苏州市虎丘区人民法院（2018）苏0505民初5745号

【相关案情】

2016年10月18日，张某与苏州慧创盈矿业有限公司签订《苏州慧众创投资合伙企业（有限合伙）合伙协议》，约定：（1）苏州慧众创投资合伙企业由1名普通合伙人（苏州慧创盈矿业有限公司）及23名有限合伙人（张某等23个自然人）出资设立，张某认缴出资额为50万元，缴付期限为2016年12月31日，认缴比例为5.56%；（2）合伙企业以全体合伙人认缴的900万元对苏州慧创盈矿业有限公司进行出资，占公司注册资本总额的20%股权；（3）合伙人与苏州中材矿物新材料有限公司（后改名为苏州国建慧投矿物新材料有限公司）劳动关系、劳务关系或雇佣关系解除或终止，则该合伙人应当将其所持财产份额按照原受让或认购价格或上一年度末公司净资产所折算的价格（孰低）转让给普通合伙人或持股管理委员会指定的符合条件的第三方。协议签订后，张某实缴出资60万元。

2017年6月28日，张某与苏州国建慧投矿物新材料有限公司签订全日制劳动合同，2018年7月1日，苏州国建慧投矿物新材料有限公司向张某发出解除劳动合同通知书，决定从2018年7月1日起解除与张某的劳动合同关系。后张某向法院起诉，主张被告苏州慧众创投资合伙企业（有限合伙）购买张某的投资份额，并支付张某转让款600,000元。

【争议焦点】

苏州慧众创投资合伙企业(有限合伙)是否应当回购张某认购的股份?

【一审】

诉讼请求

被告苏州慧众创投资合伙企业(有限合伙)购买张某的投资份额,并支付原告转让款600,000元。

裁判结果

驳回张某的全部诉讼请求。

【法院观点】

法院认为,根据《苏州慧众创投资合伙企业(有限合伙)合伙协议》的约定,原告与该合伙协议约定设立的苏州国建慧投矿物新材料有限公司签订了劳动合同书,后双方劳动关系解除,并达成仲裁调解,根据合伙协议的约定,原告应当将其所持财产份额按照原受让或认购价格或上一年度末公司净资产所折算的价格(孰低)转让给普通合伙人或持股管理委员会指定的符合条件的第三方。普通合伙人根据协议约定即为苏州慧创盈矿业有限公司,而持股管理委员会指定的符合条件的第三方,根据庭审中被告确认为苏州国建慧投矿物新材料有限公司。原告并未向该二者表示转让财产份额的意愿,该二者也未表示拒绝接受转让的意思表示,此时被告并非协议约定的承担责任主体,双方也未就此达成一致,故对原告径行要求被告承担回购其财产份额并支付转让款的诉讼请求,不符合合伙协议的约定,法院不予支持。

【律师视角】

案例评析

本案与前两个案件都属于劳动者在股权激励要求的服务期内离职的情况,但本案特殊之处在于约定了无论劳动者工作多少年,只要劳动者离职,用人单位均应回购相应份额。本案中,负有回购义务有两个主体,一个为持股平台普通合伙人苏州慧创盈矿业有限公司,另一个为持股平台指定第三方苏州慧创盈矿业有限公司。法院认为,劳动者应当首先向约定回购机关主张回购,遭到拒绝后方可起诉。张某的做法违反了合同的约定,自然无法得到法院的支持。

实操建议

从劳动者的角度来说,第一,要明确自己在股权激励协议中可能获得的利益;第二,主张权利应当依据法律和协议的约定来进行。如果没有依照法律或者协议,即便自己有理,也可能得不到支持。

第十一章

出资和保证

第一节　员工出资的原因——股权激励对价？借款？其他原因？

◎问题聚焦

如果员工出资款项性质不明，法院在个案中，怎么确定款项是员工的股权激励出资款，或是对公司的借款，还是其他性质的款项呢？

◎裁判规则

当各方对相关款项属于股权激励款、借款或者其他性质款项发生争议时，法院在坚持“谁主张，谁举证”的基础上，将通过庭审努力查明事实。如果一方对自己的主张无法举证，法院又无法为其提供“帮助”，该主张自然很难被法院支持。

◎案例详解

经典案例 | 王某与张某利民间借贷纠纷案

【基本信息】

原告：王某

被告：张某利

案由：民间借贷纠纷

案号:北京市东城区人民法院(2016)京0101民初3939号

【相关案情】

2011年7月1日,通力盛达公司颁布股权激励管理办法,该办法规定,激励对象获取股权的来源为原告王某,激励对象确认认购激励股权后,应一次性向原告王某支付转让价款,转让价格为每元注册资本3.50元。2011年7月26日,被告张某利为原告出具借据,内容是:被告张某利向原告王某借款18万元,用于案外人李某亭向原告购买通力盛达公司的股权。李某亭每一次还被告张某利借款到账后,被告张某利必须在3个工作日内还借款给原告王某。如通力盛达公司未如期上市且原告王某要求被告张某利还款时,则通力盛达公司必须先行回购李某亭持有的股权;且原告王某同意用此借款冲抵通力盛达公司应支付给李某亭的部分回购款。此后,原告王某提供出借款项给被告张某利,被告张某利又将款项出借给李某亭,李某亭又将款项支付给王某用以购买原告王某持有的通力盛达公司的股权。

此后,通力盛达公司未能如期上市,且原告王某将其持有的部分通力盛达公司股份转让给北京京川产融投资有限公司(以下简称京川公司)。京川公司以每股0.5元的价格回购了李某亭持有的通力盛达公司股权,且被告张某利免除了李某亭向被告还款的义务,但京川公司未以应当支付给李某亭的股权回购款冲抵被告张某利向原告王某的借款。后王某将张某利起诉至人民法院,主张张某利返还18万元的款项。

【争议焦点】

原告王某与被告张某利之间是否存在借贷关系?

【一审】

诉讼请求

原告王某请求法院判令被告张某利偿还借款本金18万元。

裁判结果

驳回原告王某的诉讼请求。

【法院观点】

原告王某依据被告张某利出具的借据主张双方之间存在借贷关系,要求张某利还款,但被告张某利称双方之间并不存在真实的借贷关系。法院认为,借据中虽然写明被告张某利向原告王某借款18万元,但借据中也写明借款的用途是用于李某亭向原告王某购买通力盛达公司的股权。且原告王某向被告张某利提供借款后，被告张某利又将款项出借给李某亭，由李某亭支付给原告王某用以向原告王某购买通力盛达公司的股权。如果通力盛达公司没能上市，则应由通力盛达公司回购李某亭的股权，并以回购款冲抵被告向原告王某的借款。根据王某与张某利以及王某与案外人李秀某之间的协定可知，本案中借款并不是原、被告之间的真实意思表示，实际是原告王某通过被告张某利向李某亭提供借款，让李某亭从原告王某手中购买股权，以完成通力盛达公司上市的股权激励。因此，原、被告之间不存在真实的借贷关系，原告王某无权要求被告张某利返还借款，故法院判决驳回原告王某要求返还借款的诉讼请求。

【律师视角】

案例评析

本案涉及三方主体，王某作为股权激励的股权来源方，将部分所持股权用于股权激励；第三人李秀某作为受激励对象，有权以特定价格从王某手中购买股票；而本案被告张某利作为原告王某与第三人李秀某之间的中间人，从原告王某处借款18万元再出借给第三人李秀某，该笔借款用于从原告王某处购买股权激励的股票。整个运作过程原告王某、被告张某利和第三人李秀某都清楚。本案当中实际借款人是李秀某，实际受激励方也是李秀某，原告王某与被告张某利之间不存在真实民间借贷法律关系，故法院驳回原告王某关于返还借款的诉讼请求，有事实和法律的依据。

对比案例 | 雍某虎与深圳市新佳娜服饰有限公司劳动合同纠纷案

【基本信息】

上诉人（原审原告）：雍某虎

上诉人（原审被告）：深圳市新佳娜服饰有限公司（以下简称新佳娜公司）

案由：劳动合同纠纷

案号：广东省深圳市中级人民法院（2018）粤03民终9047号

【相关案情】

2014年9月15日，雍某虎加入新佳娜公司。2015年4月28日，新佳娜公司与雍某虎签订《股权激励协议书》，约定：自协议签订之日起，新佳娜公司每年向雍某虎转让公司1%的限制性股权，雍某虎每年向新佳娜公司支付受让款20万元，并同意该款由新佳娜公司按月自雍某虎工资薪酬中预告抵扣，即16,700

元……若雍某虎丧失股权激励资格及分红权益,新佳娜公司应将自雍某虎薪酬中已经预先抵扣但未享有限制性股权权益的工资款结算后退还雍某虎。2017年7月27日,雍某虎从新佳娜公司离职。后原告雍某虎将新佳娜公司起诉至人民法院,要求其支付其任职期间的2015年度和2016年度限制性股权分红。

【争议焦点】

被告新佳娜公司扣留雍某虎的款项的性质是限制性股权转让款,还是劳动报酬?

【法院观点】

根据《股权激励协议书》的规定,雍某虎在职期间的每月工资总额为41,700元,其中每月发放25,000元,其余16,700元作为“预先支付限制性股权转让款”留存在新佳娜公司处。这部分“预先支付限制性股权转让款”在新佳娜公司未能证明留存的款项已实际转化为雍某虎对于该公司的出资的情况下,其属无正当理由扣留本应向雍某虎发放的劳动报酬,故雍某虎在双方劳动合同履行期限届满后请求新佳娜公司予以返还预先扣除的劳动报酬,符合双方之间的约定,新佳娜公司亦应予返还。

【律师视角】

案例评析

本案争议涉及的是公司预留高管薪酬作为“限制性股权转让款”,高管离职后能否主张公司返还此部分薪酬的问题。法院认为,公司应当将预留的资金转为高管的出资,但是公司并没有进行这种转化,因此高管离职时公司应当返还此部分预留的劳动报酬。

对比案例 | 郭某坚与广州市香雪制药股份有限公司合同纠纷案

【基本信息】

原告:郭某坚

被告:广州市香雪制药股份有限公司(以下简称香雪制药公司)

案由:合同纠纷

案号:广东省广州市黄埔区人民法院(2017)粤0112民初4805号

【相关案情】

2015年1月13日,原告郭某坚与被告香雪制药公司签订了《关于广州市香雪制药股份有限公司第一期员工持股计划的认购协议书》,约定原告郭某坚参与香雪制药公司第一期员工持股计划"中信建投香雪财富1号集合资产管理计划",认购金额为1元/股,共计30万元。2016年3月22日,原告郭某坚与被告香雪制药公司解除劳动合同。

2017年1月20日,"广州市香雪制药股份有限公司——第一期员工持股计划"通过大宗交易的方式承接了第一期员工持股计划,成交价为10.52元/股。后原告郭某坚起诉被告香雪制药公司,要求返还持股计划认购款人民币300,000元及利息。

【争议焦点】

原告郭某坚要求被告香雪制药公司返还股权认购款30万元是否有合同依据?

【一审】

诉讼请求

判令被告香雪制药公司向原告郭某坚退还员工持股计划认购款人民币300,000元及利息。

裁判结果

驳回原告郭某坚的诉讼请求。

【法院观点】

法院认为,原告郭某坚与被告香雪制药公司解除劳动合同的情形不属于认购协议书约定的原告郭某坚不能取得股权激励的情形之一,原告郭某坚仍持有香雪制药公司股票。同时,涉案认购协议书第六条约定在员工持股计划存续期内,持有人不得要求对员工持股计划的权益进行分配;在存续期满或本员工持股计划提前终止时,香雪财富1号集合计划所持公司股票及其他固定收益类全部变现后再进行分配。综上,法院认为,第一期员工持股计划仍处于存续期,原告郭某坚无权要求对第一期员工持股计划的权益进行分配,待条件成熟时原告郭某坚可另寻法律途径解决。因此,原告要求被告返还认购款30万元并支付利息的主张,无事实依据,法院不予支持。

【律师视角】

案例评析

本案的核心争议焦点是被告香雪制药公司是否需要返还原告郭某坚认购股款本金。本案法院认为,本案判决作出时,新的持股计划尚未到期,根据劳动者与用人单位之间的约定,劳动者无权主张分配持股计划的权益,因此驳回劳动者的诉讼请求。但与此同时,法院也给出有关建议,即待条件成熟时原告可另寻法律途径解决。

对比案例 | 陈某斌与王某明委托合同纠纷案

【基本信息】

案号:浙江省金华市中级人民法院(2016)浙07民终2827号

【法院观点】

法院认为,原告陈某斌以王某明的名义参与青年汽车集团股权激励计划,系委托投资行为。被告王某明作为受托人,应当按照原告陈某斌要求,说明报告委托事务的处理情况,对委托事项原被告双方应及时沟通。原告陈某斌在向被告王某明交付认股金时,已明知款项用途及投资方式,且该认股金购买的金华祥瑞投资合伙企业(有限合伙)股权现在被告王某明名下,即被告王某明已完成受托事项。王某明已完成陈某斌的受托事项,陈某斌要求王某明返还给陈某斌投资款10万元并支付相应利息,无事实和法律依据,不应支持。

第二节　赠与式激励

◎问题聚焦

以赠与的方式给予员工股权激励,激励对象是否需要承担出资义务,看起来是个非常简单的问题;但是,公司破产时,是否可以向无偿接受股权的激励对象追缴出资?在公司股东存在出资瑕疵的情况下,将公司股权转让给激励对象,激励对象又是否需要对出资瑕疵承担责任呢?

◎裁判规则

赠与式股权激励是一种常见的方式,如果双方明确约定通过赠与方式转让股权,法院或倾向于认为受赠与方没有义务对赠与的股权进行出资,即便是在公司破产的时候。但是,如果约定不明,或者激励者和激励对象并未作出如此约定(赠与方式转让激励股权),那么激励对象承担出资义务的可能性就比较大了。

◎案例详解

经典案例 | 苏州仁成生物科技有限公司与王某华、吴某刚等股东出资纠纷案

【基本信息】

上诉人(原审原告):苏州仁成生物科技有限公司(以下简称仁成公司)

被上诉人(原审被告):王某华

被上诉人(原审被告):吴某刚

被上诉人(原审被告):吴某

案由:股东出资纠纷

案号:江苏省苏州市中级人民法院(2019)苏05民终4397号

【相关案情】

2015年3月18日,仁成公司与王某华等8人签订《仁成公司员工激励协议书》一份,该协议以吴某刚为甲方,以王某华等8人为乙方,以仁成公司为丙方,约定仁成公司于2015年3月对高管及员工进行股权激励,由公司实际控制人吴某刚向仁成公司赠送股权,形式上以增资方式操作;乙方合计认缴出资额为230万元,其中王某华出资额为20万元;并约定,该出资义务与乙方无关,由公司实际控制人吴某刚代为出资。2015年3月28日,仁成公司召开股东会同意上述事宜,并相应修改公司章程,确认乙方王某华等8人为新股东,出资期限为2015年6月30日。

2018年5月12日,苏州市相城区人民法院作出(2018)苏0507破2号民事裁定书,裁定受理苏州市相城区永信农村小额贷款股份有限公司申请仁成公司破产清算申请一案。该案管理人于2018年7月2日致函王某华,要求其补缴出资20万元。

【争议焦点】

激励股权系公司在破产前受赠取得,破产清算时,受赠人王某华是否负有出资义务?

【一审】

诉讼请求

请求判令被告王某华补缴出资款人民币20万元和逾期出资的利息。

裁判结果

驳回原告仁成公司全部诉讼请求。

【法院观点】

《最高人民法院关于适用〈中华人民共和国公司法〉若干问题的规定(三)》第十八条规定:“有限责任公司的股东未履行或者未全面履行出资义务即转让股权,受让人对此知道或者应当知道,公司请求该股东履行出资义务、受让人对此承担连带责任的,人民法院应予支持……”依据上述规定,继受取得公司股权的股东,仅在明知前手股东未履行出资义务的情况下承担连带责任。《苏州仁成生物科技有限公司员工激励协议书》中,明确约定王某华与出资义务无关,而应当由公司实际控制人吴某刚出资,且确认系由公司实际控制人吴某刚向员工赠送股权。因此,王某华虽已成为公司股东,但其是以接受赠与的方式继受取得公司股权,而并非以直接增资的方式取得公司股权。在吴某刚、仁成公司均作出明确意思表示,确认资金将由吴某刚履行出资义务的情况下,应当理解为王某华有理由相信吴某刚将履行出资义务,而无法推定王某华明知吴某刚不会履行出资义务。综上,虽然仁成公司现已被法院裁定受理破产清算申请,但向王某华追究出资责任于法无据,法院无法支持。

【二审】

上诉请求

请求判令被告王某华补缴出资款人民币 20 万元和逾期出资的利息。

裁判结果

驳回上诉,维持原判。

【法院观点】

就本案争议的出资问题,王某华已经拿出与仁成公司、吴某刚签订的股权激励协议书,举证证明其持有相应股权系因仁成公司为激励高管及员工而实施的股权赠与所取得。仁成公司现在破产时不认可上述协议,但并未提供任何的反证,故一审法院对股权激励协议书予以采信,并无不当。由于上述股权系仁成公司在破产前实施的赠与,王某华作为相对方并不负有出资义务,仁成公司在破产后又要求王某华履行出资义务,明显缺乏依据,一审法院驳回其诉讼请求的处理,并无不当。

【律师视角】

案例评析

虽然公司法规定了原股东与继受股东对出资的连带责任,但该规定仅在公司、股东没有约定的情形下方可适用。公司股权激励协议书由公司、转让方、受让方三方签字盖章,如不存在违反法律法规的强制性规定以及公司章程规定的情形,应认定协议有效,当事人应当遵守相互之间的约定。

实操建议

对于激励者而言,需要特别注意的是,赠与式股权激励方式是发生纠纷的重灾区,一是未明确该种股权转让到底属于什么性质,在法律上容易引起争论,毕竟未出资;二是由于是免费的,所以公司和激励者会有更大的要回股权或者要求支付股权转让款的冲动。因此,在进行赠与式激励时,第一,要选择合适的时间点进行;第二,要进行详细的约定;第三,要尽量考虑到各种特殊情况;第四,要将退出机制约定清楚。

对比案例 | 陕西思润教育投资咨询有限公司与马某里、郭某丽股东出资纠纷案

【基本信息】

上诉人(原审被告):马某里

被上诉人(原审原告):陕西思润教育投资咨询有限公司(以下简称思润公司)

案由:股东出资纠纷

案号:陕西省西安市中级人民法院(2017)陕01民终7393号

【相关案情】

陕西太博教育文化投资咨询有限公司于2009年2月16日设立,注册资本100万元,2010年4月19日该公司名称由陕西太博教育文化投资咨询有限公司变更为"陕西思润教育投资咨询有限公司"(以下简称思润公司),投资人于2014年12月17日进行变更,由郭某鑫(股权比例60%)、郭某丽(股权比例20%)、相某(股权比例20%)、变更为郭某鑫(股权比例65%)、马某里(股权比例15%)、李某(股权比例8%)、相某(股权比例8%)、郝某(股权比例4%);同日,法定代表人由郭某鑫变更为马某里;案件审理过程中,法定代表人由马某里变更为郭某鑫。

庭审中,思润公司提交《股东转让出资协议》,证明郭某丽将其15%的股权转让给马某里,郭某丽认可该协议的真实性;马某里承认该协议中马某里的签字系其本人所签,但称郭某丽所有的15%股权系由郭某鑫以股权激励协议的形

式赠与，马某里未就上述主张提交相应股权激励协议证据。同时，郭某丽称，其未向公司实际缴纳 20 万元出资额。马某里称，其未向郭某丽支付过股权转让款。

【争议焦点】

马某里是否需要对郭某丽未履行出资义务的行为承担连带责任？

【一审法院观点】

马某里称其 15% 股权系由郭某鑫以股权激励协议的形式赠与所得，但其未提交相应证据予以证明，故认为马某里的陈述与现有证据存在矛盾。另，马某里曾任思润公司的法定代表人，其作为法定代表人及股东，应对该公司的出资、持股、经营状况知晓。马某里作为完全民事行为能力人，在受让股权时，应当核实郭某丽对公司是否全面履行出资义务；马某里受让 15% 股权，却未向郭某丽支付相应对价，足以证明马某里应当知道郭某丽向思润公司未全面履行出资义务一事。根据《最高人民法院关于适用〈中华人民共和国公司法〉若干问题的规定（三）》第十八条的规定，有限责任公司的股东未履行或未全面履行出资义务即转让股权，受让人对此知道或应当知道，公司请求该股东履行出资义务、受让人对此承担连带责任的，人民法院应予支持，因此对思润公司诉请主张马某里对 15 万元的出资义务承担连带责任，依法予以支持。

【二审法院观点】

马某里上诉称郭某丽作为思润公司股东已向思润公司缴纳了出资额，但郭某丽承认其未实际出资，马某里受让其股权后也未支付股权对价，故马某里主张郭某丽已向思润公司履行出资义务与事实不符，法院不予支持。马某里上诉称其受让的郭某丽的股权是郭某鑫以股权激励形式赠与的，无须支付股权对价，并提交了 2015 年 5 月 5 日其与西安思润出国咨询服务有限公司签订的劳动合同，该合同有 2014 年 9 月 12 日马某里与西安市雁塔区思润培训中心和郭某鑫签订的股权激励协议自本合同签订之日作废的内容证明，但西安市雁塔区思润培训中心与思润公司既不是一个公司，也不属于一个法律主体，故马某里上诉主张其受让的郭某丽的股权是郭某鑫以股权激励形式赠与的观点证据不足，法院没有采信。

【律师视角】

案例评析

作为股权受让方，其在受让股权时，有义务查证股权所对应的出资是否已经履行。如果受让方明知或应知出让方未尽出资义务，仍受让该股权，其应对转让股东的瑕疵出资承担连带责任。

出让方未尽出资义务即转让股权,请求出让方与受让方承担连带责任的,该权利主体既可以是公司,也可以是公司的债权人;也就是说,公司或公司的债权人都可以提出该主张转让股东和受让股东承担连带责任。

但需注意的是,受让人承担连带责任的前提是主观上必须是"知道或者应当知道出让方未尽出资义务而仍然接受股权受让";如受让方根据当时的情况已经尽到了合理的注意义务而确不知情,则受让方构成善意受让,并不需要与出让股东承担连带责任。

第三节　保证金和押金

◎问题聚焦

员工为股权激励事项向公司缴纳保证金,若就保证金而产生纠纷,纠纷类型是劳动争议还是普通合同纠纷?员工所缴纳的保证金如何定性?是否可以退还?

◎裁判规则

因股权激励而缴纳的保证金,非因劳动关系产生,由此产生的保证金纠纷较少被视为劳动争议,多数情况下会被法院作为普通合同纠纷处理。如果作为普通合同纠纷来处理,保证金应当按照约定和法律规定来处理。如果相关款项被作为劳动关系基础上的押金来认定,则保证金必然应当退还。

经典案例 | 赵某与北京华盛国际航空服务有限公司劳动争议纠纷案

【基本信息】

上诉人(原审原告、原审被告):赵某

上诉人(原审被告、原审原告):北京华盛国际航空服务有限公司(以下简称华盛公司)

案由:劳动争议

案号:北京市第三中级人民法院(2017)京03民终12952号

【相关案情】

赵某于2013年12月6日入职华盛公司，担任业务经理，华盛公司为赵某交纳社会保险至2015年3月；双方签有期限为2013年12月6日至2015年12月5日的劳动合同，并签有薪酬协议。

赵某主张其向华盛公司共计交纳团队建设资本金150,000元，并主张该团队建设资本金为押金性质；现双方劳动关系已解除，因此要求华盛公司返还该150,000元。华盛公司主张该款项并非押金，仅作为内部管理机制，因赵某对其很重要，且其属于小公司，没有完善的股权激励等机制，其要求赵某交纳团队建设资本金，属于股金的性质；并称双方约定交纳的资本金数额为300,000元，赵某仅实际缴纳150,000元。

【争议焦点】

团队建设资本金属于不应该收取的押金，还是具有股金性质？

【法院观点】

法院认为，本案二审争议的焦点为涉案150,000元的性质以及是否应当返还给赵某。华盛公司主张涉案的150,000元性质为股金而非团队建设资本金，但据查，赵某并非华盛公司股东，并未享受股东权利，而根据双方签订的薪酬协议所约定内容可知该笔欠款并非股金性质。现华盛公司主张赵某存在出私单及亏损等行为，应当按照协议约定对涉案150,000元不予返还，并向法院举证证明赵某与客户存在私下账目往来的情况；但经询，华盛公司并未举证证明赵某所用账户为公司业务往来款的专属账户，同时双方合同并未禁止赵某使用该账户进行个人活动的账目往来，因此在华盛公司未对赵某存在出私单行为提供有效证据的情况下，法院对于华盛公司就该项主张的举证及上诉意见不予采信。本案审理过程中，华盛公司向法院申请调查赵某银行卡2013年12月6日至2015年12月5日的交易明细，以证实赵某存在出私单的行为，对此法院认为，赵某银行卡并非公司专属业务用卡，其与他人存在经济往来的情况，不属于本案劳动争议审理范畴，与本案无关联性，故法院不予准许。现薪酬协议随双方劳动关系的解除而解除，法律明确禁止用人单位向劳动者收取押金类款项，因此华盛公司应当返还赵某涉案150,000元。

【律师视角】

案例评析

此案例中，法院认为其系劳动争议。关于劳动争议中团队建设资本金的性质，虽华盛公司主张该资本金系股金性质，但赵某并非公司股东，不享有公司股权，公司也没有证据证明其系股权激励保证金，因此法院认为华盛公司在员工入职后收取该资本金并无法律依据。

实操建议

由于劳动法明文禁止用人单位向劳动者收取押金等款项，因此，实践中用人单位类似的做法不会得到法院支持。即便该笔款项单位确系出于股权激励目的而收取的保证金，一旦劳动者离职，该笔保证金也会面临被劳动者起诉退还的风险；如果公司担心对单位具有极大贡献力的劳动者"跳槽"，应尽可能在合法范畴内进行操作，比如健全股权激励手段，制定合理的留人机制，促使劳动者心甘情愿与单位同发展、共进退。

类似案例　|　周某平与重庆五环富侨保健有限公司劳动争议纠纷案

【基本信息】

原告：周某平

被告：重庆五环富侨保健有限公司（以下简称五环富侨公司）

案由：劳动争议

案号：重庆市九龙坡区人民法院（2018）渝0107民初3488号

【相关案情】

2018年1月10日，周某平以五环富侨公司为被申请人向重庆市九龙坡区劳动人事争议仲裁委员会申请仲裁。请求："1.被申请人支付申请人解除劳动合同的经济补偿金43,000元；2.被申请人支付申请人年假经济补偿金5931元；3.被申请人支付申请人股权激励保证金19,101元；4.被申请人支付申请人未报销的电话费600元和交通费600元。"因仲裁委超时未裁决，原告周某平向重庆市九龙坡区人民法院提起诉讼。

庭审中，周某平举示了落款日期为2017年1月17日的《收据》及落款日期为2018年1月2日的《重庆五环富侨保健有限公司公司拖欠员工费用核算单》（以下简称核算单）。《收据》载明"今收到周某平股权激励保证金金额（大写）贰万肆仟元""收款单位"处加盖了五环富侨公司单位名称字样的财务专用章。核算单载明的欠费项目有"股权激励保证金"，项下载明欠费金额为19,101.66元。"欠费说明"备注有："股权保证金24,000元，扣除个人保险费4672.84元，扣除借款225.5元。”核算单“其他”项下还备注:“扣除1、2月保险2712.74元。”核算单落款处有原告签字,并加盖了被告单位名称字样的公章及财务专用章,署名有“胡某容”。

【争议焦点】

股权激励保证金是否应予退还?

【一审】

诉讼请求

判决被告五环富侨公司向原告周某平退还股权激励保证金16,388.92元。

裁判结果

被告五环富侨公司内向原告周某平返还股权激励保证金16,388.92元。

【法院观点】

原告举示的核算单加盖了被告单位名称字样的公章及财务专用章,并签署了被告公司法定代表人的姓名,《收据》也加盖了被告单位名称字样的财务专用章,且无其他证据能够推翻核算单及《收据》的真实性,因此被告应当退还原告股权激励保证金。

【律师视角】

案例评析

尽管法院将原告周某平所缴纳的保证金认定为股权激励保证金,但是将该纠纷归为劳动争议纠纷笔者存有疑问,笔者认为将该纠纷归为普通合同纠纷更为适宜。因确认劳动关系、追索劳动报酬、工伤医疗费、经济补偿或者赔偿金等发生的争议的才属于劳动争议的范围,应当经劳动仲裁前置程序处理;因股权激励而缴纳的保证金,而并非因劳动关系产生的奖金、分红等属于劳动报酬性质的款项,由此产生的纠纷不是劳动争议,而是普通合同纠纷。当然,出于节省司法资源的考虑,这样的处理也具有一定合理性。

实操建议

劳动法明确规定,用人单位不允许向劳动者收取押金等款项。用人单位采取向劳动者收取“股权激励保证金”的做法,或许在心理上可以对劳动者起到一定程度的“捆绑”作用,但在法律上却难以得到支持。建议用人单位从完善用人机制出发,设计出小额、高频、永续等行之有效且合法合规的股权激励方案。

第十二章

股 东 资 格

第一节　确认股东资格

◎问题聚焦

股权激励对象可以通过股权激励获得股东资格，享有股东权利，无论其是否实际出资。实践中，如何认定激励对象的股东资格、如何确认股权数量是激励者和激励对象之间的争议焦点。

◎裁判规则

在股东资格认定中，确认股东取得股东资格必须符合形式要件和实质要件。实践中，公司章程、股东名册、出资证明、股权凭证、出资协议、股权转让协议、赠与或继承文件、工商注册登记文件等都可以成为证据。根据公司法及其相关规定，认定股东资格应当以股东的认缴或者实缴出资作为重要认定依据，同时结合股权激励协议等法律文件及公司其他法律文件来考察。需要注意的是，工商登记资料在某些情形下不能真实地反映公司的股权状况。

◎案例详解

经典案例　|　**周某国与湖南唐人神控股投资股份有限公司、唐人神集团股份有限公司股东资格确认纠纷案**

【基本信息】

原告：周某国

被告:湖南唐人神控股投资股份有限公司(以下简称唐人神控股公司)

被告:湖南唐人神集团股份有限公司(以下简称唐人神集团公司)

案由:股东资格确认纠纷

案号:湖南省株洲市天元区人民法院(2016)湘0211民初478号

【相关案情】

被告唐人神控股公司系被告唐人神集团公司控股股东,系2002年被告唐人神集团公司职工股清退后,由48名自然人股东以退股款和自筹资金与香港大生行饲料有限公司(以下简称大生行)共同设立。

2007年1月4日,唐人神集团公司制定了《股权激励方案》,规定基于本人原因离开公司但未违反限制性条款的所有期股自离开公司之日全部核销。2007年2月16日,原告周某国与唐人神控股公司签订《股份认购书》,唐人神控股公司向原告周某国发放了股权证。

后为了《股权激励方案》得以实施,大生行将其所持有的唐人神控股公司2,050,463股作为期股激励上述符合条件的中高层管理人员,并将该部分股权转让给股东刘某,由刘某代持。同日,为了配合唐人神控股公司股权激励方案,将其中的112,570股转让给原告周某国,原告周某国未支付对价。2009年3月30日,唐人神控股公司召开临时股东会,根据股东会决议,确认原告周某国所持股份从250,000股折成112,570股。股权证载明原告周某国所持股份总额为112,570股,股权证注明本股权证所有权利受《股权激励方案》的约束。

2010年7月,原告周某国因劳动合同到期而离职,已不符合获得期股的条件,公司依据《股权激励方案》核销了原告周某国全部期股。在原告周某国离职后,被告唐人神控股公司对原告周某国所持有的股权配送、分红等一直未予确认,双方协商未果,酿成本案纠纷。

【争议焦点】

1.《股权激励方案》是否合法有效?对原告周某国是否具有约束力?

2. 原告周某国所持被告唐人神控股公司股权数额应如何认定?

【一审】

诉讼请求

两被告公示并与原告周某国共同确认原告所持有的被告公司的股权数额。

裁判结果

确认原告周某国持有被告唐人神控股公司的股份数额为39,072股。

【法院观点】

在股东资格认定中,确认股东取得股东资格必须符合形式要件和实质要件。工商登记属于形式要件,实质要件是向公司出资并结合股权证和其他法律文件等共同认定。工商登记资料在特殊情形下不能真实地反映公司的股权状况。本案中,被告唐人神控股公司实施的股权激励制度中,股东刘某与公司签订代持协议,由刘某代持大生行所转让股份,再由刘某将相应股份转让给各股权激励对象。刘某转让给原告周某国的部分股份实际上系刘某代持,刘某并不享有该部分股份的所有权,该股份转让是为了配合公司实施《股权激励方案》、办理工商注册登记手续,原告周某国亦未支付任何对价。由此可以看出,本案中存在工商注册登记资料已无法真实地反映被告唐人神控股公司股权分布及各股东实际持有的股权数额的情形,且工商注册登记资料系股东资格认定的形式要件,非实质性要件,故工商注册登记资料对内不足以作为认定股东资格的依据。至于原告周某国提供的招股说明书,在法律性质上系被告唐人神集团公司发出的要约邀请,亦不足以作为认定股东资格的依据。

【律师视角】

案例评析

本案的争议焦点在于股东资格和股份数额的确认。原告周某国提供的招股说明书,在法律性质上系被告唐人神集团公司发出的要约邀请,不能单独作为认定股东资格的依据。认定股东资格应当以股东的出资等作为主要认定依据,还要结合股权证及公司其他法律文件。

本案中,原告未满足期权股任职满八年的激励条件,故公司对这部分股权核销符合法律规定和当事人双方的约定;关于现金股,由于原告已经支付了现金股对应的金额,完成了出资,因此该部分的股权能够得以支持。

第二节　股权代持

◎问题聚焦

在股权激励实践中,公司授予员工股权后,经常采取股权代持的方式。那么,法院如何判断诉争股权是否被代持?如果被代持,被代持的是实股还是虚拟股权呢?上述认定对于后续相关的股权交易又会产生什么影响呢?

◎裁判规则

1. 当受激励所得股权究竟是虚拟股权还是代持实股发生争议时,法院在有股权代持协议等明确证据支撑的情况下,才会认定实股代持关系存在,并确认投资权益归属。但依据公司法,出于保护公司股权结构稳定以及交易安全的目的,支持确认股东资格必须经过公司其他股东半数以上同意或者认可。

2. 激励对象获授股权/股份与激励对象将所获授股权/股份进行交易,属于不同的法律关系,法院通常在厘清各自关系的基础上,依据法律规定和事实,作出审慎认定和裁判。

◎案例详解

经典案例 | 林某与张某鹏合同纠纷案

【基本信息】

再审申请人(一审原告、二审上诉人):林某

被申请人(一审被告、二审被上诉人):张某鹏

案由:合同纠纷

案号:浙江省高级人民法院(2019)浙民申 2647 号

【相关案情】

张某鹏原系上海爱数软件有限公司(以下简称爱数公司)管理人员。2014 年 9 月 5 日,张某鹏(甲方)与上海众允实业有限公司(爱数公司控股股东,以下简称众允公司)法定代表人贺某富(乙方)签订《股权转让及委托持股协议书》,受让贺某富所持有的众允公司 1.17% 股权,并委托贺某富代持。

2014 年 9 月 10 日,张某鹏通过电子邮件向林某发送《股权证明》电子文本,载明其通过贺某富在众允公司合法拥有 1.17% 股权,即实际持有爱数公司 108 万股虚拟股;并表明其作为众允公司的股东,具备相应股权的收益权或处置权。当日,众允公司、贺某富、爱数公司共同出具内容相同的《股权证明》一份。

2014 年 9 月 11 日,林某(甲方)与张某鹏(乙方)签订《股权代持协议》一份,委托张某鹏代为购买爱数公司股份,并受让来源于贺某富转让给被告并代持的爱数公司 20 万股股份,并约定由张某鹏代为持有上述股份。后,林某认为张某鹏未按约履行义务,故诉至法院,要求解除代持股协议。

【争议焦点】

张某鹏是否存在违约行为?

【二审法院观点】

法院认为:本案中,张某鹏与林某订立案涉《股权代持协议》后,张某鹏已向案外人贺某富购买并通过贺某富代持了众允公司1.17%的股权,其已履行了上述协议项下的义务,林某主张其合同目的无法实现缺乏事实依据,本院对其解除合同的主张无法支持。至于张某鹏订立合同时是否存在隐瞒购买股份真实价格的欺诈行为,不属于本案解除合同之诉的审查范围,本院不予审查。原审判决实体处理得当,可予维持。

【律师视角】

案例评析

本案中,众允公司为爱数公司的控股股东,张某鹏通过受让贺某富持有的众允公司1.17%股份,并由贺某富代持,而实际持有爱数公司108万股虚拟股权,由此可见众允公司实则是为对爱数公司员工实施股权激励而设立的持股平台。

根据《股权证明》以及张某鹏与林某签订的《股权代持协议》可知,其一,林某对于自己所受让的爱数公司股权实则是相应的众允公司股份是明知的;其二,林某对于自己受让的张某鹏的股份实际上由贺某富代为持有是明知的。故而贺某富代张某鹏持有的众允公司1.17%股份中,0.217%的股份的实际持有人为林某,剩余0.953%为张某鹏实际持有。

本案涉及两个股权转让以及两个代持股协议,所以,法院根据实际持有人获得股份的法律基础关系不同,将贺某富所代为持有股份作出区别认定是有事实和法律依据的。

实操建议

在持股平台、代持关系以及股权/股份转让等同时存在的复杂情况下,避免争议的关键在于厘清多重法律关系,明确各主体的股权/股份来源以及权利义务。我们建议,隐名股东在处分股权/股权时,必须获取股权证明、代持股协议、转让协议等文件,以向交易相对方证明持股状况及履约状况。同时,交易相对方也要对此予以重视,明晰法律关系,确认自己所受让的股权/股份并无效力瑕疵,避免损失。另外,权利相关人的知晓和认可,对于股权代持关系一直是个关键问题。

对比案例 | 高某等与贺某刚与公司有关的纠纷案

【基本信息】

上诉人(原审原告):高某

被上诉人(原审被告):贺某刚

原审第三人:新疆格瑞迪斯石油技术股份有限公司(以下简称新疆格瑞公司)

案由:与公司有关的纠纷

案号:北京市第三中级人民法院(2019)京 03 民终 5079 号

【相关案情】

新疆格瑞公司系北京格瑞迪斯石油技术有限公司(以下简称北京格瑞公司)的全资子公司。高某于北京格瑞公司任职期间,先后通过配股及现金认购方式,取得北京格瑞公司共计 167 万股股权。后高某的人事关系转至新疆格瑞公司。

2013 年 2 月 26 日,贺某刚、高某等签订《合伙协议》,并于 2013 年 3 月 13 日成立轮台县华瑞天美投资有限合伙企业(以下简称华瑞天美)。2013 年 10 月 14 日,贺某刚、高某等签署《华瑞天美合伙持股管理办法》,约定通过持有华瑞天美的出资份额而间接持有格瑞迪斯集团股权。同日,高某签署《承诺函》,载明其系格瑞迪斯集团受激励人员,持有华瑞天美 9.54 万元出资份额;以及《确认函》,确认其知晓华瑞天美系贺某刚为实施格瑞迪斯集团股权激励而设立的持股平台,由其代贺某刚持有的华瑞天美 60 万元出资份额,部分份额将按照贺某刚指示分配给受激励员工,剩余的出资份额 9.54 万元归其本人实际享有。

2013 年至 2014 年华瑞天美就合伙人变更事项形成决议,均记载高某出资 9.54 万元。2018 年 4 月,贺某刚通过微信向高某确认其所持有的北京格瑞公司股份按照的 2.5∶1 转入新疆格瑞公司。高某主张,贺某刚代其持有的股权转入新疆格瑞公司后并未登记在其名下,而仅通过华瑞天美间接持有部分股权。高某认为该行为侵害了其的权益,遂诉至法院。

【争议焦点】

高某持有的北京格瑞公司 167 万股股权是虚拟股权,还是属于被贺某刚所代持的股权?

【一审】

诉讼请求

1. 确认贺某刚代持的新疆格瑞公司1,002,181万股股份为高某所有。

2. 判令贺某刚将代持的股份登记至高某名下,新疆格瑞公司协助。

裁判结果

驳回高某的诉讼请求。

【二审】

上诉请求

撤销一审判决。

裁判结果

驳回上诉,维持原判。

【法院观点】

关于高某持有的北京格瑞公司167万股股权是否为虚拟股权。法院认为,虚拟股权存在的目的主要是用于激励员工,持股员工可以依据虚拟股权享受投资收益。高某并非北京格瑞公司的工商登记股东,亦未能证明系北京格瑞公司隐名股东,且在北京格瑞公司的股权转换为对华瑞天美的投资份额时,高某并未就此向华瑞天美实际出资。结合高某签署的《承诺函》及《确认函》中涉及的股权激励的内容,应认定167万股股权应认定为其基于股权激励而获得的虚拟股权。

关于贺某刚与高某之间是否存在股权代持关系。法院认为,因股权代持涉及投资权益与投资名义的分离,应书面详细约定双方的权利义务;而本案中,高某并未提交相应证据证明,贺某刚及新疆格瑞公司对此亦不予认可,故认定二者之间不存在代持关系。

关于高某持有的北京格瑞公司虚拟股权是否全部转换为其对华瑞天美合伙企业的出资。法院认为,根据《华瑞天美合伙持股管理办法》、《承诺函》及《确认函》可知,高某对其持有的北京格瑞公司虚拟股权转换为对华瑞天美的投资一事是知晓并同意的,且从未主张转换价值不对等或间接持有新疆格瑞公司股份。按照贺某刚所称的2.5∶1的转换比例,高某通过华瑞天美间接持有新疆格瑞公司的股份数额与其原持有北京格瑞公司的股权数量几乎相符,故而高某持有的北京格瑞公司的虚拟股权已全部转化为其对华瑞天美合伙企业的出资。

【律师视角】

案例评析

股权代持涉及投资权益与投资名义的分离，涉及交易安全的保护，故要证明代持关系存在，必须要提供代持股合同等有效证明。本案中，高某虽然主张其与贺某刚之间存在代持股关系，但是并未提供证据证明，故法院认定代持股关系不存在是正确的。

关于高某所持北京格瑞公司股权的性质，根据其签署的《承诺函》以及《确认函》，可知华瑞天美系贺某刚为实施格瑞迪斯集团股权激励而设立的持股平台，而高某之所以持有华瑞天美出资份额，原因在于其受格瑞迪斯集团股权激励而取得虚拟股权转入持股平台瑞华天美，进而间接持有新疆格瑞公司股权。结合高某并非北京格瑞公司在册股东，以及未对瑞华天美实际出资的事实，法院认定该 167 万股股权为虚拟股权是合理的。

实操建议

持股平台也是实施股权激励的常见载体之一。华瑞天美系贺某刚为实施格瑞迪斯集团股权激励而设立的持股平台，采取的是有限合伙企业形式。

通过设立持股平台进行股权激励的公司可以选择有限合伙形式。首先，激励者作为普通合伙人行使有限合伙事务的管理权，更容易实现对持股平台的控制与管理。其次，从税务方面考虑，目前税法规定不对合伙企业计征企业所得税，而是直接针对股东个人。最后，合伙人变动、内部治理等都可以由合伙人通过协议约定，更加灵活方便。

如果采取设立员工持股平台方式实施股权激励，公司需要向员工明确平台性质、出资份额与股权/股份的对应关系、转让价格、持有方式、约束与退出机制等，以避免未来的法律纠纷。

类似案例 | 盘某凌、张某股权转让纠纷案

【基本信息】

上诉人（原审原告）：盘某凌

被上诉人（原审被告）：张某

原审第三人：叶某

原审第三人：成都三泰控股集团股份有限公司（以下简称三泰公司）

案由:股权转让纠纷

案号:四川省成都市中级人民法院(2017)川01民终11999号

【相关案情】

盘某凌、张某、叶某均系三泰公司员工。2012年4月26日,盘某凌与张某签订《委托出资持股协议书》,委托张某代购并代持三泰公司1万股股票。

2012年5月11日,三泰公司发布《关于向激励对象授予限制性股票的公告》,张某为符合条件的激励对象。该公告载明:激励计划有效期为48个月,自首次授予之日起12个月为禁售期,禁售期后36个月为解锁期。在解锁期内,在满足规定解锁条件的激励对象可分三次分别申请解锁所获授限制性股票总量的30%、30%、40%。在上述约定期间内未申请解锁的限制性股票或者因未达到解锁条件而不能申请解锁的股票,由公司统一回购并注销。

2013年4月24日,三泰公司发布《关于回购注销部分限制性股票的公告》,载明回购价格仍未为授予价格6.75元/股。2013年6月27日,三泰公司就上述限制性股票完成回购注销进行了公告,其中包括盘某凌委托张某代持的1万股股票中30%。

2013年5月21日,叶某向盘某凌转款47,250元,汇款用途为70%股票。盘某凌否认其自愿将剩余股票转让给叶某,在多次要求张某返配股、分红后的26,700股无果后,诉至法院。

【争议焦点】

盘某凌与张某签订的《委托出资持股协议》是否应予解除?若应解除,张某是否应返还盘某凌持有的三泰公司股票26,700股对应的市场交易价471,255元?

【一审】

诉讼请求

1. 解除《委托出资持股协议》。

2. 判令张某返还盘某凌持有的三泰公司股票26,700股对应市场交易价为471,255元。

裁判结果

驳回盘某凌全部诉讼请求。

【二审】

上诉请求

撤销一审判决。

裁判结果

驳回上诉,维持原判。

【法院观点】

根据张某提交的公证书以及三泰公司公告,能够显示盘某凌已将由张某代持的 1 万股股票中的 70% 转让给叶某,叶某在回复张某的邮件中亦对于其向盘某凌转款 47,250 元的经过进行了介绍。盘某凌虽主张其与叶某之间并无股权转让的合意,叶某向其转款系希望帮忙安排股权代持事宜,但并对此未提供证据证明;且银行账号属于他人无法轻易得知的公民个人隐私信息,在盘某凌未提供证据证明叶某以不当手段取得盘某凌个人银行账号的情况下,应推定该盘某凌向叶某告知了其个人银行账号。

因此,盘某凌在三泰公司配股、分红之前已就案涉 70% 股票的转让与叶某达成了合意并接受了叶某支付的股权转让款,结合其认可三泰公司已统一回购并注销其 30% 股票的情形,则盘某凌并不享有三泰公司后续的配股、分红等股东权利。同时,张某在履行《委托出资持股协议》的过程中亦不存在违约行为,则盘某凌并不享有合同解除权。

【律师视角】

案例评析

本案中,盘某凌所受让的三泰公司股票为张某基于股权激励而获得的股票,故需遵守公司股权激励计划的相关规定,对 30% 股票被公司回购并注销的事实双方均无争议。仍由张某代持的剩余股票,虽未形成股票转让的相关合同,但是通过叶某的转账行为和备注,以及与张某的邮件往来可以判断,叶某、盘某凌二人之间达成了股票转让合意,并且完成了股票转让行为。在薛某玶与陆某生、江苏苏浙皖边界市场发展有限公司、江苏明恒房地产开发有限公司委托代理合同纠纷案中,虽然双方当事人之间是委托收购股权且代持关系还是借款关系均无直接书面证据,但法院根据汇付款项的客观事实,根据民事证据优势证据原则综合各方面证据认定双方当事人之间存在购股权并且代持股权的关系。同理,本案中法院的判决也是有事实和法律依据的。

实操建议

本案中涉及股权激励当中几个重要事件节点,在此有必要进行说明和强调。股权激励的有效期是指获授人可以行使股权所赋予的权利的期限,超过这一期限就不再享有这种特权。同时,为了防止激励对象以损害公司利益为代价抛售股票进行短期套利行为，公司会依法设立禁售期(又称强制持有期)，在此期间，激励对象持有的股票不得转让、出售，期满后才能自由流通。

我们建议，交易相对人要确定所受让股票的来源，对因股权激励而获授的，要明确其交易限制，及时行使权利。另外，转让由他人代持的股票时，最好签订转让合同，保存好相关证据。

第三节　股东知情权

◎问题聚焦

激励对象可以因为股权激励成为公司股东。激励对象类股东是一类有着特殊身份的小股东，他们取得股权无须支付太多投资款，同时参与公司经营与管理，掌握大量公司经营信息。那么，如果激励对象并非登记股东，是否可以行使股东知情权呢?

◎裁判规则

登记股东有权依据公司法律规定行使知情权。如果股东因为公司的过错没有成为登记股东，法院倾向于认为该股东享有知情权。相反，隐名股东因为不属于登记股东，行使股东知情权的主张较难得到法院的支持。

◎案例详解

经典案例 ｜ 远东公司与陈某股东知情权纠纷案

【基本信息】

上诉人(原审被告)：远东公司

被上诉人(原审原告)：陈某

案由：股东知情权纠纷

案号：江苏省无锡市中级人民法院(2012)锡商终字第0430号

【相关案情】

2002年1月1日，陈某向远东公司缴纳股本金238万元。同日，远东公司向陈某发放了编号为100452股权证书，载明：陈某的总持股金额238万元；每股金额1元;购股日期2002年1月1日等。远东公司在100452股权证书上加盖了单位公章,其法定代表人蒋某某也于同年1月1日签字确认。

2002年4月25日,远东公司向宜兴市工商行政管理局申请就企业名称、企业类型、营业期限、股东、注册资本等进行变更登记,工商部门于同年4月27日予以核准。根据工商资料记载,远东公司于2002年4月12日召开第一次股东会议,蒋某某等人为公司股东,但陈某未在股东名册及公司章程中出现。

2006年1月5日,远东公司发布远司(2006)第1号文件,载明“经股东会研究决定,向关键性岗位上的员工开放股权。按照公司法规定,持股前40名登记为公司注册股东,其余股东统一委托持股”。

远东公司于2006年12月17日发布远司(2006)第29号文件,决定解除与陈某等人的劳动关系。

2011年7月13日,陈某行使股东知情权受阻,后起诉到法院。

【争议焦点】

陈某是否系远东公司股东,其是否依法享有股东知情权?

【一审】

诉讼请求

判令远东公司完整提供公司自成立至今的会计账簿供其查阅;提供公司自成立至今的股东会会议记录、董事会会议记录、监事会会议决议、财务会计报告及每年的股东分红方案供其查阅、复制。

裁判结果

远东公司于判决发生法律效力之日起30日内向陈某提供自2002年1月1日以来的股东会会议记录、董事会决议、监事会会议决议、公司财务会计报告、利润分配表供查阅和复制;提供自2002年1月1日以来作为公司经营活动所制作的会计账簿以供查阅。

【二审】

上诉请求

请求依法改判或发回重审。

裁判结果

驳回上诉,维持原判。

【法院观点】

根据现有证据,法院认为,第一,陈某向人民法院提起诉讼主张权利时,已经提供了远东公司加盖单位公章并有法定代表人签字的股权证书，该股权证书的内容不仅明确了持股人总持股本金，而且明确每股金额1元，此为远东公司对陈某入股的确认。第二，根据陈某原审期间提供的2003年、2004年若干月份的“承包经营结算单”，明确载明有“本月股利归户”“本月上年度股金红利息转户”等内容，可以证明陈某投资入股后，已经收到远东公司的部分“股利”或“红利”。远东公司提出此系涉案资金产生的利息，而非实际意义上的红利分配，但未能提供其财务账册及股东红利分配情况的相关证据予以佐证。第三，远东公司提出陈某交付给远东公司的款项是单位“集资款”，应按银行正常利息结算，这与陈某持有的股权证书载明的内容明显不符，且未能提供事先或事后与陈某签订的相关书面协议予以佐证，其抗辩理由难以采信。基于上述事实，原审法院确认陈某自2002年1月1日起已经是远东公司的股东，依法享有股东知情权是正确的。其后，远东公司在变更登记中未将陈某列入股东名册及公司章程中，系远东公司管理缺陷所致，不能将过错归咎于陈某个人，也不能由此否定陈某系远东公司股东的事实。至于远东公司提出的“虚拟股东”问题，因为没有事实和法律依据，法院不予采信。

【律师视角】

案例评析

法院认为，股东资格争议若发生在公司内部，属合同法调整的法律关系，应当优先考虑合同法规则的适用，即根据当事人之间的约定探究其真实意思表示，以当事人的意思表示和实际履约行为作为确认股东资格的依据，坚持实质要件优于形式要件。工商登记材料仅具有一般证据效力。根据实质特征能作出相反认定且股东或企业在行为时应当知情的，应依实质特征而不一定是依其形式特征来认定股东资格。

实操建议

实务中，公司对于是否进行实股激励一定要非常慎重。如果公司必须进行实股激励，一定要考虑到激励对象的知情权对公司造成的影响。通过股权代持或者通过持股平台等方式可以解决这样的后顾之忧。

对比案例 于某上诉北京心物裂帛电子商务股份有限公司股东知情权纠纷案

【基本信息】

上诉人(原审原告):于某

被上诉人(原审被告):北京心物裂帛电子商务股份有限公司(以下简称心物裂帛公司)

案由:股东知情权纠纷

案号:北京市第三中级人民法院(2016)京 03 民终 7598 号

【相关案情】

于某原系心物裂帛公司(原工商登记为北京心物不二电子商务有限公司)的职工,汤×为心物裂帛公司创始人。天津心物所在科技有限公司(以下简称心物所在公司)也是心物裂帛公司的股东。2013 年 12 月 26 日,于某与汤×、心物裂帛公司签订了《北京心物不二电子商务有限公司激励股权认购协议》,约定为了对于某进行股权激励,汤×向于某转让心物所在公司特定比例股权以使其取得北京心物不二电子商务有限公司的激励股权(激励股权比例约为 1.1%),后股权转让完成,于某登记为心物所在公司的股东。2015 年 7 月 20 日于某与心物裂帛公司解除劳动合同,双方对劳动报酬进行清算。于某认为其已取得心物裂帛公司的激励股权,公司应按照持股权比例向其分配公司盈余,现公司强制要求收回上述激励股权的做法,损害了其股东利益,其有权要求心物裂帛公司提供公司相关资料。

【争议焦点】

1. 于某是否为心物裂帛公司股东?

2. 隐名股东能否行使股东知情权?

【一审法院观点】

于某认为其根据激励股权认购协议的约定享有心物裂帛公司的激励股权,是心物裂帛公司的股东,故要求享有股东查阅的权利。但法院认为股东有权查阅、复制公司章程、股东会会议记录、董事会会议决议、监事会会议决议和财务会计报告,但该权利是赋予公司显名股东的,相关证据均显示于某不是心物裂帛公司的显名股东,故于某的诉请依据不足,法院不予支持。

【二审法院观点】

股东知情权是指法律赋予股东通过查阅公司的财务会计报告、会计账簿等有关公司经营、决策、管理的相关材料以及询问与上述有关的问题，实现了解公司的运营状况和公司高级管理人员业务活动的权利。股东知情权的主体应当且只能是股东。股东知情权的存在与行使具有股东身份的依附属性，不能脱离股东身份而独立存在。

本案中，于某并非心物裂帛公司股东名册载明的显名股东。虽于某主张其为心物裂帛公司的实际股东，但因实际出资人是通过显名股东行使股东权利和承担股东义务，实际出资人处于隐名状态，外人无从得知，故实际出资人并不具备股东知情权诉讼的原告主体资格。

【律师视角】

案例评析

《公司法》第三十二条第二款规定，记载于股东名册的股东，可以依股东名册主张行使股东权利。根据该条规定，关于知情权行使主体的认定，最高人民法院及高级人民法院基本都界定为登记股东。《最高人民法院关于适用〈中华人民共和国公司法〉若干问题的规定（三）》第二十四条第三款规定：实际出资人未经公司其他股东半数以上同意，请求公司变更股东、签发出资证明书、记载于股东名册、记载于公司章程并办理公司登记机关登记的，人民法院不予支持。

实操建议

根据公司法及司法解释的规定，结合各地高级人民法院的司法判例，实际出资人或者隐名股东在显名之前，无权查阅、复制公司经营的有关材料，其背后隐含的逻辑是，既然实际出资人选择躲在名义股东身后充当“影子”，那么无法享有相应的股东权利是其选择隐名的合理代价，其股东权利通常应当通过名义股东代其行使。

第四节　股东主张其他权益

◎问题聚焦

在股权激励的实践中，一些股权激励协议中写入了让劳动者获得和丧失股权的条款。但是实践中，劳动者最终是否拥有股东资格并享受基于股东资格带来的权益却相当复杂。法院如何确认劳动者是否可以以股东身份主张相关权益呢?

◎裁判规则

如果工商登记显示当事人为某公司的股东,即使当事人基于合同等理由应当转让股权,法院可能依然倾向于认可其可以以自己的名义行使股东权利,主张相关权益。

如果劳动者主张通过股权激励的方式获得股权,但是无法证实股权激励协议的有效性,或者在股权激励方案中明确约定了劳动者具备股东身份的条件而该条件未满足,则法院倾向于不支持劳动者的股东身份,此时相关权益自然就成了无源之水、无本之木。

◎案例详解

经典案例 | 吴某与郁某慧等损害公司利益责任纠纷案

【基本信息】

原告:吴某

被告:张某人

被告:郁某慧

第三人:北京宏思电子技术有限责任公司(以下简称宏思公司)

案由:损害公司利益责任纠纷

案号:北京市海淀区人民法院(2016)京 0108 民初 26773 号

【相关案情】

2011 年,宏思公司作出股东会决议,向吴某等员工配股,张某人、郁某慧将其所持部分股份转让给员工,共计收到员工购股款 725.61 万元,其中吴某以每股 1.2 元的价格认购了 72 万股。

2015 年 6 月 24 日,宏思公司召开第十一届一次股东会,决议变更注册资本,组成新的股东会,并同意修改公司章程,修改后的章程中记载:“除公司创始股东外,股东离职时须退股,退股时每股的比价为实施退股时上一个月公司资产负债表上所有者权益除以注册资本。”

2016 年 5 月 3 日,宏思公司向吴某邮寄解聘通知书,称吴某违反公司制度,且纠集社会人员到公司寻衅滋事,公司决定自 2016 年 5 月 3 日起解除与吴某的劳动关系。吴某已收到该通知书。

宏思公司与吴某均认为:双方的劳动关系自2016年5月3日起解除;劳动关系解除后应按照公司章程处理股权,但吴某离职后股权尚未做处理。

【争议焦点】

作为宏思公司的工商登记股东,吴某能否以自己名义提起股东代表诉讼?

【一审】

诉讼请求

判令张某人、郁某慧向宏思公司返还案外人李某红已支付的投资款225万元及利息;判令张某人向宏思公司返还一定金额的租金和利息。

裁判结果

驳回原告吴某的诉讼请求。

【法院观点】

损害公司利益责任纠纷,通常是指公司股东滥用股东权利,或者董事、监事、高级管理人员违反法定义务,损害公司利益而引发的纠纷。根据《公司法》第一百五十一条的规定,连续180日以上单独或者合计持有公司1%以上股份的股东有权为了公司利益以自己的名义提起诉讼。

吴某与宏思公司已于2016年5月3日解除劳动关系,依据公司章程,吴某应在劳动关系解除后将其所持宏思公司股份转让,但吴某与宏思公司并未及时办理,工商登记显示吴某仍是宏思公司股东,故吴某以自己名义提起股东代表诉讼于法不悖。但吴某提起诉讼的目的是否系"为了公司利益"、诉讼请求是否可以得到法院支持,则须结合案件事实与证据材料依法进行判断。

【律师视角】

案例评析

本案的争议焦点在于吴某能否以自己名义提起股东代表诉讼。股东代表诉讼,一般是指当公司怠于通过诉讼追究公司机关成员责任或实现其他权利时,由具备法定资格的股东以维护公司利益,并追究这些成员责任或实现这些权利之目的,依据法定程序代表公司提起的诉讼。由于股东代表诉讼的目的是维护公司的利益,那么基于商事外观主义原则,股东资格应当以工商登记为准。因吴某起诉时工商登记显示吴某仍是宏思公司股东,因此吴某仍然有权提起股东代表诉讼。

实操建议

1. 在这类案件进入诉讼程序之前,律师需要明确,当事人是否具备股东资格。如果当事人不具备股东资格,那么当事人不能提起股东代表诉讼。

2. 对于公司来说,工商登记应当及时变更,以反映公司股东的真实情况。而且,公司应当积极通过诉讼追究公司机关成员的责任或实现其他权利以维护公司的利益。

类似案例 | 肖某宇诉上海市相互广告有限公司公司盈余分配纠纷案

【基本信息】

上诉人(原审原告):肖某宇

被上诉人(原审被告):上海市相互广告有限公司(以下简称相互广告公司)

案由:盈余分配纠纷

案号:上海市第一中级人民法院(2014)沪一中民四(商)终字第 1506 号

【相关案情】

2011 年 6 月 16 日,李 A、肖某宇、周 E、白 F 在广东品然律师事务所签订了股权激励方案。股权激励方案载明:"7. 激励人员可自主决定是否将个人每个会计年度结束后所获得的股权红利用于认购公司股权,如决定不认购公司股权的,则将股权红利退还给激励人员。8. 激励人员发生下列情况之一的,丧失当年分红权资格及后续认购公司股权的权利:……(4)未经公司批准,利用职务的便利,自己经营或为他人经营与本公司同类的业务。9. 股权激励所涉的股权转让实施,直接通过股权转让协议的方式具体落实,不另行变更公司工商登记信息。10. 公司章程、公司股东名册或公司登记机关登记的内容,与基于本激励方案所签订的股东协议内容有冲突或不一致的,以股东协议的约定为准。11. 激励人员完成对公司股权的认购后,正式成为公司股东,享有股东权利。"

2013 年 3 月 14 日,经黄浦区劳动人事争议仲裁委员会调解,肖某宇与相互广告公司达成协议:相互广告公司支付肖某宇 30,926 元(税后),肖某宇放弃其他仲裁请求,双方无其他劳动争议。双方间劳动关系解除。

【争议焦点】

肖某宇是否具备相互广告公司的股东身份,享有公司盈余分配权?

【法院观点】

公司盈余分配请求权是具有公司股东资格和地位的股东依法享有请求公司按照自己的持股比例向其分配红利的权利。肖某宇在原审中是以其作为相互广告公司的股东身份提起本案诉讼的，但法院注意到，股权激励方案对于肖某宇如何才具备股东身份是有明确约定的，即股权激励方案关于股权认购计划中第七条及第十一条，也就是说，肖某宇对于2011年及2012年度内获得的股权红利有两种选择：第一种是以该股权红利认购股权后成为公司股东，第二种是不认购股权而直接领取红利。在二审庭审中，肖某宇已明确其选择的是第二种方式，由此说明肖某宇自始就不具备相互广告公司的股东身份，而本案显然也并非公司法意义上的公司盈余分配纠纷，因此，肖某宇以其作为相互广告公司的股东主张公司盈余分配，法院不予支持。

【律师视角】

案例评析

公司盈余分配请求权是具有公司股东资格和地位的股东享有的权利。对于未取得股东资格（或者说，已经放弃取得股东资格）的肖某宇来说，驳回其盈余分配的请求于法有据。

实操建议

当劳动者与用人单位签订股权激励协议时，一定要明确获得股权激励的条件，并注意保存证据。劳动者一定要注意该协议是赋予了劳动者股权，还是仅仅规定劳动者可以享受分红权。如果劳动者仅仅被赋予分红权，那么劳动者就无法获得股权，仅仅能够获得现金式的（股权）激励。

对比案例　许某与浙江英特来光电科技有限公司请求公司收购股份纠纷案

【基本信息】

上诉人（原审原告）：许某

被上诉人（原审被告）：浙江英特来光电科技有限公司（以下简称英特来公司）

案由：请求公司收购股份纠纷

案号：金华市中级人民法院（2016）浙07民终3965号

【相关案情】

原告许某诉称其系被告员工。2012年起，原告在被告处上班。2013年3月7日，被告作为激励员工，与原告签订了一份《公司股权代持协议》，奖励原告30万股被告公司的股权。双方约定，若原告与被告解除劳动合同，则被告在原告离职日起一周内必须以每股一元的价格回购原告已获股权的一半,离职日起一年后的一周内回购另一半。2015 年 7 月,经被告同意,原、被告双方解除了双方的劳动合同。但是原告所持的被告股权,被告未按约予以回购,也未给予原告相应的股权分红。

【争议焦点】

许某是否具有英特来公司的股东资格?

【法院观点】

许某上诉主张其通过英特来公司股权激励的方式取得股份。首先,许某提供的《公司股权代持协议》系复印件,且英特来公司不予认可,原审法院不予采信,并无不当。其次,许某提供的录音,不足以证明其持有公司 30 万股份的事实,原审法院认定许某不具有英特来公司的股东资格,并无不当。

第五节　股东资格的否定

◎问题聚焦

股东资格的确认,需要满足实质要件和形式要件。实质要件如股东认缴出资或者实际出资,实际行使股东权利;形式要件如股东资格具备为他人所知晓和识别的形式,包括公司章程、股东名册上的记载、公司发给股东的出资证明书、工商登记机关的登记等。实践中,这些要件常常并不完全具备。由此引发股东资格确认纠纷时,法院作出否定股东资格的裁判依据是什么呢?

◎裁判规则

1. 如果认定股东身份的实质要件与形式要件皆不完备,法院倾向于对确认股东资格的诉求不予支持。另外,在涉案公司系有限责任公司的情况下,由于公司人合性的特征,隐名股东显名还须证明其已经征得公司其他股东半数以上的同意。

2. 员工依据与公司的股权激励协议主张确认股东资格,需要证明股权激励协议的存在,否则法院不予支持。与公司签订附条件的股权激励协议后,在激励条件未满足或限制条件满足时,激励对象依据协议要求确认股东资格的,法院亦不予支持。

◎案例详解

经典案例　励某琪与南京联勘科技有限公司、高某存等股东资格确认纠纷案

【基本信息】

上诉人(原审原告):励某琪

被上诉人(原审被告):南京联勘科技有限公司(以下简称联勘公司)

第三人:高某存、周某武等

案由:股东资格确认纠纷

案号:江苏省南京市中级人民法院(2012)宁商终字第668号

【相关案情】

联勘公司于2005年3月31日成立,工商备案登记的发起股东为姚某、李某勇、李某玲和吴某娟。至2012年3月14日,工商部门登记在案的股东为:周某武、高某存等。2011年7月20日,联勘公司向上述股东出具股东出资证明书各一份。

2009年8月,励某琪到联勘公司担任常务副总经理。联勘公司在经营期间,以5位自然人的名义购买了一处房产。2010年9月,联勘公司以公司资产从5位自然人处购买了该房产。该5名股东在获得房款后,将款项中的229.1849万元以公司名义支付给了励某琪。

2011年10月,由法定代表人高某存代表联勘公司免去了励某琪的常务副总经理职务。2011年12月16日,励某琪通过电子邮件方式致函高某存,要求联勘公司及全体股东对其持有的公司12.5581%股权进行确认并妥善处理。2011年12月21日,联勘公司通过电子邮件方式向励某琪回复,否认了其股东身份。

励某琪认为,其本人作为联勘公司成立时便实际投资的隐名股东,实际行使股东权利并履行股东义务,根据法律的规定,其股东身份和实际持有的股权应得到法律的保护,遂诉至法院。

【争议焦点】

励某琪是否具有联勘公司的股东资格?

【一审】

诉讼请求

1. 确认励某琪享有联勘公司股东资格及确认励某琪持有联勘公司12.56%

(价值 625,000 元)的股权。

2. 联勘公司对励某琪的公司股东资格及其持有的公司股权在工商登记机构进行登记备案。

裁判结果

驳回励某琪的全部诉讼请求。

【二审】

上诉请求

撤销原审判决,发回重审或依法改判。

裁判结果

驳回上诉,维持原判。

【法院观点】

有限责任公司的股东可分为原始股东和继受股东两类。原始股东是指在公司设立时因出资筹办公司或认缴公司资本,后随公司成立而成为公司的股东。继受股东则指因为受让、认缴公司新增资本等方式取得原始股东的出资或向公司出资而成为公司股东。励某琪主张其作为联勘公司发起人,在联勘公司成立时出资 11.9 万元而取得原始股东资格,同时主张由于联勘公司将公司运营期间应当按照股权比例发放的分红直接转化为公司新增资本,其亦通过向公司出资而取得联勘公司继受股东资格,并提供联勘公司章程(修改稿)一份予以证明,联勘公司对此不予认可。

法院认为,联勘公司章程中虽有励某琪出资情况的记载,但该修改稿既未作为联勘公司正式章程进行工商登记,亦无任何联勘公司股东签字确认,故无法据此认定励某琪已向联勘公司履行出资义务。关于隐名股东资格问题,励某琪既未提供足够证据证明其与联勘公司股东之间存在名实股东的内部约定,亦未举证证明联勘公司股东名册、股东出资证明书及工商登记材料中存在关于其股东身份的记载;加之有限责任公司"人合性"之特征,即励某琪取得隐名股东身份须征得联勘公司其他股东的同意,而励某琪对此仍未能加以证明。

有鉴于此,励某琪在确认其股东资格所需形式要件缺失的情形下,未能提供充分证据证明其已向联勘公司履行了相关出资义务,即确认股东资格的实质要件同样不具备,故其要求确认其享有联勘公司股东资格并获得相应之股权,缺乏事实与法律依据。

【律师视角】

案例评析

本案中，励某琪股东资格之所以未能得到确认的关键在于形式要件的缺失，进而导致实质要件的满足也难以得到证明。励某琪出资情况虽然在联勘公司章程中有记载，但该章程作为修改稿，既无任何联勘公司股东签字确认，又未进行工商登记，因未被法院作为确认股东资格的形式要件，也无法向法院证明励某琪满足了实际出资的实质要件。另外，励某琪主张其为联勘公司隐名股东，但是股权代持关系的存在，以及公司其他股东的同意，均未获得证明。故法院对励某琪股东资格的否定是符合法律规定的。

实操建议

确认股东资格，应当证明认缴了出资，或者实际完成了出资、支付了受让价款、参与了经营管理与分红；实际出资人应当证明实际完成了出资、代持股关系等合法有效存在。在接受实股股权激励时，经过签章的股东名册、出资证明、转让合同等文件最好都具备，并妥善保存。能够及时办理股权工商登记的，那自然是最好了。

类似案例 | 李某、胡某伟合伙协议纠纷、股东资格确认纠纷案

【基本信息】

再审申请人（一审原告、二审上诉人）：李某

被申请人（一审被告、二审被上诉人）：胡某伟

被申请人（一审被告、二审被上诉人）：深圳市悦动天下科技有限公司上（以下简称悦动公司）

案由：合伙协议纠纷、股东资格确认纠纷

再审案号：广东省高级人民法院（2018）粤民申410号

案号：广东省深圳市中级人民法院（2017）粤03民终1638号

【相关案情】

悦动公司于2014年3月13日成立，法定代表人胡某伟。深圳市新一元信息技术有限公司（以下简称新一元公司）与悦动公司存在关联关系，胡某伟分别持有两公司股权。深圳市政鑫智能系统有限公司（以下简称政鑫公司）与新一元公司存在关联关系。

2014年11月12日,胡某伟以悦动公司总裁名义通过电子邮件方式向李某发送offer文件,表明李某作为悦动公司的成员之一,在出资10万元注资公司后,将持有10%的原始股份,该股份的投票权为创始人统一投票代理人胡某伟。作为公司股份持有者可参与公司分红、公司B轮的股份转让。注资金额由胡某伟垫付,两年后,公司将给予10万元的奖励返还注资金额。公司所有持有股份的创始人,只能在公司在职期间享有股份的所有权益,离职后将不再拥有任何股份权益。

2015年1月9日,政鑫公司向李某出具聘任书,表明经新一元公司同意,特聘请李某兼任代理CTO职务,负责政鑫公司的空气检测项目以及公司其他项目运营,期限自2015年1月9日至2020年12月31日。2016年1月5日,新一元公司出具工作证明,证明应大股东胡某伟要求,并经公司同意,李某在2015年1月9日入职该公司,至今在该公司工作。

2016年6月30日,新一元公司出具离职证明,表明李某于2016年2月28日离职,由该公司代缴社保至2016年6月。2016年7月3日,政鑫公司出具解聘证明,表明2016年3月起李某未再履行任何CTO职责,公司已于2016年3月1日起解聘李某。

2015年11月20日,李某向悦动公司与胡某伟发出律师函,要求协商解决股权问题,因协商无果诉至法院。

【争议焦点】

李某能否依据offer文件主张确认自己具备悦动公司股东资格?

【一审】

诉讼请求

1. 确认李某与胡某伟之间关于悦动公司的10%原始股的股权转让合同合法有效。

2. 确认李某为悦动公司股东,享有该公司7.2%的股权。

3. 变更悦动公司股东名册,将登记在胡某伟名下的7.2%股权变更登记在李某名下。

裁判结果

驳回李某的诉讼请求。

【二审】

上诉请求

撤销一审判决,改判支持李某的全部诉讼请求。

裁判结果

驳回上诉，维持原判。

【法院观点】

胡某伟以悦动公司总裁身份发给李某的offer文件中虽包含关于“股票期权”待遇的约定，但是悦动公司给予李某的此种“股票期权”不是完整意义上的公司股权，而是一种附条件、有限制的股权激励待遇，即以李某在悦动公司任职为条件，以参加悦动公司分红及B轮股份转让为主要待遇，离职后即不再享有此种待遇。

offer文件载明“为了确保公司后续融资的顺利和公司管理上的独立性，该股份的投票人为创始人统一投票代理人胡某伟”，根据该约定，设立创始人统一投票代理人制度是为了保证公司管理上的独立性，即悦动公司由大股东胡某伟独立经营管理，不受持有股份的“创始人”的干预，李某对公司事务不享有表决权，表决权由胡某伟统一行使。关于表决权问题，“创始人”与胡某伟之间不是可以随时任意解除的普通民事委托合同关系。

offer文件将李某作为持有悦动公司股权的“创始人”进行限制，规定李某在离职后即不再享有任何股份权益。offer文件限制的对象是李某，而非胡某伟。offer文件没有对“创始人”的概念作出解释，而是使用了“公司所有持有股份的创始人”的表述，从字面理解，该种表述的言外之意是悦动公司还可能存在不持有公司股权的“创始人”，此种“创始人”的概念类似于创业员工，并非公司法意义上的发起人股东，持有“股票期权”的“创始人”系指享有股权激励待遇的创业员工。胡某伟是悦动公司的发起人股东，对悦动公司享有完整的股东权利。李某提出的胡某伟属于“创始人”，但胡某伟的股权不受在职条件限制，故李某的股权亦不受此种限制的主张不成立。在本案纠纷发生之后，新一元公司及政鑫公司出具的离职证明及解聘证明显示，李某与两公司已经解除劳动关系，其要求确认其是悦动公司股东，不符合offer文件约定。

【再审】

再审请求

请求支持全部一审诉讼请求。

裁判结果

驳回李某的再审申请。

【法院观点】

首先，李某与胡某伟之间并未发生股权转让的事实。李某依据涉案offer文件主张其与胡某伟就悦动公司10%股权达成转让合同,因此而成为悦动公司的股东,但是根据一、二审查明的事实,涉案offer文件并没有胡某伟将其在悦动公司10%股权转让给李某的意思表示,李某亦未提交证据证明其向已向胡某伟支付对价,故一、二审法院均不予确认李某与胡某伟之间成立股权转让合同,并无不当。

其次,涉案offer文件约定给予李某的"股票期权"并非公司法意义上的完整股权,实为一种股权激励待遇,它以注资悦动公司10万元为前提,以参与悦动公司分红及B轮股份转让为主要待遇,该待遇仅限于李某任职期间,且对公司事务并不享有表决权。同时,李某亦未能举证证明其已经完成注资或者由胡某伟代为垫付出资,故应当承担举证不能的法律后果。

【律师视角】

案例评析

本案中,胡某伟代表悦动公司发送给李某的offer文件中虽然使用"股票期权"字样,但根据offer详细内容分析,其非公司法意义上的完整股权,而是悦动公司提供给李某的附条件的股权激励,即激励条件满足时享受激励待遇,终止条件满足时结束激励待遇。李某未能提供证据证明其实际履行了10万元的注资义务,也未能证明是由胡某伟代为垫付,故法院认定李某未满足offer文件中规定的股权激励前提,而不能享有股权激励待遇。

李某主张依据offer文件与胡某伟就悦动公司10%股权达成转让合同,但该offer文件为胡某伟代表悦动公司发送给李某,并不表达个人意思,不能据此认为胡某伟有处分个人股权的意愿;且李某未提交证据证明其已经履行向胡某伟支付受让股权对价,故法院认为李某与胡某伟之间不存在股权转让合同,并无不当。

实操建议

我们建议,员工在与公司签署股权激励协议等文件时,首先要明确文件当中用语的实际含义、真实意思,以厘清获得股权激励后与公司之间的真实法律关系;其次要明确股权激励计划中的激励条件以及限制条件,以便及时获得激励并得以行使相关权利。

类似案例 北京云知声信息技术有限公司与陆某毅股东资格确认纠纷案

【基本信息】

再审申请人(一审原告、二审被上诉人):陆某毅

被申请人(一审被告、二审上诉人):北京云知声信息技术有限公司(以下简称云知声公司)

一审第三人:梁某恩、黄某、云思尚德(天津)资产管理咨询合伙企业(有限合伙)(以下简称云思尚德)、云思尚义(天津)企业管理合伙企业(有限合伙)

案由:股东资格确认纠纷

案号:北京市高级人民法院(2019)京民申2621号

【相关案情】

云思尚德中,有限合伙人杨某出资占比1.17%,普通合伙人黄某出资占比98.83%。2014年8月6日,云思尚德作为云知声公司实施股权激励计划的持股平台,通过《股权转让合同》受让云知声公司51.2%股权。后云知声公司增资扩股,2016年2月24日办理工商变更登记手续后,云思尚德出资比例为37.26%。

2013年4月1日至2016年3月31日,陆某毅(与杨某系夫妻关系)在云知声公司担任首席市场总监。2015年,杨某、陆某毅、黄某签署《股权转让协议》,协议载明:杨某、陆某毅同意将所持云知声公司0.1447%股权转让给黄某;黄某及云思尚德不再为杨某、陆某毅持有任何公司股份。

2015年5月10日,黄某向陆某毅转发云知声公司财务经理黄海龙的电子邮件——"老员工期权兑现——陆某毅",该邮件显示陆某毅最原始持股比例:3%,B轮稀释后股份:1.968%,转股比例:0.1447%,税后兑现金额:1,182,301元,剩余股份:1.823%。陆某毅主张其仍实际持有云知声公司1.8233%股权,诉至法院要求确认股东资格。

【争议焦点】

陆某毅是否持有云知声公司的股权?

【法院观点】

法院经审查认为,《最高人民法院关于适用〈中华人民共和国公司法〉若干问题的规定(三)》第二十二条规定,当事人之间对股权归属发生争议,一方请求

人民法院确认其享有股权的，应当证明以下事实之一：已经依法向公司出资或者认缴出资，且不违反法律法规强制性规定；已经受让或者以其他形式继受公司股权，且不违反法律法规强制性规定。本案中，陆某毅称其入职云知声公司时，公司按照已经实施的员工股权激励计划给其3%股权鼓励作为劳动报酬，后因云知声公司注册资本变化其持股比例相应变为1.968%，在向黄某转让其中的0.1447%后，其仍持有云知声公司1.823%即277,942元股权，请求法院予以确认。对此，陆某毅应举证证明其通过云知声公司的股权激励计划继受取得诉争股权。但陆某毅未能提供证据证明云知声公司在其入职时已实施股权激励计划，亦未提交证据证明其与云知声公司就股权激励计划的具体内容形成的合意以及云知声公司通过给予其股权的方式支付劳动报酬，故其主张缺乏事实和法律依据。陆某毅主张黄某于2015年5月10日向其转发的"老员工期权兑现——陆某毅"的电子邮件对其持有股权的比例进行了确认，但该邮件系黄某转发，陆某毅未提供证据证明黄某获得云知声公司的授权代表公司向其转发，结合黄某与陆某毅后续存在股权转让合同关系的情况，不足以认定该邮件的内容系云知声公司的意思表示，仅以该邮件无法认定云知声公司确认陆某毅仍持有该公司1.823%股权。黄某与陆某毅、杨某签订的《股权转让协议》系陆某毅与黄某之间就云知声公司0.1447%股权作出的处理，并未对陆某毅在此之外持有云知声公司股权进行确认。另，云知声公司系有限责任公司，陆某毅未提供证据证明云知声公司其他股东就其另行持有该公司1.823%股权进行确认；故陆某毅主张通过黄某持有云思尚德股份，进而持有云知声公司股份，缺乏事实基础。二审法院据此对陆某毅要求确认其持有云知声公司1.823%即277,942元股权的诉讼请求改判不予支持，是正确的，适用法律亦无不当。

【律师视角】

案例评析

一审法院认为，云知声为实施股权激励计划，将云思尚德作为持股平台，是在陆某毅任职期间。而且名为"老员工期权兑现——陆某毅"的电子邮件，原发件人黄海龙系云知声公司财务经理，转发人黄某系云知声公司CEO，因此能够认定该份邮件系云知声公司对陆某毅持股情况的确认。二审和再审法院则认为，陆某毅对其关于通过云知声公司的股权激励计划取得该公司3%的股权，以及其与黄某之间存在股权代持关系的主张，均未能提供证据证明，故而不予支持。

黄某虽然为云知声公司 CEO,但因不能证明其转发电子邮件的行为获得公司授权,而无法认定云知声公司的其他股东是否对陆某毅仍持有该公司 1.823% 股权确认并同意,故无法确认其隐名股东的资格。

第六节　股东资格丧失

◎问题聚焦

在股权激励的实践中,有时候股权激励协议双方会约定,若劳动者离开公司,那么劳动者基于协议已经取得的公司股权应当转让给他人或者由公司回购。这种情况下,若劳动者要求法院确认其股东资格,法院如何裁判?

◎裁判规则

若基于约定,离开公司的劳动者应当转让股权或由公司回购其拥有的股权。即便是工商登记未变更,此时若该劳动者要求法院确认其股东身份,法院也倾向于不予支持。

◎案例详解

经典案例　杨某业与尤某萍、南京交通工程有限公司股权转让纠纷案

【基本信息】

申请再审人(一审原告、反诉被告,二审上诉人):杨某业

被申请人(一审被告、反诉原告,二审被上诉人):尤某萍

被申请人(一审被告、反诉原告,二审被上诉人):南京交通工程有限公司(以下简称交通公司)

案由:股权转让纠纷

案号:江苏省高级人民法院(2013)苏商申字第 0587 号

【相关案情】

杨某业是交通公司改制前的职工,其对交通公司的出资比例为 1.5%。

2009年7月28日，交通公司安排杨某业与离职员工闻某江签订股权转让协议，将原登记在闻某江名下的占0.239%份额的股权转至杨某业名下，杨某业未支付协议约定的股权转让对价。后交通公司经两次增资，在公司增加注册资本时，杨某业未向公司缴纳增资款。杨某业持有的股权中包含有隐名股东白某持有的0.3%的股权。至其离开交通公司时，登记在杨某业名下的股权合计为2.039%。

2004年3月10日，交通公司召开首届股东会第一次会议，通过股权管理办法并修改公司章程，规定出资人的持股数额以实际的出资额为准。

2010年10月28日，杨某业与交通公司的股东代表尤某萍签订股权转让协议1份，交通公司与尤某萍按约履行了付款义务，但杨某业未能按约协助尤某萍在工商部门办理股权变更登记手续。2010年10月28日，交通公司以冒用杨某业签字的方式与尤某萍签订股权转让协议，并向工商登记机关变更登记。

【争议焦点】

杨某业是否丧失交通公司的股东资格？

【一审】

诉讼请求

判令杨某业、尤某萍于2010年10月28日签订的数额142.73万元股权转让协议无效，判决确认原告杨某业作为交通公司股东身份并发给股权证。

裁判结果

1. 南京交通工程有限公司冒用杨某业签名与尤某萍于2010年10月28日签订的数额为1,427,300元的股权转让协议无效。

2. 杨某业于本判决生效之日起30日内协助尤某萍、交通公司办理股权变更工商登记。

【二审】

上诉请求

请求依法改判支持杨某业的全部诉讼请求。

裁判结果

驳回上诉，维持原判决。

【再审】

再审请求

请求撤销二审判决，依法进行再审。

裁判结果

驳回杨某业的再审申请。

【法院观点】

股权登记具有对抗性效力及公示效力，但在股权转让纠纷仅涉及公司内部关系时，应以公司内部当事人的约定为准。换言之，如果公司的外部工商登记的记载与内部章程或股东之间的约定存在不一致的情形时，对于公司与股东之间的内部法律关系及相应权利义务的认定，应以章程、股权管理办法等内部约定为准。杨某业在2009年受让闻某江的股权时，系依照交通公司的章程及股权管理办法的规定执行，杨某业未支付股权转让对价，亦无证据证明该部分股权系公司给予杨某业的股权激励，在公司股东会尚未对该部分出让股权作出处置意见的情形下，该部分股权仅登记于杨某业名下，并非归杨某业所有。后杨某业依约转让出自己的全部股权，仅仅是没有进行工商变更而已。杨某业主张依照工商登记资料的记载，其尚持有公司股权的请求，因与事实不符，法院不予支持。

【律师视角】

案例评析

股权登记具有对抗性效力，但是其对抗效力仅仅针对善意第三人。当涉及公司内部关系时，当事人是否拥有股权以公司内部当事人之间的约定为准。杨某业在2009年受让闻某江的股权时，未支付股权转让对价，亦无证据证明该部分股权系公司给予杨某业的股权激励，法院结合案情确定杨某业并不真正拥有该股权。其后杨某业依约又转让了自己的全部股权。因此法院的判决和裁定并无不妥。

实操建议

1. 在这类案件进入诉讼程序之前，律师需要明确，案件所争议的法律关系属于公司内部关系，还是涉及与第三人之间的关系。如果属于公司内部关系，那么在内部约定和工商登记之间，法院倾向于以内部的约定为准。

2. 对于公司来说，工商登记应当及时变更，以即时反映公司变更的真实情况。

类似案例 | 张某媛与曹某仲、张某平等股东资格确认纠纷案

【基本信息】

上诉人(原审原告)：张某媛

被上诉人(原审被告):北京尚学跨考教育科技有限公司(以下简称尚学公司)

原审第三人:张某志

原审第三人:张某平

原审第三人:曹某仲

案由:股东资格确认纠纷

案号:北京市第一中级人民法院(2017)京01民终9370号

【相关案情】

2012年10月16日,甲方尚学公司与乙方张某媛签订《股权激励计划备忘录》,载明股权来源为尚学公司原有股东有偿出让。

股权的授予程序和行权条件程序为:公司在标的股权授予前与激励对象签订《股权期权转让协议书》,激励对象未签署《股权期权转让协议书》或已签署《股权期权转让协议书》但未按照付款期限支付受让标的股权款的,视为该激励对象放弃参与本次授予。授予股权期权的程序为:公司与激励对象签订《股权期权转让协议书》,约定双方的权利义务;激励对象离职,如果股东离开本公司工作岗位,其股权原则上应全部转让给其他股东或由公司回购,例外情况除外。

2015年10月27日,张某媛自尚学公司离职。

【争议焦点】

张某媛是否系尚学公司股东?

【一审】

诉讼请求

判决确认张某媛为尚学公司股东。

裁判结果

驳回原告张某媛的诉讼请求。

【二审】

上诉请求

撤销一审判决,改判支持张某媛一审全部诉讼请求。

裁判结果

驳回上诉,维持原判。

【法院观点】

股权激励计划草案规定,离职股东的股权原则上应由公司回购或转让给其他股东，张某媛亦认可其不存在例外情况，现张某媛已经从尚学公司离职，在此情况下，一审法院未确认张某媛系尚学公司股东，驳回张某媛的诉讼请求，并无不当，法院予以维持。

【律师视角】

案例评析

股权登记具有对抗性效力，但是其对抗效力针对的是公司之外的人员。当涉及公司内部关系时，当事人是否拥有股权以公司内部当事人之间的约定为准。既然股权激励计划草案规定，离职股东的股权原则上应由公司回购或转让给其他股东，张某媛亦认可其不存在例外情况，现张某媛已经从尚学公司离职，那么张某媛无权主张其为尚学公司股东。

第十三章

股 权 转 让

第一节　股权有“价”赠与

◎问题聚焦

股权激励常常会涉及股权转让,此类股权转让会涉及无偿赠与、附义务赠与或者有偿购买。法院在遇到此类股权转让时,会作出怎样的事实认定和依法裁判呢?

◎裁判规则

附义务的股权激励性质的股权赠与合同,在员工没有按照约定履行完合同义务时,法院倾向于按照合同约定来处理股权赠与相关事项。

◎案例详解

经典案例 | 周某琦、谢某辉股权转让纠纷案

【基本信息】

再审申请人(一审被告、二审上诉人):周某琦

被申请人(一审原告、二审被上诉人):谢某辉

一审被告:万某庆

一审第三人:四川雅化实业集团股份有限公司(以下简称雅化公司)

案由:股权转让纠纷

案号:四川省高级人民法院(2017)川民申4496号

【相关案情】

2013年7月6日，四川兴晟锂业有限责任公司（以下简称兴晟公司）召开股东会作出《股东会决议》，载明：同意周某琦、万某庆提议的两人按照双方股权比例，共同赠与谢某辉兴晟公司中2200万股本的5%股权；谢某辉承诺为兴晟公司入职服务五年，五年内不变现，少服务一年扣除2200万股本的1%的股份；谢某辉获赠股权在五年入职服务期间暂时置于周某琦、万某庆名下，五年后谢某辉有权要求放至其自身名下；谢某辉获赠股份在五年内如有共同变现机会，周某琦、万某庆按照共同的变现比例支付谢某辉。兴晟公司股东会作出《股东会决议》后，兴晟公司与谢某辉签订了期限为五年的《聘用合同》。

2014年9月19日，兴晟公司经过运作后，与雅化公司签订了《关于兴晟公司100%股权之转让协议》，兴晟公司成为雅化公司的全资子公司。

2015年3月1日兴晟公司与谢某辉签订了期限为三年的《劳动合同书》。2016年2月24日谢某辉与兴晟公司解除了劳动合同关系，谢某辉所要股权变现款无果后，诉至法院。

【争议焦点】

谢某辉是否可以获得周某琦、万某庆1%的股权？该股权在本案中该如何处置？

【一审】

诉讼请求

周某琦、万某庆向谢某辉支付股权价款55万元。

裁判结果

1. 周某琦向谢某辉支付股权变现款146,836.6元。

2. 万某庆向谢某辉支付股权变现款73,163.4元。

【二审】

上诉请求

撤销原判，依法改判驳回谢某辉对周某琦的诉讼请求。

裁判结果

驳回上诉，维持原判。

【法院观点】

本案案涉股权赠与的主体系公司股东，并非公司作为赠与的主体，股权也并非公司支付劳动者的相关报酬，故本案应为赠与合同纠纷。

谢某辉在与兴晟公司建立劳动关系前，兴晟公司作出股东会决议，同意股东周某琦、万某庆提议的赠与谢某辉股权的方案，其后兴晟公司与谢某辉签订了劳动合同，在劳动合同中再次提及股权激励奖励。由此表明，周某琦、万某庆作为兴晟公司股东为了招聘谢某辉入职而作出了赠与谢某辉股权的意思表示，其后谢某辉与兴晟公司签订劳动合同的行为应视为谢某辉接受了周某琦、万某庆的赠与，故周某琦、万某庆与谢某辉之间的赠与合同关系成立。案涉股权虽未实际交付谢某辉，但周某琦、万某庆作出赠与意思表示时即特别约定了赠与的股权暂时由周某琦、万某庆继续占有，此种交付方式在双方达成赠与合意且满足赠与条件后应视为案涉股权已经交付。谢某辉入职时间为2013年10月至2014年9月，按照双方对赠与股权少服务一年扣掉1%的约定，谢某辉应当获得周某琦、万某庆赠与的1%的股权。

依据双方对赠与股权的约定，谢某辉获赠的股权在五年内如有共同变现机会，周某琦、万某庆按照共同的变现比例支付谢某辉。兴晟公司100%的股权以8200万元的价格转让给雅化公司，即股权的变现比例为1元股本变现为1元。谢某辉获赠的股权为2200万元股本的1%，其对应的变现价值应为22万元。周某琦、万某庆与雅化公司的股权转让协议已经明确了股权的变现价值，且雅化公司也支付了相应的股权转让款，故周某琦、万某庆应当按照股权的变现价值支付谢某辉股权款。

【再审】

再审请求

原判决认定的基本事实缺乏证据证明，适用法律确有错误。

裁判结果

驳回周某琦的再审申请。

【法院观点】

本案虽然以兴晟公司股东会决议的形式作出赠与谢某辉5%股权的决定，但对于谢某辉而言，股东会决议属于赠与合同的要约，作出赠与意思表示的是兴晟公司的股东周某琦和万某庆，赠与的主体是周某琦和万某庆，赠与的条件是谢某辉承诺为兴晟公司入职服务五年。此后谢某辉与兴晟公司签订了为期五年的聘用合同。因此，谢某辉虽然未在股东会决议上签字，但通过签订聘用合同的行为作出了接受赠与的意思表示，双方之间的赠与合同成立。虽然聘用合同也作出了“兴晟公司根据谢某辉的表现给予一定的经济及股权激励奖励”

的约定，但该约定并未变更周某琦、万某庆与谢某辉之间的赠与合同，谢某辉也非依据聘用合同提出本案的诉讼请求。因此，本案应为赠与合同纠纷。

兴晟公司股东会决议确定了赠与合同的主要内容，其中约定，谢某辉获赠股份在五年内如有共同变现机会，周某琦、万某庆按照共同的变现比例支付谢某辉。后周某琦、万某庆将兴晟公司全部股权转让给雅化公司，股权转让价款与股本的比例为1∶1，谢某辉获赠的股权为22万元股本，其对应的股权转让价款应为22万元。

【律师视角】

案例评析

本案中，虽然未形成书面赠与合同，但是根据兴晟公司决议、聘用合同等可以推知，周某琦、万某庆与谢某辉之间的股权赠与合同事实上已经成立并生效。本案中，谢某辉不履行股权赠与合同所附的义务的后果是，扣除相应受赠股份，获得扣除后的剩余部分。如果员工已经部分履行了赠与约定中所附服务时间之义务，法院将支持员工获得已履行部分所对应的赠与。在柴某生与李某辉股权转让纠纷上诉案中，最高人民法院亦采取此种态度。谢某辉在兴晟公司服务1年，扣除4年相对应4%的股份，仍可获赠1%的股份。

实操建议

公司在采取规定服务年限的附义务赠与股权方式对员工进行股权激励时，应当注意对员工不履行义务后果的股权激励的退出方案设计。如果员工工作1年可以获得1年的激励待遇，这种退出方案几乎没有任何激励和留人的价值，不如没有。只有工作若干年才能获得某种待遇，这才算是长期的股权激励方式，也是股权激励最精髓的价值所在。

类似案例　雷某涛与武汉赫天光电股份有限公司、胡某才、刘某合同纠纷案

【基本信息】

上诉人（原审被告）：雷某涛

被上诉人（原审原告）：武汉赫天光电股份有限公司（以下简称赫天公司）

被上诉人（原审原告）：胡某才

被上诉人（原审原告）：刘某

案由:合同纠纷

案号:湖北省武汉市中级人民法院(2013)鄂武汉中民商终字第01503号

【相关案情】

2009年6月20日,赫天公司与雷某涛签订聘用合同,聘用其为总工程师,期限为自2009年6月20日起至2023年6月20日止。合同内容包括:雷某涛在合同有效期内无故辞职或解除合同的赔偿责任、竞业限制规定、股权激励赠政策以及薪资等。

2010年9月1日,赫天公司股东会决议记载:股东胡某才将1.89%股权转让给雷某涛。当日,胡某才与雷某涛签订股权转让协议,将其在赫天公司的1.89%股权转让给雷某涛。雷某涛并未支付对价。9月2日,胡某才与雷某涛签订股权激励赠与协议,约定胡某才同意作为控股股东洪远公司的代理人代表洪远公司向雷某涛无偿转让并赠与;雷某涛持续持有股权需满足的连续工作年限。9月8日,赫天公司就股东变更进行了工商核准登记,并向雷某涛出具股权证书。

2011年7月3日,刘某与雷某涛签订股权赠与协议:刘某赠与雷某涛赫天公司500,000元出资额,协议于公司召开股东会通过本次股权赠与后生效;雷某涛同意在本协议生效后为公司全职服务3年,在服务年限内从公司离职的,应将标的股权零对价返还刘某。同日,二人还签订股权转让协议:刘某将其拥有的赫天公司出资额300,000元转让给雷某涛,并在收到雷某涛支付的转让款后出具收据。上述两份协议未经赫天公司召开股东大会讨论并形成决议。2011年7月,刘某在未收到雷某涛支付转让款的情况下向其出具收条。

2012年雷某涛从赫天公司离职。赫天公司、胡某才、刘某共同向武汉市劳动仲裁委提出书面仲裁申请,未获受理,遂诉至法院。

【争议焦点】

1. 胡某才是否有权请求雷某涛返还赫天公司1.89%的股权?

2. 刘某与雷某涛签订的股权转让协议的真实意思是什么? 是否具备解除的条件?

【法院观点】

赫天公司与雷某涛签订聘用合同后,胡某才与雷某涛签订的股权激励赠与协议,刘某与雷某涛签订的股权转让协议及股权赠与协议,均是赫天公司对雷某涛进行激励的具体行为,涉案的聘用合同、股权赠与协议、股权转让协议是赫天公司对雷某涛进行股权激励不可分割的组成部分。

雷某涛在赫天公司工作不足三年即提出辞职，单方解除聘用合同，显然未满足持续拥有赫天公司股权的条件。根据《合同法》第九十四条第四项的规定，赫天公司及胡某才的合同目的因雷某涛的违约行为无法实现，赫天公司及胡某才有权请求解除股权激励赠与协议，并要求雷某涛向胡某才退还其持有的赫天公司1.89%的股权。雷某涛认为胡某才系代表洪远公司与其签订的激励股权赠与协议，胡某才不具有原告主体资格。但事实上胡某才未与雷某涛签订赠与协议前即系赫天公司合法股东并持有公司6.65%的股权，双方在签订的股权激励赠与协议中虽表明胡某才系代表洪远公司与雷某涛签订赠与协议，但并不影响胡某才作为股权激励赠与合同主体行使解除权并要求股权的返还，况且洪远公司对此并无异议。因此，雷某涛认为胡某才不具原告主体资格的理由不能成立。

【律师视角】

案例评析

本案为基于股权激励所形成的股权赠与合同纠纷。胡某才与雷某涛签订股权赠与协议的目的是实施赫天公司与雷某涛签订的聘用合同所承诺的赫天公司对雷某涛的股权激励政策，是履行赫天公司与雷某涛签订的聘用合同的组成部分。上述聘用合同以及股权激励赠与协议中，均有要求雷某涛持续作为赫天公司的雇员的年限规定，从其内容可以推断，雷某涛享受股权激励待遇是以忠实、尽责地履行完聘用合同的期限为条件。本案中，雷某涛任职不足三年即向赫天公司提出辞职，单方解除聘用合同，显然未满足股权激励的条件，依约应无偿返还胡某才已转让的赫天公司股权，故法院对赫天公司和胡某才请求解除股权激励赠与协议，并由雷某涛返还其持有的赫天公司1.89%的股权主张予以支持，是具有事实和法律依据的。

刘某与雷某涛签订的股权赠与协议和股权转让协议中，股权赠与协议是为履行赫天公司与雷某涛签订的聘用合同中的股权激励的约定。关于股权转让协议，结合其履行方式来看(刘某在未收到雷某涛价款的情况下就出具收条)，订立目的也应属于履行赫天公司与雷某涛签订的聘用合同中的股权激励的约定。该股权激励以雷某涛至少为赫天公司服务至2014年6月30日止为条件，现雷某涛未能满足股权赠与的条件，则赫天公司和刘某请求解除股权转让协议的主张应当得到支持。

第二节　激励股权(份)赠与后能否撤销

◎问题聚焦

股权(份)(以下简称股权)转让,是公司股东依法将自己的股东权益转让给他人,使他人取得公司股权的民事法律行为。附条件地无偿转让股权可以作为股权激励的一种实现形式,即公司股东通过签订协议将自己的股份无偿转让给员工,以此激发员工的工作积极性。此种赠与行为是属于赠与合同可以在股权实际转移之前撤销赠与,还是属于股权激励的范畴不能任意撤销呢?

◎裁判规则

公司股东将自己所持股权无偿转让给公司员工,如果该股权转让所附条件与员工贡献、公司管理、任职期间等因素密切相关,一般会被认定为股权激励方式,不得任意撤销。

◎案例详解

经典案例　深圳市知亦行软件服务有限责任公司、张某勇股权转让纠纷案

【基本信息】

二审上诉人(一审被告):深圳市知亦行软件服务有限责任公司(以下简称知亦行公司)

二审上诉人(一审被告、反诉原告):张某勇

二审被上诉人(一审原告、反诉被告):杨某岐

案由:股权转让纠纷

案号:深圳市中级人民法院(2017)粤03民终14536号

【相关案情】

2015年5月29日,杨某岐(乙方)与张某勇(甲方)签订《知亦行公司和力行智信合作协议》,协议约定甲方持有知亦行公司的55%股份,赠与乙方知亦行

公司15%的股份，乙方享有知亦行公司15%股份对应的分红权，该股份价值36万元。36万元已经转为分红权，每年公司承诺分红20%～30%。原始本金可以分3年提取，提取后，则不再享受分红。该赠与的股权并未经过工商登记。

2015年7月30日、2015年8月18日，案外人吕某红受张某勇的委托，通过个人银行账户向杨某岐个人账户支付股权结算款共计24万元，扣除税费12,000元，实际到账228,000元。张某勇于2015年10月31日向杨某岐电子邮箱发送单方解除合作协议的通知，但杨某岐并未收到。知亦行公司认为其不是《知亦行公司和力行智信合作协议》中的当事人，该协议约束力当然不及于知亦行公司。张某勇认为，合作协议已经不能继续履行，合作协议目的亦无法实现，其有权解除《知亦行公司和力行智信合作协议》。杨某岐认为，《知亦行公司和力行智信合作协议》一经签订对各方当事人都有约束力，杨某岐就享有相关干股的分红权及原始本金的提取权，而知亦行公司、张某勇没有单方的解除权。各方当事人针对合作协议的性质及能否解除合作协议存在较大争议，遂诉至法院。

【争议焦点】

杨某岐持有的知亦行公司的15%的股份是单纯的赠与关系还是股权激励关系使然?

【一审】

诉讼请求

1. 确认《知亦行公司和力行智信合作协议》合法有效。

2. 请求知亦行公司与张某勇共同向杨某岐支付股份本金36万元及2013年、2014年分红款及逾期支付利息。

裁判结果

知亦行公司与张某勇共同向杨某岐支付股份本金36万元。

【二审】

上诉请求

知亦行公司上诉请求：撤销张某勇、知亦行公司于判决生效之日起10日内共同向杨某岐支付股份本金36万元整，驳回杨某岐的诉讼请求。

张某勇上诉请求：撤销张某勇、知亦行公司于判决生效之日起10日内共同向杨某岐支付股份本金36万元整，并驳回杨某岐的诉讼请求；判令解除张某勇与杨某岐签订的《知亦行公司和力行智信合作协议》；判令杨某岐退还张某勇股权结算款24万元及利息。

裁判结果

驳回上诉,维持原判。

【法院观点】

张某勇与杨某岐签订的《知亦行公司和力行智信合作协议》约定,张某勇持有知亦行公司的55%股份,赠与杨某岐股份为知亦行公司的15%,杨某岐享有知亦行公司的15%股份对应的分红权,该股份价值36万元。但双方签订《知亦行公司和力行智信合作协议》的初衷是"为了实现业务上的1+12",是双方资源上的整合,结合杨某岐在知亦行公司的任职情况,张某勇赠与杨某岐股份为知亦行公司的15%股份,名为"赠与",但实际上并非张某勇无偿地将自己的股份给予杨某岐,它是建立在杨某岐在职期间对知亦行公司的贡献基础上,属于员工股权激励性质。因此,张某勇以赠与合同的任意撤销权为由,主张单方解除该协议,于法无据,法院不予支持。

依据《知亦行公司和力行智信合作协议》,张某勇赠与杨某岐知亦行公司15%的股份,即包括价值36万元的原始本金,又包括知亦行公司所承诺的每年20%~30%的分红,张某勇、知亦行公司主张其已支付的24万元分红款应予扣除,依据不足。鉴于张某勇是知亦行公司的法定代表人及主要股东,且合作协议中知亦行公司亦向杨某岐明确承诺每年20%~30%的分红,因此,杨某岐主张知亦行公司与张某勇共同承担原始本金36万元的支付责任,符合法律规定。

【律师视角】

案例评析

本案的关键点在于对《知亦行公司和力行智信合作协议》中股权赠与的实质性判断。协议中虽然明确杨某岐所享有的知亦行公司的15%的股份为张某勇赠与,但实际上杨某岐取得该股份是建立在其在职期间对知亦行公司的贡献基础上,明确具有股权激励性质,因此张某勇不能适用赠与合同的法律规定,对上述赠与行使任意撤销权。

实操建议

对于单位来说,在股东或公司与劳动者签订股权转让协议时,需要明确协议的性质;如果是赠与合同,可以附条件、附期限并且保留股份的所有权,努力争取公司享有任意撤销权或者类似的权利。

对比案例 | 胡某洪、谭某赠与合同纠纷案

【基本信息】

上诉人(一审原告):胡某洪

上诉人(一审被告):谭某

案由:赠与合同纠纷

案号:江苏省镇江市中级人民法院(2017)苏11民终4018号

【相关案情】

2014年3月1日,胡某洪、谭某签订协议书约定:胡某洪在瑞吉格泰公司工作期间,谭某将其持有的东方电热公司的股份中的20万股(以下称赠与股份)按照协议约定有条件地无偿赠与胡某洪,赠与股份按照本协议签订日的股份权益结算。赠与条件为胡某洪要忠实履行在瑞吉格泰公司的岗位职责,勤勉敬业,努力工作。对赠与股份,胡某洪承诺锁定期为1年,在锁定期内胡某洪不得要求兑现,锁定期届满后的每一个年度,胡某洪可申请兑现的赠与股份前5个年度不超过赠与股份的16%,第6个年度不超过赠与股份的20%。但如截止到第6个年度届满时,胡某洪仍有未申请兑现的赠与股份,则谭某有权决定兑现时间。谭某对胡某洪上一年度的工作情况实行考核,根据考核结果,对上述可申请兑现的赠与股份进行分级兑现。出现下列情形时,谭某可撤销赠与,对赠与股份或剩余赠与股份可不再兑现:胡某洪主动离职或被辞退、除名的,或因其他任何原因胡某洪离开瑞吉格泰公司的;胡某洪被依法追究刑事责任的;胡某洪严重违反瑞吉格泰公司规章制度的;胡某洪其他未给瑞吉格泰公司造成损失的严重违纪行为。

2017年2月20日,胡某洪提出辞职申请,载明基于报酬兑现及家庭照顾等原因,特提出辞职。2017年3月16日,胡某洪填写员工离职审批表,但审批表中未见瑞吉格泰公司审批意见。2017年3月31日,分管副总在胡某洪填写的瑞吉格泰公司请假单上签字,请假起止时间为2017年4月1日至2017年4月30日。根据谭某提交的录用退工登记备案表,证实2017年4月22日瑞吉格泰公司与胡某洪解除劳动合同关系。此外,谭某每月向胡某洪账户转入15,000元,最后一次转账日期为2017年3月25日。胡某洪向谭某申请兑现股权未果,诉至原审法院。

【争议焦点】

瑞吉格泰公司与胡某洪的法律关系是赠与合同关系还是股权激励法律关系?

【一审】

诉讼请求

判令谭某支付胡某洪款项259.564万元并按照银行同期贷款利率计算逾期付款利息。

裁判结果

谭某应于判决生效之日起10日内支付胡某洪款项433,480.2元及利息8694.89元。

【二审】

上诉请求

胡某洪上诉请求:在谭某支付款项433,480.2元及利息8694.89元的基础上,另行支付1,573,867元及利息。

谭某上诉请求:撤销原审判决,改判为驳回胡某洪的诉讼请求。

裁判结果

撤销谭某支付胡某洪款项433,480.2元及利息8694.89元的一审判决,驳回胡某洪的其他诉讼请求。

【法院观点】

根据双方协议书第四条第一款第一项的约定,胡某洪主动离职或被辞退、除名的,或基于其他任何原因胡某洪离开瑞吉格泰公司的,谭某可撤销赠与,对赠与股份或剩余赠与股份可不再兑现。该约定系双方真实意思表示,合法有效。本案中,胡某洪于2017年2月20日提出辞职申请,之后起诉要求谭某兑现赠与的股份收益。在一审诉讼中,谭某明确表示撤销对胡某洪的赠与,故该赠与已经撤销。撤销赠与后,谭某对未赠与的股份可不再兑现,故胡某洪起诉要求谭某支付款项的主张,不符合双方协议书的约定,不应支持,谭某认为依据协议书不应给付款项的上诉理由能够成立,应予支持。

【律师视角】

案例评析

本案中,谭某对胡某洪的赠与所附的条件与工作贡献、工作制度管理、在职期间等密切相关,故而二人签订的协议书应当认定为股权激励。协议书中双方约定了胡某洪主动离职或被辞退、除名的，或因其他任何原因胡某洪离开瑞吉格泰公司的，谭某可撤销赠与，对赠与股份或剩余赠与股份可不再兑现。胡某洪在辞职后，不再符合股权激励授予的条件，且谭某满足行使撤销权的条件，故谭某有权不再给予胡某洪相应的股份并可撤销赠与。

实操建议

针对这类案件，我们认为股权转让所附条件与员工贡献、公司管理、任职期间等密切相关，一般会被认定为股权激励方式而非赠与，不得任意撤销。我们建议律师提醒当事人在签订股权激励协议时，明确股权激励的条件。实践中，公司给予员工股权即使附期限、附条件，通常被认定为股权激励而不能任意撤销，但如果公司员工违反了协议的约定，公司也可能有权依照约定收回其相应的权利。

第三节　股权(份)转让的效力

◎问题聚焦

在股权激励案件中，常常也会涉及股权(份)(以下简称股权)转让问题。通常来说，股权转让并不需要特别的流程，但是需要遵守公司法的相关规定。如果公司章程或者核心文件中对股权转让有明确规定，或者股权激励协议等文件对股权转让有明确约定/规定，在当事人关于股权转让合同的效力发生争议时，法院会如何裁判？转让股票认购权的行为，是否属于股权转让呢？

◎裁判规则

1. 在公司章程或者核心文件中对股权转让有明确规定时，或者股权激励协议等文件对股权转让有明确约定/规定时，如果股权转让不符合相关约定或者相关规定(包括法律规定)，以至于出现了法律法规规定的无效情形，法院倾向于认定该股权转让合同无效。

2. 股票认购权的转让是一种权利的转让，不属于股份转让。法院倾向于将转让股票认购权的合同视为普通的民商事交易，若该交易不违反法律法规的强制性规定，法院将认定该交易合法有效。

◎案例详解

经典案例 | 崔某斌、上海众杰投资有限公司与陆某生、包某明股权转让纠纷案

【基本信息】

再审申请人(一审被告、二审上诉人):上海众杰投资有限公司(以下简称众杰公司)

再审申请人(一审被告、二审上诉人):崔某斌

被申请人(一审原告、二审被上诉人):陆某生

被申请人(一审原告、二审被上诉人):包某明

案由:股权转让纠纷

案号:最高人民法院(2019)最高法民申616号

【相关案情】

苏润实业集团公司原为天电公司的前身天生港发电厂的三产企业,其股东为该厂的职工持股会,后因国家政策调整,天生港发电厂发动职工募集资金成立众杰信托资金,并以此资金于2003年11月19日在上海设立了注册资本为5000万元的众杰公司。后众杰公司于2003年12月8日与职工持股会签订股权转让协议,将职工持股会持有的苏润实业集团公司股权转让给众杰公司,众杰公司成为苏润实业集团公司的股东。此后,众杰公司减资,分立新设了驰宇公司。鉴于两家公司共同使用众杰信托资金,遂将众杰信托资金改名为苏润信托资金。

依照《苏润信托资金出资人代表大会工作规则》及《苏润信托资金管理委员会工作规则》,管理委员会经代表大会选举产生,具体职责包括审议投资公司的经营方针和投资计划、报代表大会批准;决定投资公司制订的利润分配方案和弥补亏损方案;审议投资公司制订的合并、分立、解散或者变更公司形式的方案,报代表大会批准……

2011年3月7日,众杰公司与崔某斌签订股权转让合同,约定因崔某斌担任集团公司的经营层职务,众杰公司同意将持有集团公司1.5%的股权以408.069390万元转让给崔某斌。合同签订后,崔某斌通过支付银行承兑汇票及银行转款的方式向众杰公司支付了股权转让款408.069390万元。

2011年3月7日案涉股权转让发生时,众杰公司注册资本为1亿元,其股东为于高某、金某虎、陆某生、朱某军、包某明、崔某斌、邹济坤七人,法定代表人为董事长曹某骋,副董事长为于高某,同时于高某任公司总经理。众杰公司注册资本来源于苏润信托资金,上述股东也并非实际出资人,而是由苏润信托资金管理委员会指定。

【争议焦点】

崔某斌与众杰公司之间的股权转让合同是否有效?

【一审】

诉讼请求

确认崔某斌、众杰公司于2011年3月7日签订的股权转让协议无效。

裁判结果

确认众杰公司与崔某斌于2011年3月7日签订的股权转让协议无效。

【二审】

上诉请求

确认众杰公司与崔某斌签订的股权转让合同合法有效,依法驳回陆某生、包某明的诉讼请求。

裁判结果

驳回上诉,维持原判。

【再审】

再审请求

一、二审法院判决涉案股权转让合同无效系错误判决,依法申请再审。

裁判结果

驳回众杰公司、崔某斌的再审申请。

【法院观点】

法院经审查认为,本案争议的焦点为:第一,陆某生、包某明提起本案诉讼主体是否适格;第二,涉案股权转让合同效力如何。

第一,陆某生、包某明提起本案诉讼主体适格。根据一、二审法院查明的事实,众杰公司的资本来源于苏润信托资金,其工商登记中的股东并非实际出资人,而系受苏润信托资金管理委员会指定代持公司股份。因此,作为管理委员会指定并经工商行政登记确认的代持股份股东,陆某生、包某明作为众杰公司股东的身份,未经苏润信托资金管理委员会重新指定则不受影响。2013年7月

25日、26日，苏润信托资金的众多出资人即通过联名信、召开出资人代表大会等的方式表达了对包括涉案股权转让合同在内的股权变动的强烈不满意见。在此情况下，一、二审法院认定陆某生、包某明以众杰公司股东身份提起本案诉讼符合《公司法》第一百五十一条规定的紧急情况之要件并无不当。

至于崔某斌、众杰公司主张的其并非本案适格被告的主张，缺乏事实与法律依据，因为并无法律明文禁止股东代表诉讼中将涉案公司列为被告。同时崔某斌、众杰公司作为涉案股权转让合同的主体，也必然成为本案当事人。崔某斌、众杰公司关于自身并非本案适格被告的再审申请主张不能成立。

第二，涉案股权转让合同应被认定为无效。《苏润信托资金出资人代表大会工作规则》第三条明确规定出资人代表大会的职责包括批准投资公司的经营方针和投资计划。《苏润信托资金管理委员会工作规则》亦明确管理委员会负责审议投资公司的经营方针和投资计划，但应报出资人代表大会批准。不论涉案股权转让合同是否是股权激励机制的具体措施，众杰公司作为苏润信托资金出资设立的独立法人，其投资资产的变动直接对苏润信托资金出资人产生重大影响，属于公司重大经营、投资项目变动，应由出资人代表大会审议通过。因此众杰公司、崔某斌申请再审主张涉案股权转让合同的签订无须经过出资人代表大会"一事一议"缺乏依据。

根据已经查明的事实，涉案股权转让合同签订之时，崔某斌是苏润信托资金管理委员会委员，又是众杰公司的登记股东，则崔某斌应对众杰公司登记股东仅是代持众杰公司股份而非实际出资人的身份及《苏润信托资金出资人代表大会工作规则》与《苏润信托资金管理委员会工作规则》内容清楚并明确，崔某斌及众杰公司均无权未经出资人代表大会同意或授权即自行签订涉案股权转让合同，故崔某斌及众杰公司主观上均不能认定为善意。众杰公司将其原本自行持有的部分苏润实业集团公司的股权转让给崔某斌个人后，苏润信托资金的出资人通过众杰公司取得相应苏润实业集团公司股份利益的可能性实际丧失，已经对苏润信托资金的出资人造成了客观侵害。综上所述，一、二审法院认定涉案股权转让合同无效并无不当。

类似案例 张某与天津市联大通讯发展有限公司股东资格确认纠纷案

【基本信息】

原告:张某

被告:天津市联大通讯发展有限公司(以下简称联大通讯公司)

案由:股东资格确认纠纷

案号:天津市南开区人民法院(2016)津0104民初3570号

【相关案情】

1995年4月14日,联大通讯公司注册登记成立。第三人卢某珠、第三人张某方及案外人刘某荣系原始股东,注册资本为500,000元。2005年11月29日,被告召开临时股东会,经全体股东同意,决定修改公司章程、出资比例,将股东变更为第三人王某翠、第三人卢某珠、第三人张某方。第三人卢某珠、第三人王某翠分别与案外人刘某荣签订《股权转让协议》,约定:案外人刘某荣将其所有的被告20%的股份100,000元分别转让给第三人王某翠、第三人卢某珠各10%,同时到工商部门办理了股东变更登记手续。被告新股东名录记载的股东信息为:卢某珠出资250,000元,占股50%;张某方出资200,000元,占股40%;王某翠出资50,000元,占股10%。

2006年5月7日,原告张某、第三人卢某珠、第三人张某方形成董事会会议纪要,纪要载明:第三人卢某珠、第三人张某方各无偿出让7.5%的被告股份给原告,重新核定后的占股比例为第三人卢某珠42.5%、第三人张某方42.5%、原告张某15%。同时决定转让过渡期三年,过渡期后办理股东变更登记手续等内容。

2006年5月10日,原告与第三人张某方、第三人卢某珠在该董事会会议纪要上签名确认。

【争议焦点】

2006年5月7日联大通讯公司形成的董事会会议纪要是否合法有效?

【一审】

诉讼请求

1. 请求依法确认原告张某占有被告联大通讯公司15%的股份。

2. 请求依法判令被告联大通讯公司配合原告张某到工商登记行政机关办

理股权变更手续,并由第三人协助办理。

裁判结果

驳回原告张某的全部诉讼请求。

【法院观点】

原告及第三人卢某珠、第三人张某方共同签署的董事会会议纪要的内容系原告及第三人卢某珠、第三人张某方的真实意思表示。但依据公司法原则与有限公司具有人合性的特点,向股东以外的人转让股权应按照公司章程和公司法规定执行。依据2005年11月29日被告联大通讯公司章程第八章公司机构、产生办法、职权、议事规则第十八条第十项及第二十一条规定,股东会对本章第十八条第十项即对股东之间相互转让出资或股东以外的人转让出资作出决议,必须经全体股东所持股权半数以上同意。但被告并未依据公司章程召开股东会,不符合公司章程的约定,亦不符合公司法的规定。2006年5月7日,被告联大通讯公司形成董事会会议纪要的内容虽然涉及公司章程中关于向股东以外的人转让出资的问题,但该会议纪要不能替代股东会决议成为原告合法取得15%股权的依据。

【律师视角】

案例评析

2006年5月7日,被告联大通讯公司形成的董事会会议纪要虽然是当事人的真实意思表示,但是该股权转让行为不符合公司法的规定和公司章程的约定,所以法院不支持张某请求被告配合办理股权变更工商登记手续的诉请于法有据。

实操建议

股权转让要发生法律效力,除了要符合民法典一般的效力要件之外,还要符合公司法的规定和公司章程的规定。实践中,尤其是股权转让的受让方(激励对象),最好能够将专业问题向专业人士进行咨询,避免到头来“竹篮打水一场空”。

对比案例 | 刘某与王某萍证券纠纷案

【基本信息】

原告:刘某

被告:王某萍

案由:证券纠纷

案号:河南省焦作市山阳区人民法院(2018)豫0811民初2798号

【相关案情】

2014年12月3日,经赵某建介绍,王某萍(甲方)与刘某(乙方)签订协议,约定:"甲方自愿将多氟多股票(代码:002407)发行的叁万股限制性股票认购权无偿转让给乙方,并不再反悔;乙方自愿接受上述叁万股限制性股票认购权并保证按时足额认购。"2015年4月23日,刘某通过其弟刘某祥向王某萍支付了购买股限制性股票的资金290,750元。

2015年4月29日,多氟多化工股份有限公司发出关于向激励对象授予限制性股票的公告。王某萍系此次限制性股票激励计划激励对象之一。

2016年多氟多公司对股东所持股票每10股转赠15股,王某萍名下多氟多公司的股票为75,000股。王某萍于2016年6月3日向刘某的妻子吴某杰转账第一个解锁期解锁股票款918,898.02元;2017年7月3日向吴某杰转账第二个解锁期解锁股票款388,915元。第三个解锁期应解锁股票为22,500股。

2017年8月11日,王某萍向刘某(吴某杰)发出《致股权激励股票受让人的一封公开信》,认为双方执行协议的前提条件发生了重大变化,协议影响了出让人第二期股权激励的认购资格和相应收入,使出让人的利益受到了重大损害,提出终止协议的第三年责权义务,退回第三年受让人的认购本金。

【争议焦点】

王某萍与刘某签订的限制性股票认购权转让协议是否有效?

【一审】

诉讼请求

王某萍向刘某返还其所代持的归刘某所有的22,500股股票(代码为002407)价款352,822.5元及利息。

裁判结果

王某萍于本判决生效之日起10日内支付刘某股票价款210,964.5元及利息。

【法院观点】

本案中,王某萍获得多氟多化工股份有限公司(股票代码:002407)30,000股限制性股票认购权后,自愿将认购权无偿转让给刘某,双方的该种转让是发生在股票取得以前,尚不属于股票的转让。由于我国现行的法律法规尚无这方面的禁止性规定,因此双方就此签订的协议并不违反法律、行政法规的强制性规定,且系双方真实意思表示,应为有效合同,双方均应严格履行约定。在合同的履行中,刘某已向王某萍支付购买限制性股票的价款,王某萍也向原告支付了前两次解锁的限制性股票的价款,现王某萍对剩余的22,500股股票拒绝按原告指令出售且不支付股票价款,违背了诚信原则,违反双方在协议中的约定,应承担相应的民事责任。

【律师视角】

案例评析

股票认购权属于一种民事权利,其转让不能认定为股份转让,法院将转让股票认购权的合同视为普通的民商事合同于法有据。王某萍签订协议后不履行约定,应当承担相应的民事责任。

第四节 股权转让价格

◎问题聚焦

公司在进行实股激励的时候,除非进行定向增发,否则只能通过股东有偿转让或是无偿赠与股权进行激励。激励对象有偿获得股权,会牵涉到股权转让的价格;激励对象因为规定或者约定转出受让股权时,也会涉及股权转让价格。那么,股权激励方案规定的价格(标准)或者股权激励协议约定的价格(标准)能得到法院的支持吗?

◎裁判规则

对于股权激励中股权的转让价格,无论是激励对象因为受激励成为股东时,还是激励对象基于股权激励方案规定或者激励协议约定的事由退出公司转出受让股权时,股权转让价格均按照规定或者约定来处理,法院倾向于支持。但是,公司大股东或者实控人通过公司章程的修改实质上剥夺其他股东对其股权的处分权的,法院的态度可能是相反的。

◎案例详解

经典案例 | 彭某、广州珺凯日用品有限公司股权转让纠纷案

【基本信息】

再审申请人(一审被告、二审被上诉人):彭某

被申请人(一审原告、二审上诉人):广州珺凯日用品有限公司(以下简称珺凯公司)

再审被申请人(一审原告、二审上诉人):曾某娥

案由:股权转让纠纷

案号:广东省高级人民法院(2017)粤民申 4383 号

【相关案情】

彭某自 2012 年 2 月 16 日起担任珺凯公司营销副总经理。2012 年 9 月 20 日,彭某与珺凯公司签订《股权及激励股权协议》,约定彭某有权以 25 万元的价格购买珺凯公司 5% 的实际股权及以 1 元的价格购买珺凯公司 5% 的激励股权。2013 年 6 月 25 日,曾某娥与彭某签订《股东转让出资合同书》,彭某从曾某娥处受让珺凯公司 10% 的股份,并经变更工商登记使彭某成为珺凯公司股东。珺凯公司、曾某娥称《股东转让出资合同书》是为办理股权变更工商登记提供便利,并非其真实意思表示,要求彭某按照《股权及激励股权协议》约定支付对价 50 万元。彭某称《股东转让出资合同书》合法有效且已经支付股权转让金 5 万元,不应再向珺凯公司、曾某娥支付股权转让金。

【争议焦点】

彭某取得珺凯公司股权、成为该公司股东是否基于股权激励?

【再审】

再审请求

彭某认为自己取得股权是基于股权转让而非基于股权激励。

裁判结果

驳回再审申请。

【法院观点】

曾某娥与彭某签订《股东转让出资合同书》,彭某从曾某娥处受让珺凯公司 10% 的股份,并经变更工商登记彭某成为珺凯公司股东。但彭某并未与珺凯公

司解除《股权与激励股权协议》，也不存在《股东转让出资合同书》取代《股权与激励股权协议》的情形。结合《营销副总经理聘用协议》及《股权与激励股权协议》可知，彭某获得珺凯公司股权与其担任营销副总经理职务及工作业绩密切相关。在珺凯公司经营状况良好且彭某明知上述情形的情况下，彭某以显著低于《股权与激励股权协议》中所确认的股权价格购买曾某娥所持股权，不符合常理。

因此，法院认为，二审法院综合全案证据，结合珺凯公司经营情况以及彭某与珺凯公司之间劳动争议等情况，认为珺凯公司、曾某娥关于《股东转让出资合同书》是为办理股权变更工商登记提供便利并非其真实意思表示，彭某获得股权的依据是《股权及激励股权协议》的主张较为可信，并无不当。彭某已实际取得珺凯公司 10% 的股权且办理了变更登记，其称《股权及激励股权协议》未实际履行的理由不能成立，二审法院判决彭某应依照《股权及激励股权协议》所确定的价格向股权出让人曾某娥支付股权出让金 200,001 元，并无不当。

【律师视角】

案例评析

本案的争议焦点在于彭某取得珺凯公司股权、成为该公司股东是基于股权转让还是股权激励。考虑到彭某并未与珺凯公司解除《股权与激励股权协议》，也不存在《股东转让出资合同书》取代《股权与激励股权协议》的情形，在珺凯公司经营状况良好且各方均明知上述状况的情况下，彭某以显著低于《股权与激励股权协议》中所确认的股权价格购买曾某娥所持股权，不符合常理。又因为彭某获得珺凯公司股权与其担任营销副总经理职务及工作业绩密切相关，因此法院认为彭某取得股权是基于股权激励而非股权转让。

实操建议

公司在签订和履行股权激励协议的时候，应当随时记录相关过程，注重签订和履行股权激励协议过程中的痕迹保管和管理，这样就可以避免完全没有必要的争议和纠纷，也可以维持激励者与激励对象之间的良好关系，使股权激励的真正目的得以实现。

对比案例 ｜ 李某与张某股权转让纠纷案

【基本信息】

一审原告：李某

一审被告:张某

案由:股权转让纠纷

案号:江苏省苏州市虎丘区人民法院(2015)虎商初字第00763号

【相关案情】

2010年6月17日,原告李某与案外人徐某华签订《股权赠与协议》,约定徐某华将其持有的苏州某某精密技术有限公司股权40万元赠与原告李某,但该股权仍由徐某华代持。协议还约定,若原告李某与苏州某某精密技术有限公司(及其下属公司)终止劳动关系,徐某华有权撤销股权赠与。

2013年9月9日,徐某华、原告李某、被告张某及其他合伙人就设立苏州某某合智资本管理企业(有限合伙)签订《合伙协议》,约定公司在首次公开发行股票上市交易之前,如有限合伙人自本协议签署日起三十六个月内与苏州某某精密技术有限公司或其下属企业终止劳动关系,则应将其持有的合伙企业财产份额转让给普通合伙人或其指定的第三人并完成相关工商变更登记,普通合伙人或其他指定的第三人支付给转让方的转让价格为转让方取得合伙企业财产份额时所支付的认购价款。李某在苏州某某合智资本管理企业(有限合伙)成立时认缴出资额40万元,实缴出资额40万元。

2014年9月1日,李某提出股权转让申请,同年9月2日,李某提出离职申请。2014年9月9日,李某分别与徐某华、蔡某某及被告张某签订财产份额转让协议,将其所持有40万元财产份额分别转让给徐某华、蔡某某及被告张某,被告张某受让15万元财产份额,转让价款为263,140元。2014年9月12日,苏州某某合智资本管理企业(有限合伙)就合伙人名录及出资额向苏州市工商行政管理局申请变更登记,变更后合伙人名录不再包含李某。2014年9月19日,苏州市工商行政管理局对上述变更登记申请予以核准。2014年9月22日,李某从苏州某某精密技术有限公司离职。李某离职时,苏州某某精密技术有限公司未完成首次公开发行股票。

【争议焦点】

被告张某以263,140元价款购买原告李某所持苏州某某合智资本管理企业(有限合伙)15万元财产份额,是否构成"显失公平"?

【一审】

诉讼请求

撤销编号为(20140909-02)的《苏州某某合智资本管理企业(有限合伙)财

产份额转让协议》，返还李某的15万元财产份额。

裁判结果

驳回李某的诉讼请求。

【法院观点】

就本案来说，从主观状态分析，原告在签署协议时意思表示真实、自由，没有处于危困状态或缺乏判断能力；从客观状态分析，涉案财产份额转让价格并不构成“显失公平”。认定合同是否构成“显失公平”，不仅要考虑结果的公平性，还要综合考虑价格形成的背景、过程以及前后价格之间对比的正当性。根据合伙协议第四十一条的约定，原告离职时财产份额转让价格应为其取得时支付的认购价款。原告在转让涉案财产份额之前作为合伙企业的合伙人，应当受到合伙协议的约束。

综上，张某以263,140元价款购买李某所持苏州某某合智资本管理企业（有限合伙）15万元财产份额，并不构成“显失公平”。

【律师视角】

案例评析

《民法典》第一百五十一条就“显失公平”的规定：一方利用对方处于危困状态、缺乏判断能力等情形，致使民事法律行为成立时显失公平的，受损害方有权请求人民法院或者仲裁机构予以撤销。

原告在签署协议时意思表示真实、自由；原告所称的“无经验”并不构成意思表示瑕疵；被告也不存在乘人之危、欺诈等情况。另外，原告在转让涉案财产份额之前作为合伙企业的合伙人，应当受到合伙协议的约束。因此，从价格形成的背景、过程以及前后价格之间对比的正当性，以及结果的公平性出发，都无法构成财产份额转让价格的显失公平。

对比案例　周某铭与大连市市政设计研究院有限责任公司公司决议纠纷案

【基本信息】

一审原告：周某铭

一审被告：大连市市政设计研究院有限责任公司

案由：公司决议纠纷

案号:辽宁省大连市西岗区人民法院(2017)辽0203民初899号

【相关案情】

2004年,被告因国企改制而设立,原始股东45人,当时院长谭某俊的持股比例为51.6%。至2015年5月9日,被告仅剩5名股东,谭某俊的持股比例达93.99%。原告周某铭于2004年7月2日向被告出资6万元,2007年1月10日向被告增资6万元,共出资12万元,占股2%。

2010年8月4日被告召开股东会,将终止履行原公司章程、执行新公司章程作为议题。2016年12月16日,被告召开股东会,议题为员工股权激励方案,内容为公司创始股东(大股东)自愿出让股权给公司核心管理层及骨干人才,激励股权份额为总股本的27%,其他股东放弃优先购买权。转让价格以公司注册资本为依据,按照每股净资产确定。激励对象获授的期股在解锁登记前享有分红权,但不享有转让权、继承权、表决权等分红权之外的其他权益。激励对象在行权后,如出现与公司解除或终止劳动合同等实施细则规定的情形,则创始股东有权赎回部分或全部已行权股权。

周某铭认为两个关于被告公司股权转让的股东会决议及相应修改的公司章程条款是在没有经股东本人同意的情况下进行的,违反公司法及合同法相关规定,该股东会决议及公司章程条款应被认定无效。

【争议焦点】

1. 新的公司章程第十八条规定的"经代表三分之二以上表决权的股东同意,可以对有关自然人股东的股权是否必须由其他股东收购和收购价格进行调整"是否违反《公司法》的强制性规定?是否有效?

2. 被告的股权激励方案是否有效?

【一审】

诉讼请求

判令新的公司章程第十六条、第十七条、第十八条无效;规定股权激励方案的条款无效。

裁判结果

1. 被告大连市市政设计研究院有限责任公司的新公司章程第十七条无效。

2. 驳回原告周某铭其他诉讼请求。

【法院观点】

章程第十七条关于收购股权价格的规定(收购价格按该离职股东的工作年

限分别为原始出资额加上其成为股东期间公司净资产增值部分与其持股比例乘积的0% ~40%不等),实质上剥夺了作为公司雇员的股东对其股权的处分权。股价的确定应当由双方协商或按股东权益确定,而不是由公司强制规定,故该条规定无效。

关于章程第十八条规定经代表三分之二以上表决权的股东同意,可以对有关自然人股东的股权是否必须由其他股东收购和收购价格进行调整。该条规定没有具体的权利义务内容,只有待调整决定出台后才能判定是否合法或侵害相关权益,故目前不宜认定无效。

关于被告的员工股权激励方案,根据该条规定,该部分股权系公司创始股东(大股东)自愿出让,激励对象只享有分红权,但不享有分红权之外的其他权益。激励对象如与公司解除或终止劳动合同,则创始股东有权赎回部分或全部已行权股权,故不存在其他股东的优先购买权,不属于《公司法》第七十一条规定的股权转让,也没有侵害公司或其他股东的合法权益,且有益公司的经营与发展,故该方案合法有效。

【律师视角】

案例评析

股东无论是纯粹的投资人,还是公司的治理者或者管理者,还是公司的员工,对于股权转让价格的确定都有自己的权利。除非全体股东一致同意,公司控股股东不能够通过公司章程的修订来强制规定股权转让价格,否则法院会倾向于认定此规定无效。

实操建议

对于原始股东和股权激励对象,法律的保护是完全不同的。对于原始股东,法律的保护相对而言会更强;对于股权激励对象,法律通常会在股权激励方案和激励协议的基础上来保护。如果股权激励方案和激励协议没有违反法律的强制性规定,法院倾向于支持该约定和规定。因此,激励者应该充分运用自己的权利,在保障和激发激励对象工作积极性的基础上,将约束条件规定好和约定好,这样才能收放自如,进退有路。

第五节 激励股权预留

◎问题聚焦

公司通常会将预留的激励股权登记在某一名/数名股东名下。如果各创始股东之间、公司与股东之间均未对相应预留股权的权利主体作出明确约定,代持预留股权的股东在公司或者股东会认为必要时却拒不返还/转让预留股权,公司是否有权起诉要求该股东返还/转让相关股权?

◎裁判规则

如果公司内部未对预留股权的权利主体作出明确约定,却将预留股权登记在公司某一名/数名股东名下。当该股东拒不配合办理预留股权的变更登记时,法院可能会以公司持有自身股权存在法律障碍为由,不支持公司作为原告起诉该股东、要求其向公司返还该部分预留股权。如果预留股权的权利主体和法律关系非常明确,就很难出现这样的问题了。

◎案例详解

经典案例 | 成都三零嘉微电子有限公司与叶某与公司有关的纠纷案

【基本信息】

再审申请人(一审原告、二审被上诉人):成都三零嘉微电子有限公司(以下简称三零公司)

被申请人(一审被告、二审上诉人):叶某

案由:与公司有关的纠纷

案号:四川省高级人民法院(2018)川民申2958号

【相关案情】

2006年3月14日,三零公司成立,叶某是发起人之一,并于2006年3月30日至2012年7月22日担任公司总经理。三零公司成立之初设立27万元预留股权,以引进高级人才,奖励技术和管理骨干,该部分预留股权一直挂在时任公司总经理的叶某名下,由被叶某代持。截至三零公司起诉之日,该预留股权已由设立之初的27万元变更为119.624万元，占公司注册资本的4.7%，全部由叶某代持。叶某于2012年7月离任公司总经理职务，公司于2015年12月14日召开临时股东会，决议将该部分预留股权的代理人由叶某变更为新任公司总经理谢某，谢某作为公司新股东持有该4.7%的公司股权。股东会决议后，叶某拒绝将其代持的预留股权过户至谢某名下，遂成讼。

【争议焦点】

1. 诉争股权的所有权人是谁？

2. 三零公司是不是本案适格的原告？

【一审】

诉讼请求

三零公司请求法院判令叶某返还其所持有的占三零公司注册资本4.7%的股权（出资额119.624万元），并配合三零公司到工商管理机关完成股权变更登记到第三人谢某名下。

裁判结果

判令叶某于本判决生效之日起10日内向三零公司返还119.624万元股权，并在三零公司向工商行政管理部门申请变更登记时予以必要协助。

【二审】

上诉请求

1. 请求法院确认本案所涉股权属于叶某合法所有。

2. 三零公司并非适格原告主体，请求法院驳回三零公司的起诉。

裁判结果

1. 撤销成都高新技术产业开发区人民法院（2016）川0191民初11601号民事判决。

2. 驳回三零公司起诉。

【法院观点】

本案是一个财产性权利的返还之诉，应当由案涉股权的所有权人要求叶某返还，三零公司明显并非本案讼争股权的所有权人。即使三零公司的股东会委托三零公司向叶某主张权利，三零公司也应以其他股东的名义提出诉讼，不应以其自身名义提起诉讼。2017年《民事诉讼法》第一百一十九条第一项规定，原告是与本案有直接利害关系的公民、法人和其他组织，三零公司并非讼争股权的所有权人，不属于与本案有直接利害关系的公民、法人和其他组织，故三零公司作为本案原告提起诉讼的主体资格不符，其起诉不应受理，已经受理的，应当裁定驳回起诉。

【再审】

再审请求

三零公司是案涉股权的所有权人，拥有对该股权占有及支配的权利，二审认定三零公司并非讼争股权的所有权人错误，故申请再审。

裁判结果

驳回再审申请。

【法院观点】

本案涉及公司资本维持原则，该原则是指在公司设立后，必须实际保持与注册资本相当的资本或财产，以保护公司债权人利益和维护交易安全。《公司法》第三十五条"公司成立后，股东不得抽逃出资"的规定即该原则在法律上的具体体现。根据该原则，公司直接持有自身的股份涉嫌股东抽逃出资，因此公司不能作为自身股份的所有权人。但该规定并不排斥公司因特殊情形暂时持有公司的股份，根据《公司法》第七十四条及《最高人民法院关于适用〈中华人民共和国公司法〉若干问题的规定（二）》第五条的规定，公司可以在不危害其他债权人的情况下，因股东基于特定情形请求或在公司解散诉讼中为使公司存续而收购本公司股份，并因此作为股权收购协议一方附期限占有公司的股份。本案中，三零公司的诉讼请求仅为向股份代持者主张返还股份，因其诉讼请求不符合公司临时持有股份的法律规定，二审认定其不是适格主体正确。

【律师视角】

案例评析

叶某是否应该返还其持有的预留股权？若是，三零公司是不是接受返还的主体？

公司法原则上禁止股份公司持有自身的股份，但是对有限公司是否可以收购本公司股权没有作出明确规定，只是在《公司法》第七十四条中列举了公司收购本公司股权的情形。再审法院通过对三零公司诉讼请求的分析，结合公司法对有限公司收购本公司股权的情形的规定，认定三零公司不符合公司法规定的公司持有本公司股权的情形，无权起诉叶某要求其返还预留股权，从而驳回了三零公司的再审申请。但是，无论是二审法院还是再审法院，均没有从正面回应此类情形下"预留股权的所有权人"的问题，实践中也存在诸多争议。

事实上,预留股权的所有权人之争本质上是代持股法律关系中股东身份之争。《公司法》第二十五条第二款规定:"实际出资人与名义股东因投资权益的归属发生争议,实际出资人以其实际履行了出资义务为由向名义股东主张权利的,人民法院应予支持。"也就是说,在代持股法律关系中,判断是否享有股东身份的标准在于是否履行了出资义务。具体到本案来看,若预留部分的股权系叶某出资,且该部分股权尚未分配给激励对象,则该部分预留股权的所有权人应为叶某。但从判决书中认定的事实来看,预留部分股权历年的分红款均由三零公司享有,且由三零公司支配,因预留股权的出资来源于第三人的借款,预留股权的分红款也用于偿还该部分借款。就此而言,三零公司事实上持有了本公司的股份,这与"禁止公司持有本公司的股份"的原则相悖。再审法院以三零公司的诉讼请求不符合公司临时持有股份的法律规定为由认定其主体不适格从而驳回三零公司的再审申请混淆了实然与应然的边界。在本案中,三零公司虽然不应持有本公司的股份,但其实际持有本公司股份的事实本身并不会影响其诉讼主体资格。法院可以判决预留股权系三零公司所有,但因该行为违反了公司资本维持原则,故三零公司应当注销该部分股权,或者将股权即时转让给适格的股东。

类似案例 | 王某、马某红股东资格确认纠纷案

【基本信息】

上诉人(一审第三人):王某

上诉人(一审第三人):马某红

被上诉人(一审原告):况某强

被上诉人(一审被告):成都市欧冠信息技术有限责任公司(以下简称欧冠公司)

被上诉人(一审第三人):邹某、徐某、曾某贵、王某平、王某谷

案由:股东资格确认纠纷

案号:四川省成都市中级人民法院(2017)川 01 民终 206 号

【相关案情】

2006 年况某强、王某、马某红、钟某发起成立欧冠公司。

2013 年 5 月 2 日,欧冠公司召开股东会,形成《股东会决议》,主要内容为:(1)为公司健康发展,调动员工积极性及团队的稳定,经全体股东研究决定,八

位股东将自己在公司所持股份的15%左右用于公司员工及商务使用,该部分股份在员工持股机构成立之前14.6%暂由况某强代持;(2)同意公司股东王某自愿将其在欧冠公司所持有的出资25,000元,即占公司注册资本2.5%的股权转让给股东况某强;同意公司股东马某红自愿将其在欧冠公司所持有的出资35,000元,即占公司注册资本3.5%的股权转让给股东况某强。截至2014年7月2日,况某强持有欧冠公司股份398,500元,持股比例为39.85%,其中21.85%为代欧冠公司持有的员工股。

2015年9月21日,王某、马某红委托律师向况某强发出律师函,称况某强伪造其签名,非法侵占其股权,况某强遂提起诉讼,请求法院确认其依法持有欧冠公司39.85%的股份。

【争议焦点】

况某强请求法院确认其享有欧冠公司39.85%的股份的主张是否成立?

【一审】

诉讼请求

请求确认况某强持有欧冠公司39.85%的股份。

裁判结果

确认原告况某强持有被告欧冠公司39.85%的股份。

【二审】

上诉请求

请求法院撤销原审判,驳回况某强在一审提出的诉讼请求。

裁判结果

1. 撤销成都市锦江区人民法院(2016)川0104民初1884号民事判决。

2. 驳回况某强的起诉。

【法院观点】

当事人向人民法院提起的民事诉讼必须具备诉的利益。所谓诉的利益,是指当事人提起的诉应当具有法院对诉讼请求进行审判的必要性和实效性。怎样判断当事人之诉是否具备诉的利益,应从民事诉讼设置的目的加以分析。民事诉讼设置的目的在于两点:一是权利保护,权利是否有诉讼保护的必要,应当从当事人的权利状态进行分析,即权利是否受到侵害;二是保障当事人抗争程序得以充分实施,这就要求诉讼当事人间必须存在抗争利益,即有争才有诉。当事人之诉只有同时满足上述两点,才具有诉的利益。本案中,况某强请求人民法院确认其系欧冠公司持股比例39.85%的股东，而根据欧冠公司章程和工商登记资料的记载，况某强本就是欧冠公司持股比例39.85%的股东，况某强的股东权利并没有受到他人侵害。另外，欧冠公司对况某强的股东身份和况某强主张的持股比例均没有异议，故况某强和欧冠公司间并不存在争议。虽王某、马某红对况某强的股权的合法性提出质疑，但并没有影响况某强所持有的欧冠公司39.85%股权的相关权益的行使，况某强股东权益并未受到侵害。综上，况某强的本案诉讼不具备诉的利益。

【律师视角】

案例评析

本案与前一案例的不同之处在于，在本案中，王某、马某红对况某强代持的其他员工股并没有异议，仅主张其未将2.5%、3.5%的股份转让给况某强代持。从一审法院认定的事实来看，欧冠公司留存的《股东会决议》上王某、马某红的签名经鉴定，确认是王某、马某红本人笔迹。该事实能够确认欧冠公司在2013年5月2日已召开了股东会，并形成了《股东会决议》，决议的内容即王某、马某红分别将所持欧冠公司2.5%、3.5%的股份转为公司员工股由况某强代持，对欧冠公司的全体股东包括王某、马某红均有约束力。根据上述事实，一审法院确认况某强持有欧冠公司39.85%的股份。二审法院指出，欧冠公司的章程及工商登记显示的况某强所享有的股权与况某强的主张相同，而欧冠公司本身并没有对况某强的股东身份及所持股份提出异议，因此，二审法院认为况某强的股东权益事实上并未受到侵害，不具备诉的利益，因此驳回了况某强的起诉。

第六节　代持股转让

◎问题聚焦

实践中，公司常使用股权代持方式来处理激励股权的持有问题。在股权代持情形下，员工实际持股或实际出资的身份具有一定的隐秘性，因为股权的实际持有人与工商登记的显名股东不符。如果名义股东背着实际出资人进行股权转让，法院认定股权转让协议效力的标准是什么呢？如果股权转让协议被认定为完全有效，股权实际持有人的权益又如何得到保护？

◎裁判规则

1. 名义股东未经被代持员工或隐名股东同意即转让所代持股权的，若受让人明知代持关系存在仍然受让，导致员工股权利益无法实现或损害隐名股东权益，则系双方恶意串通损害第三人利益，法院倾向于认定股权转让协议中涉及被代持部分股权无效。

2. 若受让人对代持关系不知道或不应当知道，以合理对价受让股权，并且已经办理工商变更登记，则该善意受让人依据善意取得规则取得股权，具有股东资格。被代持员工有权获得股权利益受损的赔偿，有权要求名义股东支付股权转让款。

3. 隐名股东（未进行工商登记）的名字只要登记于公司的股东名册上，或者隐名股东已然以法院认可的其他方式“显名”，法院倾向于认为其具有公司股东资格，享有公司股东权利，并应当依法履行股东义务。

◎案例详解

经典案例｜郭某敏与赵某、陈某确认合同无效纠纷案

【基本信息】

原告：郭某敏

被告：赵某、陈某

第三人：上海停时大数据科技有限公司（以下简称停时公司）

案由：确认合同无效纠纷

案号：上海市徐汇区人民法院（2016）沪 0104 民初 22930 号

【相关案情】

2015 年 6 月 1 日，郭某敏（乙方）、赵某（甲方）、陈某（丁方）及停时公司（丙方）签订《员工股权激励协议》，约定：甲方将其持有的公司 2% 的股权转让给乙方，作为股权激励，乙方无须支付任何价款；乙方通过甲方代为持有公司 2% 股权。

2015 年 11 月 16 日，赵某（甲方）与陈某（乙方）签订《股权转让协议》，约定甲方将其持有的停时公司 60% 的股权转让给乙方，转让价格为 180 万元。

2015 年 11 月 17 日，郭某敏得知赵某将其全部股份（含郭某敏持有的 2% 股权）擅自转让给陈某，郭某敏向赵某、陈某主张自己的股权权益，但赵某、陈某均

不予理睬。郭某敏诉至法院。

【争议焦点】

赵某、陈某签署的《股权转让协议》是否有效?

【一审】

诉讼请求

确认赵某、陈某签署的《股权转让协议》无效。

裁判结果

赵某与陈某签订的《股权转让协议》中,涉及赵某代郭某敏持有的2%停时公司股权转让给陈某的内容无效。

【法院观点】

郭某敏、赵某、陈某及停时公司于2015年6月1日签订的《员工股权激励协议》为签约各方真实的意思表示,内容不违背法律、行政法规的强制性规定,为有效合同。郭某敏的2%股权由赵某代持。之后,赵某、陈某于2015年11月16日签订诉争的《股权转让协议》,约定赵某将其持有的停时公司60%的股权转让给陈某,赵某实际持有比例为58%,另2%是替郭某敏代持,且此持股情况为陈某明知。在此情形下,赵某、陈某签订《股权转让协议》,将赵某代郭某敏持有的股权与其持有的58%股权一并转让给陈某,损害了郭某敏利益,应属无效。

【律师视角】

案例评析

本案中,根据《员工股权激励协议》可以认定郭某敏与赵某二人之间存在代持股关系,赵某持有的停时公司60%的股权中2%的股权,属于郭某敏以被代持方式持有的股权激励份额,故而不经郭某敏同意,赵某无权处分该2%的股权。陈某明知赵某向其转让的停时公司60%股权中,有2%的股权属于郭某敏,却仍然与赵某就此达成协议,可知其在本次交易当中并非善意第三人。综上,赵某与陈某签订的《股权转让协议》具有《合同法》第五十二条第二项所规定的合同无效事由,即恶意串通损害第三人利益。但是《股权转让协议》所涉及的停时公司60%股权中,赵某对其所有的58%股权具有处分权。根据《合同法》第五十六条,该《股权转让协议》中处分郭某敏所实际持有的2%股权部分无效,其他部分仍然有效。

实操建议

以被代持方式持有股权激励份额的员工注意保存证明股权代持关系存在的证据,尽量在股权激励协议之外签订股权代持协议,明确名义股东的权限,如不得处分所代持的股权等，务必约定好违约责任。

类似案例｜诺誓集团有限公司等与耿某续确认合同无效纠纷案

【基本信息】

上诉人(原审被告):蒲某

上诉人(原审被告):诺誓集团有限公司(以下简称诺誓集团)

被上诉人(原审原告):耿某续

原审第三人:鹰潭市智合投资中心(有限合伙)

原审第三人:北京智德创新投资管理有限公司

案由:确认合同无效纠纷

案号:北京市第三中级人民法院(2019)京03民终5822号

【相关案情】

2013年6月18日，蒲某(甲方)与耿某续(乙方)签订了《股权激励和股权转让协议》，约定:甲方将其持有的目标公司(诺誓公司)0.5%的股权转让给乙方作为高管激励;乙方同意并确认其享有的标的股权由甲方代为持有;乙方为目标公司的服务期满四年则可享有全部标的股权，服务满一年后可以实际享有25%的标的股权，剩余75%的标的股权在其后三年内按照乙方为目标公司总共服务的月份等比例兑现;代持期间，甲方代表乙方享有和行使作为目标公司股东的各项权利。

2015年6月26日，蒲某与诺誓集团签订《股权转让协议》，蒲某将其名下的诺誓公司47.05%股权转移到由其实际控制的诺誓集团名下。此后，蒲某不再持有诺誓公司的股权，因而不能继续履行《股权激励和股权转让协议》。

2017年10月31日，北京仲裁委员会就耿某续与蒲某因《股权激励和股权转让协议》所引起的争议仲裁案作出裁决，明确耿某续依据《股权激励和股权转让协议》享有诺誓公司0.17188%的股权。耿某续因股权无法兑现，遂诉至法院。

【争议焦点】

蒲某与诺誓集团签订的《股权转让协议》中，处分耿某续享有的诺誓公司0.17188%股权的部分是否有效?

【一审】

诉讼请求

确认蒲某与诺誓集团签订的《股权转让协议》中处分耿某续享有的诺誓公

司0.17188%股权的部分无效。

裁判结果

蒲某与诺誓集团有签订的《股权转让协议》中，蒲某向诺誓集团转让诺誓公司0.17188%股权的内容无效。

【二审】

上诉请求

撤销一审法院判决，依法改判驳回耿某续的全部诉讼请求。

裁判结果

驳回上诉，维持原判。

【法院观点】

如果依涉案《股权转让协议》处分诺誓公司股权全部合法有效，则蒲某不再持有诺誓公司股权，耿某续通过蒲某代持诺誓公司股权的现状必然发生改变，客观上影响了耿某续享有诺誓公司0.17188%股权权益的实际效果和实现路径。且尚无证据证明耿某续在涉案《股权转让协议》签署时知情并明确表示同意，故涉案《股权转让协议》部分内容对耿某续合法权益的实现构成损害。另外，《股权激励和股权转让协议》并未明确赋予蒲某有权转让代持之股权，因此股权一旦发生转让，代持之基础法律关系也将不复存在，蒲某和耿某续也未就此情形明确后续安排，因此不宜将前述约定扩大解释。

蒲某、诺誓集团主张双方之间的转让约定不构成恶意串通，然而蒲某和诺誓集团的转让约定必然对耿某续合法权益实现产生影响。因为蒲某为诺誓集团的控制人，未能举证证明双方不存在恶意串通，应承担不利后果。一审法院根据涉案仲裁裁决对耿某续享有诺誓公司股权比例的确认，并结合蒲某转让其代耿某续持有诺誓公司的股权情况以及蒲某与诺誓集团公司之间的特殊关系，综合认定涉案《股权转让协议》中蒲某向诺誓集团转让的诺誓公司0.17188%股权的内容无效，于法有据。

【律师视角】

案例评析

根据《股权激励和股权转让协议》，耿某续可以得到诺誓公司0.17188%的股权，虽然有蒲某代持，但股权权益确属耿某续所有。蒲某将其持有的全部股份，包括代耿某续持有的部分，转让给由自己实际控制的诺誓集团，可以推定双方都对代持关系明知，却仍旧达成转让协议，导致耿某续通过股权激励所获得的股权权益无法实现。故而涉案《股权转让协议》中，蒲某向诺誓集团转让的诺誓公司0.17188%股权，属于恶意串通损害耿某续的利益，应属无效。

实操建议

名义股东应当注意，员工以被代持方式持有股权激励份额的股权权益受法律保护，名义股东代为行使的股东权利不包括会实际影响其股权权益实现的事项，如擅自转让等。对于受激励员工，我们建议，对每次获得的股权激励份额要及时与代持的名义股东进行书面确认，避免股权权益受损。

类似案例 杨某晖与COMLAB（北京）通信系统设备有限公司等股权转让纠纷案

【基本信息】

上诉人（原审被告）：杨某晖

被上诉人（原审原告）：李某

被上诉人（原审被告）：COMLAB（北京）通信系统设备有限公司（以下简称COMLAB）

案由：股权转让纠纷

案号：北京市第一中级人民法院（2019）京01民终3987号

【相关案情】

2012年4月5日，杨某晖依据《有限责任公司股权转让协议》从COMLAB股东处受让10%的股权，其中5%为个人持有，另外5%为代持COMLAB管理团队股权。2013年3月12日，COMLAB形成《关于批准转让管理团队股份的决定》，批准将杨某晖代持的管理团队股份转让给5名人员，其中李某受让比例为0.8%。2013年4月15日，杨某晖与李某签订《关于转让管理团队股份至个人的协议》，将其代持管理团队股份中的0.8%转让给李某，并注明"款已收"。

2017年3月10日，杨某晖与上海腾耐企业管理中心（有限合伙）（以下简称腾耐公司）签订《转让协议》，将其所持COMLAB的股权350万元（10%股权），转让给腾耐公司。COMLAB就此作出董事会决议，但无董事签字。

2017年6月15日，COMLAB与李某解除了劳动合同。2017年7月5日，COMLAB作出股东会，因李某存在违规、虚假报销行为，严重损害公司利益，决定其按《有限责任公司股权转让协议》以原购买时的价格和条件退还所持有的全部股权。

李某认为,杨某晖及COMLAB未经其同意而擅自转让所代持股权,并拒绝向其支付股权转让价款。多次沟通未果,李某遂诉至法院。

【争议焦点】

1. 李某是否应当获得案涉股权的股权转让款?

2. 杨某晖是否系支付李某股权转让价款的义务主体?

【一审】

诉讼请求

判令杨某晖与COMLAB共同向李某支付股权转让款及支付股权分红款482,810.74元,并赔偿利息损失。

裁判结果

杨某晖给付李某股权转让款338,922.5元,并赔偿利息损失。

【二审】

上诉请求

撤销一审判决,发回重审或改判驳回李某针对杨某晖的诉讼请求。

裁判结果

驳回上诉,维持原判。

【法院观点】

关于李某是否应当获得案涉股权的股权转让款。COMLAB和杨某晖均主张因李某任职期间存在损害公司利益的行为,但其既未就此对李某提起仲裁或诉讼,其提供的证据亦不能证明其事实主张;且杨某晖已将案涉股权转让给案外第三人,无法实现以原购买时的价格和条件退还所持有的全部股权。因此,杨某晖、COMLAB以李某离职后作出的股东会决议为依据,仅同意按照李某购买案涉股权时的价格和条件退还相应款项的抗辩意见,法院不予采纳,故李某应该获得涉案股权转让款。

关于向李某支付股权转让款的责任主体。李某持有COMLAB0.8%的股权由杨某晖代持;杨某晖与腾耐公司签订《转让协议》,将其持有的股权包括代李某持有的股权予以转让,并完成相应股权变动情况的工商登记。因此,名义股东杨某晖向外转让代持股权后,应向李某支付相应的股权转让价款。虽然杨某晖抗辩自己并未获得股权转让款,但根据合同相对性原则,属于其与腾耐公司之间的债权债务关系。杨某晖亦主张,腾耐公司系COMLAB设立的股权激励平台，李某的股权已经实际由COMLAB回购，但并无证据表明COMLAB与李某达成了关于案涉股权转让的协议；并且，案涉股权转让方为杨某晖，COMLAB只是受托代收股权转让款，故并非向李某支付案涉股权转让款的给付主体。

【律师视角】

案例评析

本案中，杨某晖通过受让而持有的COMLAB的10%股权中，有5%为代管理团队持股，作为股权激励之用。李某以被代持方式获得股权激励份额并支付相应价款后，实际持有了COMLAb0.8%的股权。杨某晖在向外转让其所持有的10%股权时，对其中的代持部分虽未征得李某同意，但是受让人耐腾公司以合理价格受让并且已经支付部分税款，COMLAB也已就该股权转让事项办理了工商变更登记，股权转让以及股东变动已经生效。而且并无证据表明耐腾公司对杨某晖与李某之间的代持关系是明知的，依据《物权法》第一百零六条规定的善意取得制度，耐腾公司取得该10%的股权。

李某作为涉案股权的实际持有人，依据《最高人民法院关于适用〈中华人民共和国公司法〉若干问题的规定(三)》第二十五条的规定，在名义股东杨某晖处分所代持股份后，有权请求名义股东承担赔偿责任，支付被代持股权的转让所得价款。

实操建议

我们建议，股权受让人在进行股权交易时，要尽到注意义务，审查目标股权权利状况，敦促出让人及时处理权利瑕疵。在完成股权交易后，股权受让人应当督促股权出让人以及目标公司尽快办理股权变更登记，确定股权归属以及股东地位，固定交易成果，避免因后续发生的纠纷受到权益损害。对于以被代持方式获得股权激励份额的员工，我们建议定期了解自己所持股权的状况，及时维护自己的股东权益。

第十四章

股 权 回 购

第一节　股权回购条款的效力

◎问题聚焦

股权回购是指公司、股东或者前二者指定的其他人回购激励对象持有的公司股权。股权回购条款通常会存在于股权激励制度/方案/计划的规定或者股权激励协议的约定中。股权回购条款是否有效，决定了在规定或者约定条件成就时，激励对象能否要求公司或者相关人员回购其股权；或者，公司或者股东能否要求赎回激励对象持有的公司股权。那么，法院通常是如何判定股权回购条款的效力呢？

◎裁判规则

确认股权激励协议（规定）中股权回购条款的效力，法院通常会从以下两个方面考虑：第一，在不违反法律强制性规定和符合公司章程规定的前提下，通常会肯定股权回购条款的效力；第二，严格考察当事人之间关于股权回购条款的真实意思。

◎案例详解

经典案例　广州丰江电池新技术股份有限公司、黄某林股权转让纠纷案

【基本信息】

再审申请人（一审被告、二审上诉人）：吴某霞

再审申请人(一审原告、二审上诉人):汤某斌

再审被申请人(一审原告、二审上诉人):黄某林

案由:股权转让纠纷

案号:广东省高级人民法院(2019)粤民申5746号

【相关案情】

吴某霞从广州丰江电池新技术股份有限公司(以下简称丰江公司)离职,按照《股权激励管理规定》第四条第一项的约定,丰江公司有权对吴某霞名下12,900股股份进行购回。依上述约定,股份回购的主体应为丰江公司。

关于股份回购的价格,根据《股权激励管理规定》,股份回购价格为每股净资产金额的50%,但未明确约定其计算的时间基点。一审法院认为,根据规定,股份回购系丰江公司、黄某林、汤某斌的权利,宜以权利人行使权利时间为基点计算,即可按三方起诉前一年度即2017年度的公司股东总权益除以公司总股份数所得的50%来计算,但三方对此无法达成一致意见。

另外,关于吴某霞应否返还案涉股份2016年、2017年度的股份收益问题,《股权激励管理规定》未规定股份收益返还的款项起算时间。根据公司法规定,股东按其所持股份享有相应取得分红等权利,同时也承担相应的股东义务。因此,在丰江公司、黄某林、汤某斌主张股份回购前,股份分红系吴某霞依法所应得的法定孳息。丰江公司、黄某林、汤某斌主张吴某霞返还,双方因此产生争议遂诉至法院。

【争议焦点】

丰江公司、黄某林、汤某斌能否行使回购权,能否主张吴某霞返还已获取的2016年、2017年度的股权利益?

【一审】

裁判结果

吴某霞于判决发生法律效力之日起10日内将其持有的12,900股丰江公司股份以每股2.3424元的价格转让给汤某斌,并协助其办理相关股权转让手续。上述股份转让价款由汤某斌在相关股权转让手续办理的同时支付给吴某霞。

【二审】

上诉请求

丰江公司、黄某林、汤某斌上诉请求:维持一审判决主文第一项,撤销一审

判决主文第二项，改判为吴某霞向汤某斌返还丰江公司12,900股的2016年度股份收益2580元及2017年度利润分配收益3870元。

吴某霞上诉请求：撤销原判决，驳回丰江公司、黄某林、汤某斌的全部诉讼请求。

裁判结果

驳回上诉，维持原判。

【再审】

再审请求

撤销二审裁判。

裁判结果

驳回再审申请。

【法院观点】

本案为股权转让纠纷。本案争议的主要问题为丰江公司、黄某林、汤某斌能否行使回购权。根据一、二审法院查明，涉案《股权激励管理规定》中，吴某霞在签名页签名，并在授权委托书上签名。涉案文件是签署各方的真实意思表示，未违反法律规定，应为合法有效，对各方具有法律约束力。吴某霞从丰江公司离职，按照《股权激励管理规定》，丰江公司有权对吴某霞名下股份进行回购。丰江公司指定原出让股权的股东购回涉案股权，保持公司资本稳定，符合合同约定，一、二审法院依据本案案情，支持丰江公司行使回购权并由指定股东接收案涉回购股份，并无不当。

对于吴某霞主张丰江公司上市的问题。丰江公司于2016年5月在全国中小企业股份转让系统（“新三板”）挂牌，并非在证券交易所上市交易。吴某霞主张丰江公司已上市，依约不能行使回购权，理据不足。对于吴某霞主张丰江公司在申请“新三板”过程中隐瞒股权回购的争议、违反挂牌的承诺等问题，与本案不属同一法律关系，与本案争议无关联性，其可另循途径解决。吴某霞申请再审所提理由及请求，理据不足，法院不予采纳。

【律师视角】

案例评析

丰江公司的《股权激励管理规定》在2009年3月制定，故该规定中的上市当然不是指几年后才揭牌运营的“新三板”，而是指在股票在证券交易所上市交易，因此丰江公司在“新三板”挂牌进行股票交易当然不属于《股权激励管理规定》中约定的回购除外情形。在吴某霞离职后，丰江公司可以履行回购权利，指定原出让股权的股东购回涉案股权。

实操建议

作为律师，应该建议公司在制订股权激励计划时明确股权激励和股权回购的条件。如果需要有增资或者减资的环节，对于相应的增减资环节应当进行细化规定，使其符合法律和公司章程的规定。一旦劳动者与用人单位签订股权激励协议，就代表其认可其对于股权激励的约定，无法再随意变更。

类似案例 | 湖南天鸿投资集团有限公司与生某秋股权转让纠纷案

【基本信息】

上诉人（原审被告）：湖南天鸿投资集团有限公司（以下简称湖南天鸿公司）

被上诉人（原审原告）：生某秋

原审第三人：上海东方阶梯智力发展有限公司

案由：股权转让纠纷

案号：北京市第三中级人民法院（2016）京03民终3758号

【相关案情】

2012年3月21日，甲方天舟股份公司与乙方上海东方公司、丙方生某秋为代表的经营管理团队及丁方颜某武签订《合资合作框架协议书》一份，就共同出资设立北京天舟教育科技发展有限公司事宜达成如下协议：甲方以货币资金1500万元作为出资，乙方以非货币资金400万元作为出资，丙方以货币资金出资100万元，并约定：公司成立后，丙方及公司经营团队完成董事会确定的前三年经营指标的，则由甲方对丙方及经营团队予以股份奖励（总额不超过100万股）；丙方及持有公司股份的经营团队成员须与公司签订三年以上的劳动合同；如三年内离职，奖励股份无偿转让给甲方，原始出资按原价转让；合同期满后离职的，奖励股份和原始出资均按1元/股由甲方全部回购……协议签订后三方共同设立了北京天舟公司。

2013年10月25日，经北京天舟公司股东会决议批准，天舟股份公司将其名下持有的北京天舟公司77.5%的股权转让给了湖南天鸿公司。2014年1月3日，湖南天鸿公司向生某秋出具承诺书一份，告知生某秋股权转让事宜，承诺继受天舟股份公司在《合资合作框架协议书》的全部权利义务。各方当事人均认可生某秋未在北京天舟公司工作满三年,北京天舟公司与生某秋经协商于2014年1月31日解除劳动关系。

生某秋认为双方已经不能继续合作,故要求湖南天鸿公司履行合同约定的收购义务,收购生某秋在北京天舟公司已实际缴付货币出资的2.5%股权,向生某秋支付股权转让款50万元并承担案件诉讼费用。双方就是否进行股权回购产生争议,遂诉至法院。

【争议焦点】

生某秋能否要求湖南天鸿公司回购其股权?

【一审】

诉讼请求

请求湖南天鸿公司给付生某秋股权转让款50万元。

裁判结果

湖南天鸿公司于判决生效之日起10日内给付生某秋股权转让款50万元。

【二审】

上诉请求

驳回生某秋的诉讼请求。

裁判结果

驳回上诉,维持原判。

【法院观点】

各方当事人就本案事实认定方面的争议焦点在于:生某秋是否有权要求湖南天鸿公司收购其名下现金出资的2.5%股权。第一,"奖励股份无偿转让给甲方"与"原始出资按原价转让",属于并列关系,一审法院据此认定"原始出资按原价转让"系为转让给"甲方"并无不当。第二,涉及股权激励及股权收购的主体均为合同甲方。第三,《合资合作框架协议》第八条的合同目的系规定对以生某秋为代表的经理人团队采取的股权激励措施,以及根据职业经理人团队的不同经营业绩由公司大股东对奖励股权进行收购的方案。因此,对合同该项条款的理解一审法院判决采信生某秋的主张,符合合同条款约定体现的当事人本意,亦符合日常经验法则,法院予以确认。现湖南天鸿公司受让了天舟股份公司在《合资合作框架协议书》项下的权利义务,应当按照《合资合作框架协议书》的约定,以生某秋原始出资额50万元的价格履行股权收购义务,向生某秋支付股权转让款50万元。

【律师视角】

案例评析

股权激励协议作为股权激励最重要文件，应当由公司与员工进行商议，并明确股权激励的方式以及进入和退出机制等各项内容。在本案中，生某秋与湖南天鸿公司关于收购股权的《合资合作框架协议书》不违反法律、行政法规的强制性规定，应属合法有效。双方当事人在协议中约定了退出机制，即三年内离职的，奖励股份无偿转让给甲方，原始出资按原价转让，因此生某秋要求公司回购其股份的主张法律依据与事实依据充分，应当支持。

类似案例　陈某金与佛山市海天调味食品股份有限公司、广东海天集团股份有限公司与公司有关的纠纷案

【基本信息】

再审申请人（一审原告）：陈某金

被申请人（一审被告）：广东海天集团股份有限公司（以下简称海天集团公司）

被申请人（一审被告）：佛山市海天调味食品股份有限公司

案由：与公司有关的纠纷

案号：广东省佛山市中级人民法院（2018）粤06民申109号

【相关案情】

陈某金为佛山市海天调味食品公司职工，该公司于1995年8月30日改制为佛山市海天调味食品有限公司。根据改制方案，陈某金参与了上述转制并认购其中的24,000股。陈某金在1997年增持2400股，在1998年配送10,560股，在1999年配送14,784股。2000年2月23日，陈某金同意将其持有海天调味食品有限公司的5.1744万股转移到由职工股东全资组成的佛山市海天调味食品有限公司，后成为股份有限公司。

2007年7月6日，海天集团公司通过直接和间接的方式，持有佛山市海天调味食品有限公司100%的股权。2008年10月13日至15日，海天集团与807名职工股东分别签署了股权回购协议，回购807名职工股东拥有的海天集团股权，总计相当于47,332,327元注册资本，回购价格为每1元注册资本19.532元，该次减资完成后，海天集团公司注册资本减少至26,922,250元。2010年8

月16日,佛山市海天调味食品有限公司董事会召开会议,批准将注册资本由18,507万元减少至12,955万元,减少部分为兴兆环球的全部出资。

在上述期间,原告陈某金作为出售方,与海天集团公司于2008年10月14日签订一份《广东海天集团有限公司股权回购协议》,双方一致达成协议进行股权回购和减资,双方同意公司以19.532元人民币回购相当于1元人民币注册资本的公司股权。就回购目标股权,公司应当向出售方支付1,111,722.38元人民币。

现原告因请求分配公司注册资本与被告无法达成一致协议,遂诉至法院。

【争议焦点】

陈某金能否请求分配公司的注册资本?

【法院观点】

佛山市海天调味食品有限公司通过了股权激励细则,据此,被告海天集团将持股会于2002年至2006年认购的股权出售或奖励给符合条件的员工,符合章程和细则的约定。此外,根据《公司法》第三十四条关于"股东按照实缴的出资比例分取红利;公司新增资本时,股东有权优先按照实缴的出资比例认缴出资。但是,全体股东约定不按照出资比例分取红利或者不按照出资比例优先认缴出资的除外"的规定,在公司章程有特别约定时,公司增资扩股时可不按照实缴的出资比例配股。因此,被告海天集团将持股会于2002年至2006年认购的股权出售或奖励给符合条件的员工,不违反公司法的规定。综上,原告的第一项、第二项诉讼请求没有事实依据和法律依据,法院不予支持。

关于原告的第三项诉讼请求。首先,2005年版《公司法》第三十六条规定:"公司成立后,股东不得抽逃出资。"据此,原告要求分配注册资本,与上述法律的规定并不相符。其次,根据招股说明书,2008年10月13日至2008年10月15日,海天集团公司进行股权回购并做出相应的减资。此外,原告在与被告海天集团公司签订《回购协议》时,确认对公司此前作出的决议均不持异议,并承诺不会提出任何有关受益股权或其他海天集团股权的争议、索赔或主张。综上,原告的第三项诉讼请求没有事实依据和法律依据,法院不予支持。

另,陈某金提出再审申请时已超过前述法律规定的申请再审期限,故法院驳回其再审申请。

【律师视角】

案例评析

公民、法人的合法权益受法律保护。公司增资减资必须有法定事由,经过法定程序，在不违反法律规定和公司章程的前提下进行增减资本和股权激励。在本案中，海天集团公司进行股权激励和利益分配符合规定，原告要求分配注册资本的请求缺乏法律依据，故人民法院不予支持。

第二节 股权回购义务的履行

◎问题聚焦

实股激励作为常见的激励工具，在优秀公司中备受员工青睐。相应地，因为约定的回购条件成立，或者激励对象的劳动关系解除或者终止等，激励股权回购约定就要从纸面走向实际履行。有些公司（或者回购义务人，下同）可能会拒绝回购激励股权，或者拒绝向激励对象支付相应款项；对此，法院会如何裁判呢？

◎裁判规则

如果协议中明确约定了公司回购的条件，那么当相应的条件成就时，公司自然就要履行股权回购的义务。如果协议对股权回购条件和/或相关细节约定不够明确，法院会结合双方提交的证据进行综合考虑。如果公司无法承担必要的举证责任，或者无法证明公司可以免除回购义务，则应当承担不利后果。当激励计划终止或者解除时，即使协议中没有明确约定公司具有回购股份的义务，但如果激励对象因遵守协议书的约定，客观上并不能对公司以外的第三人转让已经取得的股权，法院倾向于认定该条款构成对激励对象股权转让的限制或约束，此时激励对象有权要求公司按照协议规定回购股权，股权回购也因此成为公司的义务。

◎案例详解

经典案例 | 脱某为与北京爱巅峰体育文化有限公司合同纠纷案

【基本信息】

再审申请人（一审被告、二审被上诉人）：北京爱巅峰体育文化有限公司（以下简称爱巅峰公司）

被申请人（一审原告、二审上诉人）：脱某为

案由:合同纠纷

案号:北京市高级人民法院(2018)京民申 2860 号

【相关案情】

2012 年 9 月 19 日,爱巅峰公司法定代表人孙某向脱某为发送电子邮件,内容是将爱巅峰公司的股权以赠与的方式给予脱某为,附件文件题目为“爱巅峰公司员工股权激励计划授予文件”,约定公司股东一致同意将公司现有股份中的 30% 赠与脱某为,全部履行本次激励计划总期限为三年和具体行权日。

2014 年 3 月 28 日,2015 年 2 月 8 日,孙某向脱某为发送电子邮件,内容均是关于爱巅峰公司分配给脱某为的分红数额。

2014 年至 2015 年,探路者公司唐某与爱巅峰公司孙某、脱某为就探路者公司与爱巅峰公司投资合作事宜,通过电子邮件沟通 4 次。

2015 年 5 月 13 日,爱巅峰公司与脱某为签订协议书,约定双方自协议书签署之日正式终止劳动关系,自协议签署之日起 6 个月内,如爱巅峰公司与探路者公司达成投资入股事宜并且探路者公司实际出资到位的情形下,爱巅峰公司在投资资金到账后 3 日内,向脱某为支付相应税后款项,用于补偿和奖励脱某为,如探路者公司出资未到位,则脱某为收到的款项按比例减少。如果基于脱某为的原因使爱巅峰公司引入探路者公司出现变故或任何原因造成未能成功,则爱巅峰公司无须向脱某为支付款项。

2015 年 6 月 4 日,孙某向唐某发送电子邮件,单方取消了与探路者公司的合作,故停止继续向脱某为支付相应款项,脱某为提起诉讼请求爱巅峰公司继续支付剩余款项。

【争议焦点】

爱巅峰公司是否需要按照协议书约定继续向脱某为支付剩余款项?

【一审】

诉讼请求

爱巅峰公司向脱某为支付剩余款项 56.4 万元。

裁判结果

驳回脱某为的全部诉讼请求。

【二审】

上诉请求

撤销一审判决,改判支持脱某为一审全部诉讼请求。

裁判结果

撤销一审判决,爱巅峰公司于判决生效之日起7日内支付脱某为56.4万元。

【再审】

再审请求

撤销本案二审民事判决,维持本案一审民事判决,驳回被申请人诉讼请求。

裁判结果

驳回再审申请。

【法院观点】

脱某为与爱巅峰公司签订的协议书系双方真实意思表示,未违反法律、行政法规的强制性规定,合法有效,双方均应依约履行。协议书签署之前,探路者公司与爱巅峰公司法定代表人孙某、脱某为就投资合作事宜多次电子邮件沟通。相关事实说明,脱某为、孙某都实际参与了探路者公司的投资磋商过程,协议书签署的背景是脱某为与孙某均认可探路者公司的投资前景,脱某为以预期获得补偿款而离开爱巅峰公司。另外,双方对于探路者公司投资金额可能未出资到位的风险亦有预见。

案外人探路者公司未投资的原因,是再审申请人在协议书签订不到一个月的时间即向案外人探路者公司发邮件单方取消了合作。各方均认可取消的原因不能归责于被申请人。爱巅峰公司亦未提交证据证明是案外人探路者公司的原因或者其他磋商导致案外人探路者公司不予投资。在此情形下,爱巅峰公司仅以案外人探路者公司投资不成功,就拒绝支付脱某为剩余补偿款,依据不足。二审法院的上述认定和相应的处理结果,并无不妥。

【律师视角】

案例评析

本案的焦点问题主要在于爱巅峰公司是否需要继续向脱某为支付剩余的补偿款。笔者认为法院的最终判决合理。公司与激励对象之间签订了激励计划协议书,自然要尊重当事人的意思自治。协议书是双方真实意思表示,未违反法律、行政法规的强制性规定,合法有效,因此法院在判决时也要遵守合同的约定,尊重双方的本意。

类似案例 | 徐某琳、彭某莲合伙企业纠纷案

【基本信息】

上诉人(原审被告):彭某莲

被上诉人(原审被告):徐某琳

案由:合伙纠纷

案号:福建省厦门市中级人民法院(2018)闽02民终2844号

【相关案情】

2015年11月至2016年6月,徐某琳系都飞科技公司员工。2015年12月,徐某琳与彭某莲签订《合伙企业财产份额转让之补充协议书》,协议载明:都飞物联企业(有限合伙)于2015年5月21日成立,合伙人为彭某莲(普通合伙人)、案外人张某某(有限合伙人)。都飞物联企业(有限合伙)持有都飞科技公司5%的股份。鉴于都飞科技公司将启动在全国中小企业股份转让系统挂牌工作,徐某琳以优惠的价格入伙都飞物联企业(有限合伙),并据此间接享有都飞科技公司的权益。彭某莲对徐某琳未来转让其所持有的都飞物联企业(有限合伙)出资(财产)份额作出了限制性规定,具体约定如下:徐某琳向彭某莲支付50,000元作为对彭某莲在都飞物联企业(有限合伙)、都飞科技公司前期付出的回报;徐某琳承诺,自都飞科技公司改制起一年内,未经都飞科技公司或彭某莲同意,不得向任何第三人转让、质押或以其他方式处置其持有的都飞物联企业(有限合伙)的财产份额;在都飞科技公司或者彭某莲反对其向第三方转让、质押或以其他方式处置其所持有财产份额的情况下,徐某琳不会基于任何法律规定或合同或其他法律文件约定要求都飞科技公司或者彭某莲受让其持有的财产份额;若都飞科技公司于股份改制完成后一年内、满一年但不满两年的期间内以及满两年但不满三年的期间内的任何时候,都飞科技公司与徐某琳之间的劳动合同终止/解除,则徐某琳应在劳动合同终止/解除后5个工作日内分别将其所持有的都飞物联企业(有限合伙)全部、三分之二、三分之一的财产份额转让给彭某莲或彭某莲指定的第三方,并规定了转让价格计算公式。上述协议签订后,徐某琳于2015年12月10日通过银行转账的方式向彭某莲支付50,000元。2016年6月徐某琳与都飞科技公司终止(解除)劳动关系。

【争议焦点】

彭某莲是否要受让徐某琳所持有的合伙企业8%的财产份额并向徐某琳支付财产份额转让款?

【法院观点】

首先,徐某琳和彭某莲签订的《合伙企业财产份额转让之补充协议书》第三条系限制性、约束性条款,即在同时满足“都飞科技公司于股份改制完成后一年内、满一年但不满两年的期间内以及满两年但不满三年的期间内”以及“都飞科技公司与徐某琳之间的劳动合同终止/解除后”两个前提条件下,徐某琳必须将其持有的都飞物联企业(有限合伙)全部或部分财产份额转让给彭某莲。该条款同时规定了缔约双方在前述情形下必须共同履行的合同义务,即徐某琳在限定时间内须将其持有的合伙企业财产份额转让给彭某莲(或彭某莲指定之人),与此同时,彭某莲亦须接受徐某琳所转让的合伙企业财产份额,并按照合同约定的价格支付对价款。其次,其余三名合伙人在二审中均向本院书面确认愿意受该条款之约束,不向徐某琳主张其持有的合伙企业财产份额优先受让权。最后,受限于合伙企业强调人合的这一经营形式,其财产份额对外转让亦存在诸多限制。

综上,从公平原则和诚实信用原则考量,法院认定,讼争合同于条件成就时,徐某琳既负有义务将其持有的合伙企业财产份额转让给彭某莲(或彭某莲指定之人),亦有权要求彭某莲按照合同约定的价格回购合伙企业财产份额。

【律师视角】

案例评析

从本案事实来看,协议书签订的背景是徐某琳入伙都飞物联企业(有限合伙),是都飞科技公司员工股权激励计划的一部分,也因此彭某莲在协议书中对徐某琳对外转让企业财产作了诸多限制性规定,具体包括财产份额的受让时间、受让价格的具体计算方式,受让人员、受让比例等,导致徐某琳在客观上不能也无法对外进行相应的转让。这种情况下,徐某琳只可以将财产份额在规定时间内转让给公司或其指定的第三方,没有其他选择。

从协议履行的法律问题来看,虽然彭某莲抗辩认为,合同中并没有约定公司有义务回购徐某琳持有的财产份额,但协议中的限制性规定已经对徐某琳造成了客观上对外履行不能,而此时如果公司或者公司指定的第三方不履行回购义务,对于徐某琳来说是非常不公平的。因此,基于公平、诚实信用原则,徐某琳有权要求彭某莲按照合同约定的价格回购合伙企业的财产份额,而彭某莲也有回购该份额的义务。

类似案例 | 北京蓝色光标品牌管理顾问股份有限公司与吕某武合同纠纷案

【基本信息】

上诉人(原审被告):北京蓝色光标品牌管理顾问股份有限公司(以下简称蓝色光标公司)

被上诉人(原审被告):吕某武

案由:合同纠纷

案号:北京市第三中级人民法院(2018)京03民终1704号

【相关案情】

2014年年初,蓝色光标公司通过并发布《蓝色光标公司限制性股票激励计划》。同年,蓝色光标公司与吕某武签订《限制性股票协议》,约定蓝色光标公司授予吕某武限制性股票,在授予吕某武后按《蓝色光标公司限制性股票激励计划》的规定锁定和解锁。2014年1月双方完成股票授予。在《限制性股票协议》约定的第一个解锁期,吕某武持有的30%蓝色光标公司限制性股票被解锁,2016年1月,吕某武因个人原因离职,其持有的蓝色光标公司限制性股票尚有70%未解锁。因蓝色光标公司拒绝回购剩余未解锁的限制性股票,吕某武遂起诉至法院。

【争议焦点】

蓝色光标公司是否应按照《限制性股票协议》履行对吕某武的回购义务?

【法院观点】

蓝色光标公司与吕某武签订的《限制性股票协议》,系双方当事人的真实意思表示,内容不违反法律、行政法规的强制性规定,属合法有效合同,双方均应依约履行合同义务。吕某武已从蓝色光标公司的子公司离职,符合《限制性股票协议》中约定的"激励对象因辞职、公司裁员而离职"的回购情形。蓝色光标公司上诉称吕某武可能存在损害公司利益的行为,但是并未提交相关证据证明其主张,故其该项上诉理由法院不予认可。蓝色光标公司上诉称本案应适用《公司法》第七十四条的规定,但是本案中的情形为协议双方就回购条件已在

《限制性股票协议》中进行了约定,因此《公司法》七十四条的规定不应适用于本案。

【律师视角】

案例评析

本案中的《限制性股票协议》系双方当事人的真实意思表示,且未违反法律、行政法规的强制性规定,合法有效,双方应当按照合同约定履行义务,法院作出判决自然应当充分尊重合同约定。本案中,双方约定了蓝色光标公司进行回购注销的具体事由,其中就包括激励对象辞职、离职等情形。所以,吕某武离职,蓝色光标公司自然要按照合同约定履行注销回购义务。

第三节　股权回购条件

◎问题聚焦

公司在设计股权激励方案时,往往会对激励股权的回购问题同时作出约定。对公司而言,股权回购意味着公司或者股东要按照约定的价格购买员工手中的股权,可能牵涉到公司减资;对员工而言,公司回购股权后,员工则不再享有股东权利。那么,激励股权回购请求需要满足什么条件才能获得法院支持呢?

◎裁判规则

常见的股权回购触发条件包括:第一,满足期限要求,如约定员工自支付激励款之日起满一定期限,则有权要求公司/股东回购股份;第二,未如期在约定交易场所上市,员工有权要求公司/股东回购股份;第三,解除劳动关系,如公司与员工约定结束劳动关系后,公司应当按照约定回购员工股权。如果合同中并未约定解除劳动关系(离职)作为股权回购的触发条件,员工离职不必然触发股权回购。

如果双方对股权回购触发条件的约定系真实意思表示,不违背法律强制性规定,那么该股权回购约定合法有效,双方均应恪守,此时法院倾向于支持股权回购请求。

◎案例详解

经典案例 | 倪某和与姚某发股权转让纠纷案

【基本信息】

原告:倪某和

被告:姚某发

案由:股权转让纠纷

案号:上海市浦东新区人民法院(2018)沪0115民初79895号[同类案号为(2018)沪0115民初79894号、(2018)沪0115民初79893号、(2018)沪0115民初79892号]

【相关案情】

2018年4月27日,倪某和(乙方、被激励方)与姚某发(甲方、激励方)签订《股权激励协议》,约定:现甲乙双方共同确认,目标公司(江苏上有控股集团有限公司,法定代表人姚某发)作为甲方所属未来唯一上市主体,甲方拟将其持有的目标公司100股激励给乙方,乙方同意预购该股权,甲方实施"买一股赠一股"政策,赠送乙方100股,故乙方于支付完毕股权激励价款之日起拥有目标公司股份合计200股;甲方承诺,乙方自支付激励款之日起4个月后,有权通过书面方式要求甲方回购其预购的部分或者全部股份,回购价款为对应股价1万元乘以回购股数100股及其年利率15%的收益。

2018年4月19日至2018年4月30日,倪某和分多笔向《股权激励协议》所载的姚某发银行账户共计转账35万元。倪某和主张其中包括本案《股权激励协议》项下的股权激励款1万元。

2018年9月1日,倪某和向姚某发发出股权回购申明,载明:根据《股权激励协议》第六条第三款的规定,现于2018年9月1日提出要求你回购本人预购的3500股,回购价款为对应股价35万元及其利息从2018年5月1日起截止到2018年8月31日止,按年化利率15%计算为17,500元,共计367,500元。

姚某发、江苏上有控股集团有限公司没有向倪某和发放股权证书,倪某和、姚某发也没有到工商行政管理机关办理股权转让变更登记手续。

【争议焦点】

本案中股权回购的条件是否已达成,倪某和是否有权依据《股权激励协议》

请求姚某发回购股权并支付相应收益?

【一审】

诉讼请求

判令姚某发按照《股权激励协议》向倪某和返还股价款人民币以下币种同1万元及利息以1万元为基数,按照年利率15%,从2018年5月1日起计算至实际清偿之日止。

裁判结果

姚某发于本判决生效之日起3日内向倪某和返还股价款1万元并支付收益以1万元为基数,按照年利率15%,从2018年5月1日起计算至实际清偿之日止。

【法院观点】

倪某和、姚某发签订的《股权激励协议》系真实意思表示,合法有效,双方均应恪守。《股权激励协议》约定,倪某和自支付激励款之日起4个月后,有权通过书面方式要求姚某发回购其预购的全部股份并支付年利率15%的收益。倪某和在2018年4月30日之前向姚某发支付了1万元股价款,并在支付股价款之日起4个月后以邮寄股权回购申明和诉讼的方式要求姚某发回购股份并支付相应收益,符合合同约定,于法不悖。姚某发未按约履行回购义务,给倪某和造成损失。故倪某和主张姚某发按照《股权激励协议》向倪某和返还股价款1万元及支付1万元为基数,按照年利率15%,从2018年5月1日起计算至实际清偿之日止的收益,法院予以支持。

【律师视角】

案例评析

本案的神奇之处在于原告一共立案4个,标的总额加起来共35万元。不论如何,法院都认为,《股权激励协议》系真实意思表示,合法有效,双方均应当遵守。《股权激励协议》中约定倪某和在支付激励款项一定期限后,有权通过书面形式要求姚某发回购股份及支付相关收益,那么倪某和在支付股价款之日起4个月后向姚某发发出股权回购申明,完全符合《股权激励协议》之约定,因此法院得以支持倪某和之诉请。

实操建议

在设定股权回购条件时,公司可将期限要求作为股权回购之条件,约定员工在支付价款一定期限后方可请求公司回购股权,该期限由员工和公司自由协商。站在公司的角度上,该期限不宜太短,以免在短时间内股权来回转移,影响公司股权稳定,增加公司资金压力。

对比案例 孙某明与无锡顺达智能自动化工程股份有限公司股东出资纠纷案

【基本信息】

上诉人(原审原告):孙某明

被上诉人(原审被告):无锡顺达智能自动化工程股份有限公司(以下简称顺达公司)

案由:出资纠纷

案号:无锡市中级人民法院(2019)苏02民终2402号

【相关案情】

2015年12月8日,孙某明与顺达公司签订《无锡顺达智能自动化工程股份有限公司2015年第二次股票发行认购合同》,约定:孙某明为顺达公司的核心员工,孙某明同意按照本次股票发行方案认购顺达公司发行的股份,孙某明以现金方式认购股票发行中的6万股,每股价格为6.5元,孙某明应支付认购款合计39万元。本次发行孙某明只有在同时满足以下条件时才能申请解限售本次认购的股份:(1)公司业绩符合考核要求;(2)个人考核要求,孙某明须持续在岗,完成个人业绩考核要求,且未出现以下情形(a.严重违反公司管理制度,或给公司造成巨大经济损失,或给公司造成严重消极影响,受到公司纪律处分;b.自行辞职;c.因违反相关法律或公司制度而被公司解除劳动合同),本次发行孙某明出现以上三种情形之一时,顺达公司有权将其本次认购的未出售股份(包括已解限售但尚未出售和尚未解限售的股份)按照初始认购价格回购注销。若连续两期未达到解限售条件,顺达公司有权将对其未解限售股份一次性按照初始认购价格回购注销。

2016年2月25日,孙某明向顺达公司缴纳39万元股票认购款,顺达公司向其发行6万股股票。孙某明认购的上述股票现已解限售1/4,剩余股票尚未满足解限售条件。

2018年3月5日,孙某明因个人原因申请辞职。

【争议焦点】

孙某明解除劳动合同的原因以及是否可以要求返还认股款?

【法院观点】

法院认为,双方签订案涉认购合同,孙某明作为顺达公司的核心员工,同意按本次股票发行方案认购顺达公司发行的股份,并以现金方式认购股票发行中的6万股,缴纳认购款39万元,应认定双方已完成合同的主要内容。

第一,双方签订的《无锡顺达智能自动化工程股份有限公司2015年第二次股票发行认购合同》合法有效。第二,孙某明离职行为并不影响其继续持有顺达公司的股份,也不影响认购合同的效力。第三,孙某明解除合同的实质目的在于顺达公司回购其股份,从合同约定看确实赋予了顺达公司在公司业绩和个人考核要求的特定情形下回购股份的权利,但并不必然导致孙某明认购股份的目的不能实现。第四,公司股权激励的目的不仅是保持盈利,也包括共同治理亏损,涉案认购合同中对此已作风险提示,孙某明认购股份应当知晓投资的风险。在公司股票价格下跌且其主动离职的背景下,孙某明要求顺达公司仍按原出资价格回购股份,没有依据,也不符合涉案认购合同的原本目的。据此,孙某明行使法定解除权主张返还认购款不予支持,一审判决并无不当。

【律师视角】

案例评析

依照认购合同之约定,孙某明离职(不具有员工身份)并不影响其继续持有公司股份,从而不会导致认购合同目的不能实现。合同中确实约定如果孙某明自行离职,则顺达公司有权将其本次认购的未出售股份(包括已解限售但尚未出售和尚未解限售的股份)按照初始认购价格回购注销。但"有权"二字表明这并非顺达公司之义务,顺达公司可以选择回购,也可以选择不回购股份。孙某明因自身原因离职,却要求顺达公司承担股权回购之义务,与认购合同约定不符。

类似案例 | 李某与天津天和环能科技有限公司股权转让纠纷案

【基本信息】

原告:李某

被告:天津天和环能科技有限公司(以下简称天和环能)

案由:股权转让纠纷

案号:山东省烟台市牟平区人民法院(2017)鲁 0612 民初 1868 号

【相关案情】

李某依据《天和环能合约人员股权认购方案》(以下简称方案),于 2015 年 8 月 3 日向方案规定的收款方天津汇鑫融资咨询有限公司汇入人民币 1,520,000 元,出资认购天和环能的股权 760,000 股。方案规定:"第二条,合约人员是指为天和环能公司发展作出突出贡献的特定人员。第三条,公司此次共出让 9.99% 股权给公司的合约人员。发行价:2 元/股……第十五条,合约出资人员在签订出资协议后,公司申请挂牌期间内不能抽回出资资金。第十七条,根据本《方案细则》中持股主体为股权激励平台,平台法人为出资人代表……第二十二条,为体现此次实施股权激励的实际意义,保证每一位出资人员的切身利益,天和环能作出以下承诺:截至 2016 年 6 月 30 日,天和环能如未按预期挂牌全国中小企业股权转让系统(新三版),天和环能无条件连裆裤购此次转让的标的公司合约人员股,回购价格为 2.15 元/股。"由于届时天和环能如未按预期挂牌全国中小企业股权转让系统(新三版),原告诉至法院。

【争议焦点】

李某是否有权依据方案请求天和环能按照约定价格回购股份?

【法院观点】

李某按照方案向其中指定的收款账户汇入出资购股的款项 1,520,000 元。天和环能制订的方案是针对明确的少数人发出的要约,而非针对不特定对象的要约邀请,在李某以出资购股行为作出了承诺后,双方合同关系即告成立。由方案规定可知,李某作为出资人并非持股主体,方案规定的持股主体为"股权激励平台,平台法人为出资人代表",天和环能也称李某并非天和环能的股东身份,因此天和环能主张应适用公司法的规定,认定方案规定的回购行为无效不成立。天和环能应按诚实信用原则履行其承诺,在天和环能未能按期上市新三板的情况下,按方案约定的 2.15 元/股价格返还李某的出资款。李某所诉,理由正当,法院予以支持。

【律师视角】

案例评析

法院在审理本案的过程中,主要围绕方案进行分析裁判。首先,法院认定了方案的性质属于要约而非要约邀请;其次,法院认为方案中已经明确了持股主体为股权激励平台，那么李某的身份是出资人而并非股东，因此天和环能主张应适用公司法的规定，认定方案规定的回购行为无效不成立；最后，方案中规定了在天和环能未如期上市的情形下，天和环能按方案约定的 2.15 元/股价格返还李某的出资款，不违反法律强制性规定。

另外，公司法规定的公司内部程序并不能影响李某基于合同关系提出的诉讼请求。《公司法》规定，因员工持股计划或股权激励的情形收购公司股份的，可以按照公司章程的规定或者股东大会的授权，经三分之二以上董事出席的董事会会议决议。既然公司股权激励方案已经约定了股权回购的条件，公司法规定的公司内部程序就不能成为公司对外不承担回购员工股权义务的理由。

实操建议

股权回购可能会涉及公司减资，公司法规定回购员工持股计划或股权激励下的股权需要经过股东大会或者董事会决议通过。为了保障员工的利益，建议公司在设计股权激励方案时，不仅要规定股权回购的条件，同时还要对公司内部股权回购程序作出清晰规定。

类似案例　许某与浙江英特来光电科技有限公司与公司有关的纠纷案

【基本信息】

案号：浙江省义乌市人民法院（2018）浙 0782 民初 4131 号

【法院观点】

许某、公司之间签订的公司股权代持协议系双方真实意思表示，不违反法律法规的规定，合法有效，双方均应按照协议履行。自许某与公司签订劳动合同双方建立了劳动合同关系后，根据股权代持协议约定，直至 2015 年 7 月方从公司离职，许某合计持有了公司 30 万股股权；许某、公司双方解除劳动合同后，公司依约应以每股 1 元的价格回收许某的股权，并于许某离职日后一年即 2016 年 7 月 30 日前全部回收，现许某于 2015 年 7 月 30 日离职，截至起诉之日，公司回购股权的约定条件均已成就，故许某要求公司按约回购股权即支付许某人民币 30 万元（30 万股 ×1 元/股）的主张合法有据，法院予以支持。公司至今未履行股权回购义务，已构成违约，许某有权自公司应履行股权回购义务的次日起按照中国人民银行同期同类贷款基准利率主张利息损失。

第四节 股权回购价格

◎问题聚焦

为保证公司核心员工的积极性和向心力，有些公司在经营管理中会基于人合性等方面的考虑将少量股权配置给公司核心员工。当激励对象基于各种原因离开公司时，可能会面临公司回购股权的情况。此时，股权回购价格的确定影响很大。实务当中，法院如何确定股权回购价格呢？

◎裁判规则

股权回购价格的确立方式至少可以包括以下几种：(1)回购价格等于原始授予价格；(2)无偿取得的股权，无偿收回；(3)无偿取得的股权，按照原始出资额的一定比例回购；(4)附条件确定回购价格，比如与主动离职挂钩，如果员工主动离职则按照原价(购买价)回购股权；(5)浮动价格等。法院一般会依各(双)方约定和/或公司章程规定确定回购价格，除非相关约定和/或规定违反法律、行政法规强制性规定。

◎案例详解

经典案例 | 彭某春与四川空分设备(集团)有限责任公司股权纠纷案

【基本信息】

上诉人(原审原告)：彭某春

被上诉人(原审被告)：四川空分设备(集团)有限责任公司(以下简称空分公司)

案由：股权纠纷

案号：四川省高级人民法院(2016)川民终 761 号

【相关案情】

空分公司系国有独资公司，后改制为普通的有限责任公司。2011 年 9 月 26

日，空分公司通过《关于股权回购及收回的办法》，该办法第二条“股权回购及收回的办法”规定：“1. 其持有的有限实股由（集体）公司无偿收回；2. 其持有奖励的有限实股和该部分股权盈余公积转增后一并转化的实股由（集体）公司按 1∶1 的比例予以回购；3. 其持有奖励的有限实股转化的实股和该部分股权盈余公积转增的实股一并由（集体）公司按 1∶1 的比例予以回购；4. 其持有的货币购股、配送的实股、配送的有限实股转化的实股和该部分股权盈余公积转增的股权一并由（集体）公司按 1∶1 的比例予以回购。”

彭某春系公司董事、副总经理，2012 年 3 月，彭某春实股为 2,400,000 元，有限实股 600,000 元，工商登记为 3,600,000 元。2012 年 12 月 10 日，空分公司与彭某春解除劳动关系。2012 年 12 月 18 日，空分公司与彭某春办理了相关股权清退手续，空分公司依照该公司规定回购了彭某春持有股权，先后支付了 1,800,000元股权款。

【争议焦点】

1. 空分公司回购彭某春案涉股权行为是否无效？

2. 空分公司是否应当向彭某春支付 2012 年前 11 个月的股权分红款？

3. 空分公司是否应当向彭某春支付股权回购余款及相应利息？

【一审】

诉讼请求

1. 判令空分公司按 1∶1 比例强制回购彭某春股权行为违法、无效。

2. 判令空分公司对彭某春所持股权投资额按 1∶2 比例支付股权折价补偿款，扣除已经支付的 1,800,000 元，空分公司还需向彭某春支付 5,400,000 元。

3. 判令空分公司依法向彭某春支付 2012 年 11 个月的分红款 165,000 元（按税后 6% 计算，具体数额参照公司当年盈利水平和分配方式）。

4. 判令空分公司按中国人民银行同期贷款利率支付彭某春自 2012 年 12 月起的利息 667,800 元（暂算至 2014 年 12 月），具体利息金额计算至空分公司支付完所有款项为止。

裁判结果

驳回彭某春的诉讼请求。

【二审】

上诉请求

撤销一审判决，改判支持彭某春在一审中提出的全部诉讼请求。

裁判结果

1. 撤销资阳市中级人民法院(2015)资民初字第10号民事判决。

2. 空分公司于本判决生效之日起10日内向彭某春支付股权回购款人民币600,000元及逾期利息(以600,000元为基数,从2012年12月19日起,按中国人民银行公布的同期贷款基准利率计算至本金付清之日止)。

3. 驳回彭某春其他诉讼请求。

【法院观点】

空分公司回购彭某春案涉股权行为有效,彭某春请求确认空分公司回购行为无效并要求空分公司按1:2的比例对其所持股权支付股权折价补偿款的请求理由不能成立,不予支持。理由是:其一,空分公司回购彭某春案涉股权系双方当事人真实意思表示。其二,空分公司《关于股权回购及收回的办法》有效,空分公司回购案涉股权行为符合该规定。其三,空分公司名为股权回购,实为股权流转。"回购"彭某春股权的行为并不存在损害外部债权人利益的情形。

关于空分公司是否应当向彭某春支付2012年前11个月分红款的问题。资产收益权即分红权作为股东权利的法定组成部分,在股权出让、受让双方无特别约定的情况下,应随股份转移而相应转移。

关于空分公司是否应当向彭某春支付股权回购款余款及相应利息的问题。空分公司应于该日向彭某春支付股权回购价款2,400,000元,但其尚余600,000元未予支付,已构成违约,应当承担给付剩余尾款及支付迟延利息的违约责任。

【律师视角】

案例评析

关于股权回购价格的确定,本案中,空分公司的股东代表大会一致通过了《关于股权回购及收回的办法》,彭某春作为股东代表参加了该次大会并投票表示同意,该办法关于对离职职工特定股权统一按1:1进行回购系公司与职工股东就特定股权回购价格形成的事前一致约定,这既是利益各方真实意思表示,也符合空分公司章程规定的内部治理决策要求,亦符合空分公司职工股权取得及管理的实际情形,且内容不违反法律、行政法规强制性规定,应为有效,应当得到公司与股东的一体遵守。因此,员工作为股东也应当遵守该办法,按照1:1进行回购。

实操建议

律师在接触类似案件时,应当首先审慎审查公司内部是否对股权回购价格作出了约定,在有约定的情况下以约定为先。特别值得注意的是,本案二审法院也认为,无偿取得的股权是可以约定无偿收回的。

类似案例 武汉力地液压设备有限公司、熊某军与公司有关的纠纷案

【基本信息】

再审申请人(一审原告、二审上诉人):熊某军

被申请人(一审原告、二审上诉人):武汉力地液压设备有限公司(以下简称力地液压公司)

案由:与公司有关的纠纷

案号:湖北省高级人民法院(2018)鄂民申4885号

【相关案情】

2005年7月6日,力地液压公司(甲方)与熊某军(乙方)签订了一份《股份配置协议书》。双方在协议中约定:第一,配置股份份额:配置股份份额起始点为1%,往后视其工作态度及业绩予以续增。第二,享受股份的权益和条件:(1)乙方享有股东的应有权益。(2)该股份股权与《劳动合同》一并生效,即乙方必须在本公司工作,且能认真履行合同责任和义务,才能享受股东权益。若甲乙双方未签订或解除劳动合同则该协议自行失效。朱某礼与熊某军签订《股份配置协议书》后,并未及时履行。

2007年6月6日,黄某英接受其丈夫、力地液压公司法定代表人朱某礼的指令,无偿向熊某军转让了其持有的力地液压公司1%的股权。熊某军自认其并未以实物出资或支付相应的对价,而是按照《股权转让协议书》的约定以纯技术出资取得力地液压公司1%的股权。

2007年6月8日,力地液压公司制定了公司章程,章程第十二条股东转让出资条件的第六款规定,以技术资本出资的股东,若进行转让出资,按下述办法执行:在公司工作时间长于五年,其转让出资时,按原始技术出资额的20%受益;在公司工作时间长于十年,其转让出资时,按原始技术出资额的50%受益……本章程所指在公司工作时间从本章程各股东签字之日起计。全体股东在公司章程后签名。

2005年9月至2007年6月熊某军没有享受股东权利,没有参与公司管理。

2017 年 1 月下旬，熊某军向力地液压公司董事长朱某礼口头提出离职。

【争议焦点】

力地液压公司是否有权按照原始技术出资额的 20% 回购熊某军持有的力地液压公司 1% 的股权？

【法院观点】

力地液压公司与熊某军签订的《股权配置协议书》系双方真实意思表示，内容不违反法律、行政法规的强制性规定，该协议合法有效，对双方当事人均产生法律约束力。该协议在签订后没有立即履行，不能表明该协议已失效。相反，2016 年力地液压公司修改的公司章程中注明熊某军的 300,000 元出资于 2005 年 7 月 1 日到位，可证明 2007 年力地液压公司股东通过《股权转让协议》向熊某军转让力地液压公司 1% 股权系对《股权配置协议》的履行。

2017 年 9 月 23 日力地液压公司作出的股东会决议第三项，形式上虽是力地液压公司于熊某军离职后收购其股权，但实质上为该公司其他股东按出资比例行使优先购买权，不违反法律规定。该项决议基于生效的《股权配置协议书》和 2016 年修改后的公司章程作出，其内容并未违反当时的法律、行政法规的规定，也未剥夺熊某军基于协议和章程规定所应享有的股权收益权利，故不属于熊某军所称的无效决议。原审判决依据《股权配置协议书》和公司章程的规定支持力地液压公司以约定价格回购熊某军持有的力地液压公司股权具有事实依据。

【律师视角】

案例评析

本案中，公司章程已经对股权回购价格作出了规定，并且获得了各股东签字认可。有限责任公司股权回购处理不当可能会造成股本的变化，给公司或其他权利人造成侵害。力地液压公司股东会决议已明确回购熊某军的股权后，由各股东按持股比例优先购买，不涉及公司股本的变化，不违反法律法规的强制性和禁止性规定，亦未侵害国家、集体或第三人的利益，因此可以得到法院支持。

类似案例 | 陈某来、四川海诺尔投资控股有限公司股权转让纠纷案

【基本信息】

上诉人（原审被告）：陈某来

被上诉人(原审原告):四川海诺尔投资控股有限公司(以下简称海诺尔投资公司)

案由:股权转让纠纷

案号:四川省成都市中级人民法院(2017)川01民终321号

【相关案情】

海诺尔投资公司为激励公司员工,于2015年6月8日与陈某来签订《股权激励转让协议》及附件股东承诺书,约定甲方(海诺尔投资公司)为海诺尔环保公司的股东,持有其12.9695%的股权,拟将其0.0151%的股权共1.6万股转让给乙方(陈某来),转让价格按海诺尔环保公司2015年3月31日的账面净资产为准,即按3.5元/股,转让股价为56,000元。

乙方在股东承诺书中承诺:(1)自公司股票在新三板挂牌并公开转让之日起,为公司服务年限不低于三年;如在服务期限内因个人原因辞职,或因违反国家法律法规、公司规章制度给公司造成重大损失而被公司辞退,公司董事会有权作出按原价回购本人名下股份或者要求本人股份转让给指定第三人的决议,本人无条件执行;(2)在为公司服务期限内,因个人原因辞职的,或因违反国家法律法规、公司规章制度给公司造成重大损失而被公司辞退的,如离职时本人所持股份已全部或部分转让,公司董事会有权做出本人转让所得股权收益全部归还公司的决议,本人无条件执行。协议签订后,陈某来按约支付股权转让款,海诺尔投资公司也将相应份额的股权办理了交接登记。

2016年1月4日,海诺尔投资公司与陈某来签订《股份转让协议》,载明:现乙方(陈某来)因个人原因辞职,公司董事会根据乙方承诺书约定,决定拟将乙方持有的海诺尔环保公司0.0151%的股份共1.6万股转让给甲方(海诺尔投资公司),转让价格为原价回购,即按3.5元/股,转让股价作价56,000元;甲乙方约定在本协议签订之日起3个工作日内,在新三板股权交易平台完成股份转让及股份转让款支付。

2016年5月6日、19日和6月27日,陈某来将其持有的海诺尔环保公司的股份在证券交易平台共转让5333股,合计转让净收益69,353.54元。截至法庭辩论终结,陈某来持有海诺尔环保公司的股份为10,667股,该股份处于限售期间。

【争议焦点】

陈某来与海诺尔投资公司签订的《股份转让协议》是否有效?

【法院观点】

陈某来与海诺尔投资公司签订的《股份转让协议》(含附件股东承诺书,下同)所载明的内容,并不存在违反法律、行政法规和公司章程的情形,且陈某来和海诺尔投资公司均签字或盖章,因此,双方签订的《股份转让协议》应属有效。

【律师视角】

案例评析

本案《股份转让协议》和附件股东承诺书不存在违反法律、行政法规的强制性规定的情形,协议上有双方签字即可表示双方真实意思,因此该协议应当认定为合法有效。协议约定了股权回购的价格,约定了不同情况的不同处理方式,自然应当得到协议双方的履行。

实操建议

本案告诉我们,股权回购的价格不仅可以等于原始价格,并且还可以约定收回股权转让收益,这种实务上的技巧能够保护公司的利益,公司应当予以重视。

类似案例 | 武汉鑫益投资有限公司与马某、湖北科益药业股份有限公司与公司有关的纠纷案

【基本信息】

案号:湖北省武汉市中级人民法院(2015)鄂武汉中民商再终字第00018号

【法院观点】

马某自离职后多年来一直要求科益公司、鑫益公司回购其所持科益公司股份,该事实已在原判中得到确认。马某所持科益公司股份没有按高级管理人员持股制度实施办法进行回购的原因在于公司,故鑫益公司主张仍按马某离职上年度即2010年度科益公司经审计的净资产值回购股份的再审请求,理由不能成立,法院不予支持。因此,回购价格应按照马某举证的《中国医药保健品股份有限公司换股吸收合并、发生股份购买资产并配套融资暨关联交易报告书》公告的科益公司2011年度的净资产值计算。

法院认为,高级管理人员所持股权不同于一般股东的股权,股权回购价格也不能以市场价格确定,而应严格依照高级管理人员持股制度实施办法来确定。该办法中明确规定“若科益未上市,转让价格按公司最近年度经审计净资

产值计算”,那么股权的回购价格就应严格按照条文规定的“经审计净资产值”计算。

第五节　激励对象无过错,返还入股款

◎问题聚焦

如果激励对象在购买激励股权时花费了入股款,当激励对象从单位离职且不再持有公司的股权(股权被回购、收回或者赎回)时,就会涉及入股款是否需要返还的问题。那么,如果激励对象无过错离职,入股款是否应当全额返还呢?

◎裁判规则

激励对象无过错离职时,如果没有相反约定和/或规定,单位应当返还激励对象缴纳的股权认购款或者入股款。一般而言,单位返还入股款,激励股权也不应再由激励对象持有。

◎案例详解

经典案例 | 华某鑫与北京潘多拉科技有限公司与公司有关的纠纷案

【基本信息】

一审原告:华某鑫

一审被告:北京潘多拉科技有限公司(以下简称潘多拉公司)

案由:与公司有关的纠纷

案号:北京市朝阳区人民法院(2018)京 0105 民初 45844 号

【相关案情】

2016 年 10 月 1 日,潘多拉公司与华某鑫(潘多拉公司员工)签订《潘多拉公司干股合同》,由华某鑫以 4 万元购买潘多拉公司 8 份股份;潘多拉公司另授予华某鑫 2 份干股作为激励,合计 10 份股份。

合同约定,如华某鑫在合同期内无故终止合同,潘多拉公司只退还给 4 万元购股费用的 70%;如果潘多拉公司在华某鑫没有出错的情况下,终止合同,潘多拉公司要无条件地给予华某鑫退还本金和年终分红。后华某鑫向潘多拉公司

递交辞职信,理由是基于个人原因,想重新更换一个行业,潘多拉公司批准了华某鑫辞职,但主张华某鑫是无缘无故终止合同,应该按照合同约定扣划股本本金。

【争议焦点】

潘多拉公司是否应当退还华某鑫本金?

【一审】

诉讼请求

华某鑫请求法院判令潘多拉公司退回入股款。

裁判结果

支持华某鑫要求潘多拉公司退回入股款。

【法院观点】

关于华某鑫要求潘多拉公司返还股本本金一节,华某鑫在辞职信中明确离职理由是由于个人原因,想重新更换一个行业,并非"在合同期内无故终止合同",因此,不属于"甲方只退给4万元整购股费用的70%"的情形,因此,潘多拉公司应该退还华某鑫支付的4万元。

【律师视角】

案例评析

本案的裁判结果体现了法院的倾向性观点,即尊重协议约定,激励对象无过错则激励者应返还入股款。本案中最大的争议焦点为华某鑫的离职是否违反了《潘多拉公司干股合同》的约定,如果违反了合同约定,华某鑫就属于过错方,潘多拉公司有权扣除华某鑫已支付的部分入股款。法院认为因个人原因离职不属于在合同期内无故终止合同,华某鑫作为无过错方,要求潘多拉公司退还全部入股款并不违背合同约定。

实操建议

作为专业人员,为企业设计类似于员工"无故终止合同"将如何如何是非常糟糕的表现,是企业不能容忍的。专业人士的专业性应当体现于大的方向的把握和方案的价值、有效性等,也同样应该体现于细节。激励方案和协议中的内容和细节需要专业人士以非常专业的精神和水平来草拟、修改和完善,以期将后续产生争议的可能性降到最低。

类似案例 ｜ 高某与陕西华丽包装有限公司借款合同纠纷案

【基本信息】

上诉人(原审被告):陕西华丽包装有限公司(以下简称华丽公司)

被上诉人(原审原告):高某

案由:借款合同纠纷

案号:陕西省咸阳市中级人民法院(2018)陕04民终496号

【相关案情】

高某为华丽公司员工,双方于2014年8月19日签订《股权激励协议书》,以股权期权形式认购公司股权,协议书第五条约定:高某自认购资金缴纳之日一年内离职者,按照认购金额每月2%计算利息,离职手续办理完毕后10日内一次性归还本息,华丽公司不再对高某定额分红或配股。2015年6月27日高某向华丽公司递交辞职申请报告,辞职申请报告递交后,华丽公司经理闫某海签字同意,但公司却未按照《股权激励协议书》中的约定向高某返还股权激励资金及利息。华丽公司认为与高某存在口头约定,用股权激励款偿还西安明辉公司欠付华丽公司的货款,债务已发生抵销,不同意退回入股款本息,高某否认华丽公司的上述说法。

【争议焦点】

华丽公司是否应向高某退还入股款?

【法院观点】

华丽公司与高某签订的《股权激励协议书》明确约定,高某自认购资金缴纳之日一年内离职,按照认购金额每月2%计算利息,离职手续办理完毕后10日内一次性归还本息。高某提出辞职后,华丽公司法定代表人在辞职申请报告上履行签字手续,故应当由华丽公司按照协议约定退还股权激励资金及利息,原审判决由华丽公司返还高某激励资金本息正确。

类似案例 ｜ 北京恩维协同科技有限公司与赵某与公司有关的纠纷案

【基本信息】

上诉人(原审被告):北京恩维协同科技有限公司(以下简称恩维公司)

被上诉人(原审原告):赵某

案由:与公司有关的纠纷

案号:北京市第三中级人民法院(2015)三中民(商)终字第 13285 号

【相关案情】

2011 年 1 月 18 日,赵某与恩维公司签订《股份期权授予协议书》,约定自 2010 年 9 月 1 日起至 2013 年 8 月 31 日止,恩维公司从赵某的每月薪酬中预留 1000 元存于公司期权激励计划专用账户内,作为未来可使用行权资金。

2014 年 6 月,赵某从恩维公司离职,依据协议书约定,恩维公司应于 2013 年 9 月 1 日返还赵某预留的 36,000 元,并支付利息 7128 元。但恩维公司主张双方未履行该协议书,也未实际从赵某月工资中留存 1000 元。赵某起诉,要求恩维公司返还赵某留存的 36,000 元,并支付利息 7128 元。

【争议焦点】

恩维公司是否应当返还赵某的股权认购款?

【法院观点】

本案中,赵某与恩维公司签订的《股份期权授予协议书》,是双方的真实意思表示,并不违反法律、行政法规的强制性规定,应属有效。根据《股份期权授予协议书》的约定,2010 年 9 月 1 日至 2013 年 8 月 31 日,恩维公司每月在赵某的薪酬中留存 1000 元作为赵某的行权资金,现恩维公司主张双方未履行该协议书,即未实际从赵某月工资中留存 1000 元,但对此未提供证据证明,法院不予采纳。

【律师视角】

案例评析

本案的关键问题是举证责任到底应该由谁来承担。一方面,《股份期权授予协议书》对于工资留存问题已经作出了约定;另一方面,工资支付情况首先是企业的举证责任,而不是员工。结合这两个方面的约定/规定,尤其是根据双方的约定,将工资是否留存的举证责任交给单位来完成,是合法也是合情合理的。因此,法院根据《股份期权授予协议书》的约定,判令工资留存与否的举证责任由单位承担是恰当的。

第六节　激励者违约,返还入股款

◎问题聚焦

股权激励实践中,股权回购一般发生在实股激励中。当激励者违反股权激励协议约定的情形时，员工能否要求激励者回购手中的股权并返还入股款呢？

◎裁判规则

公司章程、公司内部决议通过相关规定，或者公司与员工达成协议，对激励者回购员工所持有的股权存在明确规定或约定，当股权回购条件触发时，员工有权依照相关规定或者约定要求公司回购股权，返还入股款，赔偿相关损失。即便没有回购条款，当激励者违约不受让股权时，法院也倾向于判决激励者返还入股款，承担损失赔偿责任。

◎案例详解

经典案例 | 四川禾丰装饰工程有限公司、牟某峰新增资本认购纠纷、买卖合同纠纷案

【基本信息】

上诉人（原审被告）：四川禾丰装饰工程有限公司（以下简称禾丰公司）

被上诉人（原审原告）：牟某峰

案由：增资本认购纠纷、买卖合同纠纷

案号：四川省成都市中级人民法院（2017）川01民终5927号

【相关案情】

2015年5月26日，牟某峰、禾丰公司签订《认购书》约定牟某峰作为禾丰公司员工，以现金方式出资152,000元认购禾丰公司200,000股。同时约定若禾丰公司一年后没有成功上市，牟某峰可要求公司以每股1元退还其认购资金。合同签订后，牟某峰于2015年5月29日向禾丰公司转入股权认购款152,000元。禾丰公司当庭认可收到了牟某峰支付的认购款，但未将牟某峰工商登记为公司股东，禾丰公司至今仍未能依约上市。2016年1月4日，牟某峰以禾丰公司经营出现严重困难、拖欠员工工资、无法继续履行《认购书》为由向成都市武侯区人民法院提起诉讼，要求解除与禾丰公司签订认购书，并要求禾丰公司返还股权认购金152,000元及利息。成都市武侯区人民法院作出（2016）川0107民初69号民事判决书，以合同签订时间未期满一年且禾丰公司并无其他违约行为驳回了牟某峰的全部诉讼请求。

【争议焦点】

禾丰公司是否应向牟某峰返还认购金200,000元?

【一审】

诉讼请求

1. 判令解除牟某峰、禾丰公司签订的《认购书》。

2. 判令禾丰公司按照《认购书》的约定退还牟某峰认购资金200,000元。

裁判结果

1. 解除牟某峰与禾丰公司签订的《认购书》。

2. 禾丰公司于本判决生效之日起5日内向牟某峰退还股权认购金200,000元。

【二审】

上诉请求

撤销一审判决,改判驳回牟某峰的全部诉讼请求。

裁判结果

驳回上诉,维持原判。

【法院观点】

1. 关于双方之间签订的合同是否应予解除的问题。《认购书》约定牟某峰的义务是以现金方式出资152,000元认购禾丰公司200,000股份,禾丰公司的义务是在合同签订后一年内成功上市。牟某峰已按约定履行其合同义务,但禾丰公司未能在一年内成功上市,没有履行合同主要义务,致使牟某峰的合同目的不能实现。该情形符合《合同法》第九十四条第四项"有下列情形之一的,当事人可以解除合同……(四)当事人一方迟延履行债务或者有其他违约行为致使不能实现合同目的"的规定,据此,牟某峰有权要求解除与禾丰公司签订的《认购书》,法院对牟某峰该项请求予以支持。

2. 关于禾丰公司是否应向牟某峰返还认购金200,000元的问题。《认购书》第三条的内容,牟某峰以每股0.76元的价格认购了禾丰公司200,000股,约定若禾丰公司违约,将以高出认购价0.24元的价格向牟某峰承担违约赔偿责任。故依据《合同法》第九十七条"合同解除后,尚未履行的,终止履行;已经履行的,根据履行情况和合同性质,当事人可以要求恢复原状、采取其他补救措施、并有权要求赔偿损失"及第九十八条"合同的权利义务终止,不影响合同中结算和清理条款的效力"的规定,合同解除后,违约责任条款并不因合同解除而消灭,禾丰公司应向牟某峰返还认购金本金152,000元,并以牟某峰认购的

200,000股为基数,以每股0.24元的价格承担违约责任,故禾丰公司应向牟某峰返还认购金共计200,000元。

【律师视角】

案例评析

本案中,牟某峰与禾丰公司签订了股权激励《认购书》,约定禾丰公司的义务是在合同签订一年内成功上市,牟某峰的义务是以现金方式出资152,000元认购禾丰公司200,000股份。一年之后,禾丰公司因经营不善没能成功上市,该公司没有履行合同主要义务,致使合同目的不能实现。根据《合同法》第九十四条第四项的规定,牟某峰有权要求解除与禾丰公司签订的《认购书》。

另,《认购书》中约定了若禾丰公司未能如期上市,牟某峰可以要求禾丰公司以每股1元的价格退还其认购金。该条款是一项违约责任条款。因禾丰公司未能如期上市,属于违约,应该按照《认购书》约定以每股1元的价格退还牟某峰认购金200,000元。

类似案例 | 河南宝鸿照明设计工程有限公司、侯某股东出资纠纷案

【基本信息】

再审申请人(一审被告、二审上诉人):河南宝鸿照明设计工程有限公司(以下简称宝鸿照明公司)

被申请人(一审原告、二审被上诉人):侯某

案由:股东出资纠纷

案号:河南省高级人民法院(2019)豫民申6372号

【相关案情】

2014年11月1日,侯某与河南宝鸿光电有限公司签订高层管理人员聘用合同书1份,约定宝鸿光电有限公司聘用侯某为企业中高职管理职位,期限为两年,从2014年11月1日起至2016年12月30日止。劳动报酬为:由年薪、考核报酬和奖励报酬三部分组成,年薪为50万元,其中25万元分12个月发放,15万元作为原告的个人投资性质按1:1比例入股总公司,余10万元按考核报酬扣减,考核后未扣减的薪酬同样以个人投资性质按1:1比例入股总公司。

聘用合同书签订后,侯某于2014年11月1日开始就任宝鸿光电有限公司总经理,于2017年6月27日离职。2016年3月5日,宝鸿光电有限公司变更名

称为宝鸿照明公司,该公司的股东为宝鸿光电股份有限公司。2016年10月30日,宝鸿光电股份有限公司给原告签发股权证1份,载明股东名称为侯某,认缴股份为30万股,认缴金额为30万元,股票种类为普通股。

【争议焦点】

宝鸿照明公司应否退还侯某股金及退还数额是多少?

【二审法院观点】

法院认为,侯某、宝鸿照明公司签订的《高层管理人员聘用合同书》系双方真实意思表示,不违反法律、行政法规的禁止性规定,应为有效。根据该聘用合同书的约定,侯某受聘期间的工资为年薪50万元,其中30%年薪部分以个人投资性质按1∶1比例入股总公司。现两年聘用期间已经届满,宝鸿照明公司既未向侯某交付股权证明,也未为其办理股权变更登记,故侯某要求退还其被扣留的入股金,合理有据,应予支持。关于宝鸿照明公司应退还的金额问题,侯某在二审中明确要求宝鸿照明公司退还其30万元的入股金,结合双方聘用合同中关于入股薪酬比例的约定,以及侯某在宝鸿照明公司的工作时间,其该项请求依据充分,应予认定。故一审判决认定宝鸿照明公司应退款的金额有误,法院予以纠正。

【再审法院观点】

侯某与宝鸿照明公司于2014年11月1日签订的《高层管理人员聘用合同书》系双方真实意思表示,内容不违反法律法规的禁止性规定,应为有效。根据合同约定,侯某受聘期间的部分薪资以个人投资性质按1∶1比例入股总公司。但就“总公司”究竟指代哪一家公司,合同约定不明,双方各执一词。侯某主张“总公司”应为宝鸿照明公司,而宝鸿照明公司则称“总公司”系指之后成立的宝鸿光电股份公司,且宝鸿光电股份公司已为侯某开具了股权证。但根据原审查明事实,宝鸿光电股份公司是在2016年3月7日成立,案涉《高层管理人员聘用合同书》签订之时,宝鸿光电股份公司尚未成立,至于该公司成立后与侯某签订的《宝鸿光电股权激励协议书》《购买股权通知书》,从其约定的购买条件和金额来看,并不显示与案涉《高层管理人员聘用合同书》存在关联。现有证据也不能证明侯某接受宝鸿光电股份公司开具的股权证或有其他证据佐证侯某确系该公司股东。在此情况下,原审对侯某要求宝鸿照明公司返还其拟入股相应薪资款项的诉请予以支持,符合举证责任分配规则,处理结果并无不当。

【律师视角】

案例评析

本案中，侯某与宝鸿照明公司签订的《高层管理人员聘用合同书》是双方真实意思表示，不违反法律、行政法规的禁止性规定，应为有效。宝鸿照明公司未按照合同书约定向侯某交付股权证明，也未为其办理股权变更登记，违反了合同约定，故宝鸿照明公司应当返还侯某入股款。本案并不属于股权回购，因为股权根本没有转移到侯某手中，但是从激励对象的角度来说，最终补偿或者赔偿的效果大体相当。

对比案例　杨某与张某芸、福建东南助力管理服务有限公司股权转让纠纷案

【基本信息】

原告：杨某

被告：张某芸

被告：福建东南助力管理服务有限公司（以下简称东南助力公司）

被告：福州东南翼企投资管理有限公司（以下简称东南翼企公司）

案由：股权转让纠纷

案号：福建省福州市鼓楼区人民法院（2017）闽0102民初7110号

【相关案情】

东南助力公司于2010年4月7日成立，股东分别为东南翼企公司、安仕投资公司和御丛苑公司，股东持股比例为：安仕投资公司占52%，御丛苑公司占35.5%，东南翼企公司占12.5%。法定代表人为伊某鹏。其中，安仕投资公司系伊某鹏个人独资的有限责任公司。东南翼企公司于2011年12月29日成立，股东分别为陈某和伊某鹏，持股比例为陈某和伊某鹏各占50%，张某芸系法定代表人。2013年11月至2014年2月，张某芸同时受聘于东南助力公司，系东南助力公司员工。2013年12月，东南助力公司拟以股权激励的方式向员工增发股份，计划以不低于1元1股的价格向核心员工进行配售。

2014年1月8日，作为东南助力公司员工的杨某向张某芸的账户转账支付5万元。后张某芸按东南助力公司法定代表人伊某鹏的指示，将讼争款项连同其他投资人的投资款共132万元汇入东南翼企公司账户，后东南翼企公司再将

上述款项汇入东南助力公司账户。

2014年8月20日,杨某等十五人共同签名,向东南助力公司发送《关于退还员工认购股权款的函》,函中记载:截至2014年1月7日,认股员工已将128万元认购款汇至公司指定的张某芸个人账户。但公司未予办理签署法律文件及办理工商变更登记等相关手续,因此杨某等十五人要求退还全部股权认购款项。

【争议焦点】

张某芸和东南助力公司是否应当成为本案的适格被告?

【法院观点】

法院认为:虽然杨某系通过持有东南翼企公司股份,再通过东南翼企公司间接持有东南助力公司股份,但证据中均没有关于杨某与东南翼企公司、东南助力公司形成上述合意的明确记载。反之,张某芸作为东南翼企公司的法定代表人及讼争股权投资事宜的经办人之一,其明确了杨某的投资目的系与东南助力公司发生股权转让关系。结合杨某在交付投资款时系东南助力公司的员工身份,以及《关于退还员工认购股权款的函》、东南助力公司的《股东会决议》等证据,可以认定杨某系与东南助力公司形成了股权转让的合意。因此,东南助力公司是本案适格被告。

杨某与东南助力公司形成了股权转让法律关系,按约履行了自己的投资义务,东南助力公司未依约办理股权变更登记,其行为构成违约,故东南助力公司应向原告返还投资款及支付利息。

【律师视角】

案例评析

本案中,东南助力公司员工杨某作为被激励员工代表,向张某芸的账户转账支付5万元用于认购激励股权。后张某芸将讼争款项连同其他投资人的投资款共132万元汇入东南翼企公司账户,之后东南翼企公司再将上述款项汇入东南助力公司账户。杨某与东南助力公司实际上形成了股权转让法律关系,并且杨某依约履行了自己的投资义务;东南助力公司未依约办理股权变更登记,构成违约,因此,东南助力公司应向杨某返还投资款及支付利息。张某芸接收原告款项的行为,是履行职务的行为而非个人行为,因此张某芸并非本案适格主体,不应承担向原告归还投资款的义务。

第十五章

股权激励与劳动关系

第一节　股权激励与劳动关系之间的关系

◎问题聚焦

因为是公司的股东、董监事或者高级管理人员，或者是公司的股权激励对象，就可以否定这些人员与公司之间的劳动关系吗？这些人员与公司关系特殊，在身份、领取报酬等方面与普通劳动者存在较大区别。那么，这些人与公司能否存在劳动关系呢？

◎裁判规则

公司与相关人员之间是否存在劳动关系，法院通常会根据劳动和社会保障部《关于确立劳动关系有关事项的通知》等规定来进行判断。如果劳动者提供的有报酬的劳动是用人单位业务组成部分，双方存在管理与被管理关系，那么法院就倾向于认定双方存在劳动关系。一个人在单位可以获得股东权益、各类提成和/或股权激励收益，并不影响其单位员工身份的同时存在。

◎案例详解

经典案例｜北京红医信息技术有限公司与张某成劳动争议纠纷案

【基本信息】

上诉人（原审原告）：北京红医信息技术有限公司（以下简称红医公司）

被上诉人（原审被告）：张某成

案由:劳动争议纠纷

案号:北京市第二中级人民法院(2017)京02民终481号

【相关案情】

原告红医公司于2016年1月24日与被告张某成签订了《期权激励协议书》,经原股东会决议,同意以股权激励形式与张某成签订股权激励协议,约定将红医公司股权转让给张某成。红医公司认为张某成属于股东身份,并不是劳动者。

张某成认为红医公司是独立的法人主体,具备用工主体资格,自己属于劳动者。张某成于2015年7月15日入职,在红医公司提供劳动,正常上班,双方存在管理与被管理关系。张某成认为,不能因为期权激励方案就视自己为股东,激励利益属于正常的工资之外额外的奖励,不能因此否定劳动关系。

【争议焦点】

红医公司与张某成之间是否存在劳动关系?

【一审】

诉讼请求

请求依法确认原告与被告不存在劳动关系。

裁判结果

依法确认红医公司与张某成于2015年8月10日至2016年5月25日存在劳动关系。

【二审】

上诉请求

撤销原判,改判确认红医公司与张某成不存在劳动关系。

裁判结果

驳回上诉,维持原判。

【法院观点】

法院认为,红医公司经营事项是建立互联网医疗业务平台。在建立互联网平台时,需要大量的基础客户资源,包括医疗单位和个人,张某成从事的工作正是帮助企业推广互联网平台,为公司招募注册会员及医疗机构,上述工作属于用人单位的业务组成部分。另外,从张某成提供的授权委托书能证实张某成是受单位的指派从事推销工作,因此双方存在管理与被管理的关系,原审法院根据劳动和社会保障部《关于确立劳动关系有关事项的通知》规定的要件,综合上述内容认定红医公司与张某成之间存在劳动关系并无不妥。

【律师视角】

案例评析

本案中，被告张某成从事的工作属于用人单位的业务组成部分，双方存在管理与被管理的关系，可以确定原告与被告之间存在劳动关系。股权激励关系与劳动关系并不相互矛盾。本案案涉双方具有劳动者接受用人单位管理、约束和激励的劳动关系典型特征，明显不同于平等民事主体之间的普通民事合同纠纷。

实操建议

对于用人单位而言，股权激励是否以劳动关系为基础，可能很难搞清楚，因为不少法律专业人士对此也不甚明确。有鉴于此，如果可能，最好能够通过书面形式将股权激励与劳动关系之间的关系在协议条款中明确或者确认出来。即便是这种确认或者明确存在问题，也可能会对后续的纠纷解决有所帮助。

对比案例　惠山区长安嘉兰德美容店与无锡市惠山区人力资源和社会保障局行政确认纠纷案

【基本信息】

上诉人（原审原告）：惠山区长安嘉兰德美容店（以下简称嘉兰德美容店）

被上诉人（原审被告）：无锡市惠山区人力资源和社会保障局（以下简称惠山人社局）

案由：行政确认纠纷

案号：江苏省无锡市中级人民法院（2018）苏02行终315号

【相关案情】

嘉兰德美容店系个体工商户，2017年4月25日经核准开业，登记的经营者是杨某艳。蒋某金在嘉兰德美容店工作，系该店店长，双方没有签订劳动合同。2017年6月30日，嘉兰德美容店安排全体员工去江西省九江市庐山附近的拓展基地参加培训，司机涂某勇驾驶的赣A×××××大型客车因超速驾驶导致车辆侧滑翻车，乘车人蒋某金经抢救无效于事发当日死亡。同年10月26日，梅某以蒋某金配偶的名义向惠山人社局提出工伤认定申请，请求认定工伤，并提交了工伤认定申请表、企业登记资料查询表、结婚证复印件、交通事故责任认定书、死亡医学证明等材料。惠山人社局经审查后于11月7日受理,11月9日向嘉兰德美容店发出《工伤认定举证通知书》。因嘉兰德美容店未提交证据材料,惠山人社局发出《限期接受调查通知书》,要求杨某艳、周某珍接受调查。

嘉兰德美容店提出蒋某金是嘉兰德美容店合伙人之一,且每年参与该美容店分红,不符合申请工伤的主体资格。嘉兰德美容店提交了“卓越股东群”的微信聊天记录截图。之后惠山人社局调取了蒋某金交通事故案的卷宗材料,并进行了相关调查。

惠山人社局经调查后,于2018年1月3日作出惠人社工字(2017)第062640号《工伤认定决定书》(以下简称《工伤认定决定书》),认定蒋某金受到的事故伤害符合《工伤保险条例》第十四条第五项之规定,认定为工伤。1月9日,惠山人社局向双方邮寄送达了《工伤认定决定书》。

【争议焦点】

蒋某金与嘉兰德美容店是否存在劳动关系?

【法院观点】

法院认为,本案中,蒋某金参加嘉兰德美容店组织的户外拓展培训活动,途中发生交通事故伤害致死,属于因公外出受伤。同时,是否存在劳动关系是工伤认定的前提,蒋某金系嘉兰德美容店店长,其与嘉兰德美容店的劳动关系是确定的,即使其因为工作优秀而能获得除了工资以外一定的提成或类似于“股权激励”性质的分红,也并不影响其作为嘉兰德美容店员工而应当享有的权利。根据《工伤保险条例》第十四条第五项、《最高人民法院关于审理工伤保险行政案件若干问题的规定》第四条第二项的规定,其情形可认定为工伤。

第二节 工资和现金激励的关系

◎问题聚焦

在股权激励的实践中,如果公司与劳动者解除劳动关系时发生争议,劳动者有时会主张公司应当赔偿其工资损失,这必然涉及工资计算问题。如果用人单位主张劳动者的收入中除了工资以外还包括公司基于股权激励给予的现金激励,法院将如何认定劳动者的工资数额?

◎裁判规则

如果用人单位有证据证明劳动者的收入除了工资以外还包括公司给予劳动者的现金激励，法院倾向于在计算工资时从劳动者的收入中扣除该现金激励部分。如果单位没有证据证明劳动者的收入除了工资以外还包含其他非劳动报酬部分，法院倾向于在计算工资时以劳动者的全部收入为工资标准。

◎案例详解

经典案例 | 杨某伟与康宝莱(上海)管理有限公司劳动争议纠纷案

【基本信息】

上诉人:康宝莱(上海)管理有限公司(以下简称康宝莱上海公司)

被上诉人:杨某伟

案由:劳动争议纠纷

案号:北京市第三中级人民法院(2019)京03民终8026号

【相关案情】

2005年4月14日,杨某伟入职康宝莱上海公司的关联公司康宝莱(中国)保健品有限公司,工作地点为北京市朝阳区。2015年4月14日,康宝莱上海公司与杨某伟签订无固定期限劳动合同,约定工作地点为北京或公司不时指定的任何其他区域。自2016年3月起,杨某伟的月工资构成调整为月基本工资148,369元、固定津贴24,000元;自2017年3月起,杨某伟的月工资构成调整为月基本工资158,013元、固定津贴24,000元。

杨某伟正常提供劳动至2017年5月23日。康宝莱上海公司后向杨某伟出具《离职证明》,载明:"杨某伟,2005年4月14日起进入我司就职,现于2017年5月23日与我司解除劳动关系,离职前职务为中国区外事部副总裁。"康宝莱上海公司为杨某伟缴纳社会保险费至2017年5月。

康宝莱上海公司提交了杨某伟分别于2014年、2015年和2016年签署的限制性现金奖励协议三份。杨某伟认可其签字的真实性。杨某伟和康宝莱上海公司均认可尚有行权日为2018年3月1日的78,000美元和行权日为2018年5月8日的26,000美元的限制性现金奖励未发放,该日期之前的限制性奖金均已发放。

【争议焦点】

杨某伟工资损失的计算标准。

【一审】

诉讼请求

1. 康宝莱上海公司支付 2016 年 1 月 1 日至 2016 年 12 月 31 日的 2016 年度年终奖 953,402.65 元。

2. 康宝莱上海公司支付 2017 年 5 月 23 日至实际劳动关系恢复之日止的工资,暂计至 2018 年 11 月 30 日的金额为 5,331,333 元。

裁判结果

1. 被告康宝莱上海公司于本判决生效后 7 日内支付原告杨某伟 2017 年 5 月 24 日至 2018 年 8 月 4 日的工资损失税后 3,629,028.43 元。

2. 被告康宝莱上海公司于本判决生效后 7 日内支付原告杨某伟限制性现金奖励 655,200 元。

【二审】

上诉请求

1. 改判判令康宝莱上海公司无须向杨某伟支付 2017 年 5 月 24 日至 2018 年 8 月 4 日的工资损失税后 3,629,028.43 元。

2. 改判康宝莱上海公司无须向杨某伟支付限制性现金奖励 655,200 元。

裁判结果

驳回上诉,维持原判。

【法院观点】

一审法院认为,股权激励收入并非杨某伟的直接劳动报酬收入,且杨某伟亦已单独主张限制性现金奖励,故该部分不应计入上述平均工资之内。

二审法院认为,由于康宝莱上海公司本应继续履行与杨某伟自 2017 年 5 月 24 日至 2018 年 8 月 4 日的劳动合同,故康宝莱上海公司应当支付杨某伟自 2017 年 5 月 24 日至 2018 年 8 月 4 日的工资损失。用人单位作出的处理决定因在实体方面存在问题而被依法撤销的,用人单位应按劳动者正常劳动时的工资标准向劳动者支付相应的工资损失。

【律师视角】

案例评析

涉案法院未将股权激励收入计入平均工资之中,最主要原因是该股权激励收入并非直接的劳动报酬收入。判断股权激励收入是否属于劳动报酬收入，最基本的判断标准应该是，该收入主要是基于激励对象的劳动直接产生的对价，还是因为各类激励股权（包括干股、虚拟股权等）所产生的收益。当然，激励者和激励对象之间有约定的，首先需要充分尊重双方协议的约定。

实操建议

当用人单位与劳动者签署股权激励协议时，一定要注意激励股权收益的性质的约定。在有约定的情况下，劳动仲裁委和法院一般会尊重双方的约定。因为在没有约定的情况下，实际裁判的结果并不一定能够支持用人单位。

类似案例 | 张某梅与苹果电脑贸易（上海）有限公司劳动争议纠纷案

【基本信息】

原告（被告）：张某梅

被告（原告）：苹果电脑贸易（上海）有限公司（以下简称苹果上海公司）

案由：劳动争议纠纷

案号：北京市朝阳区人民法院（2016）京0105民初53857号

【相关案情】

张某梅于2007年7月19日入职苹果上海公司，双方签订无固定期限劳动合同。张某梅最后工作至2016年3月25日。苹果上海公司于该日向张某梅送达《解除劳动关系通知书》。

张某梅名下招商银行2016年4月6日至同年4月30日的账户历史交易明细表，证明苹果上海公司于2016年4月8日向张某梅支付工资12,377,029.94元。账户历史交易明细表显示于2016年4月8日入账12,377,029.94元，对手信息为“APPLECOMPUTERTRA×××”，对方开户行为花旗银行（中国）有限公司上海分行，摘要为“工资”。

苹果上海公司表示该账户于2016年4月8日入账的12,377,029.94元并不属于工资，而是张某梅持有和出售美国苹果股票的收益。苹果上海公司向张某梅支付工资的账户是账号为×××的花旗银行账户，与该笔款项的对方账户不同。

国家外汇管理局上海市分局于2015年12月30日作出的受理苹果上海公司股权激励计划变更登记的编号为资（2015）受理940号行政审批受理单及所

附员工名单。其中,员工名单中包含张某梅。美国E＊TRADE公司证明张某梅基于其参与的苹果公司提供的股票计划。花旗银行(中国)有限公司北京分行也回函对相关款项的情况作出了说明。

【争议焦点】

张某梅2016年4月8日入账的12,377,029.94元是否属于工资?

【法院观点】

就苹果上海公司于2016年4月8日向张某梅支付的12,377,029.94元款项的性质问题,账户历史交易明细表的摘要虽记载为“工资”,但从苹果上海公司提交的国家外汇管理局上海市分局作出的资(2015)受理940号行政审批受理单及所附员工名单、美国E＊TRADE公司出具的说明文件及附件以及花旗银行(中国)有限公司北京分行的回函来看,该12,377,029.94元系张某梅基于其参与的苹果公司提供的股票计划,于2014年1月1日至2016年4月30日,在其E＊TRADE账户内进行苹果公司股票交易的部分收益,E＊TRADE公司将张某梅的股票交易收益转入账号为×××的花旗银行外币账户,通过花旗上海的内部账户×××结汇成人民币后支付至张某梅的招商银行账户中。正是基于此,该笔款项的对手信息为“APPLECOMPUTERTRA×××”。据此,上述12,377,029.94元款项系张某梅的股票交易收益,并不属于张某梅每月固定享受的工资,本院对于张某梅要求将该笔款项计算进工资损失标准的意见不予采纳。

【律师视角】

案例评析

从证据上看,苹果上海公司于2016年4月8日向张某梅支付的12,377,029.94元款项属于张某梅参与的苹果公司提供的股票计划获得的股票交易收益,也就是张某梅基于股权激励获得的收益。法院认为该笔款项的性质不属于工资,故将这笔款项从张某梅的工资计算中扣除。

实操建议

用人单位(激励者)在向劳动者(激励对象)支付相关款项时,最好能够明确说明或者清晰备注相关款项的性质。实践中,这种款项性质纠纷的发生主要在于付款协议约定不明、支付备注不清或者其他造成款项性质不明等原因,本该杜绝。

对比案例 | 北京启凡乐游科技有限公司与王某劳动争议纠纷案

【基本信息】

原告:北京启凡乐游科技有限公司(以下简称启凡公司)

被告:王某

案由:劳动争议纠纷

案号:北京市海淀区人民法院(2016)京0108民初17240号

【相关案情】

启凡公司与王某双方于2014年10月15日签订劳动合同,约定合同期限自当日起至2017年10月15日止。劳动合同后附有《乙方劳动报酬明细》,载明工资报酬由基本工资、绩效工资、补助组成,其中基本工资4000元,基础性绩效工资、奖励性绩效工资及补助处均为空白,未载明具体数额。

在双方的诉讼中,启凡公司称每月向王某支付的款项中不仅包含工资,还有虚拟股权激励,故不应将全部金额均计入工资。启凡公司未就其上述主张进行举证。

【争议焦点】

如果启凡公司需向王某支付2015年8月20日至2016年1月31日工资,是否应按照每月4000元标准支付上述期间工资?

【法院观点】

根据《北京市工资支付规定》第九条第三款之规定,用人单位支付劳动者工资应当按照规定的日期足额支付,不得克扣或者无故拖欠。本案中,双方在仲裁阶段均认可启凡公司未支付王某2015年8月20日之后的工资,且均认可王某2015年8月20日至2016年1月31日工资为45,307.58元。现启凡公司主张王某月工资为4000元,但王某提交的银行对账单显示工资数额均高于4000元,启凡公司虽称实发数额中除工资外另有虚拟股权激励,但未就此举证,亦未提交其他证据推翻仲裁期间陈述,故法院对其该项主张亦不予采信。综上,启凡公司应当向王某补发2015年8月20日至2016年1月31日工资45,307.58元。

第三节　激励收益的返还

◎问题聚焦

股权激励的实践中,在劳动者离开公司时,公司可能要求劳动者返还已得的激励收益。在什么情况下,法院会支持用人单位要求劳动者返还激励收益的请求呢?

◎裁判规则

如果劳动者获得的激励收益被法院定性为劳动关系项下的工资或者奖金,尽管其名为股权激励(如股权奖励、期权奖励金等),尽管在劳动者与用人单位之间存在关于返还相关激励收益的约定,法院也倾向于认为劳动者无须将该笔收益返还给公司。

如果劳动者与用人单位约定股权激励收益不属于劳动报酬,且返还激励收益的约定不违反法律的强制性规定,法院或倾向于支持双方的约定。

◎案例详解

经典案例 ｜ 尹某与李某合同纠纷案

【基本信息】

原告:尹某

被告:李某

案由:合同纠纷

案号:浙江省台州市椒江区人民法院(2014)台椒民初字第 1778 号

【相关案情】

原告尹某与被告李某(江苏某公司法定代表人)在 2011 年 9 月 28 日签订协议书时,约定原告尹某为被告李某提供江苏某公司股权和 60.2 万元的现金激励,其中 48.2 万元在该协议签订后一个月内发放,其余 12 万元分四次在该协议签署每满 12 个月后的 1 个月内向被告李某发放,同时约定被告李某为江苏某公司服务的期限不少于 5 年。协议签订后,由上海尹之勇投资有限公司代原告尹某于 2011 年 10 月 26 日付款 48.2 万元给被告李某,被告李某收到该 48.2 万元的款项。2012 年 6 月 12 日江苏某公司核准注销，被告李某随即离开江苏某公司，未再履行上述协议。

【争议焦点】

李某是否应当返还服务费 39.67 万元？

【法院观点】

原、被告签订的协议对现金激励有明确的约定，即原告应在协议签署后的一个月内发放被告李某 48.2 万元，其余 12 万元分四次在该协议签署每满 12 个月后的 1 个月内发放。协议第四条对被告需返还现金激励作出了约定，即如被告在协议签署后的 1 年内因违反协议第二条第二项之规定被江苏某公司解聘或无正当理由离职，则应返还全部获发的现金激励。由此可知，只要被告没有违反协议的相关约定，签订协议后的 1 年即可以获得 48.2 万元的现金激励，而江苏某公司因亏空注销，被告离开该公司不再为其服务，是不可归责于原、被告的客观原因，根据公平原则，被告的服务费应该按照 1 年 48.2 万元，被告的实际服务时间占一年的时间比例来计算，即 342,022 元[482,000 × (259/365) 元]，故被告需要返还原告款项 139,978 元。

第四节　特殊劳动或者劳务报酬

◎问题聚焦

在股权激励实践中，用人单位为了体现股权激励非同一般的“气质”，或者/同时基于其他原因，将简单的现金激励硬生生地提升为实股激励，或者类似于实股激励的类型。但是，劳动者最终获得的可能并不是股权，而是单纯的现金激励。在发生此类争议时，法院如何认定这类争议的法律性质呢？最终又会如何裁判呢？

◎裁判规则

用人单位和劳动者之间的股权激励协议，无论表面上看起来多么类似于实股激励，如果其实质是与劳动者进行了现金激励的约定，或者虽然约定了授予劳动者股权，但是劳动者可以选择放弃股权而获得现金激励并且实际上劳动者也选择了现金激励，法院倾向于认定相关争议属于劳动争议，并按照劳动争议的解决方式进行裁判。

◎案例详解

经典案例 | 乐视云计算有限公司与蔡某劳动争议纠纷案

【基本信息】

上诉人(原审被告):乐视云计算有限公司(以下简称乐视云公司)

被上诉人(原审原告):蔡某

案由:劳动争议纠纷

案号:北京市第一中级人民法院(2018)京01民终9471号

【相关案情】

乐视云公司的股东为乐视网信息技术(北京)股份有限公司(以下简称乐视网公司)、乐视控股(北京)有限公司(以下简称乐视控股公司)及重庆某合伙企业。乐视网公司的企业类型为股份有限公司(上市、自然人投资或控股),贾某芳为乐视网公司的股东之一。

乐视云公司(甲方)与蔡某(乙方)签订的协议载明内容为:甲乙双方经友好协商,一致同意于2017年1月26日解除双方的劳动关系,并就劳动关系的解除、相关待遇支付等事宜达成以下协议,共同遵守:"一、双方共同确认:甲方保留乙方所获授乐视网第一期股票期权激励计划中,第四个行权期(2016年4月至2017年4月)的行权资格。乙方同意,具体股权激励及行权事宜按甲方期权激励计划执行。甲方为乙方支付其他长期激励款项,税前金额为1,300,530元。支付方式为双方解除劳动关系后,2017年2月—2018年1月一年内按月平均支付。二、乙方应当按照甲方相关规定于劳动合同解除日前办理完毕工作移交、归还借用甲方的财产、清结财务账目和离职等各项手续。三、……甲方落款处显示加盖乐视云公司人力资源部印鉴样式,乙方显示蔡某的签字。"

【争议焦点】

1. 蔡某与乐视云公司之间产生的股权激励纠纷是否属于劳动争议案件受案范围?

2. 蔡某是否有权向乐视云公司主张长期激励款项?

【一审】

诉讼请求

乐视云公司向蔡某支付长期股权激励款1,300,530元。

裁判结果

乐视云公司于本判决生效之日起10日内向蔡某支付长期激励款项1,300,530元。

【二审】

上诉请求

撤销一审判决,改判乐视云公司无须向蔡某支付长期激励款项1,300,530元。

裁判结果

驳回上诉,维持原判。

【法院观点】

蔡某原系乐视云公司员工,双方于蔡某离职前签订的协议中共同确认乐视云公司向蔡某支付长期激励款项,故本案系基于蔡某与乐视云公司之间存在劳动关系而产生的股权激励纠纷,属于劳动争议案件受案范围。

虽乐视云公司所提交的委托持股协议及乐视网公司股权兑现申请载明的长期激励款项的权利来源系乐视网公司,但根据一审法院依法调取的工商登记信息显示,乐视网公司系乐视云公司的股东之一,贾某系乐视网公司的股东之一,故可以认定乐视云公司与乐视网公司之间具备关联关系。

乐视云公司基于与蔡某的劳动关系,在协议中与蔡某明确约定了长期激励款项的支付主体为乐视云公司,故蔡某依据该真实、合法、有效的协议向乐视云公司主张权利并无不当。综上,法院对乐视云公司上诉所称的蔡某不应向其主张股权激励款的主张亦不予采纳,乐视云公司应当按照协议约定向蔡某支付长期激励款项。

【律师视角】

案例评析

由于该股权激励纠纷是基于蔡某与乐视云公司之间存在劳动关系而产生的,并且在乐视云公司与蔡某之间的劳动关系解除协议中对股权激励事项进行约定,因此法院认定属于劳动争议并无不妥。蔡某与乐视云公司约定股权激励的支付主体为乐视云公司,虽然激励款项来源于乐视网公司,但是乐视网公司与乐视云公司为关联公司,因此该协议不存在无效的法定情形,蔡某有权向乐视云公司主张长期激励款项。

实操建议

集团公司中的某些公司进行股权激励的时候，应该在集团全局上把握计划，同时从签约、协议履行、行权、变更、退出等方面全面筹划并细致处理，避免关系混乱和将来发生争议。激励者是谁，资金来源的确定，劳动关系与激励关系的关系处理，变更和退出机制的明确等，都需要非常专业的解决方案。

类似案例 | 上海致尚服饰有限公司诉李某追索劳动报酬纠纷案

【基本信息】

上诉人（原审被告）：上海致尚服饰有限公司（以下简称致尚公司）

被上诉人（原审原告）：李某

案由：追索劳动报酬纠纷

案号：上海市第一中级人民法院（2018）沪01民终6881号

【相关案情】

李某于2014年3月1日入职致尚公司，双方曾签订了期限自2017年1月1日至2017年3月31日的劳动合同，约定李某在致尚公司处品牌市场部担任副总经理职务。

录用通知书载明：股份分配：入职股份：对你的加入，作为高级领导成员之一，根据三年服务期限将为你提供价值500,000元现金股份。如提前离开公司，每提前一年解约将减少100,000元的股份（不足一年将不计算时间）；激励股份：公司的成长与发展有你的努力付出和贡献，在公司营业收入达到超过2亿元你将获得200,000元价值的股份，和公司营业收入达到超过5亿元你将再获得300,000元价值的股份以弥补你的努力；股份价值与约定：每1股份价值1元；股权红利：500,000股将获得公司净利润的2%分配权，700,000股将获得公司净利润的2.5%分配权，1,000,000股将获得公司净利润的3%分配权。致尚公司法定代表人王某与李某分别在落款处签名、签署日期。

【争议焦点】

公司总经理在录用通知书中对于员工的股权激励承诺对公司能否发生实际效力？

【法院观点】

时任致尚公司总经理王某与李某签署的《录用通知书》约定了相应的“股权

分配”事项,该《录用通知书》系致尚公司与李某的真实意思表示,应被认定为有效。致尚公司提出,王某作为公司总经理,并无权利代表公司对李某作出上述承诺。法院认为,王某当时作为致尚公司的总经理,代表公司对李某作出的承诺合法有效,即使致尚公司规定王某无权作出上述承诺,亦属于其内部关系,在致尚公司并无证据证明其存在上述限制规定以及该规定已为李某在签署该《录用通知书》知晓的情形下,法院对致尚公司的上述主张不予采纳。

另外,就上述《录用通知书》载明的股权激励等内容而言,双方确实约定了所谓的股权不得转让他人、需要由大股东回购等内容。然而,致尚公司从未将相应的股权交付于李某并登记于公司股东名册。双方就入职股权、激励股权、股权红利等内容约定的皆系一定价值的“现金股份”,此与《公司法》范畴内股东享有的股权并非同一事项。正如原审所认定的那样,李某享有的仅系向致尚公司主张虚拟股权所对应的现金价值奖励,该奖励系致尚公司给予李某作为劳动者的一种特殊劳动报酬,故其显然属于劳动争议的范畴而非公司股权争议的范畴。因此,双方在《录用通知书》上约定所谓的股份不得转让于他人,需由大股东回购的内容并无实质意义。致尚公司以股份属于公司股东所有,转让股份时亦需大股东回购等为由否定致尚公司的本案诉讼主体资格,显然与法相悖,法院不予认同。

【律师视角】

案例评析

致尚公司与李某虽然约定了给予李某“股权奖励”,但实际上并没有给予约定的股权,而是给予了现金奖励。法院将该现金奖励认定为致尚公司给予李某作为劳动者的一种特殊劳动报酬,因此该争议作为劳动争议来处理于法有据。

实操建议

用人单位与劳动者签订股权激励协议时,用人单位处于绝对主导地位,此时,用人单位对于股权激励协议性质的选择和确立直接决定了将来或有的纠纷的基本处理方式。因此,从战略目标和底线思维等多重角度出发考虑问题,一方面考虑股权激励的实际效果,另一方面考虑股权激励引发的纠纷的处理方式,是用人单位的理性选择。

类似案例 深圳前海汉家族传承管理股份有限公司北京分公司等与杨某雪劳务合同纠纷案

【基本信息】

上诉人(原审被告):北京金竹聚贤投资管理顾问有限公司(以下简称金竹公司)

上诉人(原审被告):北京华民创富投资控股有限公司(以下简称华民公司)

上诉人(原审被告):深圳前海汉家族传承管理股份有限公司北京分公司

被上诉人(原审原告):杨某雪

案由:劳务合同纠纷

案号:北京市第三中级人民法院(2018)京03民终5712号

【相关案情】

2014年3月17日,华民公司向杨某雪发出入职通知函。

2015年8月10日,杨某雪填写员工异动审批表,载明:"异动类型:调薪;异动事项说明:领导提出,本人做出选择,薪酬由3万现金+2万股权调整为4万现金+1万股权。从2015年7月1日起执行,特此说明。"其下"行政总裁审批意见"一栏载明:"同意将3万现金+2万股权调整为4万现金+1万股权。"

2017年4月1日,杨某雪签署离职交接表。同日,金竹公司向杨某雪出具《解除/终止劳动合同证明》。

杨某雪于离职当日向杨某发出电子邮件,其中有附件两份,一份为杨某雪现金购买股权明细表,显示2014年9月至2017年3月,杨某雪共计"购买股权"40万元;另一份为杨某雪起草并单方签字的股权现金退还承诺书,载明:"1.杨某自2014年9月1日起每月收取杨某雪2万现金作为'汉家族办公室'企业集团的出资;2015年7月1日起改为每月收取杨某雪1万现金。"

自2014年9月至2017年3月,杨某累计共收取杨某雪人民币肆拾万元整(人民币40万元整),双方未签订书面协议。

杨某郑重承诺如下:承诺人保证于2017年4月30日前归还杨某雪人民币肆拾万元整。

【争议焦点】

杨某雪与三家公司之间的争议是否可以作为劳务合同纠纷处理?

【法院观点】

金竹公司以股权激励作为薪酬的表现形式系基于杨某雪公司的员工身份，因其认可诉争40万元购买的股权属于薪酬的表现形式，但未向杨某雪签发出资证明书、未将杨某雪记载于股东名册、亦未配合办理工商变更登记，故杨某雪实质上未获得金竹公司承诺的股权、未享有股东权利。因此，在股东权属确认之前，本案实质上系因劳务报酬产生争议而引起的纠纷，应属于劳务合同纠纷。

因杨某雪入职时约定的工资总额为货币5万元，在其工作期间，虽双方协商同意变更薪酬的表现形式，但对于变更后以股权形式表现的薪酬部分，杨某雪实际上未享受到，在杨某雪与杨某的交流沟通中，杨某亦表示同意退还该部分现金，故杨某雪有权以现金形式索要该部分劳务报酬。

类似案例 | 广州亿澳斯软件股份有限公司与虞某劳动合同纠纷案

【基本信息】

案号：广东省广州市中级人民法院(2017)粤01民终2195号

【法院观点】

亿澳斯公司为激励员工关注长远发展，制订了“以股换薪”方案，给予员工自行选择放弃或保留个人购买股权资格的比例以换取个人薪酬增长的权利。本案中虞某选择方案四即放弃75%的股权购买资格换取个人薪酬增长30%，之后在其工资收入中每月固定增加了股权工资2800元。事实上，虞某该工资增长的性质为放弃股权购买资格而换取的工资收入。《国家统计局关于工资总额组成的规定》第十一条第九项规定，对购买本企业股票和债券的职工所支付的股息(包括股金分红)和利息，不列入工资总额的范围。根据本案上述事实，本案中的“股权工资”应不属于该条款规定范围，原审将其认定为虞某工资的组成部分，并无不当，法院予以维持。

第五节 共同履行

◎问题聚焦

当用人单位和其他激励主体约定共同向激励对象承担股权激励的履行义

务,或者其他激励主体向激励对象承诺履行激励权益义务时,法院会如何裁判?法院会要求用人单位和相关激励主体共同向激励对象履行股权激励义务吗?

◎裁判规则

用人单位和其他激励主体约定共同向激励对象承担股权激励的履行义务,或者其他激励主体向激励对象承诺履行激励权益义务时,法院倾向于尊重民事主体之间的约定。另外,如果相关激励主体依据法律规定应当承担激励款项的(连带)支付义务,法院也倾向于要求承担履行义务的激励主体共同承担激励款项的支付义务。

◎案例详解

经典案例 | 谢某辉、广州力柏能源科技有限公司追索劳动报酬纠纷案

【基本信息】

上诉人(原审原告):谢某辉

被上诉人(原审被告):广州力柏能源科技有限公司(以下简称力柏能源公司)

被上诉人(原审被告):广州力柏电动科技有限公司(以下简称力柏电动公司)

案由:追索劳动报酬纠纷

案号:广东省广州市中级人民法院(2017)粤 01 民终 12396 号

【相关案情】

谢某辉于 2011 年 10 月起在力柏能源公司工作,为该公司的财务总监。2015 年 4 月 8 日,力柏能源公司与谢某辉就劳动合同期内产生的奖金及劳动关系解除签订《协议书》,约定如下:第一条,双方同意自 2015 年 8 月 31 日起解除劳动合同关系,力柏能源公司应按照本协议的约定向谢某辉支付奖金。第二条,基于谢某辉在职期间的优秀工作表现及为力柏能源公司作出的卓越贡献,力柏能源公司同意向谢某辉支付奖金现金人民币 590 万元(税后)。

2016 年 5 月 7 日,力柏能源公司、力柏电动公司与谢某辉签订《补充协议》,约定如下:至 2016 年 3 月 31 日,力柏能源公司、力柏电动公司剩余未付的奖金

人民币570.427万元,其中本金人民币530万元,产生的利息人民币40.427万元,力柏能源公司、力柏电动公司于2016年8月31日前支付完欠款,逾期未付的,谢某辉有权按照《协议书》约定标准向力柏能源公司、力柏电动公司计收利息。

【争议焦点】

两被上诉人应否按案涉《协议书》和《补充协议》向上诉人履行支付义务及承担违约责任?

【一审】

诉讼请求

1. 判令力柏能源公司、力柏电动公司支付奖金人民币530万元及利息。

2. 判令力柏能源公司、力柏电动公司自2016年4月起,以每月欠款本息为基数,按照月息2%的标准计算至实际付清之日止支付欠款利息。

裁判结果

驳回谢某辉的诉讼请求。

【二审】

上诉请求

1. 改判力柏能源公司、力柏电动公司立即支付奖金530万元及利息40.427万元,合计570.427万元。

2. 改判力柏能源公司、力柏电动公司自2016年4月起,以每月欠款本息为基数,按照月息2%的标准计算至实际付清之日止。

裁判结果

力柏能源公司、力柏电动公司于本判决送达之日起15日内向谢某辉支付570.427万元,并自2016年9月1日起,以570.427万元为本金按月息2%的标准向谢某辉支付利息至款项清偿之日止。

【法院观点】

对于协议中涉及奖金的性质,《协议书》中明确系"就劳动合同期内产生的奖金""基于谢某辉在职期间的优秀工作表现及为力柏能源公司作出的卓越贡献",双方当事人在诉讼中亦确认其中包含了对上诉人工作付出的补偿,同时,即便该奖金如上诉人所述还包括股权激励的性质,这也是两被上诉人愿意为作为高级管理人才的上诉人提供的激励和补偿,是上诉人劳动力价值的体现。该款项基于双方的劳动关系产生,与双方之间的劳动关系存在密切联系,应视为上诉人到被上诉人处工作除基本工资外的附加劳动报酬。在被上诉人力柏能源公司与谢某辉签订《协议书》并部分履行后,两被上诉人力柏能源公司、力柏电动公司又共同与谢某辉签订《补充协议》,进一步对案涉款项的履行及违约责任作出约定,并明确奖金支付主体为两被上诉人。因此,两被上诉人应共同向上诉人承担合同约定的责任,即应共同向上诉人支付奖金570.427万元,其中本金530万元,利息40.427万元,并自2016年9月1日起,以570.427万元为本金按月息2%的标准向谢某辉支付逾期利息至款项清偿之日止。

【律师视角】

案例评析

本案的争议焦点在于谢某辉是否有权基于案涉《协议书》和《补充协议》向力柏能源公司、力柏电动公司主张权利。案涉两份协议系上诉人与被上诉人经过平等协商,自愿签订,系双方当事人的真实意思表示,内容不违反法律、行政法规的强制性规定,法院认定协议有效于法有据。经过两次确认的协议义务,依法必然应当如约履行。

实操建议

对于用人单位来说,一方面,其无论作出任何承诺,都应该郑重其事,除非与法律的强制性规定相违背,否则用人单位和相关主体的承诺都是有效的,都是需要执行的。另一方面,良好的诚信的企业文化才是企业健康发展的制度和文化保障,因此,慎重承诺、形成诚信企业文化应该是每一个志存高远企业的必然选择。

类似案例　林某东与成某波、深圳市中技实业(集团)有限公司民间借贷纠纷案

【基本信息】

上诉人(原审被告):深圳市中技实业(集团)有限公司(以下简称中技公司)

被上诉人(原审原告):林某东

案由:民间借贷纠纷

案号:广东省深圳市中级人民法院(2013)深中法民终字第900号

【相关案情】

林某东于2000年6月入职中技公司,自2002年12月16日至2010年8月

9日一直担任该公司董事。

2006年2月,林某东与中技公司签订《深圳市中技实业(集团)有限公司首次虚拟股权激励确认书》,确认中技公司经对林某东的上年度工作业绩和工作能力进行全面考评,奖励林某东认购吉林××(集团)股份有限公司、内蒙古××实业股份有限公司的虚拟股权各15万股,每股1.5元,共计45万元,并约定了准予认购人行权条件,其中包括"在集团公司工作(或为集团服务)满五年"。2006年3月20日,林某东向中技公司支付股本认购款45万元。

2007年4月4日,林某东向中技公司提出激励股权行权申请。中技公司根据林某东的申请出具确认书,并将最终确认行权的金额51.62万元在2007年支付给了林某东。

2010年3月,林某东就离职及剩余激励股权的行权问题与中技公司进行协商,2010年3月19日,一审被告成某波在2007年的行权确认书上确认:"同意行权金额加补偿共计人民币140万(壹佰肆拾万)。"2010年林某东自中技公司离职。2010年11月25日、2011年9月27日,中技公司分别向林某东支付50万元、20万元,之后一审两被告未再向林某东支付任何款项。

【争议焦点】

1.本案是否需要经过劳动仲裁前置程序?

2.公司唯一股东是否需要对公司的债务承担责任?

【法院观点】

林某东以中技公司法定代表人已在行权确认书上签署意见确认行权加补偿的金额为依据起诉,要求中技公司及原审被告成某波履行付款义务,林某东的诉讼请求不涉及劳动关系其他争议,双方因款项的支付发生争议,双方间形成债权债务关系,原审法院按照普通民事纠纷受理并无不当,法院予以确认。

中技公司于2007年根据林某东的行权申请出具《激励股权行权确认书》,确认林某东该次行权变现金额51.62万元及该次行权后尚未行权的激励股权情况,且中技公司已于2007年实际支付该次行权款项,故中技公司的法定代表人成某波于2010年3月19日在上述《激励股权行权确认书》上签署意见同意行权,应是针对林某东尚未行权部分的激励股权,中技公司主张140万元包括2007年已支付51.62万元缺乏依据,法院不予支持。中技公司没有依约足额支付140万元,应当依法承担违约责任。

原审被告成某波对原审法院判决其对上诉人中技公司对被上诉人林某东

的付款义务承担连带清偿责任并未提出上诉,且本案现有证据不能证明中技公司财产独立于公司唯一股东成某波自己的财产,故原审判决认定原审被告成某波对上诉人中技公司的债务承担连带清偿责任,法院予以确认。

第十六章

劳动关系解除和终止

第一节　双方无过错,劳动关系解除

◎问题聚焦

公司在对员工进行股权激励时,往往会考虑到与员工解除劳动关系后的激励股权以及员工相关待遇的处理问题。如果用人单位和员工对于劳动关系的解除均无过错,激励股权和员工相关待遇该如何处理呢?

◎裁判规则

除非违背了法律的强制性规定(劳动法上的强制性规定较多一些),否则,法院倾向于依照用人单位和劳动者之间的约定来处理双方的股权激励相关争议。如果双方的约定无法有效解决双方的争议,法院会考虑相关法律规定是否可以帮助解决纠纷,必要时法院也会通过酌定方式来维护用人单位和劳动者之间利益关系的平衡。

◎案例详解

经典案例 | 张某华、周某义退伙纠纷案

【基本信息】

上诉人(原审原告):张某华

被上诉人(原审被告):周某义

案由:退伙纠纷

案号:浙江省嘉兴市中级人民法院(2017)浙 04 民终 1322 号

【相关案情】

周某义于 2003 年 9 月进入振申公司,曾任总经理助理、副总经理职务,双方签订过无固定期限劳动合同。

2011 年 12 月 28 日,周某义与张某华等 36 位合伙人签订合伙协议,共同出资设立振业合伙企业。张某华于 2011 年 12 月 31 日、2015 年 5 月 15 日两次支付 166.40 万元、26,491.07 元,为周某义投入了出资款作为其股权激励。2011 年 12 月 31 日,振业合伙企业将 5824 万元投资款汇入振申公司。

2011 年 12 月 31 日,周某义出具《入股承诺书》,承诺承认并遵守振业合伙企业《合伙协议》《公司章程》相关规定,相关内容包括:若未经同意擅自离职的,将所持振业股权在离职后一个月内无条件全部按照零价格转让给张某华指定的受让人或由振业合伙企业回购。

2015 年 8 月 6 日,周某义因与振申公司法定代表人意见不合提交辞职报告。2015 年 10 月 26 日,振申公司批准同意周某义离职。2017 年,张某华提出诉讼请求,要求周某义将其持有的振业合伙企业的合伙份额以零价格转让给张某华。

【争议焦点】

周某义离职是否符合其承诺的“以零价格转让股权”的条件?

【一审】

诉讼请求

判令周某义将其持有的振业合伙企业的合伙份额以零价格转让给原告张某华。

裁判结果

驳回张某华的诉讼请求。

【二审】

上诉请求

撤销原判,依法改判支持其一审诉讼请求。

裁判结果

驳回上诉,维持原判。

【法院观点】

周某义原为振申公司员工,在设立振业合伙企业时被吸收为有限合伙人,并由普通合伙人张某华为其投入了出资款作为股权激励,工商登记对周某义的合伙人身份及出资额予以确认,故周某义的合伙人资格成立,其出资额视为已经到位。《入股承诺书》约定未经同意擅自离职的,激励股权无条件全部按照零价格转让给张某华指定的受让人或由振业合伙回购。本案中周某义在2015年10月26日办理完毕移交手续后,振申公司批准同意其离职。因此,"批准同意其离职"当然不属于周某义"未经同意擅自离职","以零价格转让股权"的条件并不具备,故张某华的诉讼请求不能成立。

【律师视角】

案例评析

本案的争议焦点在于周某义离职是否符合其承诺的"以零价格转让股权"的条件。据《入股承诺书》约定,"未经同意擅自离职",激励股权无条件全部按照零价格转让给张某华指定的受让人或由振业合伙回购。周某义在《员工离职移交审批表》之"被动离职"栏记述的离职经过为:"2015年8月4日经张总同意,8月6日提交辞职报告";振申公司财务部、人事部负责人以及负责交接的副总经理邵某华均在该表上签字,故应当认定周某义填写的内容得到了振申公司为其办理离职手续的相关负责人的确认,即振申公司批准同意了周某义离职,故不能认定周某义"未经同意擅自离职"。因此,张某华的诉讼请求不能成立。

实操建议

用人单位在股权激励设计时,要对退出的条件作出明确的、具体的、无争议的约定。同样重要的是,在股权激励相关事项的实施过程中,包括在劳动关系履行过程中,不要忘了股权激励协议和相关协议的认真履行,也不要忘了劳动合同的相关约定以及各项规章制度的规定认真履行。

还有,用人单位在诉讼前需要评估清楚,是否有必要打这样的一个官司。如果案情清晰明了,各种结果可以预知,是否采取行动就用不着含糊了。

对比案例 | 黄某星与通威太阳能(成都)有限公司劳动争议纠纷案

【基本信息】

原告:黄某星

被告:通威太阳能(成都)有限公司(以下简称通威公司)

案由:劳动争议纠纷

案号:四川省双流县人民法院(2013)双流民初字第1481号

【相关案情】

2011年6月8日，黄某星与通威公司签订了《劳动合同》及《补充协议》。《劳动合同》约定，如果客观情况发生重大变化，致使合同无法履行，经双方协商不能就变更合同达成一致，甲方可以提前30日以书面形式通知乙方解除劳动合同。《补充协议》规定，给予黄某星200万股作为股权激励，为从原单位离职的补偿。2011年6月15日，经与黄某星协商一致，通威公司作出《关于黄某星股权激励有关补充事宜的纪要》，将黄某星列为股权激励对象，给予黄某星200万元股权激励。该纪要还提出，如果考核期间公司辞退或不再续聘，将取消或部分取消现金奖励和股权激励。

2012年9月28日，通威公司作出《合同变更告知书》和《劳动合同变更协议书》告知黄某星，公司受到行业形势的影响，以致劳动合同订立时所依据的客观情况发生重大变化，迫使合同无法继续履行，并对黄某星的工作岗位和工作地点作出调整。黄某星未接受调整。2012年10月19日，通威公司取消对黄某星的现金奖励和股权激励。2012年10月24日，黄某星离职。

【争议焦点】

1. 通威公司与黄某星解除劳动合同的行为是否违约并违法？

2. 黄某星与通威公司解除劳动合同后，是否还能享有股权激励资格？

【法院观点】

1. 关于原告黄某星提出确认被告通威公司与其解除劳动合同系违法解除的主张，法院认为原、被告于签订的《劳动合同》第六条第三款已经对合同解除的条件进行了明确约定，该条款亦属于约定解除条款。根据原、被告提交的证据及客观事实，可以判断出当时我国光伏行业面临非常严峻的困难形势。被告作为建设过程中的光伏企业也受到了很大影响，继续投产建设将处于亏损状态；为避免经营风险，对相关人员进行岗位调整，属于客观情况发生重大变化的情形。因此，原告提出要求确认被告解除与原告劳动合同的行为违约并违法、被告向原告支付违法解除劳动合同的赔偿金、违约金的诉讼请求，法院不予支持。

2. 关于原告提出被告向原告支付200万元离职损失补偿和确认原告享有被告公司200万元股权期权的主张，法院认为根据《劳动合同补充协议》第九条、《关于黄某星股权激励有关补充事宜的纪要》等可以看出，原告从原单位离职的损失补偿200万元的实现方式最终已变更为通过200万股权激励（股价按1元/

股计算)方式予以实现。原、被告之间的劳动合同已经解除,原告已丧失享有股权激励的资格。

【律师视角】

案例评析

法院的观点是,通威公司因客观情况发生重大变化与黄某星解除劳动合同,符合双方签订的《劳动合同》约定的解约条款规定,原告与被告对劳动关系的解除均不存在过错。这是劳动法实务中的争议较大的问题,此处不多评述。但是,按照相关法律规定,被告通威公司应当给予黄某星一定经济补偿。

对于黄某星是否继续享有股权激励资格的问题,因《劳动合同》已经解除,根据经双方协商一致、通威公司作出的《关于黄某星股权激励有关补充事宜的纪要》,黄某星已不属于享有该股权激励的人员范围,已丧失享有股权激励的资格。

第二节　不在职,无分红(虚拟股权)

◎问题聚焦

员工入职时与用人单位就股权激励分红或者虚拟股权等股权激励收益进行了约定:员工因为任何原因提前离职,或因严重过失被解聘,将不再享受分红或者虚拟股权等股权激励收益。若员工真的提前离职了,或因严重过失被解聘,还可以要求继续享受分红或者虚拟股权等股权激励收益吗?

◎裁判规则

如果用人单位与员工双方约定,员工提前离职或者因为严重过失被单位解聘,或者因为任何其他原因造成劳动关系终止,员工无权再获得股权激励分红或虚拟股权等股权激励收益,法院倾向于支持相关约定。但是,用人单位恶意终止劳动关系的,法院倾向于依法保护员工的合法权益。

◎案例详解

经典案例 | 张某富与北京潘多拉科技有限公司与公司有关的纠纷案

【基本信息】

原告:张某富

被告:北京潘多拉科技有限公司(以下简称潘多拉公司)

案由:与公司有关的纠纷

案号:北京市朝阳区人民法院(2018)京0105民初45840号

【相关案情】

2015年6月17日,张某富与潘多拉公司签订《潘多拉公司干股合同》,约定公司以虚拟股的方式对张某富进行奖励和激励。张某富以4万元购买潘多拉公司10份股份;另外潘多拉公司授予张某富2份干股作为激励,合计12份股份。协议另约定,如果张某富在合同期内无故终止合同,潘多拉公司只退还4万元整购股费用;如果张某富提前终止劳动合同,未提取的可得分红归属潘多拉公司,无权再提取。而后张某富向潘多拉公司支付了4万元购买股份,但未被登记为公司股东。

2018年2月8日,潘多拉公司支付张某富2017年年终利润的12%分红款6.6万元,张某富出具了《年终股东利润分红收款证明》。此分红款已经按照双方股东协议上的约定执行。2018年2月26日,张某富因个人原因向潘多拉公司递交辞职信,双方确认2018年3月23日劳动关系终止。后张某富要求潘多拉公司支付12.6万元分红款。

【争议焦点】

潘多拉公司是否需要向张某富支付12.6万元分红款。

【一审】

诉讼请求

判令潘多拉公司支付张某富2017年度未支付的分红款12.6万元。

裁判结果

驳回张某富的诉讼请求。

【法院观点】

根据《潘多拉公司干股合同》的约定,"在确定乙方可得分红的七个工作日内,甲方将乙方可得分红的80%支付给乙方"。潘多拉公司提供的张某富签订的《年终利润分红收款证明》中确认"此分红款已经按照双方股东协议上的约定执行"。据此,《年终利润分红收款证明》确认的6.6万元分红款应为张某富可得分红款的80%。《潘多拉公司干股合同》同时约定,"乙方可得分红的其他部分暂存甲方账户并按同期银行利息计……乙方提前终止与甲方签订的劳动合同或者乙方违反甲方的规章制度造成甲方巨大损失的而被甲方解职的,乙方未提取的可得分红归属甲方,乙方无权再提取"。由于张某富提出辞职,故根据该约定,剩余20%的分红款归属潘多拉公司,张某富无权主张。

【律师视角】

案例评析

如果用人单位和员工约定,提前终止劳动关系,或者因员工违反用人单位的规章制度造成用人单位巨大损失等原因而被解职,员工无法继续获得离职后的股权激励收益,这样的约定通常是会得到法院支持的。

实操建议

用人单位对劳动者进行股权激励,退出机制是核心机制之一。退出机制至少应当考虑两个方面:一方面,退出机制是否会促使员工获得股权激励的真实效果;另一方面,退出机制是否会引发纠纷。不在职,不再继续分红(获得奖金)等是很容易进行约定的,但是约定清晰在任何时候都是必要的。

对比案例　郑某萍与施耐德电气(中国)有限公司上海分公司劳动合同纠纷案

【基本信息】

原告:郑某萍

被告:施耐德电气(中国)有限公司上海分公司(以下简称施耐德电气上海公司)

案由:劳动合同纠纷

案号:上海市普陀区人民法院(2015)普民一(民)初字第5455号

【相关案情】

郑某萍于2004年8月16日进入施耐德电气上海公司工作。2009年,施耐德电气上海公司实施员工股权激励计划,郑某萍出资人民币14,500元购买股份。同年10月31日,公司出具了员工股权激励计划《登记确认函》。《激励计划》还规定了,如果员工提前退出,在2014年6月30日之前与任意施耐德电气集团中国参股公司终止雇佣关系的员工,将自动丧失获得任何分享成功红利的权利。

2012年1月5日,双方劳动关系解除,郑某萍进入施耐德电气法国公司工作。2014年9月25日,施耐德电气上海公司向其员工发出《施耐德电气分享成功2009年员工激励计划发放通知》,其中载明了本金的返还、奖金的计算方式及发放方式。2015年5月,施耐德电气上海公司返还了郑某萍延期薪金及固定红利16,675元。

【争议焦点】

郑某萍能否要求施耐德电气上海公司给予其分享成功红利?

【法院观点】

本案中,郑某萍于2004年8月16日入职被告公司,2009年10月自愿参加了被告单位的《施耐德电气分享成功2009年员工激励计划》。该计划已明确了参与者可以享受的固定红利或分享成功红利条件,同时还注明了参与者"提前退出"情形下延期薪金及红利的处理方式,即参与员工于2014年6月30日前因任何原因终止与施耐德电气集团在华分支机构的雇佣关系,不得获派分享成功红利及其项下的任何权利,只能按月获得延期薪金和一定比例的固定红利。施耐德电气上海公司与郑某萍在2012年1月5日解除了劳动关系,虽施耐德电气上海公司直至2015年5月才向郑某萍返还延期薪金,但也已给予郑某萍相应补偿,即按照15%的比例全额支付了郑某萍固定红利。因此,根据《施耐德电气分享成功2009年员工激励计划》的约定,郑某萍再要求施耐德电气上海公司给予其分享成功红利,缺乏法律依据,法院不再支持。

【律师视角】

案例评析

本案中,施耐德电气上海公司将员工的股权激励收益分成固定红利或分享成功红利。因任何原因终止与施耐德集团在华分支机构雇佣关系的,不得获派分享成功红利及其项下的任何权利。上述约定没有违背法律的强制性规定,法院自然会支持。

对比案例　周某辉、滨州市沾化区汇宏新材料有限公司劳动争议纠纷案

【基本信息】

原告:周某辉

被告:滨州市沾化区汇宏新材料有限公司

案由:劳动争议纠纷

案号:山东省滨州市中级人民法院(2018)鲁16民终2110号

【相关案情】

2011年6月18日,周某辉与山东魏桥铝电有限公司订立劳动合同,成为该公司员工,劳动合同期限至2016年6月17日止。2016年5月,周某辉因工作需要被安排到被告公司工作。2018年4月3日,周某辉以公司未依法缴纳社会保险费为由提出解除劳动关系、支付经济补偿金、支付社员分红的仲裁申请,沾化区劳动人事争议仲裁委员会于2018年4月12日对仲裁申请作出不予受理的决定。

原告周某辉向法院提交了两张山东魏桥创业集团有限公司社员股金凭证,金额4638元,要求被告公司予以兑付。该凭证上记载"本票兑付前,持有人不论以任何原因离开公司同时作废"。2018年4月4日,周某辉不辞而别离职。同日,被告公司发出限期回公司通知,周某辉未归。4月8日,被告公司发出解除劳动合同通知书。

【争议焦点】

周某辉能否要求滨州市沾化区汇宏新材料有限公司支付社员股金分红4638元?

【法院观点】

通过向职工发放股金凭证而实行虚拟股权激励模式的,劳动者并不是公司法意义上的股东,不拥有股权,其仅获得一种类似股权收益。劳动关系的存在一般是实施此类股权激励的前提,被激励者离开公司后将自动丧失获得此类收益的权利。处理该类争议应当依双方的约定作出判断。该案股金凭证记载"本票兑付前,持有人不论以任何原因离开公司同时作废"。原告周某辉于2018年4月4日不辞而别离职,被告公司于4月8日解除了与周某辉的劳动关系。按照股金凭证的约定,周某辉已失去了兑付股金的权利。因此,对周某辉的兑付

社员股金分红的主张,法院无法支持。

【律师视角】

案例评析

涉案股金凭证不是公司法意义上的股权,是用人单位实行的一种名称特殊的激励模式,其实质就是一种虚拟股权。法院通常会依据双方的约定对虚拟股权的得失进行判断。

第三节 人走,转股有对价

◎问题聚焦

公司规定或者股权激励协议要求员工在劳动关系终止时"人走股留",这是常见的股权激励退出方式。与此同时产生的问题是,员工"人"走应当留"股",对于留下的"股",用人单位是否应当支付对价呢?

◎裁判规则

"人走股留"的规定或约定一般是有效的。员工主张人"走"转股有对价,公司主张人"走"股"留"无对价,法院倾向于依据相关约定或者规定来确定。在没有明确约定时,法院会综合考察双方的真实意思并依法确定转股是否应当有对价;如果员工获得股权时已经支付了对价,法院倾向于支持转股有对价。

◎案例详解

经典案例 | 宋某军诉西安市大华餐饮有限公司股东资格确认纠纷案

【基本信息】

再审申请人(一审原告、二审上诉人):宋某军

再审被申请人(一审被告、二审被上诉人):西安市大华餐饮有限责任公司(以下简称大华公司)

案由:股东资格确认纠纷

案号:陕西省高级人民法院(2014)陕民二申字第00215号

【相关案情】

大华公司成立于1990年4月5日。2004年5月,大华公司由国有企业改制为有限责任公司,宋某军系大华公司员工,出资2万元成为大华公司的自然人股东。大华公司章程第三章"注册资本和股份"第十四条规定"公司股权不向公司以外的任何团体和个人出售、转让。公司改制一年后,经董事会批准后可在公司内部赠与、转让和继承。持股人死亡或退休经董事会批准后方可继承、转让或由企业收购,持股人若辞职、调离或被辞退、解除劳动合同的,人走股留,所持股份由企业收购……"第十三章"股东认为需要规定的其他事项"第六十六条规定"本章程由全体股东共同认可,自公司设立之日起生效"。该公司章程经大华公司全体股东签名通过。2006年6月3日,宋某军向公司提出解除劳动合同,并申请退出其所持有的公司的2万元股份。2006年8月28日,经大华公司法定代表人赵某锁同意,宋某军领到退出股金款2万元整。2007年1月8日,大华公司召开2006年度股东大会,大会应到股东107人,实到股东104人,代表股权占公司股份总数的93%,会议审议通过了宋某军、王某青、杭某国三位股东退股的申请并决议"其股金暂由公司收购保管,不得参与红利分配"。后宋某军以大华公司的回购行为违反法律规定,未履行法定程序且公司法规定股东不得抽逃出资等,请求依法确认其具有大华公司的股东资格。

【争议焦点】

1. 大华公司的公司章程中关于"人走股留"的规定,是否违反了《公司法》的禁止性规定?该章程是否有效?

2. 大华公司回购宋某军股权是否违反《公司法》的相关规定?大华公司是否构成抽逃出资?

【一审】

诉讼请求

宋某军请求确认其具有被告大华公司股东资格。

裁判结果

驳回原告宋某军要求确认其具有被告大华公司股东资格之诉讼请求。

【二审】

上诉请求

宋某军请求二审法院撤销原判、发回重审。

裁判结果

驳回上诉,维持原判。

【再审】

再审请求

宋某军请求撤销一、二审判决,发回重审。

裁判结果

驳回宋某军的再审申请。

【法院观点】

关于大华公司的公司章程中关于“人走股留”的规定。首先,这是大华公司章程的规定,宋某军在公司章程上签名的行为,应视为其对前述规定的认可和同意,该章程对大华公司及宋某军均产生约束力;其次,基于有限责任公司封闭性和人合性的特点,由公司章程对公司股东转让股权作出某些限制性规定,系公司自治的体现;最后,大华公司章程第十四条关于股权转让的规定,属于对股东转让股权的限制性规定而非禁止性规定,宋某军依法转让股权的权利没有被公司章程禁止,故大华公司章程不存在侵害宋某军股权转让权利的情形。

关于大华公司回购宋某军股权是否违反《公司法》的相关规定。本案属于大华公司是否有权基于公司章程的约定及与宋某军的合意而回购宋某军股权,对应的是大华公司是否具有回购宋某军股权的权利,二者性质不同,《公司法》第七十四条不能适用于本案。宋某军提出解除劳动合同申请并于同日手书《退股申请》,提出“本人要求全额退股,年终盈利与亏损与我无关”,大华公司召开股东大会审议通过了宋某军等三位股东的退股申请,大华公司基于宋某军的退股申请,依照公司章程的规定回购宋某军的股权,程序并无不当。

【律师视角】

案例评析

公司与激励对象之间对回购股权进行约定,没有违反法律的强制性规定,合法有效,公司和激励对象都应该依照双方的约定履行各自的义务。激励对象反悔,认为回购违反法律强制性规定,涉及抽逃出资等问题,均没有法律依据,故得不到法院的支持。

实操建议

对员工进行股权激励是一个较为复杂的问题,不仅涉及给出股权,更涉及离职后激励股权的处理。回购股权,需要考量的包括回购的方式(一般回购还是强制回购)和回购的价格(平价回购,还是折价、溢价回购)等。所以我们建议,有限责任公司在成立之初,就聘请专业的法律人士来帮公司量身定制“规则”,或找专业法律顾问,对股权回购条款的设计及执行细则进行全方面把关。

类似案例　泸西县人民医院有限责任公司、俞某贤与公司有关纠纷案

【基本信息】

上诉人(原审被告):泸西县人民医院有限责任公司(以下简称泸西县人民医院)

被上诉人(原审原告):俞某贤

案由:与公司有关的纠纷

案号:云南省红河哈尼族彝族自治州中级人民法院(2019)云25民终1244号

【相关案情】

2008年11月,俞某贤到泸西县人民医院工作,成为公司职工。2016年,被告泸西县人民医院根据医院发展需要,从被告泸西县人民医院原始股本金中提起部分股份设置预留股,用作新增股东认购、特殊员工股权激励及医院回购本公司股份等。2016年11月18日、12月13日俞某贤分两次向泸西县人民医院缴纳股金134,800元,成为泸西县人民医院新增股东。2017年9月20日,俞某贤因个人原因向泸西县人民医院提交辞职申请书,与泸西县人民医院解除劳动合同。2017年9月28日,泸西县人民医院依据2017年9月26日董事会决定扣回已发放给俞某贤的2017年第三季度的股息3235元,并出具收据给俞某贤。根据《泸西县人民医院有限责任公司章程》及《泸西县人民医院有限责任公司股权设置及入股、退股方案》等相关规定,职工与医院解除劳动合同的,医院一次性收回职工全部股权,退回职工全部股本金。俞某贤在与泸西县人民医院解除劳动关系后,多次向泸西县人民医院反映、协商,要求泸西县人民医院收回其名下股权,退回其股本金,但截至起诉时,泸西县人民医院尚未收回俞某贤的股权,退回股本金。

【争议焦点】

泸西县人民医院是否应当收回俞某贤的股权,退回其股本金?

【一审法院观点】

本案中,俞某贤享有职工持有的职工股,股东有权按照实缴出资比例分取

红利。根据被告泸西县人民医院的相关规定，职工与医院解除劳动合同的，医院应一次性收回职工全部股权，退回职工全部股本金。

【二审法院观点】

上诉人认可被上诉人提交两张收据所收款项是股金，在被上诉人不愿意在上诉人单位继续工作、申请辞职而解除劳动合同的前提下，上诉人无理由再持有被上诉人所交股金，应当退还被上诉人所交股金134,800元。原判对被上诉人该项诉讼请求的判处正确，法院予以支持。

被上诉人未提交计算上诉人2018年7月1日起至上诉人退还股金时止，计算上诉人分红的具体计算方法，上诉人也不认可其存在固定长期的分红方案，原判对该项的判处欠妥，二审予以纠正。

【律师视角】

案例评析

本案为典型有限公司股权回购案例。有限责任公司股权回购情形规定在《公司法》第七十四条："有下列情形之一的，对股东会该项决议投反对票的股东可以请求公司按照合理的价格收购其股权：(一)公司连续五年不向股东分配利润，而公司该五年连续盈利，并且符合本法规定的分配利润条件的；(二)公司合并、分立、转让主要财产的；(三)公司章程规定的营业期限届满或者章程规定的其他解散事由出现，股东会会议通过决议修改章程使公司存续的。"《最高人民法院关于适用〈中华人民共和国公司法〉若干问题的规定(五)》第五条对有限责任公司股权回购留有较大空间：人民法院审理涉及有限责任公司股东重大分歧案件时，应当注重调解。当事人协商一致以下列方式解决分歧，且不违反法律、行政法规的强制性规定的，人民法院应予支持：(1)公司回购部分股东股份；(2)其他股东受让部分股东股份；(3)他人受让部分股东股份……

因此，有限公司股权回购的法律障碍不大。

类似案例 | 北京合锐赛尔电力科技股份有限公司与姜某鸿股权转让纠纷案

【基本信息】

原告：北京合锐赛尔电力科技股份有限公司

被告：姜某鸿

第三人:刘某刚

案由:股权转让纠纷

案号:山东省淄博市张店区人民法院(2017)鲁0303民初979号

【相关案情】

2013年10月1日,北京合锐赛尔电力科技有限公司与姜某鸿签订《劳动合同书》,约定的工作期限为自2013年10月1日至2016年9月30日。2013年10月22日,姜某鸿向北京合锐赛尔电力科技有限公司、刘某刚董事长出具《员工认购股份及限售承诺书》,载明:"我自愿向北京合锐赛尔电力科技有限公司刘某刚董事长以每股1元的价格受让100万股股份。我在此永久不可撤销地承诺:自北京合锐赛尔电力科技有限公司本次股权转让事项完成工商登记变更登记之日起的三年内,自愿接受对自己持有的本次受让全部股份的50%进行限售锁定。自北京合锐赛尔电力科技有限公司本次股权转让事项完成工商变更登记之日起三年内,如果我出现下列情况之一,我自愿无条件地以仍持有股份对应的出资额外加年息10%(单利)的价格,将自己所持全部股份在股份允许交易后第一个交易日转让给北京合锐赛尔电力科技有限公司董事长刘某刚:1.本人提前解除劳动合同的(包括主动提出与北京合锐赛尔电力科技有限公司协商解除及不同意续签的)……"2013年10月23日,第三人刘某刚与姜某鸿签订《出资转让协议书》,刘某刚将对北京合锐赛尔电力科技有限公司的100万元人民币出资转让给姜某鸿。姜某鸿支付相应对价后,北京合锐赛尔电力科技有限公司于2013年12月16日在公司登记机关办理了投资人变更登记,并于2014年4月变更企业名称为北京合锐赛尔电力科技股份有限公司。姜某鸿作为发起人,此时持有原告公司100万股股份,后于2015年出售其中10万股股份,尚余90万股股份。2016年6月28日,姜某鸿向公司和第三人刘某刚递交《解除劳动合同通知书》。现公司以姜某鸿的行为已经违反其在股权转让时所作承诺为由,诉至法院。

【争议焦点】

姜某鸿出具的《员工认购股份及限售承诺书》是否有效?

【法院观点】

姜某鸿以出具承诺书的方式获得了从第三人刘某刚手中受让股份并从中获利的机会,同时应承担三年内不提前解除劳动合同、不主动提出与北京合锐赛尔电力科技有限公司协商解除劳动合同、同意续签劳动合同等义务,原告亦接受该承诺,这符合民事合同公平、等价的原则,并非人身绑架条款。姜某鸿出具的《员工认购股份及限售承诺书》的内容并没有违反法律、行政法规的强制性规定,该承诺书对姜某鸿有约束力。由于被告系在2016年6月28日向原告提出解除劳动合同,该日期距原、被告约定的劳动期限届满尚有三个月,属在完成工商变更登记之日起三年内提前解除劳动合同,因此,被告姜某鸿应按《员工认购股份及限售承诺书》中的承诺,以仍持有股份对应的出资额外加年息10%(单利)的价格将所持全部股份在股份允许交易后第一个交易日转让给第三人刘某刚。

【律师视角】

案例评析

本案中,员工以用人单位存在社保费用缴纳问题提出离职,不应当成为影响案件结果的事由。员工出具的承诺书本质上构成民法上的承诺,并不受到劳动法强制性规定的影响。即便是用人单位确实存在过错,笔者也认为只能影响劳动法基础上员工的权益;鉴于本案中的股权激励权益已经不属于劳动法约束的范畴,故用人单位的过错对于案涉股权激励协议和相关承诺没有影响。另外,鉴于各方对于股权转让的价格也有明确的承诺和约定,符合"人走股留"有对价的情形,法院依法应当支持。

第四节　人走,扣股无对价

◎问题聚焦

在股权激励的实践中,用人单位为了激励劳动者,既会约定和采取正向激励方式——和激励对象约定并兑现激励股权(股份);也可能同时会约定和采取负向激励方式——激励对象发生提前离职等违约情形时交还股权且没有对价(无偿)。当劳动者为用人单位工作的时间没有满足约定年限时,法院对于劳动者所获得的股权和曾经支付的入股金的去留会如何裁判?

◎裁判规则

如果用人单位与劳动者约定,劳动者为用人单位工作未满约定的一定年限便离职,离职时劳动者所获得的股权(股份)应被无偿收回,那么当劳动者未满足该年限要求离职时,用人单位和劳动者的约定倾向于被得到支持,除非劳动者获得的股权是用劳动报酬或者自己腰包里的钱换来的。依据劳动法,劳动者的劳动报酬和劳动者自己的出资一般不得扣除。

◎案例详解

经典案例 | 吴某与北汽福田汽车股份有限公司委托合同纠纷案

【基本信息】

原告:吴某

被告:北汽福田汽车股份有限公司(以下简称福田公司)

案由:委托合同纠纷

案号:北京市昌平区人民法院(2014)昌民初字第1209号

【相关案情】

2010年6月1日,福田公司出台了《福田公司股权激励管理办法(试行)》。该办法主要内容包括:"1.为有效激励福田公司经营管理团队和业务骨干团队,留住、用好关键人才,激励员工实现更好的业绩,对中长期激励基金、高管超额任务奖励根据激励与约束相结合的原则,采用现金发放和股权激励相结合的方式实施……8.锁定期内,受益员工离职,提前解除劳动关系的,其股权取消,该类股权由福田公司根据实际情况重新分配。"

吴某于2007年到福田公司下属的欧辉客车分公司工作,与福田公司之间形成劳动关系。2010年6月1日,福田公司工会出具说明,内容为:吴某将29,506.78元委托给福田公司工会代为投资管理。同日,吴某签署《确认承诺函》,内容为:本人同意将2009年度股权激励资金由本人所在公司代扣个人所得税后29,506.78元直接转移至福田公司工会指定账户进行投资;本人同意委托福田公司工会代为进行投资管理(包括代持股份等);本人同意接受《福田汽车公司股权激励管理办法(试行)》之规定,并遵守执行。

2011年3月15日,吴某因个人原因向福田公司提出辞职。2011年3月25日,吴某与福田公司解除劳动合同关系。

【争议焦点】

吴某的股权激励资金是否可以被公司扣留?

【一审】

诉讼请求

判令福田公司向吴某返还29,506.78元。

裁判结果

驳回原告吴某的诉讼请求。

【法院观点】

吴某在《确认承诺函》上签字,该行为应视为吴某已经知悉《确认承诺函》中的内容。《确认承诺函》中明确载明,其本人同意接受《福田公司股权激励管理办法(试行)》之规定,并遵守执行,因此《福田公司股权激励管理办法(试行)》的相关内容应对吴某和福田公司产生约束力,双方当事人均应当按照该办法享有权利并履行义务。《福田公司股权激励管理办法》第八条规定,锁定期内,受益员工离职,提前解除劳动关系的,其股权取消。本案中,吴某与福田公司解除劳动合同关系时尚在锁定期内,因此吴某的股权应当取消。基于以上分析,吴某请求判令福田公司返还股权激励资金的诉讼请求,缺乏依据,法院不予支持。

【律师视角】

案例评析

本案的争议焦点在于吴某的股权激励资金是否应当返还吴某。吴某和福田公司约定,锁定期内,受益员工离职,提前解除劳动关系的,其股权取消;而吴军确实在锁定期内离职,基于约定其获得的股权激励奖励,也就是29,506.78元,应当被取消,法院判决于法有据。如果这部分金额是吴某的劳动报酬,或者吴某从自己兜里掏出来的钱,而不是股权激励金额,法院可能会得出不一样的结论。

实操建议

用人单位在给员工做股权激励的时候,“人走股留不退款”是可以做到的,但是要格外注意两个问题:第一个问题,协议约定清晰明确,不能存在歧义;第二个问题,资金的性质要清楚,而且不能是劳动法意义上的工资,更不能是劳动者从自己腰包里掏出来的钱。符合上面两个要求,则法院倾向于支持“人走股留不退款”。

类似案例 | 王某等与崔某等股权转让纠纷案

【基本信息】

上诉人(原审被告):王某

被上诉人(原审原告):崔某

被上诉人(原审第三人):北京智芯原动科技有限公司(以下简称智芯原动公司)

原审第三人:上海柿林投资中心、施某林、王某1、王某2、王某3、李某、班某忠

案由:股权转让纠纷

案号:北京市第一中级人民法院(2018)京01民终3823号

【相关案情】

2014年1月,崔某(甲方)、智芯原动公司(乙方)、柿林投资中心(丙方、丙1)、施某林(丙方、丙2)、王某1(丁方、丁1)、王某3(丁方、丁2)、李某(丁方、丁3)、班某忠(丁方、丁4)、王某(丁方、丁5)、王某2(丁方、丁6)签订《智芯原动公司增资协议》,约定:鉴于乙方是中国境内合法注册的公司,甲方是乙方的原股东,丁方是乙方的高管或核心员工,丙方、丁方是乙方本次增资后的新增股东。增资后的股权结构为:甲方出资额348万元,股份占比58%;王某出资额12万元,股份占比2%。所有丁方承诺在乙方工作年限不低于五年(2014年1月开始计算工作年限),在此五年中如丁方主动离职则同意以1元价格向甲方转让其持有的全部乙方股份。

王某的离职时间是2015年9月,王某领取了8月的工资后,9月就没有到深圳前海公司上班,王某没有办理正式的离职手续。

【争议焦点】

王某从深圳前海公司离职后,是否应当按照《智芯原动公司增资协议》的约定,向崔某转让其持有的智芯原动公司的所有股权?

【法院观点】

王某认为,《智芯原动公司增资协议》的乙方为智芯原动公司,其是从深圳前海公司离职,故协议中约定的“从乙方离职”的条件未成就。

法院认为,《智芯原动公司增资协议》中的约定是“丁方承诺在乙方工作年限不低于五年(2014年1月开始计算工作年限),在此五年中如丁方主动离职则同意以1元价格向甲方转让其持有的全部乙方股份”,从该条约定不难看出,作为对公司员工的股权激励机制,智芯原动公司要求获得股权的员工必须从2014年1月开始在公司工作满五年,方能最终获得案涉股权。王某作为丁方,即智芯原动公司的高管或核心员工,受到上述协议约束。基于上述理由,也基于智芯原动公司系深圳前海公司的唯一股东,则王某在深圳前海公司的工作实际亦属

于履行《智芯原动公司增资协议》的义务;且如果王某从未成为智芯原动公司的员工,那王某最初获得案涉股权的前提条件都无法成就,因此王某的上诉理由不能成立。综上所述,王某未按照约定为智芯原动公司提供必要年限的工作服务,应当按照《智芯原动公司增资协议》的明确约定,向崔某转让其持有的智芯原动公司的全部股权。

【律师视角】

案例评析

本案中,法院认定智芯原动公司与深圳前海公司为关联公司,也鉴于其他相关的原因,王某在深圳前海公司工作等于为智芯原动公司工作,因此从深圳前海公司离职等于从智芯原动公司离职,因此王某从深圳前海公司离职后,应当按照《智芯原动公司增资协议》的约定,以 1 元对价向崔某转让其持有的智芯原动公司的所有股权。

这个案子也提醒用人单位,如果要避免发生上述纠纷,将激励者、激励主体交代清楚是绝对必要的。

第五节　离职不行权

◎问题聚焦

员工离职常常成为激励者进行股权激励的一个“后顾之忧”,对于采取实股或者期股、期权、限制性股票等对激励对象进行股权激励的激励者而言更是如此。激励者进行股权激励的常见目的之一必然是留住优秀员工,但是很多激励者并不希望员工带着股权离开。员工离职后能否就激励股权行权属于常见争议。实践中法院对此怎么裁判呢?

◎裁判规则

离职员工不当然地被剥夺获得股权激励和相应收益的权利,只要双方关于股权激励的约定合法有效,且离职员工满足激励者设定的股权激励实现条件。除非激励者明确规定或者约定员工一旦离职单位就取消股权激励,否则激励者不得拒绝向员工履行规定或者议约定的义务。

如果员工和激励者在股权激励协议或离职协议中明确约定了离职不行权,

或者法院能够对相关协议作出上述解释,法院也倾向于支持用人单位或者激励者。有时这种约定并不是直接的,但是只要最终能够明确表达出激励者的离职不行权的意思,法院倾向于认可这种意思表示。

◎案例详解

经典案例 | 郝某凯与慧聪网有限公司合同纠纷案

【基本信息】

再审申请人(一审原告、二审上诉人):郝某凯

再审被申请人(一审被告、二审被上诉人):慧聪网有限公司(HCInternational, Inc.)(以下简称慧聪网公司)

案由:合同纠纷

案号:北京市高级人民法院(2017)京民申1345号

【相关案情】

2003年12月17日,慧聪网公司在香港创业板上市。在上市申请资料中,慧聪网公司公开披露了首次公开招股前购股权计划和购股权计划的购股权数量等内容。

《招股章程》特别是购股权计划中写明:合资格人士指集团任何董事或雇员,以及董事会全权酌情决定已对或将对集团作出贡献之任何其他人士……终止受聘时之权利:倘尚未行使购股权之持有人因任何原因而不再为合资格人士,则购股权将于终止受聘日期失效及不可行使,惟董事会可另行决定购股权可按董事会厘定之额度于有关期间内(不得超过九十日)行使之情况……

2004年2月,慧聪网公司向郝某凯出具《购股权计划通知函》(以下简称《通知函》),内容主要为慧聪网公司同意向郝某凯发出认购股份的要约,但郝某凯负责的部门必须满足业绩目标,才能全数获得购股权股权要约的股份数目。在该通知函中,慧聪网公司明确表示"本计划包含某些可允许购股权提前行使或可导致购股权失效的情况……且将受公司现时有效的公司章程大纲及章程细则的所有规定及现时或本函日期后规限公司的所有法律和法规(包括但不限于创业板上市规则)的规限"。郝某凯在函件尾部签字确认。

2002年4月至2006年6月,郝某凯就职于慧聪网公司旗下附属公司。

2014年1月15日,郝某凯通过邮寄方式向慧聪网公司发送申请行权的通

知书,要求就购股权进行行权,慧聪网公司未办理郝某凯的购股权行权事宜。

【争议焦点】

郝某凯离职后是否丧失了股权激励的行权资格?

【一审】

诉讼请求

慧聪网公司支付郝某凯行权损失人民币163,485元和利息。

裁判结果

驳回郝某凯的诉讼请求。

【二审】

上诉请求

改判支持郝某凯的一审诉讼请求。

裁判结果

驳回上诉,维持原判。

【法院观点】

法院认为,《通知函》是郝某凯向慧聪网公司行权的合同依据,郝某凯行权亦应受《通知函》相关条款的限制,《通知函》载明:“本计划包含某些允许购股权提前行使或可导致购股权失效的情况”“将受公司现时有效的公司章程大纲及章程细则的所有规定及现时或本函日期后规限公司的所有法律和法规(包括但不限于创业板上市规则)的规限”。在慧聪网公司《招股章程》及购股权计划中,对于终止受聘日期前未行使购股权的权利立即终止、购股权失效等内容均进行了明确规定,一审法院据此认定因郝某凯在行权之前离职,构成购股权失效情形,并判决驳回郝某凯诉讼请求,有事实及合同依据。

【再审】

再审请求

改判支持郝某凯的一审诉讼请求。

裁判结果

驳回郝某凯的再审申请。

【律师视角】

案例评析

本案的问题在于因激励对象的离职,激励者能否拒绝履行与员工所签订股权激励协议中规定的义务。本案中双方是以《通知函》的形式正式确立双方的股权激励权利义务,而《通知函》本身没有标明员工离职即丧失行权的资格。但《通知函》中载明的"本计划包含某些允许购股权提前行使或可导致购股权失效的情况"及"将受公司现时有效的公司章程大纲及章程细则的所有规定及现时或本函日期后规限公司的所有法律和法规(包括但不限于创业板上市规则)的规限",说明包括慧聪网公司《招股章程》在内的公司规定均对该《通知函》适用。《招股章程》中恰好规定,终止受聘日期前未行使购股权的权利立即终止。既然郝某凯签字认可《通知函》的内容,也认可《通知函》及公司相应规定对其行权的限制。在这种情况下,郝某凯一旦离职则自动丧失了主张股权激励的权利。

实操建议

法律没有强制激励者在何种情况下可以给予或拒绝授予激励对象股权激励收益,这需要激励者和激励者的约定来明确。激励者和激励对象应当考虑到股权激励和离职的关系,一定要明确激励对象离职是否成为股权激励授予的消极条件。另外,在直接明确还是间接明确的问题上,笔者倾向于支持直接、明确地作出指引,这可避免因双方发生歧义引发诉讼和损失。

类似案例 | 王某鸣、成都芯源系统有限公司劳动争议纠纷案

【基本信息】

再审申请人(一审原告、二审上诉人):王某鸣

被申请人(一审被告、二审被上诉人):成都芯源系统有限公司(以下简称芯源公司)

案由:劳动争议纠纷

案号:四川省高级人民法院(2018)川民再409号

【相关案情】

2007年7月2日,王某鸣与芯源公司签订了固定期限为五年的劳动合同。合同约定,王某鸣的月工资为5000元,芯源公司从正式聘用雇员之日起,分配期权2000股,芯源公司实际给付MPS公司股票2446股。2013年5月9日,双方再次续签了劳动合同,该份劳动合同中约定王某鸣的月工资为14,905元,但未再约定向其分配期权股票事宜。2016年3月28日,王某鸣从芯源公司离职,双方进行了离职结算并形成了《员工离职结算单》。该离职结算单上载明已授予了股票,王某鸣在该离职结算单上签名确认。

双方还于当日签订了《协商一致解除劳动合同协议书》,该协议载明:双方一致确认,双方均按法律规定履行了劳动合同有关的全部义务,包括但不限于岗位、劳动报酬、社会保险、住房公积金等全部义务,双方之间不存在任何劳动争议及纠纷,本协议签订后,除本协议约定外,双方均不再向对方主张任何权利。2016 年 8 月 15 日,王某鸣向成都市劳动人事争议仲裁委员会申请仲裁,后向法院提起诉讼,主张芯源公司还应当支付 MPS 公司股票 653 股(对应的价款是 324,884.69 元)。

【争议焦点】

芯源公司是否应当支付王某鸣 MPS 公司股票 653 股的对价 324,884.69 元?

【法院观点】

企业对其职工给予股票(期权)激励,是双方履行劳动合同的一种新形式。王某鸣与芯源公司原来签订的劳动合同,明确将期权奖励作为合同内容。后来续签的劳动合同虽未载明期权奖励条款,但王某鸣仍然被授予 MPS 公司限制性股票。该限制性股票虽然由 MPS 公司根据其股权激励计划授予,但显然是基于王某鸣与芯源公司之间的劳动关系,该限制性股票的解锁或者取消也主要取决于王某鸣与芯源公司之间劳动合同的履行情况。

王某鸣与芯源公司签订的《协商一致解除劳动合同协议书》明确载明:"甲乙双方一致确认,双方均按法律规定履行了劳动合同有关的全部义务,双方之间不存在任何劳动争议及纠纷。"相关《员工离职结算单》也表明芯源公司已授予了王某鸣股票,王某鸣本人也签字确认。双方在解除劳动关系时,已对双方的权利、义务进行了清算并形成书面文件进行了确认。因此,王某鸣要求芯源公司赔偿其限制性股票被取消造成的损失,没有事实和法律依据。

类似案例 | 任某远与北京新东方教育科技(集团)有限公司劳动合同纠纷案

【基本信息】

案号:浙江省宁波市中级人民法院(2015)浙甬民一终字第 961 号

【法院观点】

根据上诉人提供的《股票授予协议》载明,上诉人获得讼争股票的条件为其自2012年7月23日至2015年5月31日任职于被上诉人公司或者其下属公司，在行权日期之前出现劳动合同变更或解除的，被上诉人有权取消全部或部分赠与股票。该条件与双方当事人签订的《薪酬确认书》中的约定相符合。

自2014年2月27日起，上诉人已不担任宁波新东方学校校长职务，也与智愚公司解除了劳动合同，故不符合《股票授予协议》承诺的2014年5月31日到期的股票的行权条件。由于上诉人主张的4500股股票行权条件不成立，故其主张的相应损失缺乏基础事实，法院无法支持。

第六节 提前离职，权益返还

◎问题聚焦

激励对象获得激励权益后，在约定的服务期限届满前从用人单位离职的，单位能否要求员工返还已经到手的激励权益呢？

◎裁判规则

如果单位规定或者双方约定员工提前离职后应当返还激励权益，法院倾向于认可单位的规定或者双方的约定。在双方明确约定违约责任的情况下，如果员工违约了，法院会要求员工在法律允许的限度内承担违约责任。当出现激励股权被员工出售后实际无法返还股权等情况时，法院倾向于要求激励对象承担相应的赔偿责任。

◎案例详解

经典案例 | 曹某与深圳市富安娜家居用品股份有限公司请求公司收购股份纠纷案

【基本信息】

再审申请人（一审被告、二审上诉人）：曹某

被申请人（一审原告、二审被上诉人）：深圳市富安娜家居用品股份有限公司（以下简称富安娜公司）

案由:请求公司收购股份纠纷

案号:广东省高级人民法院(2014)粤高法民二申字第946号

【相关案情】

2006年12月,曹某入职富安娜公司。2008年1月1日,富安娜公司与曹某签订了《劳动合同》,合同约定期限自2008年1月1日至2011年12月31日。

2007年6月20日,富安娜公司召开第一次临时股东大会,审议通过了《深圳市富安娜家居用品股份有限公司限制性股票激励计划(草案)》(以下简称《股票激励计划》),同意富安娜公司以定向发行新股的方式,向高级管理人员及主要业务骨干发行700万股限制性股票,发行价格为1.45元/股。2007年6月18日,曹某向富安娜公司支付了77,140元,认购富安娜公司的股票53,200股。

2008年3月20日,曹某出具《确认函》及《承诺函》,其中《确认函》内容为曹某同意将持有的公司限制性股票转换为同股数的无限制性的公司普通股。《承诺函》中规定,如曹某有向公司提出辞职、连续旷工超过7日、侵占公司资产、收受商业贿赂等行为,应当向公司支付违约金。

2010年5月19日、2012年4月19日,富安娜公司经过两次转增股本,曹某持有富安娜公司股份增至82,992股。

曹某于2010年7月8日被富安娜公司常熟工厂的行政主管送出工厂后,被安排住在常熟工厂旁边的出租屋,等待富安娜公司的进一步安排,此后未再到富安娜公司上班。后富安娜公司以曹某旷工为由,起诉要求曹某支付违约金。

【争议焦点】

曹某是否应当向富安娜公司支付违约金?

【一审】

诉讼请求

曹某向富安娜公司支付违约金1,907,156.16元和迟延付款利息。

裁判结果

曹某应于判决生效之日起10日内向富安娜公司支付违约金1,898,856.96元及利息。

【二审】

上诉请求

撤销原判,改判驳回富安娜公司的全部诉求。

裁判结果

驳回上诉,维持原判。

【再审】

再审请求

撤销一审、二审判决,驳回富安娜公司的全部诉讼请求。

裁判结果

驳回曹某的再审申请。

【法院观点】

曹某是根据富安娜公司的《股票激励计划》,由激励对象(高级管理人员及主要业务骨干)自愿认购。此后,富安娜公司决定终止该《股票激励计划》,并规定根据自愿原则,并采用由激励对象出具《承诺书》的方式继续对激励对象进行约束,故此种《承诺书》实质上系《股票激励计划》的延续。

曹某已确认其自2010年7月8日离开富安娜公司位于常熟的工厂后未再上班,曹某亦没有证据证明其未再上班已办理了合乎富安娜公司规定的手续。曹某一方面主张其被强行辞退,另一方面却不向劳动管理部门投诉或依法申请劳动仲裁要求富安娜公司足额支付违法解除劳动合同的赔偿金等,亦不合常理。一、二审法院依据上述事实,认定曹某提出的其在2010年7月被富安娜公司强行辞退的主张,缺乏证据证明;且曹某自2010年7月8日起未再到富安娜公司指定工厂上班,违反了《承诺函》的承诺,曹某应按承诺的约定,向富安娜公司支付违约金,并无不当。

【律师视角】

案例评析

本案单位和员工关于股权激励的约定非常明确,在《承诺函》中单位要求员工承诺离职则按照员工接受的股权价值计算,给支付单位违约金。本案的法院确认《承诺函》有效,而曹某也在《承诺函》上签字确认。在员工与单位已经有约定的情况下,应当遵从双方的约定。

然而,本案实际上双方争议的焦点是员工是否构成旷工导致单位与其解除劳动关系。由于员工未能证明其缺勤存在合理的理由,其自认离开富安娜公司后再未上班,也没有证据证明是富安娜公司强制解除双方劳动关系,因此,法院认定曹某主动离职事实成立,曹某应当向富安娜公司支付违约金。

实操建议

用人单位在进行股权激励项目时，有时候会强调股权和激励，却忽视了法律，尤其是与此休戚相关的劳动法相关法律法规。鉴于离职与股权激励的退出机制相关度极高，用人单位应当非常细致地处理好这个问题，将退出机制约定清晰，将离职和股权激励的关系交代清晰。

另外，股权激励项目的整个过程都是用人单位需要关注的。绝大多数用人单位只是关注了开始股权激励的计划和实施的初始阶段，后期就“忘记”了，这既容易出问题，也很难达到预期的激励效果。

对比案例 | 北京森馥科技股份有限公司与方某琦合同纠纷案

【基本信息】

原告：北京森馥科技股份有限公司（以下简称森馥公司）

被告：方某琦

第三人：朱某

案由：合同纠纷

案号：北京市昌平区人民法院（2017）京0114民初17534号

【相关案情】

2014年12月20日，森馥公司（乙方）与朱某、方某琦等24人（甲方）签订《增资协议》，约定：森馥公司拟定向发行股票160万股，每股价格2.66元，注册资本由1500万元增加至1660万元，其余计入资本公积，甲方为乙方公司员工，乙方有意对甲方进行股权激励，甲方有意参股乙方，成为乙方的股东。甲方承诺自本次增资工商变更完成之日起须继续在公司工作两年以上。甲方在约定的工作期间离职的，应将因转让股份所得收益退回控股股东，公司及控股股东有权对该部分收益予以追回。

2015年、2016年，森馥公司两次进行权益分配，方某琦分别获得股份93,020股、130,228股（至此方某琦共持有森馥公司股份316,268股），分别获得现金分红13,953元、11,162.4元（合计25,115.4元）。

2016年7月，方某琦从森馥公司离职。方某琦在离职后对其持有的森馥公司的股份在全国中小企业股份转让系统进行买卖操作，三次卖出股份73,000股共收益132,460元，一次买入股份花费58,290元，现方某琦持有森馥公司股份数为299,268股。

【争议焦点】

方某琦离职后转让股份的收益归属。

【法院观点】

本案所涉增资协议系当事人真实意思表示,未违反法律法规的强制性规定,应予认定合法有效,当事人应依约定履行权利义务。本案中,方某琦签订的增资协议中规定其须在公司工作两年以上,森馥公司按协议约定要求方某琦将其持有的森馥公司的93,020股股份转让给朱某并由朱某支付方某琦相应款项247,433.2元,方某琦及朱某对此均无异议,森馥公司要求方某琦向朱某返还现金分红25,115.4元,方某琦对此无异议。

关于森馥公司要求将方某琦持有的股份150,248股及收益132,460元归朱某所有的诉讼请求,法院认为,本案所涉增资协议对离职前转让股份的收益归属进行了约定,对离职后转让股份的收益归属并未作出约定,森馥公司要求方某琦将卖出股份的全部收益支付给朱某没有依据。方某琦同意返还股份223,248股,法院不持异议,但方某琦能够返还的股份为206,248股,尚有17,000股不能返还,对于不能返还的股份,方某琦应按卖出股份的平均价格支付对应款项,总计30,770元。综上,方某琦应将其持有的森馥公司的股份206,248股及收益30,770元转让、支付给朱某。

第七节　离职后非激励对象

◎问题聚焦

基于各种各样的原因,会出现员工在劳动合同到期前或股权激励协议约定期限届满前终止劳动关系的情形。此种情形下,离职后的员工(包括劳务用工等法律关系)还是激励对象吗?若离职后员工不再属于激励对象,又会产生哪些法律后果呢?

◎裁判规则

股权激励方案或者激励协议中的具体内容如果不违反法律法规的强制性规定,应属合法有效。对激励股权限制条件的设定,例如离职后员工不再属于激励对象的规定或约定,一般能够得到法院的支持。离职后员工不属于激励对象,就不能继续享受股权激励权益了。

◎案例详解

经典案例　张某与福建福昕软件开发股份有限公司北京分公司证券认购纠纷案

【基本信息】

上诉人(原审原告):张某

被上诉人(原审被告):福建福昕软件开发股份有限公司北京分公司(以下简称福昕北京分公司)

案由:证券认购纠纷

案号:北京市高级人民法院(2018)京民申 4977 号

【相关案情】

张某于 2006 年 12 月入职福昕北京分公司。2009 年 3 月 24 日,张某与福昕北京分公司签订承诺书,约定:(1)股票期权分配:公司拟在三年内(自承诺书签订之日起)发行股票 2000 万股,每股面值 0.1 元。公司承诺员工在不超过八年的时间内(自股票正式发行之日起),可以以面值购买公司股票 5470 股。(2)回购承诺:自本承诺书签订之日起一年之内,如果员工放弃全部或部分所分配的股票期权,公司愿意以每股 0.9 元的价格对每股期权进行补偿。员工自愿接受以上股票期权分配之承诺及条件。2009 年 4 月 10 日,张某离职。2015 年 5 月 12 日,福建福昕软件开发股份有限公司(以下简称福昕公司)在全国中小企业股份转让系统挂牌。张某离职后,福昕北京分公司表示其愿以每股 0.9 元的价格回购张某所持股票期权,张某诉至法院,要求行使以每股 0.1 元的价格认购福昕公司股份的权利。

2008 年 11 月 13 日,福昕北京分公司通过公司内部邮件系统向所有员工公示股票期权的享有条件是员工须在公司首次公开发行股票前仍然是公司在职员工。

【争议焦点】

张某是否可以依其与福昕北京分公司签署的承诺书,要求以每股 0.1 元的价格认购福昕公司股份?

【一审】

诉讼请求

确认张某有权以每股0.1元的价格认购福昕北京分公司首次发行股票3150万股的0.02735%,即8615股。

裁判结果

驳回张某的诉讼请求。

【二审】

上诉请求

依法改判张某有权以每股0.1元的价格认购福昕北京分公司首次发行股票3150万股的0.02735%,即8615股。

裁判结果

驳回上诉,维持原判。

【再审】

再审请求

依法改判张某有权以每股0.1元的价格认购福昕北京分公司首次发行股票3150万股的0.02735%,即8615股。

裁判结果

驳回张某的再审申请。

【法院观点】

本案的股票期权分配承诺书为公司对员工所作的承诺,张某于福昕公司在全国中小企业股份转让系统挂牌之前的2009年4月10已经离职,不再是公司的员工,不应再享受员工的待遇;且根据福昕公司的"公司股票期权分配承诺及相关规定"与相关内部公邮,公司员工享有股票期权是有条件的:一是在公司IPO前,员工须持续为公司服务;二是员工须配合公司为IPO进行股份制改造。二审法院认为,张某虽不认可收到公司的公邮,但当时张某作为公司的员工,应当与其他员工一样,会收到和知晓与员工利益有密切关系的公司重大事项的邮件,故对于张某提出其未收到邮件的主张未予采信并无不妥。一、二审法院认定事实清楚,适用法律正确,所作判决并无不当。

【律师视角】

案例评析

本案中,福昕北京分公司在进行股权激励的时候所采取的通知策略值得商権。如此重要的退出机制竟然只是用简单的公邮形式发送,以至于发生了持续到再审这样的诉讼。股权激励细节众多,关键因素也很多,要想保证股权激励安全进行,法律支持必不可少。如果能够简单有效地进行退出机制的约定或者告知,本次诉讼或许本该没有。

另外,公开发行股票上市最好也能够进行清晰定义,避免有些员工不懂得首次公开发行股票上市和全国中小企业股份转让系统(俗称新三板)挂牌之间的区别,引发诉讼风险。

实操建议

结合本案,股权激励专业服务团队在为企业进行股权激励辅导的时候,至少应该做好以下两点:第一,概念定义清晰,避免引发歧义,导致诉讼发生。本案中的首次公开发行股票上市到底指什么,公司完全有能力说明清晰,避免激励对象产生歧义。第二,能够采取更有效的方式来约定或者规定的,一定采取最佳方式进行,避免出现法律上的争议区,乃至最终产生对公司不利的法律后果。本案中最核心的退出机制以公邮形式发送,显然是败笔。

类似案例　朱某雄与福建龙泰竹家居股份有限公司追索劳动报酬纠纷案

【基本信息】

上诉人(原审原告):朱某雄

被上诉人(原审被告):福建龙泰竹家居股份有限公司(以下简称龙泰公司)

案由:追索劳动报酬纠纷

案号:福建省南平市中级人民法院(2018)闽07民终849号

【相关案情】

2015年11月底,朱某雄应邀到龙泰公司帮助规范财务工作。2016年1月28日,龙泰公司与朱某雄签订了一份《关于董事长财务助理的协定》,约定龙泰公司聘请朱某雄为龙泰公司董事长财务助理,全权负责财务科的各项管理工作。其主要内容有:(朱某雄)负责编制财务年度预算及结算;负责月报,季报,半年报,年报的编制工作等九项职责及工作目标。同时约定了朱某雄享有六项待遇,其中第五项为:“在分阶段完成以上职责的基础上,参与公司董事长管理范围内的股权激励,分3期进行,每年一期,每期110,000股,不需要支付股份金额，享受目前33,000,000股的同等权利。”另，《福建龙泰竹业股份有限公司股权激励方案》(2015年11月16日制定，后作过修改，也进行过公告)规定，基于辞职、辞退、解雇、退休、离职等原因与公司解除劳动协议关系的人员不属于激励对象。

2016年12月底，龙泰公司对朱某雄予以解聘。2018年1月12日，朱某雄提起仲裁申请龙泰公司“按照2017年转送股前的股权向朱某雄交付龙泰公司150,000股的股份”，劳动仲裁委以股权激励不属于劳动报酬、该争议不属于劳动争议受案范围为由，驳回朱某雄的仲裁请求。

【争议焦点】

龙泰公司是否有义务向朱某雄交付龙泰公司15万股的股份?

【法院观点】

关于龙泰公司是否应当向朱某雄交付股份的问题，根据《关于董事长财务助理的协定》中的约定，朱某雄参与股权激励是有条件的，并不当然地享有参与股权激励的权利，且双方并无特别约定朱某雄参与股权激励不适用龙泰公司的相关规定。根据龙泰公司股东大会审议通过的股权激励方案，朱某雄已经被解聘，不属于激励对象了;即便朱某雄享有参与股权激励的权利，属激励对象，尚须同时满足该方案规定的若干条件且股权激励计划经股东大会审议通过方能获授公司股份，亦不能当然地享有公司股份。本案朱某雄并未提供证据证明其已满足该方案规定的条件并经股东大会审议通过获授公司股份。

【律师视角】

实操建议

用人单位(尤其是有限责任公司)在对员工进行股权激励时，要对自己的规章制度和股权激励协议进行全面审视，只有在合法有效的基础上才能进一步谈到激励效果问题。因此，用人单位一定要有专业的法律人士对相关规定进行审查，避免出现规章制度无效或者规章制度对某些员工无效的情形。

第八节　离职协议放弃权利

◎问题聚焦

实践中，在劳动者与单位终止劳动关系时，单位为绝“后患”，很有可能要求劳动者签订离职协议,确认双方在劳动者离职后与单位再无纠纷和瓜葛。尽管如此,离职协议签订后,劳动者仍有可能就协议中约定事项或未尽事宜向用人单位主张权利。此时,劳动者放弃权利的条款是否对双方有约束力呢?

◎裁判规则

离职协议中载明“自协议生效之日起劳动者放弃其他权益,双方不存在任何劳动纠纷”等类似内容时,只要该内容系双方真实意思表示,则协议应属合法有效。此种情况下,只有当劳动者能够提供足够充分证据证明其放弃的权益中不包括已经确定的股权激励权益时,法院才有可能支持劳动者关于股权激励权益的请求。

◎案例详解

经典案例 | HUA JASON WEICHENG(花某程)与北京博华东方教育投资管理有限公司劳动合同纠纷案

【基本信息】

上诉人(原审原告):HUA JASON WEICHENG(花某程)

被上诉人(原审被告):北京博华东方教育投资管理有限公司(以下简称博华教育公司)

案由:劳动合同纠纷

案号:北京市第三中级人民法院(2017)京03民终9711号

【相关案情】

花某程于2008年7月1日入职博华教育公司工作,双方签订书面劳动合同,其中约定:“乙方每在甲方工作满1年,可获得甲方股权的0.25%作为奖励,乙方总计在甲方工作四年获得1%的甲方股权。”2012年7月3日,双方签订劳动合同变更书,将劳动合同期限延长至2012年7月31日。2012年7月31日,双方签订《终止劳动关系协议书》,约定:“双方同意终止劳动关系,经双方协商一致签订协议:1. 自2012年8月1日起,终止双方签订的劳动合同,双方的权利义务随之终止;2. 甲方同意在乙方妥善办理完所有的工作移交手续,终止劳动合同手续和离职手续,并于2012年8月1日正常解除劳动关系的前提下,于2012年7月发薪日支付乙方所有项目如下:(1)2012年7月的月工资;(2)2011

年固定奖金人民币184,444元;(3)2012年7月餐补。上述款项直接汇入乙方账户……6.本协议自签字/盖章生效之日起,乙方放弃其他权益,甲乙双方不存在任何劳动纠纷。乙方不得据此事申请仲裁或诉讼,由此产生的一切法律后果由乙方承担。"

花某程主张其离职后,博华教育公司仅于2015年2月3日向其支付了9万元奖金,剩余9万元至今未付。为此花某程向一审法院提交了经过公证的其与博华教育公司周某、唐某的2015年8月30日的电子邮件记录等证据以及2015年2月3日来自北京学涵教育科技有限公司金额分别为30,292.60元和45,000元的两笔银行转账记录。博华教育公司否认其向花某程支付过9万元,不认可上述银行转账是博华教育公司向花某程支付的,称付款公司与博华教育公司没有关联关系。

【争议焦点】

双方在《终止劳动关系协议书》中约定的"自协议生效之日起花某程放弃其他权益,双方不存在任何劳动纠纷"是否对激励股权发生效力?

【一审】

诉讼请求

1.判令博华教育公司支付拖欠的奖金差额人民币9万元及逾期利息64,533元。

2.确认花某程拥有博华教育公司1%的股权,并要求博华教育公司自判决生效后30日内完成相应的股权变更审批及登记手续,将上述股权变更到花某程名下。

3.如果基于任何原因无法实现上述第二项请求,则判决博华教育公司将该1%的股权折价款的数额赔偿因其过错给花某程造成的损失人民币500万元。

裁判结果

驳回花某程全部诉讼请求。

【二审】

上诉请求

撤销一审判决,将本案发回重审,或依法改判。

裁判结果

驳回上诉,维持原判。

【法院观点】

关于时效问题,花某程要求博华教育公司支付奖金及利息的请求权已超过一年仲裁时效,且不存在仲裁时效中断的情形,一审法院对其该项请求不予支持并无不当,故本院予以维持。北京学函教育科技有限公司并非必须参加诉讼的当事人,一审法院未追加其为本案当事人并不违反法律规定,故对花某程就此提出的上诉意见本院不予采信。

关于股权问题,双方签订的《终止劳动关系协议书》约定,自协议生效之日起,花某程放弃其他权益,双方不存在任何劳动纠纷。该协议是双方真实意思表示,是双方终止劳动关系的最终协议,故该协议合法有效。花某程虽主张其放弃的权益不包括其已经确定的股权,但未能提供有效证据支持,故对其该项主张法院不予采信。依据该协议,花某程无权向博华教育公司主张股权。

【律师视角】

案例评析

在私法"法不禁止即自由"框架下,双方当事人可以自由处分自己的权利;只要终止劳动关系协议书不存在违反法律、行政法规的情形且不存在意思表示瑕疵,则应属合法有效。在此种情况下,只有当花某程能够提供充分证据证明其放弃的权益不包括已经确定的股权时,法院才有可能支持其主张。在没有相反证据予以证明时,法院一般会根据书面协议约定的内容确定双方真实的意思表示。

实操建议

对于用人单位来说,与员工之间离职协议的签署影响重大且深远,因此全部地、完全地了结一切纠纷以及保密、不损害用人单位等的原则和细节的约定是必不可少的。只有这样,用人单位才有可能称得上踏踏实实地处理好了一个劳动关系。

类似案例 | 陈某薇与北京澳电电讯技术咨询服务有限公司劳动争议纠纷案

【基本信息】

上诉人(原审原告):陈某薇

被上诉人(原审被告):北京澳电电讯技术咨询服务有限公司(以下简称澳电公司)

案由:劳动争议纠纷

案号:北京市第三中级人民法院(2014)三中民终字第10896号

【相关案情】

2011年3月31日,陈某薇与澳电公司签订为期三年的劳动合同书。2013年5月9日,陈某薇与澳电公司签署离职协议,约定:"陈某薇与澳电公司的劳动关系协商解除,最后雇佣日为2013年4月17日,澳电公司向陈某薇支付款项,陈某薇承认上述款项的支付是就她对该公司及任何Telstra集团拥有或可能拥有的所有及任何以下项目的全面及最终的清偿:工资、加班费、奖金、津贴、短期激励计划……以及其他经济补偿或权益;陈某薇同意在相关法律允许的最大限度内永远免除该公司和任何Telstra集团公司及其现任及前任的雇员、管理人员、董事、继承人和受让人遭受基于其与该公司的雇佣关系或该等雇佣关系的终止而产生的所有权利主张;陈某薇承诺永远不提起或参加或协助任何诉讼、仲裁或其他法律行动以主张其已通过被协议免除的任何权利主张。"

2012年10月22日,陈某薇签署澳大利亚电信成长股2012财年激励股权申请表,确认其已读过2012年8月17日生效的成长股条款并同意受条款的约束,陈某薇认可并同意在条款中的某些情况下,如果激励股的相关限制期尚未满,部分或全部分配给其的激励股可能被没收。

2013年11月29日,陈某薇向北京市朝阳区劳动人事争议仲裁委员会申请仲裁,要求澳电公司支付财年奖金等,仲裁委员会以京朝劳仲不字(2014)第00177号不予受理通知书决定:对陈某薇的申请请求不予受理。陈某薇对仲裁决定不服,诉至法院。

【争议焦点】

陈某薇与澳电公司签订的离职协议是否有效?

【法院观点】

陈某薇在离职协议中承认款项的支付是全面及最终的清偿,同意免除澳电公司遭受基于雇佣关系而产生的所有权利主张,承诺永远不提起或参加或协助任何诉讼、仲裁等。现该离职协议已履行完毕,陈某薇在领取离职补偿后再要求澳电公司支付奖金,有悖诚实信用原则。另陈某薇签署的股权申请表,确认其已读过成长股条款并同意受条款的约束;而澳电公司提交的条款明确规定:员工所持有的股份在雇佣关系终止时尚在限制期限内的股份,均应收回。现陈某薇在股份限制期限内离职,其要求澳电公司支付股票对应款亦没有依据。

【律师视角】

案例评析

首先,陈某薇与澳电公司签订的离职协议合法有效,双方均应遵守;其次,陈某薇已在离职协议中承认款项的支付是全面及最终的清偿,同意免除澳电公司基于雇佣关系而产生的所有权利主张,承诺永远不提起或参加或协助任何诉讼、仲裁等;最后,澳电公司已履行完毕离职协议中确定的向陈某薇支付离职经济补偿金的义务。基于以上三点原因,陈某薇想要法院认可其主张,几乎没有可能。

类似案例　王某生与北京长峰领航医院投资管理有限公司劳动争议纠纷案

【基本信息】

上诉人(原审原告):王某生(ETHANXINSHENGWANG)

被上诉人(原审被告):北京长峰领航医院投资管理有限公司(以下简称长峰领航公司)

案由:劳动争议纠纷

案号:北京市第二中级人民法院(2017)京02民终9100号

【相关案情】

王某生与长峰领航公司签订了自2015年5月1日至2020年4月30日的劳动合同,约定试用期至2015年7月31日,岗位为副总经理。长峰领航公司主张,公司与王某生的劳动合同已于2015年11月7日解除,双方就解除劳动合同达成了解除劳动合同补偿协议书,公司已经按照该协议书的内容向王某生支付了工资、代通知金及经济补偿金共计人民币128,239.9元,并约定双方解除劳动合同后,不再有任何纠纷。

王某生于2015年12月31日申请仲裁,请求长峰领航公司授予1000万股权激励等。仲裁委员会于2016年12月15日裁决驳回王某生的各项仲裁请求。王某生不服仲裁裁决,诉至法院,要求公司履行承诺,支付王某生1000万元股权激励款项。

【争议焦点】

解除劳动合同补偿协议书中约定解除劳动合同后双方不再发生任何纠纷,此时王某生是否还可以要求授予其股权激励利益?

【法院观点】

长峰领航公司和王某生约定甲乙双方解除劳动合同后，乙方不再与甲方发生任何纠纷（包含民事、劳动纠纷），该约定合法有效。王某生亦签字领取了128,239.9元，该金额与解除劳动合同补偿协议书中约定的金额一致。王某生未能提供充分的证据予以证明上述协议的约定和履行存在问题，应承担举证不能的不利后果。

第九节　单位违法解除劳动合同，激励股权如何处理

◎问题聚焦

企业授予员工激励股权常常是为换取员工对企业的忠诚度和长期价值贡献，因此，激励股权的授予多以劳动关系为基础。企业会在劳动关系基础上与员工订立股权激励计划，并在激励计划中作"如员工离职，则未兑现的激励股权全部自动终止"之类的约定。此类情况下，如果员工离职是由企业违法解除劳动关系造成，员工可否要求企业兑现激励股权或赔偿损失？

◎裁判规则

原则上，如企业解除劳动关系的行为被生效裁判认定为违法解除，那么，在相关股权激励纠纷中，法院倾向于认定企业的行为是在故意阻碍员工激励股权兑现条件成就，或认定企业违反诚信原则，构成违约，进而支持员工要求兑现股权或赔偿损失的请求。然而，如果劳动关系的解除与员工能否行使权利之间并无因果关系，则员工的请求难以得到支持。

◎案例详解

经典案例　严某与山东东阿阿胶股份有限公司、南京东阿阿胶贸易有限公司劳动争议纠纷案

【基本信息】

上诉人（原审被告）：山东东阿阿胶股份有限公司（以下简称山东东阿阿胶

公司)

被上诉人(原审原告):严某

案由:追索劳动报酬纠纷、经济补偿金纠纷

案号:江苏省南京市中级人民法院(2012)宁民终字第1569号

【相关案情】

2003年9月,严某到山东东阿阿胶公司工作,双方未签订劳动合同。2007年3月以后,严某担任南京东阿阿胶公司法定代表人。2009年4月,山东东阿阿胶公司称严某在职期间违反公司规章制度,由其销售总监白某口头与严某解除劳动关系。同年5月24日,白某通过电子邮件发送信息给山东东阿阿胶公司人力资源部专员吕某,内容为:"我在南京与原宁静分公司经理严某沟通后达成如下意见:1. 严某与杨某刚工作交接接近尾声,双方在交接报告上签字,严某工资开到5月31日止。2. 严某在职期间的合理费用根据公司制度要求提供核销手续后报销。3. 严某在职期间的股权激励兑现等问题,建议其到人力资源部与公司领导协商解决,完毕后直接办理离职手续。"该信息同时转发给严某及其接任人杨某刚。后严某为工资、补助、销售提成、费用报销、股权激励基金、赔偿金、社保问题等与山东东阿阿胶公司协商未果,于2010年8月4日申请劳动仲裁,南京市劳动争议仲裁委员会于同年8月13日出具仲裁申请时间确认书,后严某诉至法院要求处理。

【争议焦点】

严某对股权激励基金的诉求是否应当得到支持?

【一审】

诉讼请求

判令被告向原告支付2007年度股权激励基金。

裁判结果

山东东阿阿胶公司于判决生效之日起15日内支付严某2007年度股权激励基金38,237元。

【二审】

上诉请求

撤销原审判决,依法改判驳回严某的全部诉讼请求。

裁判结果

驳回上诉,维持原判。

【法院观点】

山东东阿阿胶公司认为严某严重违反规章制度、造成公司重大损失的主张缺乏事实依据,法院不予采信。山东东阿阿胶公司提供的“原保健品销售部南京分公司经理严某2007年度股权基金”中虽载明了“按公司规定办理”,但并未证明该所谓的公司规定已向严某明示,故山东东阿阿胶公司认为根据该文件可扣除严某2007年度股权基金的主张缺乏事实依据,法院不予支持。因此,原审判决判令山东东阿阿胶公司向严某支付2007年度股权激励基金,并无不当。

【律师视角】

案例评析

虽然本案中法院支持了原告关于支付股权激励款的请求,但司法实践中对此类案件存在不同的裁判观点。一部分法院认为,在股权激励过程中,公司通常会与员工签署股权激励相关的协议,因此在公司与员工之间构成合同关系;如公司违法解除劳动关系,导致员工未能按照股权激励相关协议的约定行使自己的权利,公司应当根据《民法典》第五百七十七条的规定承担违约责任。因此,员工以此为由提起合同之诉时,法院倾向于支持劳动者要求公司赔偿损失的诉求。另一部分法院认为,股权激励附着于劳动关系,应当依照劳动法律法规的规定和劳动合同的约定享受权利、承担义务;员工获得并保有激励股权所对应的义务为向单位提供劳动,员工要求离职后仍持有激励股权并全部兑现有悖劳动合同订立目的:即使在员工未提供劳动或服务的情况下,也不应享有相应的权利,否则,对公司和其他员工而言也不公平。

实操建议

首先,企业在设计股权激励方案及授予员工激励股权时,应尽量避免将激励股权纳入员工薪酬的范围,避免法院将其认定为劳动报酬中的确定部分,从而适用劳动法律法规进行处理。其次,企业可以将激励股权的兑现、行权和取消等与员工提供劳动或服务更正当、合理地挂钩。企业应当尽量避免股权激励的兑现、行权和取消等与企业解除劳动关系的合法性挂钩,以避免股权激励计划的实施过度受到劳动关系的困扰和影响。

对比案例 | 张某与北京大生知行科技有限公司劳动争议纠纷案

【基本信息】

再审申请人(一审原告、二审上诉人):张某

被申请人(一审被告、二审上诉人):北京大生知行科技有限公司(以下简称大生公司)

案由:劳动争议纠纷

案号:北京市高级人民法院(2020)京民申1858号

【相关案情】

2015年3月26日,张某与大生公司签订《劳动合同》并入职大生公司。后张某分别在2015年10月14日、2016年1月13日各被授予200,000股期权,行权价格分别为0.1美元、0.15美元。期权到期日期为自授予起始日起10年;终止后行权期限为30天。期权授予通知中载明:"被授予人认可并同意如果要授予期权项下的股份,应仅在被授予人持续服务期间授予(而非通过被雇用、被授予期权或获得本通知书项下的股份),并且应取决于被授予人在本公司及其关联实体的表现。"

2016年3月3日,张某在微信群表达出离职的意思,之后不再上班。2016年3月16日,大生公司向张某邮寄了《劳动合同解除通知书》,表示公司尊重张某选择离开公司的决定。

【争议焦点】

是否应支持张某要求大生公司兑换股权期权的诉讼请求?

【法院观点】

再审法院经审查认为,根据案件查明事实,案涉股权激励计划股份期权授予通知系张某与中国在线教育集团签署,大生公司并非股票期权的真正授予主体,故张某主张股票期权的实际授予主体是大生公司,而非中国在线教育集团,缺乏事实依据,本院对此不予认可。虽然本案所涉股票期权系劳动报酬的组成部分,但根据上述股份期权授予通知及其项下的《股份期权授予协议》记载的内容来看,张某能否基于该通知及其项下相关文件兑现相应的期权,尚需期权授予主体进入审理程序后,经过审理方可确定。

【律师视角】

案例评析

本案员工请求公司赔偿因违法解除劳动合同而给其造成的股票期权的损失的请求未得到法院支持的原因是，员工在本案中请求承兑股票期权的公司主体与其请求承兑的股票期权的授予主体不符。并且，根据员工签署的股份期权授予通知以及相关项下协议，员工能否基于该通知及其项下相关协议兑现相应的期权，尚需期权授予主体进入审理程序后，经过审理方可确定。也就是说，根据通知，员工是否被授予购买普通股的期权还应受到"计划"、期权协议的条款及其条件约束。

对比案例 | 上海芬纳输送带有限公司与宋某波劳动合同纠纷案

【基本信息】

上诉人(原审被告)：上海芬纳输送带有限公司(以下简称芬纳公司)

被上诉人(原审原告)：宋某波

案由：劳动合同纠纷

案号：上海市第二中级人民法院(2019)沪02民终1428号

【相关案情】

2008年10月6日，芬纳公司与宋某波签订劳动合同，约定宋某波在生产管理部门担任营运总监职务。劳动合同约定，宋某波在General部门担任MD职务，宋某波严重违反基本职业道德规范，或严重违反芬纳公司的劳动纪律、规章制度的；或者严重失职、营私舞弊，给芬纳公司造成重大损害的，芬纳公司可以立即解除劳动合同，并不支付任何补偿。2018年4月23日，芬纳公司向宋某波出具通知书，载明自2018年4月23日起免去宋某波总经理职务。

2018年6月6日，宋某波向上海市嘉定区劳动人事争议仲裁委员会申请仲裁，仲裁委以宋某波不具有劳动争议主体资格为由决定不予受理。宋某波不服，诉至法院。

【争议焦点】

宋某波要求芬纳公司支付2017年度高管激励金的请求是否具有法律依据？

【法院观点】

宋某波要求芬纳公司支付2017年度高管激励金，为此提交一份电子邮件打印材料,并主张由亚太区总经理马克发给宋某波的信件来看,宋某波享有高管激励金总额357,001元,根据2016年11月1日至2018年4月23日相应期间推算主张高管激励金16.80万元。芬纳公司对上述证据不认可,并认为宋某波不符合领取条件。根据宋某波提交的电子邮件打印材料,无法证实相应的信件与芬纳公司的关联性,且即便属实,从上述电子邮件载明内容看,奖金金额暂定,且有明确规定的执行期间,奖励的前提是2019年11月需在职。根据相应的电子邮件载明内容看,亦没有根据工作期间分段发放激励金的约定。双方的劳动关系于2018年4月23日解除,宋某波主张违法解除劳动合同赔偿金,并未选择要求恢复劳动关系,因此即便按照宋某波提交的电子邮件,宋某波的主张亦难以成立。宋某波要求芬纳公司支付2017年度高管激励金的诉讼请求,于法无据,一审法院不予支持。

第十七章

激励对象违约违法违纪

第一节 在职竞业限制

◎问题聚焦

股权激励和所有激励一样,都包含正向激励和负向激励。负向激励是公司在签订股权激励协议时,与劳动者签署的竞业限制条款或违约责任等条款,对劳动者的行为进行制约。劳动者在职情况下,若为竞争对手工作,或者存在其他违反竞业限制约定的情形,法院会如何裁判呢?

◎裁判规则

只要没有违反劳动法或者其他法律法规的强制性规定,法院倾向于认定负向激励约定有效。如果劳动者违反在职竞业禁止条款,无论是违约、违法还是违纪,法院倾向于认为公司有权依照约定要求劳动者回转股权,并返还相关利益。

◎案例详解

经典案例 | 鄢某恺与北京怀德堂生物技术有限公司附义务赠与合同纠纷案

【基本信息】

再审申请人(一审被告、二审上诉人):鄢某恺

被申请人(一审原告、二审被上诉人):北京怀德堂生物技术有限公司(以下

简称怀德堂公司)

一审第三人:北京豪迈生物工程有限公司(以下简称北京豪迈公司)

案由:附义务赠与合同纠纷

案号:北京市高级人民法院(2016)京民申 4293 号

【相关案情】

2012 年 1 月 10 日,北京豪迈公司(甲方)与鄢某恺(乙方)、怀德堂公司(丙方)、×1 公司(丁方)、王某(戊方)签订《劳动合同书》。《劳动合同书》第十一条约定,甲方公司的中方股东丙方同意赠与乙方股权 5% 作为激励,并保证公司首次公开发行股票上市前及上市当日不被稀释;第二十三条第三项约定,乙方未经甲方许可出任与甲方存在业务竞争或冲突的单位的其他服务、劳务、雇佣职位及从事其他经营活动的,甲方可以随时解除合同而无须给予乙方任何赔偿或负任何责任。

2012 年 11 月 27 日,怀德堂公司受让了 ×1 公司持有的全部股权并对北京豪迈公司进行了增资,怀德堂公司持有北京豪迈公司 100% 的股权。2013 年 7 月 11 日,怀德堂公司根据《劳动合同书》约定将北京豪迈公司 5% 的股权(对应出资额 32.4 万元)赠与鄢某恺。

2014 年 12 月 4 日,北京豪迈公司向鄢某恺作出《解除劳动关系通知书》,以鄢某恺严重违反《劳动合同书》第二十三条之约定、存在侵犯公司商业秘密等严重违约违法行为、严重损害了公司合法权益为由解除劳动关系。

北京市第二中级人民法院 2016 年 4 月 29 日作出(2016)京 02 民终 2276 号民事判决书,确认鄢某恺存在大量违背竞业限制约定的行为,认为北京豪迈公司可以随时解除合同而无须给予任何赔偿。之后,怀德堂公司请求撤销对鄢某恺的股权激励、回转股权并返还相关利益。

【争议焦点】

怀德堂公司对鄢某恺的股权"赠与"及"分红"是否可以撤销及返还?

【一审】

诉讼请求

撤销对鄢某恺的股权赠与,鄢某恺将持有的股权返还给怀德堂公司并协助办理股权变更手续;鄢某恺返还怀德堂公司 100 万元。

裁判结果

1. 撤销怀德堂公司对鄢某恺的股权赠与,鄢某恺将其持有北京豪迈公司

5%股权返还给怀德堂公司，鄢某恺于判决生效后7日内配合怀德堂公司办理股权变更手续。

2. 鄢某恺于判决生效后7日内返还怀德堂公司100万元。

【二审】

上诉请求

撤销一审判决，改判驳回怀德堂公司的全部诉讼请求。

裁判结果

驳回上诉，维持原判。

【再审】

再审请求

改判驳回怀德堂公司的全部诉讼请求。

裁判结果

驳回鄢某恺的再审申请。

【法院观点】

《劳动合同书》第十一条和第十三条约定的股权"赠与"及"分红"并非通常意义的劳动报酬，而系北京豪迈公司对鄢某恺的激励，这是双方形成劳动关系的重要条件，也是《劳动合同书》的组成内容。北京豪迈公司对鄢某恺的激励对价至少包括鄢某恺与公司长期合作义务及其对公司的忠实义务。鄢某恺违反了《劳动合同书》中的竞业限制约定，其违约行为不仅使得北京豪迈公司的激励目的落空，且有损于北京豪迈公司的利益。

(2016)京02民终2276号民事判决现已生效，鄢某恺提供的证据不足以推翻该判决确认的事实。鄢某恺主张其未违反竞业禁止义务依据不足，法院不予采信。

【律师视角】

案例评析

本案中，怀德堂公司有条件地给予鄢某恺股东权益，并约定了竞业禁止条款的行为，符合法律规定和合同目的。本案中，鄢某恺违反竞业限制约定的行为不仅使得怀德堂公司的激励目的落空，且有损于公司的利益，因此法院支持了股权"赠与"及"分红"的撤销及返还。

实操建议

在职竞业限制符合劳动法的基本精神，体现了劳动者忠诚义务对于用人单位的重大意义。用人单位可以根据自身的实际情况和股权激励的要求，与员工明确约定在职竞业限制条款，包括清晰、可以适用的“罚则”。这种竞业限制条款如果被违反，法院倾向于维护用人单位的利益，给予员工应有的“惩罚”。当然，这种惩罚一般不得损害劳动者的基本权益。

类似案例 | 朱某君与周某青股权转让纠纷案

【基本信息】

上诉人(原审原告、反诉被告):朱某君

被上诉人(原审被告、反诉原告):周某青

案由:股权转让纠纷

案号:北京市第一中级人民法院(2017)京01民终5876号

【相关案情】

家视天下公司于2011年10月28日注册成立，系周某青出资设立的自然人独资公司。2012年4月20日，周某青(转让方)与朱某君(受让方)签订股权预转让协议，约定转让方持有家视天下公司100%原始股权，转让方根据本协议条款和条件预转让股权于受让方，该部分股权按双方协商意见需于2015年5月(满三年后)方能全部完成转让。双方达成如下协议:(1)转让方有意转让家视天下公司10%的原始股权给受让方;(2)受让方接受该原始股权预转让的权利;(3)本股权转让分三年完成，第一年转让3.3%，第二年转让3.3%，第三年转让3.4%，中途离职则当年不计入累计时间。股权预转让协议中约定的转让生效前提条件包括:受让方有义务建立并管理好公司技术研发中心部门，研发中心的技术水平要符合公司业务发展的需要并保持同行业领先，同等条件下能研发出符合公司业务发展及市场需求的产品及系统;受让方必须为公司全职员工且不得私自承接和公司无关的项目，一经发现本协议自动失效等。

经法院查询，朱某君在家视天下公司任职期间亦担任新疆国力源公司董事、嘉万润公司股东、惠农丰公司股东、法定代表人、执行董事等职务。朱某君于2015年5月(符合股权预转让协议满三年的要求)从家视天下公司离职。双方就股权转让协议是否失效产生争议，遂诉至法院。

【争议焦点】

周某青和朱某君签署的股权预转让协议是否已经失效?

【法院观点】

股权预转让协议第三条明确约定,转让生效的前提条件为朱某君必须为公司全职员工,否则协议自动失效。此处的"自动失效"应理解为若出现朱某君在外任职的情况,周某青将不再按照协议约定向朱某君转让股权。股权预转让协议系双方依法签署,应为合法有效。

因朱某君存在在外面任职的行为,股权预转让协议"自动失效",朱某君要求获得家视天下公司10%股权等值价款及利息的诉讼请求,法院不予支持。

【律师视角】

案例评析

劳动法赋予了用人单位与劳动者约定竞业限制(包括在职和离职竞业限制)的权利,该权利也是法律赋予企业的根本权利。本案中,周某青和朱某君之间的在职竞业限制约定合法有效,不存在"失效"的问题。朱某君的多项在外任职行为违背了上述竞业限制约定,即便是朱某君在家视天下公司的服务期限已经届满,周某青还是可以因此免于向朱某君承担转让上述股权的义务。

实操建议

股权激励协议中附条件或附期限是很好的设计,用人单位可以将违法、违约、违纪、在职期间兼职或者存在其他违反竞业限制的行为等作为条件,可以将服务期限等作为期限,在股权激励协议中进行约定,作为负向激励方式。员工一旦违反了股权激励条款所附的条件,或者未满足股权激励约定期限,就无法享受相应的股权激励收益。

类似案例　北京蓝色动影数字科技有限责任公司与谢某与公司有关的纠纷案

【基本信息】

原上诉人(原审原告):北京蓝色动影数字科技有限责任公司(以下简称蓝色动影公司)

上诉人(原审被告):谢某

原审第三人:卢某刚

案由:与公司有关的纠纷

案号:北京市第三中级人民法院(2018)京03民终8774号

【相关案情】

2011年1月23日,蓝色动影公司股东卢某刚将其实缴出资1.67万元转让给谢某,谢某同日签署声明与承诺,内容为:鉴于蓝色动影公司系北京水晶石数字科技有限公司(以下简称北京水晶石公司)股东,依法持有北京水晶石公司股权,谢某作出如下郑重声明与承诺:本人除持有蓝色动影公司股权并通过蓝色动影公司间接持有北京水晶石公司股权外,本人及本人的直系亲属没有在中国境内或境外,以任何方式直接或间接参与任何与北京水晶石公司及其子公司构成竞争的任何业务或活动,并在作为股东期间不以任何方式直接或间接参与任何与北京水晶石公司及其子公司构成竞争的任何业务或活动。如果本人违反该等承诺,本人应将本人持有的蓝色动影公司股权按照其出资额转让给蓝色动影公司其他股东或由蓝色动影公司按照本人的出资额回购注销本人持有的蓝色动影公司股权;此外,蓝色动影公司还有权追缴本人从事上述竞争业务或活动的所有收入。

2011年4月15日,谢某与北京水晶石公司签订无固定期限劳动合同,约定谢某担任集团副总经理职务,协助总经理管理集团的人力资源工作。2015年11月,谢某向北京水晶石公司提出离职。2016年7月13日,蓝色动影公司与北京水晶石公司共同给谢某发函,称注意到谢某入职到北京水晶石公司的同业竞争对手天际公司,参与该公司的投标工作,提示谢某不能到北京水晶石公司的同业竞争公司直接或间接从事工作。

2017年8月7日,蓝色动影公司委托北京中投律师事务所向谢某发出律师函,函告谢某,表示其要求由卢某刚以0元的对价回购谢某名下的蓝色动影公司1.67%股权,但又表示卢某刚同意以1.67万元的对价进行回购。原被告双方就谢某持有的蓝色动影公司1.67%股权进行回购的问题难以达成一致意见,遂诉至法院。

【争议焦点】

谢某是否应当将其持有的蓝色动影公司股权按照其出资额转让给公司其他股东或由蓝色动影公司按照谢某的出资额回购注销相应股权?

【法院观点】

谢某出具的声明与承诺系谢某的真实意思表示,具有法律效力,谢某应依其承诺履行,违反承诺应承担相应的责任。谢某在声明与承诺中承诺其在作为蓝色动影公司股东期间,不以任何方式直接或间接参与任何与北京水晶石公司及其子公司构成竞争的任何业务或活动，谢某认可其担任天际公司顾问，而天际公司的业务与北京水晶石公司存在竞争关系，故应认定谢某违反了其承诺。依照声明与承诺，谢某应将其持有的蓝色动影公司股权按照其出资额转让给蓝色动影公司其他股东或由蓝色动影公司按照谢某的出资额回购注销谢某持有的蓝色动影公司股权。

本案中，谢某的声明与承诺中虽然写明，蓝色动影公司有权追缴谢某的相应收入，但该承诺对于金额或其计算的约定并不明确，故无法据此推定谢某应支付蓝色动影公司381,985.71元作为违约金，一审法院驳回蓝色动影公司的相应请求并无不当。另需要说明的是，如蓝色动影公司认为其因谢某的行为遭受了损失，对于该损失其可另行主张。

类似案例 ｜ 深圳市华测检测技术股份有限公司与孔某合同纠纷案

【基本信息】

案号：广东省深圳市宝安区人民法院(2015)深宝法民二初字第293号

【法院观点】

根据孔某与深圳华测检测公司之间的《深圳市华测检测技术股份有限公司认股协议书》及《深圳市华测检测技术股份有限公司员工股权激励限制性增发计划》，孔某在任职期间不得直接或间接以任何方式从事与公司业务相似或相竞争的业务，否则深圳华测检测公司有权以孔某取得股份的成本价格回购其所持有的全部股份。孔某在任职期间向深圳市英柏检测技术有限公司股东张某支付"启动金"12万元，"注资款"75万元(该金额与张某登记出资额相同)，而深圳市英柏检测技术有限公司的经营范围与公司部分一致，故孔某的行为已构成违约，应当承担违约责任。

第二节　离职后竞业限制

◎问题聚焦

在股权激励的实践中，用人单位为了保护商业秘密，或者基于其他原因，可能会与劳动者约定在劳动者离开用人单位若干年内不得从事与本单位经营同类业务的工作,否则用人单位有权收回给予劳动者的各类股权激励权益。

当劳动者与用人单位约定了竞业禁止条款但离职后违反了该约定,法院对于劳动者所获得的股权激励权益是否应当返还将如何裁判?

◎裁判规则

如果用人单位与劳动者约定,劳动者离职后一定期限内从事与本单位经营业务相同的工作,劳动者所获得的股权(股份)应被收回,当劳动者违反了该约定时,用人单位与劳动者的约定易于得到法院的支持。

◎案例详解

经典案例 | 华测检测认证集团股份有限公司诉汪某合同纠纷案

【基本信息】

原告:华测检测认证集团股份有限公司

被告:汪某

案由:合同纠纷

案号:广东省深圳市宝安区人民法院(2017)粤0306民初20169号

【相关案情】

汪某与华测检测认证集团股份有限公司存在劳动合同关系,双方最后一份劳动合同为自2014年9月15日起的无固定期限劳动合同,工作岗位为管理人员,汪某于2015年6月5日离职。

2012年1月17日,华测检测认证集团股份有限公司召开2012年第一次临时股东大会,审议通过了《深圳市华测检测技术股份有限公司关于对中层管理人员及核心技术(业务)人员的股票期权激励计划(草案)修订稿》,拟向中层管理人员及核心技术(业务)人员授予股票期权。其中激励对象的权利义务中规定激励对象在职期间及自离职之日起1年内,不得从事与华测检测认证集团股份有限公司及下属子公司所属行业相同或者类似的工作,否则激励对象应当将其因行权所得全部收益返还给华测检测认证集团股份有限公司,并承担与其行权所得收益同等金额的违约金;给华测检测认证集团股份有限公司造成损失的,还应同时向华测检测认证集团股份有限公司承担赔偿责任。

汪某多次接受了华测检测认证集团股份有限公司授予股权,通过行权和出售股权，扣除税费后，汪某共计获利277,497元。

汪某提交了其与深圳市中证安康检测技术有限公司签订的劳动合同及该公司出具的证明，证明其自2016年8月1日起入职该公司。

【争议焦点】

汪某是否应当返还因行权所得的股权激励全部收益？

【一审】

诉讼请求

被告汪某返还原告所得全部收益及支付违约金合计人民币558,394元。

裁判结果

驳回原告华测检测认证集团股份有限公司的全部诉讼请求。

【法院观点】

被告接受原告授予的股票期权，双方成立合同关系。关于被告是否违反约定，被告已提交了其与深圳市中证安康检测技术有限公司签订的劳动合同，该公司亦出具了证明，证明被告自2016年8月1日起入职该公司。没有证据显示上述劳动合同及证明不实，此时应由原告就其主张举证，否则原告应承担举证不能的不利后果，法院对被告提交的劳动合同及《证明》予以采信，则被告入职深圳市中证安康检测技术有限公司距其2015年6月5日从原告公司离职已超过一年，并未违反《深圳市华测检测技术股份有限公司关于对中层管理人员及核心技术（业务）人员的股票期权激励计划（草案）修订稿》的相关规定，因此对于原告的诉讼请求，法院不予支持。

第三节　激励对象违约违纪

◎问题聚焦

在股权激励的实践中，如果劳动者违反了单位的规章制度，或者违反了与用人单位的有效约定，用人单位可能会请求收回给予劳动者的股权激励待遇。当劳动者违反了与用人单位的约定或者用人单位的规章制度时，法院是否会支持用人单位将劳动者所获得的股权激励收益收回呢？

◎裁判规则

如果用人单位与劳动者约定了收回劳动者所获得的股权激励收益的条件，或者用人单位的规章制度中规定了相应的条件，而劳动者违反了该约定或者该制度，法院倾向于认为相关约定或制度可以有效约束当事人。

◎案例详解

经典案例 | 付某与淘宝（中国）软件有限公司、阿里巴巴集团控股有限公司合同纠纷案

【基本信息】

上诉人（一审原告）：付某

被上诉人（一审被告）：淘宝（中国）软件有限公司（以下简称淘宝软件公司）

被上诉人（一审被告）：阿里巴巴集团控股有限公司（以下简称阿里集团公司）

案由：合同纠纷

案号：浙江省杭州市中级人民法院（2013）浙杭商外初字第 177 号

【相关案情】

阿里集团公司成立于 1999 年 6 月 28 日，注册登记地为英属开曼群岛。淘宝软件公司成立于 2004 年 12 月 7 日，注册登记地为中国杭州，系阿里集团公司的关联企业。付某原系淘宝软件公司员工，从事淘宝网店业务工作，负责向商家推销淘宝的服务，挑选参与淘宝活动的商家。在双方劳动关系存续期间，付某与阿里集团公司签署相关协议，付某共被授予阿里集团公司股票期权 70,800 股，其中已行权 70,400 股。

2009 年 12 月 24 日，阿里集团公司颁布《阿里集团公司商业行为准则》，付某于 2009 年 12 月底通过邮件点击阅读完成学习认证。该准则规定，本准则适用于阿里集团公司及其子公司的每位董事、高管人员和雇员，不论这些人员和阿里集团公司之间的关系是全职、兼职、咨询性质或临时的（包括从提供雇佣服务的机构或其他实体外包的员工）。“利益冲突”中规定了若干内容，并且规定，任何违反本条款的员工会被因故解雇。“对违反行为的惩戒”中规定，任何员工

故意违反相关条款或严重未能遵守以上条款的都将会被因故解雇。

2011年4月6日,付某向公司发送邮件,承认任职期间向客户借款,请求给予处罚。付某的行为违反了《阿里集团公司商业行为准则》上述规定。

2012年11月21日,经付某催促,阿里集团公司答复因付某违反公司商业行为准则,股票被全部回购,拒绝交付股票证书。

【争议焦点】

阿里集团公司是否可以撤销或回购付某股票期权?

【一审】

诉讼请求

淘宝软件公司和阿里集团公司立即向付某交付阿里集团公司35,400股的股票证书并办理相关登记手续。

裁判结果

驳回付某的诉讼请求。

【二审】

上诉请求

支持一审诉讼请求。

裁判结果

驳回上诉,维持原判。

【法院观点】

首先,付某应当遵守《阿里集团公司商业行为准则》。付某虽非阿里集团公司的员工,但属于阿里集团公司旗下淘宝软件公司的员工,《阿里集团公司商业行为准则》适用于付某。其次,付某变相补贴客户和向客户无息借款的行为分别发生在2010年12月和2011年1月初,是在阿里集团公司发布商业行为准则以及2009年12月付某点击阅读学习认证该商业行为准则之后。最后,付某前述违反对公司忠诚、谨慎和廉洁义务的行为,落入《阿里集团公司商业行为准则》的相关规定。根据该商业行为准则的规定,任何员工故意违反前述等相关规定或者未能遵守所述条款的都将会被解雇。

法院注意到,阿里集团公司撤销或回购付某期权股票,依据的是付某与阿里集团公司签订的作为期权合同重要组成部分的2005年、2007年股权期权激励计划的规定。该两份股权期权激励计划均对"特定事由"和"因特定事由终止"期权计划作出了明确规定。付某前述违反《阿里集团公司商业行为准则》的行为,同时也构成2005年、2007年股权期权激励计划中规定的情形。故阿里集团公司撤销和按付某原始行权价回购其三份期权授予通知书项下未行权期权和已行权股票,系行使合同权利。

【律师视角】

案例评析

本案的争议焦点在于付某是否可以最终获得股票期权。付某与阿里集团公司签订的作为期权合同重要组成部分的2005年、2007年股权期权激励计划的规定中约定了撤销或回购期权股票的情形,而付某的行为符合约定的撤销或回购的情形,所以阿里集团公司撤销或回购付某期权股票符合约定,也得到了法院的支持。

实操建议

在这类案件进入诉讼程序之前,律师一定要明确当事人双方的具体约定。如果劳动者与用人单位确实约定了或者用人单位有效规定了撤销或回购期权股票的情形,而劳动者的行为符合约定情形,又没有法律强制性的相反规定,法院将倾向于认为劳动者无法最终获得股票期权。激励和约束从来是统一的整体,对于用人单位而言,在激励员工的同时,准备好负向激励条件和规定,是绝对必要和有意义的。

类似案例 | 孟某、美的集团股份有限公司劳动合同纠纷案

【基本信息】

再审申请人(一审原告、二审上诉人):孟某

被申请人(一审被告、二审被上诉人):美的集团股份有限公司(以下简称美的集团公司)

被申请人(一审被告、二审被上诉人):广东美的制冷设备有限公司(以下简称美的制冷公司)

案由:劳动合同纠纷

案号:广东省高级人民法院(2019)粤民申9769号

【相关案情】

2017年6月9日,经董事会审议,美的集团公司决定认定孟某作为原美的集团公司工程部部长,对工程串标承担次要责任,对工程重大经济损失及多名

下属严重违规违纪承担主要管理责任，对孟某扣除所有未发绩效。

美的集团公司施行的《集团总部绩效管理办法》载明："……考核方式：重点工作计划达成、综合业绩评价、责任追究扣分……年度考核：根据月度、年度考核得分按照权重累加，计算出年度考核得分。考核结果纳入部门强制分布，部门强制分布等级比例与中层个人业绩系数的对应关系如下：绩效等级为较差－D，标准人数比例≥5%，个人业绩系数为0.5……责任追究考核：严格参照《责任追究管理办法》……个人业绩：由部门负责人进行考核，确定个人业绩系数。"孟某直接上级李某德出具《2017年度员工绩效评价表》，以孟某发生重大责任追究事项，应予追责为由对孟某绩效评价为D。

美的集团公司施行的《责任追究管理办法》也明确载明："根据在责任事件中员工所起的作用和岗位职责，有关责任界定类别划分如下：……主要领导责任，对其主管的人员及工作给公司造成不良后果以及经济损失应承担的责任……员工失职和违法违纪行为纳入绩效评定和奖金发放的评价范围……经济赔偿是对责任人造成经济损失的追偿……经济赔偿以绝对损失金额为基数，采用超额累进比率的方式计算赔偿总金额，从其一切可获得但尚未分配的利益中直接扣除……经济赔偿总金额及各责任人承担比例如下：绝对损失金额1000万元以上，赔偿总金额按超额累进比率2%计算，主要领导责任按赔偿总金额的30%～60%承担赔偿责任。"

【争议焦点】

美的集团公司、美的制冷公司是否可以取消孟某的股票期权行权？

【法院观点】

根据《最高人民法院关于适用〈中华人民共和国民事诉讼法〉的解释》第九十三条第一款第五项的规定，已为人民法院发生法律效力的裁判所确认的事实，当事人无须举证证明。双方当事人在本案诉讼前曾因劳动争议纠纷另行诉讼，二审法院作出并已生效的（2019）粤06民终2730号民事判决认定孟某原为美的集团公司工程部部长，对于涉案工程串标承担次要责任，对于涉案三项消防工程的经济损失1464万元和多名下属严重违纪承担主要管理责任。上述认定可作为本案处理的依据。根据美的集团公司施行的《集团总部绩效管理办法》，孟某的绩效等级为D级且需承担赔偿责任。经比较，孟某应承担的赔偿数额已经超过其应获得的2017年1月至4月绩效工资63,334元，故美的集团公司扣除孟某2017年1月至4月的绩效工资，并无不当。关于孟某申请再审认为刑事判决并未认定工程串标行为与其有关、故其无须承担其他责任的问题，法院认为，刑事责任是行为人因实施刑事法律禁止的行为所必须承担的法律后果，系最严厉的法律责任，因行为失当而应承担的责任还包括民事、行政及道德责任，因此，孟某不承担刑事责任并不意味可以免除其他责任。孟某申请再审缺乏充足的事实和法律依据，法院对其再审申请不予支持。

【律师视角】

案例评析

本案历经若干轮审判，还经历了刑事审判的洗礼，但化繁为简，最终的结果还是要看劳动法和用人单位的规章制度的规定和适用。第一，规章制度的有效性是劳动法的基本问题，作为用人单位，应该制定合法、合理且可以有效施行的规章制度。第二，关于与规章制度相关的事实方面的认定，有时简单，有时复杂，既可能涉及证据的固定和留存问题，也必然涉及举证的责任和举证方式问题。谁可以将事实和依据掌握好，谁胜诉的概率自然就大些。

类似案例 ｜ 罗某良、北汽福田汽车股份有限公司劳动争议纠纷案

【基本信息】

上诉人（原审原告）：罗某良

被上诉人（原审被告）：北汽福田汽车股份有限公司（以下简称北汽福田公司）

案由：劳动争议

案号：北京市第一中级人民法院（2016）京 01 民终 1834 号

【相关案情】

2012 年 3 月 30 日，罗某良与北汽福田公司签订社会人才招聘协议，约定内容有："罗某良工作岗位为副总裁（分管雷萨泵送业务）；月度工资 18 万元，年度奖金包含现金 148 万元、股权 36 万元，年薪合计 400 万元；协调办理落户北京；试用期 6 个月，签订劳动合同 8 年；一次性补贴 200 万元（税前），于试用期后发放，并签订 5 年服务协议；第二年开始，股权与业绩挂钩；员工自报到次月起执行一年协议收入，年度奖金在一年协议期满后发放，与个人年度绩效挂钩，如另有约定，按约定执行，一年期满考核合格后统一纳入薪酬体系执行……"

2014 年 4 月 15 日，罗某良就股权激励签订承诺函，表示已了解股权激励授

予员工股权条件并同意严格遵守北汽福田公司股权激励管理办法。2014 年 8 月 12 日，罗某良被免去兼任的雷萨泵送业务总监、事业部总裁和事业本部常务副本部长职务。2014 年 8 月 15 日，罗某良以身体不适（医院治疗）为由向北汽福田公司书面请假，北汽福田公司在其请假条中批示为“请自 9 月 1 日起再考虑病休，在此之前做好交接和配合审计工作”。2014 年 9 月 3 日，北汽福田公司免去罗某良集团副总裁职务。

2013 年 9 月 3 日起，北汽福田公司多次通过短信与罗某良联系要求其回公司办理审计事宜。2014 年 9 月 17 日，北汽福田公司向罗某良邮寄通如，要求罗某良上班或者补交请假材料，否则公司将按相关制度处理。

【争议焦点】

北汽福田公司是否应当向罗某良支付股权激励利益？

【法院观点】

为证明罗某良不符合获得股权激励的条件，不能获得股权激励，北汽福田公司提交了《股权激励管理办法》，该办法对股权激励人员按照不同层级规定了股权激励锁定期。该办法同时规定，若员工在锁定期因违反公司有关规定，包括但不限于违反职业道德、泄露公司机密、失职或渎职等行为严重损害公司利益或声誉被解除劳动关系的，其股权激励指标取消，不能取得获授股权激励资格。罗某良对《股权激励管理办法》的真实性不认可，但其未提交证据予以反驳。结合其曾就股权激励签订承诺函，表示已了解股权激励授予员工股权条件并同意严格遵守北汽福田公司《股权激励管理办法》的情形，法院对《股权激励管理办法》予以采信。

罗某良当时作为公司的高层管理人员，其锁定期为六年，其因旷工严重违反公司纪律被公司于 2015 年 1 月 12 日解除劳动合同，不符合股权激励获授条件，因此，对于罗某良要求北汽福田公司支付股权激励的诉讼请求，法院不予支持。

【律师视角】

案例评析

北汽福田公司《股权激励管理办法》按照不同层级规定了股权激励锁定期；该办法同时规定，若员工在锁定期因违反公司有关规定，而被解除劳动关系，其股权激励指标取消，不能取得获授股权激励资格。罗某良因违反公司纪律被公司解除合同，所以其无权获得相应的股权激励权益，故法院判决于法有据。

第四节 激励对象犯罪

◎问题聚焦

有个别激励对象(和激励者之间不一定直接存在劳动关系)在激励计划(协议)实施过程中犯罪了,此时,针对公司与激励对象之间的股权激励效力应当如何认定?公司可以采取哪些合法的救济权利呢?

◎裁判规则

如果公司和激励对象之间约定,激励对象犯罪了,公司有权收回相应的股权激励收益,这是附条件的合同,不属于对于犯罪行为的法律判断,不违反法律法规的强制性规定,应当认定为有效;如果双方没有关于激励对象犯罪就收回股权激励收益的约定,即便是激励对象犯罪了,公司也无权因此收回激励收益。

◎案例详解

经典案例 | 魏某峰与北大方正集团有限公司合同纠纷案

【基本信息】

二审上诉人(原审原告):魏某峰

二审被上诉人(原审被告):北大方正集团有限公司(以下简称北大方正公司)

案由:合同纠纷

案号:北京市第一中级人民法院(2016)京01民终字350号

【相关案情】

2007年1月1日,北大方正公司出具了一份激励方案。股票激励计划开始时,激励对象签订虚拟股票授予协议,虚拟股票授予后自动进入锁定期,锁定期为自集团或所属企业人力资源部和激励对象签订协议书之日起三年;锁定期内激励对象不得行权;锁定期届满自动进入行权期,行权期为三年。激励对象被解雇、免职时,激励对象因严重失职、给集团造成实质性损害,或因受到刑事处罚而被解雇、除名的,其授予的虚拟股票由集团全部收回,当期支付的购股款项不返还。

2007年6月21日,北大方正公司(甲方)与魏某峰(乙方)签订一份协议书,乙方同意根据协议书约定认购和/或购买甲方授予的虚拟股票。依据激励方案的有关规定,现甲乙双方就甲方向乙方授予甲方股票事宜制定该协议,共同遵照执行。双方发生争议时,该协议已涉及的内容按该协议的约定解决,该协议未涉及的部分,按照甲方激励方案的有关规定解决,激励方案均未涉及的部分,按照国家法律和公平合理原则解决。协议有效期为六年,自双方签字盖章之日始至2012年12月31日止。

2010年8月26日,魏某峰被判犯职务侵占罪。北大方正公司因魏某峰在协议有效期内受到刑事处罚,根据《激励方案》相关条款的规定不同意向魏某峰返还购股资金,并将其被授予的虚拟股票全部收回,且当期支付的购股资金不返还。对此,魏某峰则主张,《激励方案》中上述条款内容应属无效。双方无法达成一致意见,魏某峰诉至法院。

【争议焦点】

激励方案中有关激励对象(魏某峰)如受到刑事处罚,则魏某峰丧失获授股权且不返还购股资金的条款,是否合法有效?

【一审】

诉讼请求

判令北大方正公司向魏某峰返还购股资金166,250元,并赔偿相应利息损失。

裁判结果

驳回原告魏某峰的诉讼请求。

【二审】

上诉请求

撤销一审判决。

裁判结果

驳回上诉,维持原判。

【法院观点】

首先,《激励方案》约定激励对象因受到刑事处罚而被解雇、除名时,当期支付的购股款项不返还,系双方约定的对魏某峰持有的虚拟股票及已支付购股款如何处理所附条件,《激励方案》的上述约定并未违反《刑事诉讼法》的相关规定；其次，魏某峰与北大方正公司之间并无劳动合同关系，《激励方案》的上述内容并非魏某峰劳动合同法律关系的相关内容，魏某峰因履行《协议书》和《激励方案》而支付的购股款亦与劳动合同法律关系中的违约金不属同一范畴；最后，魏某峰主张的《刑事诉讼法》和《劳动合同法》中的相关规定，并非判断其与北大方正公司之间上述合同效力的直接依据。法院认为一审法院判决并无不当，魏某峰该上诉理由缺乏事实和法律依据，对其上诉理由，法院依法不予采信。

【律师视角】

案例评析

本案的争议焦点在于：激励对象犯罪了，能否享受股权激励的利益？当股权激励协议约定，激励对象实施了犯罪行为，其是无法获得相应的股权激励，并且需要依照协议的约定丧失相应的股权，法院倾向于会支持用人单位的主张或者答辩意见。因此，双方的激励协议是讨论一切问题的根本。

还需要注意的是，因为北大方正公司和魏某峰之间不存在直接的劳动关系，因此，劳动法在本案中不被适用。这也是本案审理/代理过程中的一个重要问题。

如果魏某峰主张违约金过高，根据《民法典》，法院可以参照相关规定考虑降低违约金赔偿金额。

实操建议

1. 在这类案件进入诉讼程序之前，律师首先需要明确激励对象和激励者之间的法律关系，是否存在劳动关系。如果不存在劳动关系，那么就需要按照民法典和相关法律规定来确认双方属于合同关系还是其他关系，进而厘清双方的权利义务关系。

2. 律师还需要明确激励对象与激励者之间签订的《劳动合同书》中的股权激励条款或者专门的《股权激励协议》中的具体约定和诉讼请求依据的请求权基础，分析激励对象与公司之间股权激励条款适用的前提条件，从而对于激励对象实施了犯罪行为的情况下能否继续享受股权激励做出审慎判断。

3. 对于公司来说，在签订《劳动合同》的股权激励条款或者单独签订《股权激励协议》时，一定要有约束激励对象遵纪、守法、守约、竞业限制等条款，从而充分维护公司的合法权益。

类似案例｜熊某友与嘉寓新新投资(集团)有限公司合同纠纷案

【基本信息】

原告:嘉寓新新投资(集团)有限公司

被告:熊某友

案由:合同纠纷

案号:北京市顺义区人民法院(2014)顺民初字第1724号

【相关案情】

嘉寓新新投资(集团)有限公司原名称为北京嘉寓新新资产管理有限公司(以下简称嘉寓管理公司),2013年10月15日公司名称变更为嘉寓新新投资(集团)有限公司。

2011年4月2日,嘉寓管理公司与熊某友签订《合作协议》。协议约定:甲方为嘉寓管理公司,乙方为熊某友;双方拟合作组建"江苏嘉寓光伏科技有限公司";公司注册后甲方持有90%股权,乙方持有10%股权(此部分股权为职位激励性股权);双方一致委托北京嘉寓门窗幕墙股份有限公司审计部对公司进行年度审计,若在审计过程中发现乙方及管理层以下情形,则相关责任人应无条件放弃所持有的全部股份:利用职权收受贿赂或其他合法收入、侵占公司的财产;挪用公司资金;将公司资金以其个人名义或者以其他个人名义开立账户存储;违反公司章程的规定,未经股东会、股东大会或者董事会同意,将公司资金借贷给他人或以公司财产为他人提供担保;利用其关联关系严重损害公司利益。2011年4月28日,双方根据《合作协议》注册成立了江苏东方绿洲光伏科技有限公司(以下简称东方绿洲公司),由熊某友担任法定代表人、总经理。

2011年8月29日,嘉寓管理公司总部召开东方绿洲公司股东会、董事会,决定从8月30日起免除熊某友经理、监事、法定代表人职务。8月31日,熊某友与熊某将东方绿洲公司的1280万元转至熊某友实际控制的金太阳公司,并提现20万元存入熊某个人银行卡。9月15日,公安机关对上述事情进行立案侦查,2013年6月6日,江苏省镇江市中级人民法院作出(2012)镇刑二终字第43号判决书,以挪用资金罪判处熊某友有期徒刑三年。

【争议焦点】

《合作协议》中的股权激励条款能否继续履行?

【法院观点】

嘉寓管理公司与熊某友签订的《合作协议》系双方真实意思表示,双方之间的合同关系,法院予以确认。协议对熊某友无条件放弃所持有的全部股份的条件进行了约定。熊某友因挪用公司资金被判处三年有期徒刑,属协议中约定的应无条件放弃所持有的全部股份的情形。双方协议已无法继续履行,嘉寓管理公司要求解除涉诉合作协议并无不当,熊某友亦同意解除。但熊某友称嘉寓管理公司先行违约,解除合作协议应给予其相应的补偿,其辩解没有法律依据,法院不予采信。

因熊某友持有的10%股权系嘉寓管理公司出资,且东方绿洲公司只有两个股东,在熊某友放弃持有的全部股份后,嘉寓管理公司系东方绿洲公司的唯一股东,熊某友放弃的股份应属嘉寓管理公司所有。嘉寓管理公司要求熊某友变更股权给嘉寓管理公司的诉讼请求,法院予以支持。

【律师视角】

案例评析

本案中,熊某友与公司约定持有10%股权(此部分股权为职位激励性股权)并工商登记处明确双方持股比例,但由于乙方并未实际出资,除乙方按本协议第四条第六款的约定出资收购之外,乙方不得抽逃该股份所对应之出资;而乙方恰恰违反了合同约定,并构成抽逃出资罪,因而其无法享有相应的股权激励利益。当然,抽逃出资罪在认缴制下已经被取消了,这也需要公司法专业人士关注。

对比案例 | 上海首舜进出口贸易有限公司与陈某其他合同纠纷案

【基本信息】

原告:上海首舜进出口贸易有限公司

被告:陈某

案由:其他合同纠纷

案号:上海市闸北区人民法院(2014)闸民一(民)初字第122号

【相关案情】

2010年10月12日,原、被告签订了《劳动合同》。2011年1月19日,原告的法定代表人诸某诚作为甲方、被告作为乙方、原告作为丙方签订了《股权激励协议》,甲方持有丙方54%股权,乙方为丙方在职员工。2012年12月1日,原告与公司所有股东(含被告)签订了《股权激励补充协议》,该协议第六条约定,如受激励员工实施索贿、受贿、收取回扣等严重损害公司声誉和利益的行为,一经发现,原股权激励立即解除,并追究其法律责任;同时处以查实违法所得金额的十倍罚款,从其实际缴纳的股金中直接扣除(1万元/股),不足扣除的,由当事人自行筹集解决;同时该当事人不再享受其在上海首舜进出口贸易有限公司净权益的任何分配。

2013年7月23日,经(2013)奉刑初字第891号刑事判决书判决,被告犯非国家工作人员受贿罪,判处有期徒刑十个月,宣告缓刑一年;没收非法所得45,060元。

2013年11月7日,原告向上海市闸北区劳动人事争议仲裁委员会递交仲裁申请书,要求被告支付收取回扣金额十倍的罚款450,600元。因为仲裁委员会不予受理,本案被诉至法院。

【争议焦点】

《合作协议》中的股权激励条款能否继续履行?

【法院观点】

被告作为原告公司员工,在工作期间利用职务之便收受回扣,其行为已触犯法律规定,构成非国家工作人员受贿罪,本案中被告的犯罪行为已被刑事处罚,被告的非法所得亦被没收。现原告要求被告根据《股权激励协议》和《股权激励补充协议》的约定,返还2011年享受的分红及赔偿因被告犯罪行为给原告造成的经济损失。根据《股权激励补充协议》第六条的约定,原告发现被告犯罪行为后已追究其刑事责任,并解除原股权激励协议,被告不再享受其在原告处的任何分配;且双方签订的协议中并未约定,被告犯罪后应当退还已获取的利益分配,原告亦未能提供合法有效的证据予以证明因被告的犯罪行为给原告造成的经济损失。因此,对于原告的诉讼请求,法院无法支持。

第十八章

激励协议的解除和终止

第一节　激励协议的解除

◎问题聚焦

员工离开公司有主动离职、被动离职、协商解除劳动关系、被辞退、到期终止劳动关系、病退以及法定年龄退休等多种原因。当员工离开公司，股权激励协议基于何种原因及情形可以解除呢？

◎裁判规则

员工离开公司，激励协议至少在三类情况下应当解除：一是发生了《民法典》第五百六十三条规定的当事人可以解除合同的法定情形，法院倾向于（确认）解除激励协议（若激励协议已经履行完毕或尚未满足协议约定的行权条件，法院或不予支持解除）；二是公司在激励协议中明确约定员工因个人原因主动离职后必须解除激励协议，或者有约定解除激励协议的其他情形的，法院倾向于依据该约定条款判定协议解除；三是协议双方协商一致解除该协议。

◎案例详解

经典案例　北京博大万邦国际中小企业投资顾问有限公司等与刘某合同纠纷案

【基本信息】

申请再审人（一审原告、二审上诉人）：北京博大万邦投资管理有限公司（原

名称北京博大万邦国际中小企业投资顾问有限公司)(以下简称博大公司)

申请再审人(一审原告、二审上诉人):北京康得新复合材料股份有限公司(以下简称康得新公司)

再审被申请人(一审被告、二审被上诉人):刘某

案由:合同纠纷

案号:北京市高级人民法院(2015)高民(商)申字第01373号

【相关案情】

刘某曾系康得投资集团有限公司(以下简称康得集团)副总裁。2007年6月22日,康得新公司、博大公司及刘某共同签订一份激励协议,约定刘某认购康得新公司向激励对象定向增发的总股值为34.5万元的激励性股票,并通过博大公司间接持有该股份。同时在该协议中约定康得新公司股票上市后三年内,如刘某与康得新公司终止劳动关系,则博大公司及康得新公司有权以成本价回购刘某持有的激励性股票。同年6月到7月,康得集团实际支付了刘某认缴的34.5万元出资并完成了股东变更登记。2012年9月20日,康得集团为刘某发放了一份北京市企业职工退休证,载明刘某退休(职)时间为2012年9月20日。但根据税务局所出具的个人所得税完税证明,刘某自2012年1月以后再无缴纳工资、薪金所得税的缴税记录。康得新公司认为刘某并未按照协议约定履行出资义务并且刘某在三年锁定期内与康得新公司和关联公司终止了劳动关系,故于2013年9月23日向刘某发送关于解除激励协议通知函,但是,刘某无视上述事实,于是博大公司及康得新公司依法向人民法院提起诉讼,请求解除激励协议。

【争议焦点】

在激励协议约定的激励性股票锁定期内终止劳动关系,激励协议应当解除还是继续履行?

【一审】

诉讼请求

确认康得新公司、博大公司与刘某所签激励协议已于2013年9月24日解除。

裁判结果

驳回博大公司与康得新公司的诉讼请求。

【二审】

上诉请求

支持一审诉讼请求。

裁判结果

驳回上诉,维持原判。

【法院观点】

博大公司、康得新公司与刘某签订的激励协议系各方真实意思表示,且未违反国家法律、行政法规的禁止性规定,应属有效。

其一,关于出资是否完成。刘某所持激励股权增资款项确系以刘某名义存入公司资本账户,故刘某对公司的增资义务应视为已经完成。至于刘某所缴纳的出资是由其本人出资或第三方垫付,并不影响刘某出资行为本身的法律效力。即使出资款系由康得集团垫付的情形,亦不能据此认定刘某违反激励协议的出资义务,该情形不属于激励协议第四条规定的可以收回或回购刘某所持激励性股票的情形。

其二,关于劳动关系的终止。刘某提交了其本人的退休证,退休证本身即能够证明刘某从康得集团退休,而并非辞职,不符合激励协议中约定的辞职之解除条件,公司无权解除激励协议。

【再审】

再审请求

支持一审诉讼请求。

裁判结果

驳回再审申请。

【法院观点】

原审法院根据查明的事实及相关法律所作的判决并无不当,应予支持。当事人对自己的诉讼主张有提供证据的责任,否则应当承担不利后果。申请人博大公司与康得新公司因未提交合法有效的新证据,故博大公司与康得新公司的再审理由缺乏事实与法律依据,本院不予支持。

【律师视角】

案例评析

本案的争议焦点在于康得新公司、博大公司与刘某之间签订的股权激励协议是否应当解除。首先,法院认可了该协议的效力,即协议中约定的其他股东或者公司在刘某违反协议约定时有权回购其认购的股份的条款是真实有效的。其次,康得新公司与博大公司主张解除激励协议主要基于以下两个理由:一是刘某所缴纳的出资系康得集团代为完成的,二是刘某在三年的股票锁定期内与康得集团及其关联公司终止了劳动关系。但实际上，激励协议中并未限定出资款项的来源；而且，协议中约定的解除条件是“终止劳动合同”，本案中刘某系因达到法定年龄而退休，不属于该解除条件，而康得新公司与博大公司也未能够提供刘某与其终止劳动关系的直接证据，因此，法院认为激励协议不应当解除是有事实和法律依据的。

实操建议

法院对公司尤其是非上市公司与员工之间签订的股权激励协议干涉极少，因激励协议产生的纠纷一般依据《民法典》相关规定来解决，因此，激励协议约定的权利义务需要足够清晰明确，才能有效避免不必要的纠纷。

类似案例 | 北京汉唐自远技术股份有限公司与黄某风合同纠纷案

【基本信息】

原告：北京汉唐自远技术股份有限公司（以下简称汉唐公司）

被告：黄某风

案由：合同纠纷

案号：北京市海淀区人民法院（2016）京0108民初4583号

【相关案情】

2010年8月20日，汉唐公司与黄某风建立劳动关系，约定了24个月的竞业限制期。2015年5月27日，汉唐公司为了肯定老员工对公司所作出的贡献，吸引与保留优秀人才，建立利益共享和约束机制，发布了《汉唐公司2015年第一次股票发行及员工持股方案》，定向增发不超过200万股人民币普通股。同年6月，《汉唐公司2015年第一次股票发行情况报告书》发布，黄某风认购股份数为87,500股，认购金额为140,000元人民币。同年6月12日，汉唐公司与黄某风就上述股份认购事宜签订《汉唐公司与黄某风之股份认购协议》（以下简称《股份认购协议》），并约定“合同附带的任何保留条款、前置条件：无”。同年10月27日，吉林东誉迅腾科技有限公司变更了工商登记信息，变更前工商备案的股东（发起人）、监事均包括黄某风。同年11月6日，黄某风因个人原因向汉唐公司提出辞职申请，9日，双方正式解除劳动关系。吉林东誉迅腾科技有限公司系黄某风成立的与汉唐公司业务相近的一家公司，汉唐公司认为黄某风违背竞业限制义务，离职行为致使双方之间签订的《股份认购协议》的合同目的不能实现,在沟通无果后向法院提起了诉讼,请求解除《股份认购协议》。

【争议焦点】

《股份认购协议》是否应当因劳动者黄某风的离职行为而解除?

【法院观点】

汉唐公司与黄某风签订的《股份认购协议》,系当事人真实意思表示,未违反法律法规的效力性强制性规定,应属有效。

汉唐公司与黄某风之间的《股份认购协议》,主要内容为股份认购,双方之间的协议内容现已履行完毕,在此情况下,汉唐公司以黄某风违反诚实信用原则、造成合同目的不能实现、违反相关约定及文件等为由,要求解除股份认购协议并要求黄某风返还认购的全部股份、转增股份及所获收益,于法无据,主要理由如下:其一,《中关村国家自主创新示范区企业股权和分红激励实施办法》系政策性文件,汉唐公司以该文件规定作为解除合同的依据于法无据;其二,《汉唐公司2015年第一次股票发行及员工持股方案》中的相关表述,与本案关联性较弱,亦不能成为支持汉唐公司解除涉案合同的有效理由。

【律师视角】

案例评析

本案中,汉唐公司以黄某风的离职行为违反诚信原则,以致不能实现《股权认购协议》目的为由来主张解除协议。首先,汉唐公司与黄某风签订的《股权认购协议》未约定员工离职时的回购义务及其他协议解除的条件;其次,黄某风上述行为也不属于协议的法定解除理由,原因在于黄某风的行为并未导致《股权认购协议》目的无法实现,实际上,双方已完成股份认购,协议已经履行完毕,协议目的已完成。因此,黄某风在离职后继续享有汉唐公司股份利益,也不需要返还之前所得的股份利益。至于黄某风违反竞业限制义务所生产的法律后果,与《股权认购协议》并无关联,应当另行解决。

实操建议

公司在草拟激励协议时,应当充分考虑员工各种离职方式对激励协议的影响,可以考虑明确约定一定的服务期限、股权(股票)回购条款以及其他与离职相关的条款,避免出现笼统、空洞的宣誓性言语。在限制性约定不够完备的情况下,容易发生员工在股权(股票)到手后就提出辞职等情况,到时,企业恐怕只能落得“人财两空”的下场了。

类似案例 ｜ 向某广与陈某海股权转让纠纷案

【基本信息】

案号:广东省深圳市福田区人民法院(2014)深福法民二初字第3163号

【法院观点】

向某广与陈某海签订的《股权转让协议》合法有效,双方应依约履行,非因约定或法定原因,任何一方不得随意解除。向某广主张解除合同的事实依据主要有两点:其一,中洋田公司拖欠其工资且迄今仍未上市,股权激励的合同目的无法实现;其二,陈某海未履行股权交付的主要义务,未通知其行使股东权利。对于第一个理由,依照合同法规定,当事人一方迟延履行债务或者有其他违约行为致使不能实现合同目的的,一方当事人依法享有合同解除权。向某广诉称的中洋田公司拖欠工资且未上市等内容并非《股权转让协议》所约定的解除条件,亦非陈某海在股权转让过程中所应履行的合同义务,故而,中洋田公司拖欠工资且未上市不能作为认定陈某海迟延履行债务或者有其他违约行为的依据,不予支持。对于第二个理由,依照合同法规定,当事人一方迟延履行主要债务,经催告后在合理期限内仍未履行的,一方当事人方享有合同解除权。陈某海作为诉争股权的转让方,其主要合同义务在于与向某广进行股权交割,但《股权转让协议》明确约定"由于公司正处于改制上市的关键时期,乙方受让的上述40万股由甲方代为持有",故对向某广所诉称陈某海未履行股权交付义务、未通知其行使股东权利等内容与双方合同约定并不相符,并以此提出的陈某海迟延履行主要债务并诉请解除合同主张,法院亦不予支持。

对比案例 ｜ 深圳市宝斯特科技有限公司与李某华股权转让纠纷案

【基本信息】

案号:广东省深圳市南山区人民法院(2015)深南法民二初字第881号

【法院观点】

《股权激励协议》系当事人的真实意思表示,内容不违反法律、法规的强制性规定,合法有效。根据催告函及其邮单、《股东会决议》等证据可知,李某华系自行离职。根据《股权激励协议》的约定,李某华自行离职,则公司可解除该协议并无条件收回股权。因此,公司诉请解除《股权激励协议》,并要求李某华返还名下0.5%股权的请求,予以支持。此外,根据工商登记资料显示,公司现有股东由李某华替换为袁某周,且袁某周表示愿意回购相应股权,因此对该回购行为予以确认。

【律师视角】

案例评析

股随岗变是指将公司股东身份与公司员工身份挂钩,员工在岗就拥有公司股东身份,员工离职就失去公司股东身份,这是绝大多数公司在实行股权激励时通常采取的原则。股随岗变原则对于保障公司人合性、内部治理等具有现实意义,股权激励时可以与被激励员工约定股随岗变的持股条件。

公司章程这样的有关股随岗变、离职股东须转让股权的规定,体现了全体股东的共同意志,是公司、股东的行为准则,对全体股东均有约束力,这也是公司法内外有别的理念在处理公司内部事务时尊重公司及其股东意思自治的表现。

第二节 激励协议的终止

◎问题聚焦

股权激励很多情况下以劳动关系的存在为前提。当激励对象(员工)与公司解除了劳动合同,即双方劳动关系终止时,是否必然导致激励协议的终止?激励对象(员工)又是否必然丧失股权激励权益?

◎裁判规则

首先应判断劳动合同与股权激励合同是否为相互独立的合同,是否存在主从依附关系。如果两个合同相互独立,即便劳动合同解除,并不必然会导致股权激励协议的终止,激励对象依然可凭借股权激励合同享有激励权益。如果两个合同间存在主从依附关系,股权激励依附于劳动合同而存在,劳动关系终止必然导致股权激励协议的终止,激励对象就不能再享有激励权益。

◎案例详解

经典案例 ｜ 徐某东与丁某峰其他与公司有关的纠纷案

【基本信息】

原告:徐某东

被告:丁某峰

案由:与公司有关的纠纷

案号:上海市崇明区人民法院(2016)沪0230民初4024号

【相关案情】

2010年3月,原告徐某东与欧某某公司签订劳动合同。2012年11月,与欧某某公司的CEO丁某峰签订《虚拟股权赠与协议》,约定甲方对乙方实施虚拟股权赠与计划。协议第四条"终止":4.1.在任职期间乙方出现以下情况,公司可以终止聘用关系,甲方也可以立即单方面终止本协议,无须赠与任何虚拟股权的收益且无须承担任何违约责任……(b)在聘用合同期满前辞职、或因过失而被公司辞退、或聘用合同期满时甲方或乙方任何一方提出不再签约的……乙方同意,甲方或公司可以在以上任一情况下出现时立即终止与乙方聘用关系或在通知的情况下停止支付本协议约定的任何应支付给乙方的报酬(包括虚拟股权的收益等),一旦终止,乙方不应当基于本协议的约定而取得甲方、公司的任何支付或其他利益,或就这样的终止请求任何补偿或赔偿。2014年11月28日,徐某东离职,明确离职原因为个人原因,同日解除劳动关系。2016年6月24日,丁某峰向徐某东邮寄送达《终止合同通知书》一份。现因双方发生纠纷,徐某东向法院提起诉讼,请求丁某峰支付徐某东虚拟股权激励资金及利息人民币500,000元。

【争议焦点】

徐某东能否要求丁某峰向其支付2013年1月1日至2014年11月28日的虚拟股权激励资金及利息人民币500,000元?

【一审】

诉讼请求

要求丁某峰支付徐某东2013年1月1日至2014年11月28日的虚拟股权激励资金及利息人民币500,000元。

裁判结果

驳回徐某东的诉讼请求。

【法院观点】

根据协议约定,如原告在聘用合同期满前辞职,被告可立即单方面终止《虚拟股权赠与协议》;又约定,因原告违反协议约定造成终止的,协议自被告发出书面通知终止之日起立即终止,协议终止后,被告无权获得已经约定但尚未支付的任何虚拟股权收益。根据在案证据,原告与欧某某公司约定的劳动合同期限至2016年3月7日到期,原告于2014年11月28日劳动合同到期前以个人原因为由提出辞职,显然违反了双方约定,被告有权单方终止协议,且被告已向原告发出《终止合同通知书》通知原告终止《虚拟股权赠与协议》,并表示不再支付尚未支付的虚拟股权激励资金,原告也确认于2016年6月24日收到。因此,根据双方的约定被告无须再支付原告虚拟股权激励资金。

【律师视角】

案例评析

本案中,原、被告双方对于《虚拟股权激励协议》的终止方式约定得非常清楚,原告在聘用合同期满前辞职的,被告可立即单方面终止《虚拟股权赠与协议》;被告事实上也是这么处理双方关系的。因此,法院无法支持原告的诉讼请求。

实操建议

作为公司,在约定股权激励退出机制时,一定要厘清一个问题:股权激励协议和劳动合同的关系问题。如果两者密不可分,就应该在于员工约定股权激励时充分考虑劳动法的相关规定。如果股权激励协议具有很强的独立性,可以考虑《公司法》和《民法典》合同编的相关规定。无论如何,公司应该处理好股权激励协议解除的问题。

对比案例 | 刘某谋其他信托纠纷案

【基本信息】

上诉人(原审原告):刘某谋

上诉人(原审被告):寇某芳

原审第三人:内蒙古小肥羊餐饮连锁有限公司(以下简称小肥羊公司)

案由:其他信托纠纷

案号:上海市第一中级人民法院(2016)沪01民终961号

【相关案情】

刘某谋在小肥羊公司任职期间,于2004年3月与小肥羊公司签订股权激励合同;为管理上的方便,2004年3月,依据股权激励合同的约定,刘某谋与该公司股东寇某芳签订股权信托合同,约定寇某芳为刘某谋的利益,持有刘某谋所拥有的小肥羊公司股权并行使股东权,同时约定信托财产为刘某谋持有的其在小肥羊公司的出资额2万元,占小肥羊公司注册资本0.0314%。股权信托合同第4.3条约定,寇某芳应将小肥羊公司分配利润之款项(所分配利润)直接委托小肥羊公司将其划入刘某谋指定账号或直接交予刘某谋。

上述合同签订后,刘某谋向小肥羊公司缴纳2万元。刘某谋在职期间,从小肥羊公司处领取了股权分红款。2010年3月11日,刘某谋从小肥羊公司处离职。2010年12月10日,上海市公安局长宁分局立案审查刘某谋非国家工作人员受贿案。2012年6月18日,刘某谋委托律师向寇某芳发函,主张2万股股份对应的股权收益款项,但寇某芳拒收该邮件。2012年9月13日,小肥羊公司出具证明,证明小肥羊公司股份扣除税金及手续费售后价格折合4.13元/股,售股资金已于2012年5月拨付至寇某芳账户。双方确认售股时刘某谋在寇某芳处的持股数为121,242.24股。因刘某谋至今未收到股权被收购的权益,且经多次向寇某芳讨要未果,故诉至法院。

【争议焦点】

1. 刘某谋与小肥羊公司的股权激励合同是否已经解除?

2. 拨付至寇某芳账户的股权转让款的归属?

【一审】

诉讼请求

1. 寇某芳返还股权转让款500,698.07元。

2. 寇某芳支付违约金100,139.61元。

裁判结果

寇某芳于判决生效之日起10日内返还刘某谋信托财产500,698.07元。

【二审】

上诉请求

刘某谋请求改判支持其原审全部诉讼请求。

裁判结果

1. 寇某芳于判决生效之日起 10 日内返还刘某谋信托财产 500,698.07 元。

2. 上诉人寇某芳于本判决生效之日起 10 日内向上诉人刘某谋支付违约金人民币 100,139.61 元。

【法院观点】

寇某芳认为,股权激励合同的前提系刘某谋为公司员工,股权激励合同是劳动合同的从合同,刘某谋于 2010 年 3 月 11 日和公司终止劳动合同即为放弃包括股权激励合同的所有权益,股权激励合同也已经解除。法院对于寇某芳的上述观点并没有支持。法院认为,股权激励合同并未解除;劳动合同与股权激励合同相互独立,劳动合同终止协议并不涉及股权激励合同。

此外,法院还认为,在合同实际履行过程中,小肥羊公司被案外人收购,小肥羊公司将刘某谋的股权转让款按约支付至股权信托合同受托人即寇某芳账户中,刘某谋又以诉讼的形式积极主张该笔款项,故认定股权激励合同因小肥羊公司和刘某谋的履行完毕而终止。

【律师视角】

案例评析

本案中,法院认为劳动合同与股权激励合同相互独立,劳动合同终止协议中仅涉及劳动合同方面的权益,并不涉及股权激励合同。因此,刘某谋尽管与小肥羊公司解除劳动合同,并不必然导致股权激励协议的终止。

类似案例 | 曾某淇与张某、云南东晨投资有限公司与公司有关的纠纷案

【基本信息】

再审申请人(一审原告、二审上诉人):曾某淇

被申请人(一审被告、二审被上诉人):张某

被申请人(一审被告、二审被上诉人):云南东晨投资有限公司

原审第三人:云南英茂集团有限公司(以下简称英茂公司)

案由:与公司有关的纠纷

案号:云南省高级人民法院(2018)云民申 147 号

【相关案情】

原告曾某淇于1994年11月进入英茂公司。2013年1月16日，曾某淇与被告张某签订《收益权激励协议》，其属于激励对象。张某间接持有英茂公司15.83%的股权。张某同意将其所持英茂公司股权中的300万份收益权一次性无偿让渡给曾某淇。双方一致同意并确认本协议收益权仅指在英茂公司分配现金红利时，张某依据其持有的英茂公司股权而享有从英茂公司取得与该等股权对应的当年度现金红利的权利。原告符合以下情形之一，经与张某协商一致，可由张某赎回原告享有的收益权：……3.原告获得收益权后为英茂公司及二级公司继续服务满五年的。该协议第5.1条规定，若原告发生以下情形之一的，则立即自动丧失其享有的全部收益权：……英茂公司股东会认为应当剥夺收益权的其他情形。原告丧失收益权后，即不再享有从英茂公司和张某处获得任何分红的权利。2013年4月25日，原告向张某提交《英茂集团收益权申请赎回书》，申请持股公司股东赎回原告持有的全部收益权。

2014年5月30日，英茂公司召开股东会议，会议认为原告曾某淇接受激励至要求赎回收益权没有满足服务满五年的赎回条件，故参会股东作出决议：根据《激励办法》第四十三条、第四十四条的规定和《激励协议》第5.1条的约定，收回赠与原告的收益权，原告曾某淇享有的收益权立即自动丧失，即刻生效。2015年10月20日，曾某淇与英茂公司解除劳动合同。

【争议焦点】

1.原告曾某淇的收益权是否已经丧失？

2.张某、云南东晨投资有限公司是否应向曾某淇支付2014年、2015年分红收益款？由谁支付？

【法院观点】

法院经审查认为，三方当事人依据真实的意思表示形成了合同关系，曾某淇与张某签订的《收益权激励协议》及第三人英茂集团公司发布的《激励办法》均是合同的组成部分，第三人英茂集团公司也是合同的一方当事人。原判认定激励协议应属有效，激励协议和《激励办法》均约束本案协议双方当事人及第三人英茂集团公司并无不当。再审申请人称“第三人不是《收益权激励协议》的相对方，第三人无权直接对曾某淇行使权利”的理由与合同的意思表示不符，不能成立。曾某淇于《收益权激励协议》签订3个月后提交了《英茂集团收益权申请赎回书》，该赎回申请不符合激励协议和《激励办法》中关于“获得收益权后为英茂公司及二级公司继续服务满五年”才能申请赎回的条件。2014年5月30日第三人英茂集团公司召开股东会专题讨论曾某淇要求赎回收益权的事宜，决议明确认为“曾某淇不具备协商赎回收益权的条件”，还认为“曾某淇缺乏契约精神，不愿再以高度的责任心忠诚于英茂集团的事业，其行为违背了英茂集团的企业文化和价值观，对曾某淇实施收益权激励的目的已无法实现”。英茂集团公司股东会决议收回赠与曾某淇的收益权符合《合同法》第一百九十二条“受赠人有下列情形之一的，赠与人可以撤销赠与：……（三）不履行赠与合同约定的义务”之规定，由此，原判认定“曾某淇要求支付收益权的请求无事实和法律依据”并无不当。

【律师视角】

案例评析

本案中，曾某淇与张某签订的激励协议是在《激励办法》的基础上签署的，合法有效，对双方都具有法律约束力。这表明曾某淇明确认可并接受《激励办法》以及激励协议的内容。激励协议中约定了英茂公司股东会享有剥夺收益权的权利。诉讼中英茂集团公司提交了股东会决议，表明英茂集团公司通过股东会决议剥夺了曾某淇的分红收益权。因曾某淇签订激励协议时已经认可英茂集团公司享有单方终止其激励股权的权利，因此本案中其再主张分红收益就不能被法院支持。

第十九章

特 殊 主 体

第一节 上 市 公 司

◎问题聚焦

和非公众公司的股权激励可以很“任性”相比，证监会对上市公司实行股权激励的条件、上市公司员工参与股权激励的条件、股权激励计划的必备内容与基本要求等作出了明确规定。那么，如果上市公司股权激励在决策程序等方面存在问题，法院会如何裁判呢？

◎裁判规则

根据《上市公司股权激励管理办法》，上市公司股权激励计划需要经过严格的法定程序才可以生效并实施。如果上市公司的股权激励协议并未严格依据法定程序经过审议通过，有可能因为无法依照约定实施协议而损害激励对象的权益，甚至有可能会因为缺乏法定生效要件而无法生效，或者因为违背法律的强制性规定或者《民法典》第一百五十三条“违背公序良俗的民事法律行为无效”等而无效，进而使得激励对象的期待利益几近“竹篮打水一场空”。

◎案例详解

经典案例 ｜ 王某与江苏地华实业集团有限公司合同纠纷案

【基本信息】

原告：王某

被告:江苏地华实业集团有限公司(以下简称地华集团)

案由:合同纠纷

案号:江苏省南京市中级人民法院(2018)苏01民初1452号

【相关案情】

2008年2月20日,地华集团凌某幸就拟聘用王某为南京中央商场(集团)股份有限公司(以下简称南京中商)总经理一事,向地华集团法定代表人祝某财出具信函一份,记载:建议给予王某年薪60万元并赠与一套面积在150平方米以内的住房一套;每年的经营业绩按净利润同比增长的部分奖励10%给管理层,其中王某个人获得的奖励应不低于50%(该项业绩激励方案由本集团向南京中商董事会提出,经该公司股东大会批准后实施,奖金从南京中商列支);同时由于王某在原单位有120万股期权,为保证其实际利益不受影响,在王某任职后立即启动南京中商股权激励方案,并承诺王某的期权收益不低于在原单位拥有的期权收益等。祝某财在该信函中批注"同意"。2008年8月,地华集团与王某正式签订《协议》,承诺在王某任职南京中商后给付150万股股票期权激励,但时至今日地华集团仍未履行。根据南京中商2012年、2013年、2014年的转增股本实施办法,截至目前,前述应于2008年过户至王某名下的150万股经三次转增股本后为1200万股。《协议》约定由于种种原因,未能及时提交董事会讨论通过实施的,由地华集团负责解决。地华集团未按约将股票期权激励方案提交南京中商董事会讨论通过,违反了《协议》约定,故王某提起诉讼,要求办理变更登记手续。

【争议焦点】

王某要求地华集团交付南京中商1200万股股票,应否支持。

【一审】

诉讼请求

判令地华集团将其持有的南京中商的1200万股股票过户至王某名下,并办理股权变更登记手续。

裁判结果

驳回原告王某的诉讼请求。

【法院观点】

首先,《公司法》和《上市公司股权激励管理办法(试行)》均在案涉《协议》、信函等签订或出具之前,即2008年之前已经颁布实施,南京中商系上市公司,王某拟任职南京中商的高级管理人员，并期待获得股票期权激励，均应当遵守《上市公司股权激励管理办法（试行）》的规定，即南京中商先确定行权价格或者行权价格的方法，由南京中商董事会下设的薪酬与考核委员会负责拟订股权激励计划草案，南京中商董事会进行审议，提交南京中商股东大会表决通过，还要履行公示、公告、信息披露等程序。

其次，虽然案涉《协议》、信函等未加盖地华集团的公章，但地华集团认可祝某财代表该集团出具《协议》、信函等，故《协议》系地华集团的真实意思表示，合法有效。案涉《协议》、信函所涉内容为王某任职南京中商期间的报酬问题，根据常理应由用人单位即南京中商支付报酬，地华集团、祝某财作为南京中商的股东，其意思表示不能等同于南京中商的法人意思。南京中商作为上市公司，如拟对王某实施股票期权激励，仍需遵守上述《上市公司股权激励管理办法（试行）》中对上市公司实施股权激励步骤的相关规定。

最后，王某在原任职的金鹰集团尚未获得120万股股票期权，无法判断王某如留任金鹰集团所可能获得的期权收益具体金额。王某主张按股票的票面价格来确定其留任金鹰集团可能获得的收益，即其以零对价来取得股票，缺少法律依据。地华集团承诺王某“期权收益不低于在原单位拥有的股票期权收益”，因王某在原单位拥有的股票期权收益无法判断，故对于该“收益”的具体价值确定问题，尚待王某与地华集团、南京中商的进一步协商。故王某诉请直接要求地华集团给付1200万股股票，亦缺乏事实及法律根据，法院不予支持。

【律师视角】

案例评析

根据《上市公司股权激励管理办法（试行）》的规定，本案中地华集团并没有对股票期权激励计划草案的审议权及决定权，此分别为南京中商董事会、股东大会的职权，地华集团能做的是积极与南京中商董事会、股东大会沟通，促进对王某实施股票期权激励计划。《协议》约定的“由地华集团负责解决”，无法得出南京中商如未对王某实施股票期权激励，则应由地华集团向王某实施股票期权激励而支付相应股票的意思。

实操建议

作为激励对象，在和上市公司洽谈股权激励事项时，最好能够请专业人士进行法律方面的支持。否则，一旦股权激励计划没有办法依照约定实施，出现“竹篮打水一场空”的情形就非常遗憾了。

第二节 国有企业

◎问题聚焦

随着我国资本市场的迅速发展,国有企业股份制改革的不断完善,股权激励在国有企业中的运用逐步增多。那么,国有企业以其持有的改制后的公司股份对员工进行股权激励的行为所引发的纠纷,政府主管部门在对企业国有资产进行行政性调整、划转等过程中发生的与股权激励相关的纠纷,是否属于人民法院民事案件的受理范围?

◎裁判规则

国务院国有资产监督管理委员会履行监管职责的行政行为(包括但不限于对其监管的企业管理者进行任免、考核并依据经营业绩和考核结果对企业管理者进行奖惩,包括对公司的核心管理层进行股权激励的行为)引发的纠纷,政府主管部门在对企业国有资产进行行政性调整、划转等过程中发生的即便是与股权激励相关的纠纷,当事人向人民法院提起民事诉讼的,人民法院不予受理。

◎案例详解

经典案例 | 廖某村、江西省国有资产监督管理委员会股权转让纠纷案

【基本信息】

再审申请人(一审原告、二审上诉人):廖某村

被申请人(一审被告、二审被上诉人):江西省国有资产监督管理委员会(以下简称江西省国资委)

被申请人(一审被告、二审被上诉人):江西中江控股有限责任公司(以下简称中江控股)

案由:股权转让纠纷

案号:最高人民法院(2019)最高法民申834号

【相关案情】

廖某村称:2010年9月,经江西省人民政府赣府字〔2009〕88号文件批准,江西省国资委与包括原告在内的江西江中制药(集团)有限责任公司(以下简称江中集团)经营层签署《股权激励合同》,江西省国资委总体上以奖励和配售相结合的方式转让给经营层30%江中集团股权(包括奖励10%,购买20%),其中转让给原告1.8%股权(包括奖励0.8%、购买1%)。随后因江中集团增资,经营层合计所持30%的股权稀释为21.86%,其中原告所持股权稀释为1.311%。2011年3月,江中集团派生分立出江西中江集团有限责任公司(以下简称中江集团),经营层据此分别持有江中集团、中江集团各21.86%股权(包括奖励7.286%、购买14.574%),其中原告分别持有江中集团、中江集团各1.311%股权(包括奖励0.583%、购买0.728%)。2012年10月,江西省国资委通知收回包括原告在内经营层所持中江集团合计7.286%奖励股权(包括原告0.583%奖励股权)。基于江西省国资委后续会将股权或转让价款返还的认知,2012年12月5日,包括原告在内的经营层分别与江西省国资委签署了股权收回的《协议书》,双方在《协议书》中明确"本次股权变更并不涉及支付股权转让的交易价款的事项",即对股权收回价格及支付暂未约定。2013年1月,江西省国资委将所持48.815%(包括收回原告在内经营层的7.286%)中江集团的股权划转至其新设独资公司中江控股名下。2015年5月,中江控股及包括原告在内的其他股东一并将合计所持中江集团100%对外转让,转让价款414,959.2万元,其中涉及江西省国资委收回原告所持中江集团0.583%股权转让价款24,192,121.36元。廖某村认为自己的权益受到侵犯,向一审法院江西省南昌市中级人民法院起诉请求:判令江西省国资委、中江公司共同向廖某村支付股权转让款2419.212136万元。

【争议焦点】

廖某村与江西省国资委签订《股权激励合同》《协议书》的行为是否为平等民事主体之间的股权转让行为?

【一审】

诉讼请求

判令被告江西省国资委、中江控股共同向原告支付股权转让款24,192,121.36元。

裁判结果

驳回原告廖某村的起诉。

【二审】

裁判结果

驳回上诉,维持原裁定。

【再审】

裁判结果

驳回廖某村的再审申请。

【法院观点】

廖某村向一审法院起诉的请求是判令江西省国资委、中江公司共同向廖某村支付股权转让款24,192,121.36元,其起诉的依据是案涉《股权激励合同》和《协议书》。江中集团系由江西省国资委履行出资人监管职责的国有企业,江西省国资委与廖某村签订的案涉《股权激励合同》,是基于江西省国资委履行对其监管的企业管理者进行任免、考核并依据经营业绩和考核结果对企业管理者进行奖惩的职责行为。廖某村时任江中集团管理层,江西省国资委有权对其进行任免、考核、奖惩。原审法院认定本案纠纷不属于2017年版《民事诉讼法》第三条规定的人民法院受理公民之间、法人之间、其他组织之间以及他们相互之间因财产关系和人身关系提起的民事诉讼范围,廖某村的起诉不符合2017年版《民事诉讼法》第一百一十九条第四项的规定,对其起诉应予驳回,认定事实与适用法律并无不当。

【律师视角】

案例评析

本案中,法院认为,国资委在参与国企改制过程中履行出资人监管职责,根据相关政府部门依法批准的改制方案,对其监管的企业管理者进行任免、考核并依据经营业绩和考核结果对企业管理者进行奖惩,包括对公司的核心管理层进行股权激励的行为,都属于履行监管职责的行政行为。

实操建议

对于国有企业的股权激励对象来说,一定要关注到一点,其所受到的股权激励产生的纠纷或许不会被认定为平等民事主体之间的合同纠纷,故而不在人民法院民事案件管辖的范围之内。

类似案例　沈某章与徐某江、江苏文峰集团有限公司与公司有关的纠纷案

【基本信息】

再审申请人(一审原告、二审上诉人):沈某章

被申请人(一审被告、二审被上诉人):徐某江

被申请人(一审被告、二审被上诉人):江苏文峰集团有限公司(以下简称文峰集团)

案由:与公司有关的纠纷

案号:江苏省高级人民法院(2017)苏民申431号

【相关案情】

被告文峰集团原系国有独资企业。2003年12月20日,文峰集团作出《文峰集团国有资产退出改革方案》。2004年,文峰集团为转换经营机制,在政府指导下进行改制,国有资产退出,在职职工身份置换,文峰集团的国有资产由经营集体整体受让,形成经营层控股、经营者持大股、业务骨干参股的股权结构。2004年1月16日文峰集团中层干部业务骨干改制实施动员会形成的会议纪要载明,对于改制后在正常退休前因个人原因主动离开集团公司的,或因违法违纪受到处理被免责的职工,则不具有股东资格。2004年4月,沈某章离开文峰集团,此后文峰集团在进行工商变更登记时未将股权登记到沈某章名下,文峰集团解释为沈某章等人已经辞职、不符合股权激励条件的原因。沈某章诉称其作为业务骨干,文峰集团从未告知其应享有的股权受让权,故依据有关改制文件的精神,要求确认其享有的股权受让权。

【争议焦点】

沈某章与文峰集团是否处于平等位置,双方的纠纷是否属于平等民事主体间的纠纷?

【一审】

诉讼请求

依法确认原告自2005年6月28日起在被告文峰集团享有0.2448%股权受让权。

裁判结果

驳回原告沈某章的起诉。

【二审】

上诉请求

支持一审请求。

裁判结果

驳回上诉,维持原裁定。

【再审】

再审请求

支持一审请求。

裁判结果

驳回沈某章的再审申请。

【法院观点】

1. 本案系一起因政府主导下的企业改制而发生的纠纷,依据有关改制文件精神,文峰集团国有资产由经营集体整体受让,形成经营层控股、经营者持大股、业务骨干参股的股权结构。由于文峰集团业务骨干分布在公司本部及下属52家企业,而各企业改制形式不尽相同,每个业务骨干的受让份额也不相同,有待改制中制定标准,具体操作由文峰集团经营层决定。各个业务骨干持股数量,受让价格,股东资格丧失等事项,系由文峰集团单方决定,没有与业务骨干协商的内容。因此,一、二审法院认定沈某章与文峰集团之间主体地位并不平等,并无不当。

2.《最高人民法院关于审理与企业改制相关的民事纠纷案件若干问题的规定》第一条规定:人民法院受理平等民事主体间在企业产权制度改造中发生的民事纠纷案件,并以列举的方式作了具体的规定。由于文峰集团与沈某章处于非平等地位,不符合前述司法解释中有关涉及企业改制相关民事纠纷的受案范围,故一、二审法院裁定驳回沈某章的起诉并无不当。

【律师视角】

案例评析

《最高人民法院关于审理与企业改制相关的民事纠纷案件若干问题的规定》第一条规定:"人民法院受理以下平等民事主体间在企业产权制度改造中发生的民事纠纷案件:(一)企业公司制改造中发生的民事纠纷;(二)企业股份合作制改造中发生的民事纠纷;(三)企业分立中发生的民事纠纷;(四)企业债权转股权纠纷;(五)企业出售合同纠纷;(六)企业兼并合同纠纷;(七)与企业改

制相关的其他民事纠纷。”该规定的第三条规定：“政府主管部门在对企业国有资产进行行政性调整、划转过程中发生的纠纷，当事人向人民法院提起民事诉讼的，人民法院不予受理。”

律师在接手类似案件时，读好这两个法条很重要，这是一切判断的基础。

实操建议

国有企业实施股权激励，应当坚持依法依规、公正透明，激励与约束相结合，严格规范股权激励的操作流程。股权激励的进入门槛和退出通道都是针对企业员工实施的，因而股权激励方案必须结合员工的实际情况进行设计，只有符合员工诉求，符合公司现状，符合各方利益的方案，才能顺利进行，才能充分发挥机制的激励性，最终有利于公司的长期发展。

第三节 外商投资企业

◎问题聚焦

被废止的《中外合资经营企业法》曾规定，只有大陆的公司、企业或其他经济组织可以同外国的公司、企业和其他经济组织或个人合资设立企业。但在合资公司设立后，大陆的自然人能否通过股权激励获得外资企业的股份呢？

◎裁判规则

《外商投资法》及其《外商投资法实施条例》不禁止中外合资企业成立后，境内自然人通过并购、转让、继承等方式取得中外合资企业的股权。已于2020年1月1日被废止的《中外合资经营企业法》也没有禁止。

《中外合资经营企业法》曾规定，中华人民共和国为了扩大国际经济合作和技术交流，允许外国公司、企业和其他经济组织或个人，按照平等互利的原则，经中国政府批准，在中华人民共和国境内，同中国的公司、企业或者其他经济组织共同举办合营企业，但上述规定只限于中外合资企业举办时限制境内自然人作为投资人举办企业时的情形；更不用说，这样的规定在《外商投资法》中已经消失了。

◎案例详解

经典案例 | 有瑞实业股份有限公司、苏某朋股权转让纠纷案

【基本信息】

再审申请人(一审被告、二审被上诉人):有瑞实业股份有限公司(以下简称有瑞实业)

被申请人(一审原告、二审上诉人):苏某朋

一审被告、二审被上诉人:青岛英派斯健康科技股份有限公司(以下简称青岛英派斯)

一审被告、二审被上诉人:海南江恒实业投资有限公司(以下简称海南江恒)

案由:股权转让纠纷

案号:最高人民法院(2018)最高法民申2841号

【相关案情】

1. 2010年1月6日,青岛英派斯(甲方)与苏某朋(乙方)签订了《关于分红入股的专项协议》,约定:鉴于乙方受聘于甲方,乙方为甲方的发展作出了贡献,在职或服务期间乙方有从甲方获得股权或分红的机会。乙方需按照甲方的制度和要求,履行相应的工作职责。分红情况视当年利润情况由董事会决定,乙方在甲方的分红,依据2010年1月相关人员共同确认签名的《英派斯生产系统股份确认表》《青岛英派斯健康发展有限公司股份确认表》《青岛英派斯大健康股份有限公司股份表》《金海角度假村有限公司股份表》相应股份确定。

2010年1月的上述四表格均记载,原始股份由朱某明和张某国分别占66%及34%,经重新确认股份后,其中苏某朋所占的股份比例为2%,均由有瑞实业加盖公章及该公司法定代表人朱某明签字。

2. 2011年12月20日,有瑞实业(甲方、转让方)与海南江恒(乙方、受让方)签订股权转让协议,约定:甲方占有青岛英派斯(标的公司)100%股权,甲方将其标的公司55.55%的股权以6500万元人民币的价格转让给乙方。经即墨市商务局批准,有瑞实业将其持有青岛英派斯100%股权中的55.55%股权转让给海南江恒,股权转让后海南江恒和有瑞实业持有青岛英派斯的股权份额分别为55.55%和44.45%,青岛英派斯由外商独资企业变更为中外合资企业,并办

理了工商变更登记。2015 年,经即墨市商务局批准,青岛英派斯转制为外商投资股份有限公司,公司股东为 14 名法人股东,并办理了工商变更登记。

3. 2012 年 7 月 24 日,青岛英派斯(甲方)与苏某朋(乙方)签订《协议书》,约定:甲方同意给予乙方人民币 50 万元作为双方解除劳动关系的经济补偿金,张某国女士于 2008 年 8 月 5 日签署的《股权确认书》,将其在英派斯系列公司所拥有的部分权益赠与当时在职的英派斯公司部分高管,对此,甲方认可其中张某国女士赠与乙方的 1.43% 权益。

4. 苏某朋向法院提起诉讼,请求确认其根据股权激励计划获得青岛英派斯 2% 的股份,同时根据张某国《关于对第二条的变更决定》接受赠与取得青岛英派斯 1.43% 的股份。

【争议焦点】

原告苏某朋是否合法持有青岛英派斯公司的股权?

【一审】

诉讼请求

确认苏某朋拥有青岛英派斯 3.83% 的股权。

裁判结果

驳回原告苏某朋的诉讼请求。

【二审】

上诉请求

撤销一审判决,确认苏某朋拥有青岛英派斯 3.83% 股权,将股权变更至苏某朋或者苏某朋指定的第三方公司名下。

裁判结果

1. 撤销山东省青岛市中级人民法院(2017)鲁 02 民初 352 号民事判决。

2. 确认有瑞实业持有的青岛英派斯 35.32 万股或者 0.39% 的股权为苏某朋所有。

【法院观点】

1. 苏某朋取得 2% 股权的直接依据为《英派斯生产系统股份确认表》而非《关于分红入股的专项协议》。《关于分红入股的专项协议》中虽然提及苏某朋有获得股权的机会,但协议内容没有股权激励、股权赠与或者股权转让的约定,一审法院认定苏某朋取得 2% 股权的依据为《关于分红入股的专项协议》以及将该协议性质认定为股权激励和股权赠与是错误的。苏某朋已经被确认为享有青岛英派斯2%的股权。

2. 虽规定中华人民共和国为了扩大国际经济合作和技术交流,允许外国公司、企业和其他经济组织或个人,按照平等互利的原则,经中国政府批准,在中华人民共和国境内,同中国的公司、企业或者其他经济组织共同举办合营企业,但该规定只限于中外合资企业举办时限制境内自然人作为投资人举办企业的情形,并不禁止中外合资企业成立后,境内自然人通过并购、转让、继承等方式取得中外合资企业的股权。

3. 有瑞实业实际持有的青岛英派斯股权数额已不足应向苏某朋交付的股权数额,由于苏某朋在本案中未向有瑞实业提出赔偿请求,因此,按照苏某朋的诉讼请求,仅能确认有瑞实业应向苏某朋交付其实际持有的35.32万股或者0.39%的青岛英派斯股权,即苏某朋拥有青岛英派斯35.32万股或者0.39%的青岛英派斯股权。有瑞实业不能交付部分是否造成苏某朋的损失,苏某朋可另行主张。

【再审】

再审请求

1. 原判决认定的基本事实缺乏证据证明。

2. 原判决适用法律确有错误。

裁判结果

驳回有瑞实业的再审申请。

【法院观点】

关于二审判决认定有瑞实业确认苏某朋持有英派斯公司2%股权这一基本事实是否缺乏证据证明的问题。2010年1月6日苏某朋、有瑞实业、英派斯公司以及青岛英派斯(集团)有限公司签订的《关于分红入股的专项协议》确认,苏某朋为英派斯公司的发展作出了贡献,有权获得股权或分红,具体为苏某朋依据2010年1月《英派斯生产系统股份确认表》持有英派斯公司2%的股权。从该协议载明内容看,苏某朋持有英派斯公司2%股权并不是基于有瑞实业的赠与,而是基于苏某朋对英派斯公司的发展贡献由有瑞实业给予的股权激励。《英派斯生产系统股份确认表》写明了原始股份和重新确认股权的情况,与《关于分红入股的专项协议》能够相互印证,足以证明有瑞实业确认其代苏某朋持有英派斯公司2%股权的事实。有瑞实业在工商登记中显名为英派斯公司全资股东,与其在公司内部确认曾代朱某明、张某国等自然人持有股份并调整持股份额的事实并不矛盾。有瑞实业关于二审判决认定基本事实缺乏证据证明的申请理由不能成立。

【律师视角】

案例评析

根据《外商投资法》,外商投资包括外国投资者单独或者与其他投资者共同在中国境内设立外商投资企业的情形。这里的"其他投资者"没有将自然人限制在外。因此,《外商投资法》实施后,外国投资者和中国自然人设立外商投资企业尚且不是问题,自然人通过股权激励、转让、赠与等方式,获得合资企业股份当然合法有效。

实操建议

根据《外商投资法》第二条关于投资主体的规定,在合资企业对不同激励对象实施股权激励,已经没有更多的障碍了。

根据《外商投资法》第四十二条的规定,该法施行前依照《中外合资经营企业法》《外资企业法》《中外合作经营企业法》设立的外商投资企业,在该法施行后五年内可以继续保留原企业组织形式等。因此,过渡时期可能还会有一些不同的规定,需要外国投资者、其他投资者、外商投资企业和激励对象关注。

后记

首先，我要感谢北京市亿达律师事务所以及张彦主任、郭秀英主任、全体合伙人和所有同事们提供的深度的、全方位的支持和帮助，能够让本书得以顺利写作并完成。作为总部位于北京的大型综合律师事务所，北京市亿达律师事务所一直鼓励所有律师的专业化发展，一直鼓励和培养专业化律师团队。有这样优秀的律师事务所、律师团队和行政团队的支持和帮助，我们当然更有机会不断提升自己的敬业精神、研究能力和服务水平。

我还要感谢中国劳动关系学院的刘晓倩老师，感谢陈红炜、秦语谦、王凤琦、欧阳启迪、龚树强和郑子睿等几位与我并肩作战的优秀律师，以及陈维、陈晨、尹不忧、马荣、贺美琪、李金果、刘倩、王沁雪、付敏、顾春香、任旭、熊颖、王丹、舒畅、陈杨泽宇、曲雪薇、刘小钰、韩明明等诸位同学。没有刘老师和各位优秀的律师、同学的帮助，本书难以顺利完成。

理所当然，我要感谢我的家人，尤其是小乔和淘淘同学。没有小乔和淘淘同学持续不断的支持，这本书很难得以顺利进展。因为我持续不断地研究和写作，必然要花费大量的时间和精力，因此使得我们的家庭生活略显单调。因此，我要向我的家人说声抱歉。感谢与抱歉之外，我也想表个态，我将努力为我的家人和家庭作出更大贡献！

我要感谢为中国经济社会迅速发展作出贡献的所有人。没有经济社会的迅速发展，股权激励难以在中国全面展开。我要感谢推动股权激励理论研究和实践活动的所有人。股权激励的良好运用既推动了经济社会的发展，增加了国家、企业和百姓的福利，也推动了股权激励自身的发展。这种相互促进的互动式发展为中国经济社会迅速发展所必需。

我也要感谢我自己。作为一个爱好钻研的人，这本书是我对法律实务中一个细分领域的新研究。在研究和写作过程中，我确实碰到了很多问题和困难，